KB147213

기생

노래를 팔지언정 몸은 팔지 마라

기생 노래를 팔지언정 몸은 팔지 마라

1판 1쇄 · 2018년 11월 11일
1판 1쇄 · 2018년 11월 17일

지은이 · 이화형
펴낸이 · 한봉숙
펴낸곳 · 푸른사상사

주간 · 맹문재 | 편집 · 지순이 | 교정 · 김수란
등록 · 1999년 7월 8일 제2－2876호
주소 · 경기도 파주시 회동길 337－16 푸른사상사
대표전화 · 031) 955－9111(2) | 팩시밀리 · 031) 955－9114
이메일 · prun21c@hanmail.net
홈페이지 · http://www.prun21c.com

ⓒ 이화형, 2018

ISBN 979－11－308－1385－1   93300

값 30,000원

이 도서의 국립중앙도서관 출판예정도서목록(CIP)은 서지정보유통지원시스템 홈
페이지(http://seoji.nl.go.kr)와 국가자료공동목록시스템(http://www.nl.go.kr/kolis-
net)에서 이용하실 수 있습니다.(CIP제어번호: CIP2018035707)

이 도서는 2018년 경기도 우수 출판콘텐츠 제작지원 사업 선정작입니다.

푸른사상 학술총서 44

기생

노래를 팔지언정 몸은 팔지 마라

이화형 지음

 푸른사상
PRUNSASANG

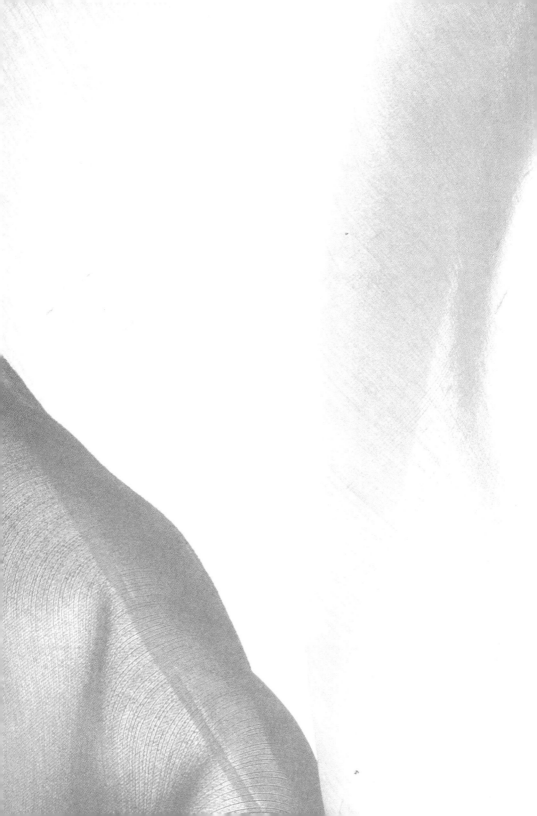

우리도 인간이다

나는 남성이지만 오랫동안 여성 문제에 관심을 갖고 연구를 해왔다. 이 세상을 더불어 살아가는 여성들이 남성에 비해서 차별과 억압을 당하고 있는 현실에 대한 비판적 인식이 바탕이 되었다. 그리고 다른 한편으로는 인간이 인간답게 살아갈 수 있는 가능성을 여성이 가진 다양한 미덕들에서 찾을 수 있다는 생각이 있었다.

그중에서도 한국연구재단의 지원으로 12명의 팀을 꾸려 3년간 근현대 여성잡지를 모두 검토하여『한국 근대여성들의 일상문화』(전 9권, 2004)와『한국 현대여성들의 일상문화』(전 8권, 2005)를 출간함으로써 방대한 자료를 정리한 것은 참으로 보람 있는 일이다. 그 뒤로『뜻은 하늘에 몸은 땅에』(2009),『여성, 역사 속의 주체적인 삶』(2016) 등으로 여성 연구는 계속되었다. 그리고 2017년에는 '전통여성'에 관한 세 권(총론 한 권, 각론 두 권)의 저술을 기획하여『주체적 삶, 전통여성』,『융합적 인재, 신사임당』,『강직한 지식인, 인수대비』라는 제목으로 간행했다. 이번에는 '기생'에 대한 책을 세상에 내놓게 되었다. 1부는 총론이고, 2부와 3부는 기생을 대표하는 황진이와 이매창에 관한 것이다.

몇 년 전 예인(藝人)이라는 뜻을 지닌 게이샤[藝者]를 보기 위해 일본 교토를 찾아간 일이 있다. 단순한 호기심을 넘어 과거의 기생 문화가 오늘의 문화로 남아 있다는 게 참으로 부러웠다. 우리의 경우는 일제강점기까지 살아 있었던 기생이 지금은 완전히 사라지고 말았으니 그럴 수밖에 없다. 물론 조선의 많은 기생들이 생계 수단으로 남자들의 유흥을 돕고 성을 제공했으며 일제 시기 창녀로 전락하는 불운을 겪기도 했으나, 국가의 연예를 책임지는 역사적 정당성을 갖고 존속했던 기생이 오늘날 전혀 남아 있지 않은 것은 애석한 일이다.

밥이나 얻어먹고 교육을 받지 않는다면 짐승과 다를 바 없다며 교육에 적극 참여하고 사회적 활동을 전개하던 신여성이 등장하기 이전에 기생들은 이미 그러한 모습을 보여주었다. 기생들은 해방 시기까지 교방, 장악원, 권번 등에서 전문적이고 엄격한 교육을 받고 자신들의 공적 역할을 다하려 했다. 또한 가무를 비롯하여 시서화, 예절, 교양까지 철저히 익혀 예인으로 손색이 없는 엔터테이너로서 활약했던 기생들이야말로 오늘날 주목받는 연예인보다 품격이 높은 예술인이었다고 할 수 있다.

무엇보다 1920년대 신여성들이 목청껏 '인간'임을 외치기 전에 주체적인 의식을 보여왔던 기생들은 근대의 흐름과 더불어 '우리도 사람이라'는 새로운 자각 속에 『장한』이라는 잡지를 출간하기도 했다. 또한 근대의 신여성들이 마음만 깨끗하면 언제든 처녀일 수 있다며 '신정조론'을 주장하기 이전에 많은 기생들이 육체보다 정신적 순결이 중요함을 강조했다.

더욱이 신여성들이 일제강점기 국권 회복을 위해 독립운동에의 결기를 보이기 이전에 전통여성의 희생정신을 이어받은 기생들은 임병양란에서부터 해방시기까지 국난을 극복하기 위해 헌신하였다. 많은 기생들은 유교정신에 반하는 사치와 외식에도 불구하고 나름 유교적 충효열의 이념을 실천했던 여성들이다.

기생들은 여성이자 최하의 신분이라는 몇 겹의 억압 속에서 꿋꿋하게 한국의 문화예술을 창조해왔고 사회적 자아로서의 책무를 다하고자 했던 문화적 역사적 선두주자로서 대우받아 마땅하다. 이 책에서는 자아를 망각하지 않고 정체성을 상실하지 않으려 최선을 다했던 기생들의 삶을 새롭고 정확하게 밝히는 데 주력하였다.

이 책들이 나오는 데는 푸른사상사의 한봉숙 대표님은 물론 편집진의 노고가 있었다. 진심으로 감사드린다.

2018. 10.
삶의 본보기가 되어주신 어머님을 기억하며
이화형

제2부 풍류적 지성인, 황진이

차례

제3부 순수의 시인, 이매창

기생, 노래를 폭지인정 묻은 폭지 마라

제1부

기생이 되고 싶다

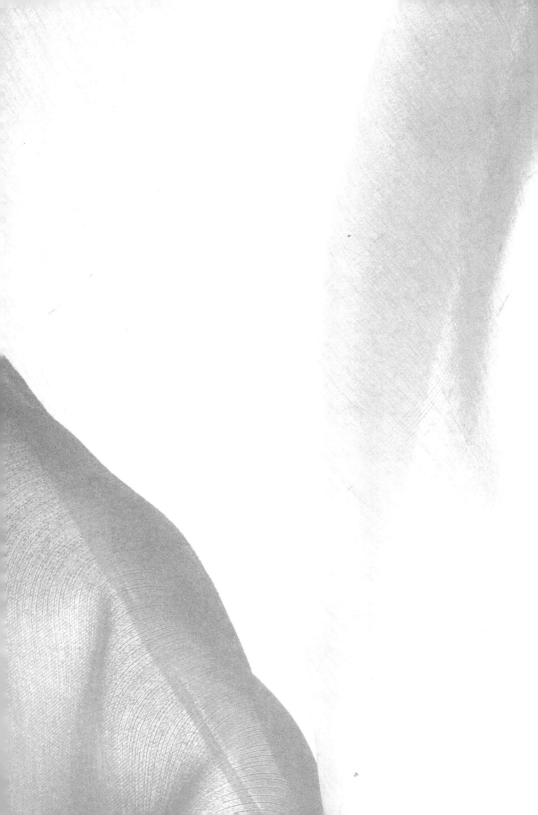

기생이 되고 싶다

1. 들어가며

이 책을 써야 하는 이유는 간단하다. 기생에 대한 선입견에 따른 그릇된 인식은 물론 깊이 있는 천착이 부족하여 그녀들을 정당하게 자리 매김시키지 못하고 있다는 판단에서 이 책을 쓰지 않을 수 없었다. 기생을 비롯하여 한국 여성에 대해 오랫동안 관심을 갖고 연구해온 덕에 이같이 기생에 대해 어느 정도 정리된 견해를 내놓게 되어 다행이라 생각한다. 근대화 이전까지 등장하는 우리의 전통여성과 이후 신여성의 주체적인 삶을 발견하는 가운데 기생 또한 주체적인 삶에서 만만치 않았음을 확인할 수 있었다.

기생의 정직과 진실

앞서 '책머리에'에서도 언급했듯이, 밥이나 얻어먹고 교육을 받지 않는다면 짐승과 다름 없음을 주장하며 유학을 다녀오면서까지 교육을 강조하고 사회활동하던 신여성이 등장하기 이전에 기생들은 교방, 장악원 등에서 전문적이고 엄격한 교육을 받고 공적 역할을 다하려 했다. 또한 악가무는 물론 시서화, 예절, 교양까지 철저히 익혀 예인으로 부족함 없이 활약

신윤복. 〈연소답청〉

했던 기생들이야말로 요즘 인기 있는 연예인보다 고품격의 예능인이었다.

특히 1920년대 대거 신여성들이 '우리도 인간이다'라고 외치기 전에 주체적인 면모를 지녀왔던 기생들은 '우리도 사람이다'라는 새로운 자각 속에 『장한』이라는 잡지를 출간하기도 했다. 또한 근대를 여는 데 앞장섰던 신여성들이 마음만 깨끗하면 언제든 떳떳할 수 있다며 '신정조론'을 주장하기 이전에 조선의 많은 기생들이 육체보다 정신적 순결이 중요함을 강조했다.

더욱이 신여성들이 일제강점기 국권을 회복하기 위해 독립운동에 참여하던 의기를 보이기 이전에 기생들은 임진 병자년의 전쟁에서부터 일제 폭압에서 해방될 때까지 국난을 극복하기 위해 헌신하였다. 기생들은 유교이념에 반하는 사치스런 생활에도 불구하고 나름 충효열을 실천했던 여성들이다.

기생, 노래를 팔지언정 몸은 팔지 마라

기생의 이미지에 대해 우리는 대동소이하게 두 가지 정도의 시각을 가질 수 있다. 신윤복(1758~?)의 〈연소답청(年少踏靑, 젊은이들의 봄나들이)〉이라는 그림에 나오는 바와 같이 사대부를 걸리면서 기생 자신들은 말을 타고 가는 당당한 모습에서 풍기는 대로, 요사스럽고 화려하게 산 여성들이라 느끼는 사람도 있을 것이다. 역시 신윤복의 그림에 등장하는 앳된 얼굴에 장죽을 물고 양반의 품에 안긴 무표정한 기생의 모습에서는 불우하고 천박했던 여성들이라 느끼는 사람도 있을 것이다. 하지만 모두 처연한 느낌을 갖게 한다는 점에서는 마찬가지라 하겠다. 기생은 전근대사회의 신분제도에서 최하층에 자리한 이들이라는 신분적 멸시와 냉대, 일제강점기의 수난이라는 이중적 억압과 천대에서 벗어나기 힘든 존재이기 때문일 것이다.

　그러나 기생에 대해 그와 같이 안타깝게 생각하고 부정적으로 인식하면서도 그렇게 만든 상황과 제도에 대해 아무렇지도 않은 듯이 넘어갈 수는 없다. 인간이 살아가는 데 필요한 것이 많다. 그 가운데 가장 중요한 것의 하나가 차별받지 않을 수 있는 세상이다. 만일 우리가 권위적인 제도와 무비판적 추종 세력에 의해 부당한 대우를 받는다면 불행한 일이다. 더욱이 환경의 문제는 개인의 의지나 선택의 영역을 넘어서는 경우가 많다. 기생들이 살아오면서 사회에 끼친 불미스러운 작태와 그녀들이 겪어야 했던 고충의 상당 부분은 그릇되고 완고한 제도와 온당치 못한 사회적 인식의 문제였다. 그렇다고 그녀들이 사회적으로나 인격적으로 존중받지 못하는 것이 모두 남 탓만은 아닐 것이다. 그녀들 자신에게도 잘못이 있고 어느 정도 책임이 있다. 더구나 기생들 스스로 남을 원망하기에 앞서 자신들의 부족과 과오를 지적하면서 철저하게 성찰하고 비판하는 데서는 인간적 연민마저 든다.

　1927년 기생들이 주도적으로 만든 『장한』이 창간되면서 기생 김월선(1899~?)이 쓴 「창간에 제하여」에는 이런 구절이 있다. "조선의 기생은 하루 바삐 없애야 하겠으며 아니해야 하겠다. 그것은 기생 자신에 참담한 말로를 짓게 되며 일반 사회에 많은 해독을 끼치는 까닭이다. 기생 자신을 위하여 또는 사회를 위하여 기생이란 제도가 어서 폐지되어야 하겠다." 그녀는 이와 같은 취지를 실현하기 위하여 잡지 『장한』을 발행하는 것이라고 했다. 이렇게 '기생이 없어져야 한다'고 말했던 것은 기생 자신들이었다.

자존감이 강한 자들만이 자신을 냉정하게 돌아보고 반성할 수 있다. 자존감 있는 기생들은 이처럼 스스로를 사회와 자신에 해악을 끼치는 존재로 고백한 것이다. 우리가 살면서 추구하는 것 중의 하나가 '정직'이 아닌지를 묻게 될 때 기생에게서 우리는 소중한 가치를 발견하게 된다. 그리고 정직한 이들에게서 얻고자 하는 기대는 클 수밖에 없으며 지금부터는 그녀들에게서 '진실'을 포착하고 배울 수 있을 것이다. 다만 그녀들의 삶에 깃든 정직과 진실은 사태를 정확히 파악하는 데서부터 가치를 드러낸다. 이제 기생들의 자존감을 세워주고 명예를 돌려주어야 할 책임이 우리에게 있다.

기생의 품위와 재능

기생이라고 하면 남성은 물론 누구나 성적 호기심을 갖고 대하는 경향이 있다. 과연 그게 합당한 것인가 따져볼 필요가 있다. 만일 그렇게 성적 관심을 충족시키는 대상일 뿐이라면 우리 역사와 문화 속에서 기생은 존재적 의의를 잃기 쉽다. 오랜만에 기생을 다룬 영화 〈해어화〉(감독 박흥식, 2016)에 아쉬움이 남는 것도 이와 무관하지 않다. 사랑하는 남자의 배신에 예인이었던 소율(한효주 분)은 속수무책 경성 최고의 권력을 지닌 경무국장 히라타 기요시에게 가버림으로써 하루아침에 기생이 창녀로 추락하는 모습을 보였기 때문이다. 기대했던 〈해어화〉는 기생으로서의 정체성을 살리지 못하고 삼각관계의 애정 문제로 영화를 단순화시키고 말았다는 느낌이 든다.

기생 제도는 원천적으로 국가가 공적 연예를 위해 만든 것이다. 기생들의 존재 이유가 정당하고 분명했기에 기생들은 국가의 부름에 봉사하는 자부심도 컸다. 근대 기생 김일연도 『장한』 창간호에서 "최초 기생이란 제도가 사회에 생길 때는 반드시 동기와 이유가 있어서 생겼을 것이다."라고 하며 "옛날에는 그만큼 기생들의 품위와 지조가 고상하고 결백하여 만인의 일컬음을 받았다."고 주장한 바 있다.

그러나 신분 서열의 맨 밑바닥에 있고 업무상 연회의 흥을 돋우는 일을 하다 보니 거칠고 불안한 생활로 이어지기 쉬웠다. 더구나 기생들에게는 현실적으로 상류층 남성들의 성적 요구를 거절하거나 보호받을 수 있는 장치가 거의 없었다. 연산군 때 기개가 있던 어사 유운(1485~1528)이 공주에 들렀을 때 예쁜 기생이 들어올 줄 알고 밤새도록 기다렸지만 고을 원이 어사의 서릿발 같은 위엄을 거스를까 두려워 감히 기생을 들여놓지 못했다. 다음 날 아침 어사는 "공주 태수가 위엄에 질려/어사의 풍정을 몰라보네./빈 관에 사람 없이 긴긴 밤을 지나고 보니/남쪽으로 행차한 맛이 중보다 더 싱거워라(公山太守㤼威稜 御使風情識未曾 空館無人消永夜 南來行色淡於僧)."[1]라고 시를 읊었다. 비리를 캐야 하는 암행어사까지도 성 상납을 바라는 인간현실 속에서 기생은 별 재간이 없다. 고금이 다르지 않겠으나 결국 힘 없고 돈 없는 많은 기생들은 생계를 위해 속물 근성을 드러내며 살아가야 했다.

그렇다고 기생들이 불우한 제도에 얽매여 부정적으로만 산 것은 결코 아니었다. 18세 어린 나이에 조선의 최고 학자인 이황(1501~1570)과 교유했던 단양기생 두향의 이야기가 아련히 떠오른다. 학식이 뛰어나고 거문고와 시화에 재주가 있었던 두향은 단양군수를 지내며 9개월간 사랑을 나누던 이황이 풍기군수로 떠나자 평생 수절하다가 그가 세상을 떠나자 강

---

1   『大東野乘』22「海東雜錄」4.

선대에서 몸을 던져 목숨을 끊고 말았다고 한다.[2] 임방(1640~1724), 남유용(1698~1773) 등 후세의 수많은 선비들이 그녀의 무덤 앞을 지날 때 술잔을 올리고 시를 읊은 것을 생각하면 숙연해지기도 한다. 물론 이황도 두향이 선물했다는 매화 화분을 애지중지하며 죽기 전 매화나무에 물을 주라 하고 눈을 감았다.

한편 천재 시인 임제(1549~1587)는 죽은 황진이의 무덤을 찾아가 제사 지내는 바람에 임지에 도착하기도 전에 파직을 당했고, 신숙주의 손자인 참판 신종호(1456~1497)는 한양기생 상림춘의 문 앞을 지나다가 시를 짓고 서는 오랫동안 출셋길이 막혔다. 황진이나 상림춘 등 1류 기생들은 자색이 뛰어나고 시를 잘 지으며 거문고에 능하고 노래와 춤이 탁월한 만능 엔터테이너들이었다. 이런 것들을 생각하면 기생들의 인격과 재능과 매력이 어느 정도인지를 짐작케 된다.

기생, 전통과 근대 문화 창조

최근에 이르기까지 기생에 대한 관심은 역사나 문학이나 회화 등을 통해 사실로 기록되기도 하고 허구화되었을 뿐만 아니라 영화[3]를 비롯하여 다양한 매체와 장르로 세상에 드러났다. 무엇보다 김동욱[4]에 의해 본격적인 연구가 시작된 이후 기생에 대한 문헌적인 연구가 지속적으로 이루어지면서 21세기에 들어 권태연[5]에 의해 기생의 사회적 성적 문제도 다루어

---

2 이황과 두향의 사랑 이야기를 기록한 문헌이 뚜렷이 존재하는 것은 아니다. 이들의 관계는 정비석의 소설 『명기열전』(1980)에서 처음 소개되면서 널리 알려졌다. 두향과 이황의 애절한 사랑과 관련하여 충북 단양에서는 2017년 장회나루 언덕에 스토리텔링 공원이 조성됐다.

3 최근(2018)에는 영화 〈기생 : 꽃의 고백〉(감독 홍태선·임혁)이 개봉되었다.

4 김동욱, 「이조기녀사서설 : 사대부와 기녀─이조 사대부와 기녀에 대한 풍속사적 접근」, 『아세아여성연구』 5, 숙명여자대학교 아세아여성문제연구소, 1966.

5 권태연, 「조선시대 기녀의 사회적 존재양태와 섹슈얼리티 연구」, 『여성─역사와 현재』, 국학자료원, 2001, 488~489쪽.

졌다. 그 후 악가무의 역할을 비롯하여 기생의 이미지, 내면의식과 함께 머리·복식·화장 등에 이르기까지 연구는 계속되었다.[6] 다만 정연식은 그동안의 연구에서 제도사적 분석이 소홀했음을 아쉽게 생각했다. 그리고 기생에 대해서 이제까지 많은 연구가 있었다고는 할 수 없으나 무관심의 영역에 방치된 것만도 아니라 하면서 기생에 대한 국문학계, 국악학계, 의류학계, 풍속 관련 학계, 역사학계의 연구 현황을 간략히 진단한 바 있다.[7]

이러한 연구 동향을 볼 때 기생의 기본적 책무에 부합하게 복식과 더불어 문학은 물론 가무를 포함하는 예술 분야 쪽에서 연구가 많이 이루어졌다. 그러다 보니 기생의 교육을 비롯하여 기생의 언어, 몸가짐이나 성행위, 정신적 순결 등 소중하게 다뤄져야 할 분야들이 상대적으로 관심을 받지 못한 감이 있다.[8] 다시 말해 기생의 존재 의의를 부각시키기 위해 기생

6　최근(2010년대 이후)의 주목할 만한 연구로는 강민구,「우리나라 중세 사대부의 기녀에 대한 판타지」,『동방한문학』64, 동방한문학회, 2015 ; 김영희,「검무구조 분석 시론」,『공연문화연구』34, 한국공연문화학회, 2017 ; 김선균,「기녀의 내면 풍경을 엿보는 남성문인의 시선」,『한국고전연구』33, 한국고전연구학회, 2016 ; 김정석,「기녀가사의 내면의식과 태도 고찰」,『국학연구』28, 한국국학진흥원, 2015 ; 신명숙,「문화영화〈춘앵무〉에 등장하는 기생 이미지 위상」,『비교민속학』54, 비교민속학회, 2014 ; 신상필,「필기·야담에 형상화된 기생의 면모와 그 번역학적 의미」,『동방한문학』64, 동방한문학회, 2015 ; 엄소연,「신윤복의 풍속화에 나타난 기녀의 이미지」,『동방한문학』64, 동방한문학회, 2015 ; 이미영,「페미니즘의 시각으로 본 여악」,『한국무용연구』30권 2호, 한국무용연구학회, 2012 ; 이화형,「기생시가에 나타난 자의식 양상 고찰」,『우리문학연구』34집, 우리문학회, 2011 ; 정흥모,「기녀 수작시조의 변모와 그 의미」,『한민족문화연구』56, 한민족문화학회, 2016 ; 조성옥·윤천성,「미인도에 나타난 조선시대 기녀 트레머리 재현에 관한 연구」,『뷰티산업연구』6, 한국뷰티산업학회, 2012 등이 있다.

7　정연식,「조선시대 기역의 실태」,『국사관논총』107, 국사편찬위원회, 2005.

8　그런 가운데 근래의 주목할 만한 연구로는 정병설,『나는 기생이다-소수록 읽기』, 문학동네, 2007 등이 있으며 최근의 연구로는 황혜진,「조선시대 기생의 몸에 대한 자의식 연구」,『고전문학연구』46권, 한국고전문학회, 2014 ; 이화형,「조선기생 문화의 융합적 미의식」,『동아시아고대학』48집, 동아시아고대학회, 2017 등을 들 수 있다.

을 역사적 흐름 속의 전통여성과의 관련성, 그리고 근대 이후의 신여성과의 관련성을 찾는 데는 미흡했다고 할 수 있다. 결국 치우침이 없이 기생을 바라보는 여성사적 통합적 고찰이 아쉬운 편이었다. 이에 도입부에서 언급한 대로 필자는 기생에 대한 다양한 측면의 분석을 통해 본질을 파악하고 그녀들의 역사적 위상을 밝히는 데 주력하고자 한다.

기생은 일반 여성과 달리 사회활동에 구속받지 않았고, 그 자유로움은 여러 분야의 빛나는 결과로 이어졌다. 무엇보다 기생들은 국가가 필요로 하는 여악(악가무) 중심의 공적 연예에 본분을 다하고자 함으로서 풍속을 해친다는 이유를 들어 기생을 없애려 했던 끈질긴 시도에도 불구하고 번성해갔다. 물론 시간이 지남에 따라 기생들은 생계를 위해 남자들 술시중을 들고 성을 제공했으며 일제 식민 세력에 의해 창녀로 취급받는 수모를 겪기도 했다. 그러나 많은 기생들은 꿋꿋하게 한국 고유의 문화예술적 전통을 창조적으로 계승하는 가운데 근대를 여는 선구자로서 20세기 중반까지도 연극 및 영화, 가요나 춤 등의 대중 문화예술의 발전에 크게 기여해왔다.

특히 기생들은 교육기관인 장악원과 교방, 나아가 기생학교를 통해 엄격하고 전문적인 학습을 할 수 있었다. 철저한 교육을 통해 자신들의 타고난 예술적 재능을 유감없이 발휘할 수 있는 자질을 계발 연마해갔으며 교양 있는 예능인으로서의 면모를 드러낼 수 있는 품격을 수련해나갔다. 교육은 권번이나 기방, 요리집 같은 현장에서도 부단히 이루어졌다. 시대를 관통하여 기생으로서의 위상을 떨어뜨리지 않으려 노력했던 것이다.

무엇보다 기생놀음이라는 현실적 상황과 공간에서 기생의 몸치레와 노는 법은 특별했다. 일반 여성과 달리 기본적으로 자색과 재주를 아름답게 가꾸었고, 언어적 재치와 시적 풍류를 통해 해학미를 창출했으며, 사랑놀음(성행위)에서는 에로틱하면서도 인간 정신이 깃든 세련되고 수준 있는 태도를 귀하게 여겼다.

많은 기생들은 인간적 양심과 도의를 가지고 임에 대한 사랑과 정신적

20

순결을 지키고자 했고, 이러한 유교적인 정신은 부모에 대한 극진한 효로도 나타났으며 의식 있는 기생들로 하여금 사회적 자아로서 국가적 위난에 직면하여 책임 있게 행동하도록 했다.

이 책에서는 역사의 실제에 가까운 이러한 기생들의 존재 이유와 삶, 교육적 목표와 실천 등을 통해 여성이자 천민 신분에 해당되지만 남성이자 양반계급과 교류했던 이중 구조를 지닌, 기생들의 정체성[9]과 더불어 주체적인 모습을 낱낱이 파헤쳐볼 수 있다. 우리가 함께 살아왔고 또 소중한 정신을 갖춘 문화적 공동체로서의 기생집단을 올바로 이해하는 것이 온당한 지성인의 자세요 성숙한 문화인의 책무가 아닐까 한다. 책을 쓰는 이유도 여기에 있다.

이런 목표를 위해 이 책에서는 기생 대다수가 스스로 보여준 자색과 언어와 행동, 그리고 그녀들을 바라보는 사람들의 시선이 고스란히 들어 있는, 기생에 관한 시가, 야담, 비평, 회화 등 다양한 자료들을 소중히 다루고자 노력했다.

이 책을 쓰는 데 특별히 이능화가 지은 『조선해어화사』(동문선, 1992), 한재락의 『녹파잡기』(이가원·허경진 역, 김영사, 2007), 정병설이 지은 『나는 기생이다—소수록 읽기』(문학동네, 2007) 등의 도움이 컸다.

2. 기생의 뿌리는 하층민이다

기생은 원칙적으로 국가의 공적 필요에 의해 만들어졌으나 현실적으로

---

9 이와 관련된 연구로는 이화형, 「기생시조에 나타난 윤리의식 고찰」, 『시조학논총』 39, 한국시조학회, 2013, 201~226쪽이 있다. ; 권태연은 정체성 확립을 위해 애쓴 조선기생들의 삶의 모습에 주목한 바 있다.(권태연, 「조선시대 기녀의 사회적 존재양태와 섹슈얼리티 연구」, 『여성: 역사와 현재』, 국학자료원, 2001).

사사로이 성적 서비스의 역할에서 자유롭지 못했던 집단으로 인식될 만큼 미천한 신분이었다. 그리하여 법적으로 기생은 겉수청[10]만 허용되었지만 실제적으로는 살수청까지 들 수밖에 없었던 것이다. 기생은 국가적 연예 활동이라는 큰 역할 외에 겉수청이라는 공적 봉사와 살수청이라는 성적 접대의 모호한 경계 지점에서 불안하게 살아가야 하는 사람들이었음을 말해준다.

평양기생 향애는 "손으로 대동강의 물을 덜어낼 수 있는 것처럼/기생이란 이름도 이 세상에서 도려내고 싶어라(手扶大同江上水 抉湔儂世妓兒名)."(윤행임, 『방시한집』)라고 한 바 있다. 한편 역시 평양기생이었던 차옥은 용모가 수려하고 늘씬하며 언행이 호탕하고 씩씩했다. 「죽지사」를 읊을 때는 목소리가 청아하여 듣고 있으면 흥이 났다. 어느 날은 술자리에서 질탕하게 떠들고 웃더니만 갑자기 정색을 하고 말했다. "전에 이학사를 따라 한양에 올라가 있을 때 화려한 집에 비단 휘장을 치고 비단 치마를 끌며 온갖 부귀의 즐거움을 누렸지요. 그런데 다시 고향으로 돌아와 노류장화의 작태를 하고 있으니 인생이 어찌 슬프지 않겠어요?"[11] 그렇게 차옥은 화려함과 즐거움에 가려진 기생의 비애를 한참 동안 서글퍼하였다.

기생의 기원설들

기생이 탄생하게 된 기원에 대해서는 『후한서』나 『수서』에 등장하는 고구려와 백제의 유녀, 『삼국사기』에 나오는 신라의 원화, 『고려사』·『성호사설』·『아언각비』에 나오는 고려의 전쟁 포로인 양수척 등으로 잡는 경향이 있다. 특히 기생의 탄생 연원을 무녀의 타락에서 찾는 견해가 있다. 즉,

---

10 본래 수청(守廳)이란 수령이 있는 방 밖에서 명을 기다리며 온갖 심부름을 하던 것이다.
11 한재락, 『녹파잡기』 권1, 이가원·허경진 역, 김영사, 2007(이후 괄호 안에 책명과 권수로 간략히 표시한다).

고대 제정일치 사회에서 사제로서 군림하던 무녀가 정치와 종교의 권력이 분화되는 과정에서 기생으로 전락하였다는 것인데, 이 무녀기원설이 가장 일반적인 것으로 통용되고 있는 편이다. 사실 기생들이 두 손에 칼을 들고 춤추는 검무는 신들린 무당이 굿에서 칼을 들고 뛰는 모습과 다르지 않다.

삼국시대에 고구려의 경우 다른 여러 부족을 정벌해갈 때 피정복 마을의 부녀자들이 유녀로 전락했는데 이 유녀가 기생의 근원일 것이요 고구려의 고분벽화 〈무용도〉에 등장하는 예인 집단이 이를 입증해주고 있다. 정복전쟁 중에 포로로 잡힌 미모의 여성들이 변방에 있는 병사들의 위안부 역할을 했을 것이다. 백제의 경우 『북사』나 『수서』의 기록에서 가무를 담당한 기생이 존재했을 것이라고 보았다.

우리 기생의 역사에 관한 독보적인 자료라 할 수 있는 『조선해어화사』의 저자인 이능화(1869~1943)는 누군가 신라 진흥왕 37년(576)에 비로소 받들기 시작한 원화가 기생의 근원이라 했음을 전하면서 "원화는 오늘날 기생과 같은 것이다."[12]라고 적고 있다. 국문학자인 장덕순(1921~1996)도 "애초에 원화제에서 남자 300명 속에 낀 두 미인은 남자들의 총애를 받으려고 서로 경쟁했을 것이 뻔했고 그래서 죽이고 죽는 비극이 일어났다. 이것은 미상불 기생족과 다를 바 없다."[13]고 하여 원화를 기생의 기원으로 보았다.

기생의 기원이라는 원화는 화랑의 전신이었다. 처음에 300여 명의 청소년들로 구성된 원화의 우두머리로 임명된 사람은 남모와 준정 두 처녀였다. 준정이 남모를 질투한 나머지 자기 집으로 유인해 술을 먹여 취하게 한 다음 끌어내 개천에 돌로 묻어 죽였다가 발각되어 사형을 당하는 불상사가 일어났다. 이 사건으로 원화는 폐지되었으며 몇 년 후 화랑이 설치되

---

12 이능화, 『조선해어화사』 1장, 이재곤 역, 동문선, 1992, 18쪽(이후 괄호 안에 서명과 장 번호로 간략히 표시한다).
13 장덕순, 『황진이와 기방문학』, 중앙일보사, 1978, 78~79쪽.

어 그 역할을 계승하였다. 특히 원화를 군왕과 신하가 즐기는 자리에서 술을 따르고 노래를 부르며 춤을 추던 여자로 볼 때, 이를 기생으로 인식하는 것이다. 다만 원화는 양가의 규수 가운데서도 단체를 이끌 만한 아름답고 유능한 인재를 뽑았다는 점에서 미천한 신분의 여성이었던 기생과 출신이 다르다고 할 수 있다.

그런데 기생의 기원에 관한 이능화나 장덕순 등의 신라 원화기원설도 무녀기원설과 연관되어 설명되고 있다. 이후 기생의 무녀기원설은 일본학자인 나카야마 다로(中山太郞)와 국문학자인 김동욱 등에게서 잘 드러난다. 김동욱(1922~1990)은 한 논문에서 "기생의 본질은 사치노예라고 말한다. 어느 민족에 있어서나 계급적 분화가 이루어지거나 전쟁 포로의 처우에서 기생은 발생한다. 그러나 그 시원은 무녀에 있었다고 보아야 할 것이다."[14]라고 하였다.

한편『고려사』최충헌 열전[15]에는 '모든 기생은 본디 유기장의 집에서 난다'라는 기록과 더불어 유기장이 속했던 양수척의 여자들을 기생 명부에 올렸다는 내용이 보인다. 고려 무인시대 집권자 이의민(?~1196)의 아들 이지영이 부역의 의무가 없던 양수척을 자신의 기첩인 자운선에게 소속시켜 공물을 징수하도록 하자 기생 자운선은 양수척의 명단을 기적에 올린 후 끊임없이 세금을 징수했다. 이지영이 최충헌(1149~1219)에게 죽임을 당한 뒤 최충헌의 첩이 되어서도 세금을 심하게 징수하여 양수척의 원망을 크게 샀다.

실학자 성호 이익(1681~1763)의 "우리나라의 기생은 본래 양수척에서 나왔다."[16]는 말을 들어보더라도 그렇고 다산 정약용(1762~1836)의 "양수

14 김동욱, 앞의 논문, 75~76쪽.
15 김종서 외,『고려사』권129, 열전42.
16 이익,『성호사설』권23, 經史門官妓.

척이란 관기의 별명이다."[17]라는 설명을 들어도 마찬가지로 기생이 양수척에서 비롯되었음을 알 수 있으며, 이 주장은 조재삼(1808~1866)[18]으로도 이어졌다. 양수척은 곧 수초(水草)를 따라 옮겨 다니면서 사냥이나 도살을 하거나 버드나무로 그릇(키, 소쿠리 등)을 만들어 팔며 사는 장인을 의미한다. 이들은 고려가 후삼국을 통일할 때 가장 크게 저항했던 백제 유민들이요, 일반적으로는 여진의 포로 또는 귀화인의 후예들로 알려져 있다. 수척, 화척, 무자리라고도 하고 나중(조선시대)에 백정으로도 불렸던 양수척은 이렇듯 소속도 없고, 부역에 종사하지도 않고, 떠돌이 생활을 하면서 지내던 천민 계층이었다. 후에 양수척들을 남녀 노비로 삼았는데, 이때 용모가 곱고 재주가 있는 여자를 골라 교방에서 춤과 노래를 가르친 것이 여악이었고, 이들을 바로 기생의 원조라 하는 것이다. 따라서 종으로서의 비(婢)가 기생보다 먼저 발생했을 뿐 기생과 비는 원래 같은 족속이었다고 볼 수 있다. 이와 같이 여러 문헌에서 우리나라 기생의 뿌리가 양수척임을 주장하고 있다.

이 밖에도 신라시대 화랑 김유신(595~673)이 젊은 시절 천관녀가 사는 기생집에 자주 드나들다가 어머니의 훈계를 듣고 발을 끊으려고 했지만 말이 술에 취한 주인을 등에 업고 습관처럼 천관의 집으로 찾아가자 말의 목을 단칼에 베었다는 유명한 일화(김부식의 『삼국사기』, 이인로의 『파한집』 등에 실려 전한다)에도 기생이 나타난다. 기생의 유래는 알려져 있지 않으나 이와 같이 경주 천관사의 전설이 전해지는가 하면 또 경주 남쪽 30리에는 울산 태생 전화앵이란 기생의 무덤이 있다고 전해지는데 근래에 울산에서 매년 추모제를 열고 있다. 천관사나 전화앵의 전설은 『동국여지승람』의 경주에 관한 기록에 나타난다.

---

17 정약용, 『여유당전서』 1집 권23, 雅言覺非.
18 조재삼, 『송남잡지』, 嫁娶類.

3. 스스로 기생이 되었다

원칙적으로 한국에서는 기생, 중국에서는 기녀, 일본에서는 유녀로 부른다고 할 수 있을 만큼 기생 관련 용어는 국가에 따라 다르고, 한 국가 안에서도 사용되는 명칭이 많은 것은 세계적으로 공통적인 현상이다. 우리나라에서도 기(妓)를 비롯하여 창기, 기창, 방기, 여기, 여악, 기생, 기녀 등 시대에 따라 또는 의미에 차이를 두고 다르게 사용되거나 또는 혼용되어왔다.[19] 무엇보다 '해어화(解語花)'라는 용어가 눈에 띈다. 일찍이 당나라 현종은 양귀비(719~756)와 연못가를 거닐면서 아름다운 연꽃을 바라보다가 그녀를 가리키며 궁녀들에게 "연꽃의 아름다움도 어찌 이 해어화만 하겠느냐"라는 말을 했다고 한다. 우리나라에서는 고려 문인 이규보 (1168~1241), 조선의 연산군이나 광해군, 근대 역사학자 이능화가 이 '말을 알아듣는 꽃'[20]이라는 뜻을 지닌 해어화라는 말을 기생을 일컫는 용어로 사용했다. 필자는 조선시대에 등장하는 우리식 한자어 '기생(妓生)'[21]이라는 용어로 통일하여 쓰고자 한다. 한자문화권에서는 기녀라는 용어를 두루 쓰는 데 비해 기생이라는 말은 한국에서만 쓴다고 할 수 있다.

모계 세습과 불우한 환경

기생이 되는 경로를 말하자면 기본적으로 기생은 세습된다고 할 수 있다. 고려시대가 되면 기생의 신분이 확실해지는데, 기생은 노비와 마찬가지로 한 번 등록대장에 오르면 천민이라는 신분적 멍에를 벗기 힘들었다.

---

19 우리나라에서 기생 관련 용어가 최초로 쓰인 것은 고려 성종시절 사신을 거란에 보내어 "기악을 바치자 물리쳤다. 進妓樂 却之"(『고려사』 세가3 성종 13년 (994) 8월 계사)라고 한 기록으로 볼 수 있다.
20 '말하는 꽃'으로 풀이하기도 한다.
21 기생은 여악을 의미하는 '妓'와 생도를 의미하는 '生'의 합성어로 볼 수 있다.

모계가 중시되는 전통적인 혼인 풍속과 나말여초 양천(良賤) 교혼 및 신분이 뒤섞이는 상황 속에서 '천인은 모계를 따른다'는 천자수모법(賤者隨母法, 일명 종모법)이 제정되었기 때문이다. 양반과 기생 사이에 태어난 경우라도 천자수모법에 따라 아들은 노비, 딸은 기생이 될 수밖에 없었다. 그 후 여러 번 관련법이 바뀌긴 했으나 천자수모법의 근간은 흔들리지 않았다.

19세기 전반에 활동했던 황해도 해주기생 금선(1800~?)의 경우 어머니가 기생이었다. 금선은 세습적으로 자신이 기생이 되리라는 것을 잘 알면서도 호기심과 기대감을 갖고 어린 시절부터 기생의 삶을 준비하였다.

심지어 관기 제도가 해체되던 시기인 1900년대 이후에 경남 언양에서 기생이 된 이봉선(1894~1992)은 조선시대의 모계 세습에 의해 자연스럽게 기생이 되었다. 더구나 이봉선은 불우한 환경에서 어쩔 수 없이 기생이 된 것이 아니라 무남독녀로 부모의 사랑을 받고 친척 할아버지로부터 글을 배울 수 있는 좋은 여건에서 기생이 되었다.

그러나 부모, 특히 어머니의 신분에 따라 자녀의 처지와 장래가 결정되는 것만은 아니었다. 사대부가 기생에게 지어주었다는 시에서 "열여섯 살 양가집 여자/올해 교방으로 들어갔네./몸을 그르친 건 못된 나그네 때문/눈물 뿌리며 신랑과 헤어졌네(十六良家女 今年入敎坊 誤身由暴客 揮淚去新郞)."(「贈妓」,『석북집』;『조선해어화사』 27장)라고 하였다. 이를 보더라도 세습에 의해서만 기생이 되는 것이 아니라 여러 이유로 기생이 되는 것을 짐작할 수 있다.

여종인 비(婢)로 떨어져 기생이 되는 경우도 있다. 무엇보다 금기시하던 근친상간을 범하거나 반역을 꾀한 역적의 처자들이 비가 되고 기생이 되었다. 고려 고종 때 처조카의 아내와 간통한 상서예부시랑 이수의 조카며느리를 유녀의 적에 올린 것이 대표적인 예이다. 일반적으로 양반에서 종으로 몰락한 역적의 처첩들은 사형을 당하거나 관에 소속된 노비, 혹은 기생이 되었다. 고관대작은 물론 미관말직에 이르기까지 불법으로 관기를 첩으로 들여앉히는 등 관기의 수가 줄어들자 수령들은 문책이 두려워 세간에 간통하는 여자를 잡아들여 강제로 기생으로 만들기도 했다.

양가에서 태어났지만 고아가 된 경우, 부모가 가난하여 파는 경우도 기생이 될 수 있다. 가령 조선 선조 때의 진주기생 논개(?~1593)는 장지연의 『일사유사』에 의하면 본디 전라도 장수에서 양가의 딸로 태어났으나 어려서 부모를 여의고 집이 가난하고 의지할 데가 없어 마침내 기생으로 전락하게 되었다. 다시 말해 논개는 1574년 선비 주달문과 부인 밀양박씨 사이에서 양반가의 딸로 태어났다. 4년 만에 부친이 사망한 후 숙부의 집에 의탁되었는데 간교한 숙부의 음모에 휘말려 고립무원이 되었다. 최경회 장군의 도움으로 위기에서 벗어나고 그의 첩이 되었다가 남편과 국가의 원수를 갚기 위해 관기가 되어 왜장을 끌어안고 투신하였다.

조선 정조 때의 제주기생 김만덕(1739~1812)은 장사하는 아버지와 농사짓는 어머니 사이에서 태어나 행복하게 지내다 열한 살 때 풍랑으로 아버지를 잃고 1년 반 뒤 병으로 어머니마저 여의었다. 그 후 남들 손에 이끌려 노기 월중선에 맡겨졌다가 관가의 기적에 이름을 올리게 되었다. 당시 좌의정이던 채제공(1720~1799)은 『만덕전』(『번암집』 55권)까지 지으면서 그녀가 나이 스물이 넘도록 기생으로 자처한 적이 한 번도 없었다고 말했다. 지혜와 용기로 크게 성공한 만덕은 여러 번 기적에서 이름을 빼줄 것을 관가에 호소해오다가 오랜 세월이 흐른 뒤 양민의 신분으로 돌아왔다.

정조 때의 기생으로 계심이 있었다. 춘천 봉의산 기슭에서 가죽신을 만드는 전춘돌의 딸로 태어나 집이 가난하여 어려서 기적에 올랐다. 그 후 단정하게 자란 계심은 신임 춘천부사 김처인의 눈에 들어 17세가 되던 해 그의 첩으로 들어갔다. 행복한 나날을 보내던 중 김처인이 삼척으로 발령을 받아 데리러 오겠다는 약속만 남긴 채 떠나고 말았다. 어려운 가정형편

에 계심의 아버지까지 세상을 떠나자 계심의 어머니는 딸을 다시 한양기
생으로 팔아버렸다.

자의와 소망

세습이나 강제에 의해서가 아니라 달성기생 백설루와 같이 시집을 갔
다가 남편이 출가하는 바람에 스스로 기생이 된 경우도 있고(『조선해어화사』
30장), 고전소설『추풍감별곡』에서처럼 양반의 딸이 아버지의 빚을 갚기 위
해 스스로 기생이 되는 경우도 있다. 이처럼 불가피한 상황에서 자발적 결
단에 의해 기생이 되는 경우, 집안형편의 곤궁함이 가장 큰 원인이 되었
다. 1914년『매일신보』에 연재된「예술계 100인」에 출연하는 90명의 기생
들 대부분이 가족을 봉양하기 위해서 기생을 선택했다고 하는 점도 시사
하는 바가 크다. 1930년대 조선총독까지 쥐락펴락 할 정도로 수완 좋고
당시 32세에 거대한 천향각 호텔을 지었던 사업가 김옥교[22]도 어릴 적 집
안이 가난하여 먼 친척 집에 보내진 후 돈 벌 생각으로 기생이 되었었다.
1930년대 후반 서울기생 1,000여 명의 전직을 살펴보면 대부분 직공, 점
원, 버스안내원 등 생활이 궁핍한 여성들이었다. 지금은 길상사로 바뀐 한
국 최고의 요정였던 대원각의 주인이자 시인 백석(1912~1995)이 사랑하여
'자야(子夜)'라는 아호까지 지어주었던 김영한[23]도 양반집 규수로 성장하여
교사 생활을 하다가 가정형편 때문에 한성권번의 기생이 되었었다.

순수하게 기생이 되길 소망하는 사례도 있었다. 세 아이가 마주 앉아
각각의 소원을 묻는데, 솔개가 되고 싶고 돼지새끼가 되고 싶다고 말한 아
이들과 달리 한 아이가 먼저 기생이 되겠다고 한 이야기가 작자 미상의
『교수잡사』에 실려 있다. 그 아이는 "나는 후생에 세상에서 제일가는 기생

22　「60萬圓 던저 호텔 짓는다는 金玉嬌란 엇든 女性인가」,『삼천리』8권 1호,
　　　1936.1.1.
23　기생 이름은 김진향이다.

제1부 기생이 되고 싶다

이 되고 싶네. 위로는 공경대부에서 아래로는 토지세를 내는 사람과 급료가 많은 벼슬아치 중에서도 부잣집 자제에 이르기까지 그들의 간장을 모두 녹여 내 손아귀에 넣고 주무르면서 온갖 호사를 부리고 세상의 모든 즐거움을 누리며 나 하고 싶은 대로 하면서도 나라에 내 이름을 떨친다면 이보다 나은 것은 없을 듯하네."라고 했다.

서울 출신의 기생 계선의 경우 좋아서 스스로 기생이 되었다. 그녀는 "나는 기생이 부러워서 나왔어요. 인물이 남만 못합니까. 재주가 남만 못합니까."[24]라고 했다. 처음에는 시집도 갔으나 홍우산과 남치마에 인력거 바람이 계선의 마음을 요동케 했으므로 기어이 기생으로 출세했다는 것이다. 근대 시기 쓰개치마나 장옷을 대신했던 우산(양산)은 기생을 표상하는 대표적인 액세서리 중의 하나였다. 영화 〈해어화〉(감독 박흥식, 2016)에서도 처음부터 우산이 등장하는 것이 예사롭지 않다. 1940년대 경성 제일가는 기생들이 모인 대성권번의 졸업식 날, 일패기생의 상징인 붉은 우산을 받은 소율이나 연희와 달리 옥향은 삼패기생을 뜻하는 남색 우산을 받게 되었다.

기생 명주도 어렸을 때부터 늘 기생이 되고 싶었다고 하며 그런 어릴 때의 꿈이 이루어지면서 화류계에서 광채를 드러냈다. 그녀는 말하길 "저는 기생이 어찌 되고 싶던지 부모가 시집을 보내겠다는 말을 듣고 낙심천만하여 하루는 종일 밥도 아니 먹고 싫다고 야단이었지요."[25]라고 했다. 기생들이 만든 잡지인 『장한』에는 "나는 기생이다"라는 소제목마저 등장한다. 못 배우고 가난한 사람들에게는 기생의 호사스런 모습이 동경과 질투의 대상이 되었을 것이며, 대중들의 관심과 함께 스스로 기생의 길을 택했을 것이다. 기생들은 남성들의 팍팍하고 쪼들린 삶에 비교하여 자신들

24 『매일신보』1914.2. 3.
25 『매일신보』1914.2.25.

의 화려한 생활을 과시하기도 했다. 이유원의 『임하필기』에 의하면, 기생이 많던 함경도 북청에서는 '딸 셋을 낳으면 하나는 농가에 시집보내고 하나는 교방에 집어넣고 하나는 무당에게 판다'고 했다. 생계가 어려운 서민들에게는 기생의 길이 하나의 목표였을 것이다.

기적(기안) 탈출법

하지만 조선의 완고한 신분사회에서 대부분의 기생은 인간적 대우를 받기 어려웠다. 이른바 팔천(八賤)의 하나로 사대부들의 연회나 술자리의 유흥을 위해 시중드는 것이 기생의 기본 업무이기도 했다. 역사적으로 그녀들은 생애에 관한 공식적인 기록도 거의 없는 천한 운명 속에 사물화된 존재로 신음하며 살아야 했다.

그러나 기생이 양민으로 전환되는 경우도 있었다. 다만 신분 상승을 위해서는 절차가 필요했는데 기생은 관리대장에 올라 있으므로 그 기적(妓籍)에서 빠져나오려면 속신(일명 속량)을 해야 했다. 교방에 대한 사회적 인식을 새롭게 했다는 소설 「삼선기」(1918)에서도 홍도화와 류지연 두 기생이 거금을 내고 기적에서 이름을 뺀 뒤 한양으로 올라왔다.

기적이란 기생 명부인 '기생안(기안)'을 말한다. 조선시대 관아에서는 소속 노비를 관리 감독하기 위해 노비 명단인 '관노비안(관안)'을 작성하였다. 기생 역시 관노비이므로 관노비안에 그 이름이 등재되었는데 관노비안 중에서 기생 부분을 분리하여 작성한 자료를 '기생안'이라 할 수 있다. 관청에 공식적으로 등록되는 기생안을 살펴보면 기생의 이름과 나이를 비롯하여 기생이 도망가거나 기안에서 빠진 경우 등을 기록하여 기생의 동태를 확인할 수 있고, 기생의 숫자와 등급까지도 파악할 수 있었다. 현재 남아 있는 기생안은 대부분 18~19세기에 작성된 것이며, 이러한 기생안은 모두 지방 관청에서 작성한 것이다.

기생첩(기첩)

19세기 〈무숙이타령〉(일명 왈짜타령)의 무숙이는 한양의 부잣집 아들이자 왈짜로서 평양에서 올라온 약방기생 의양이를 수천 냥의 거금을 들여 기적에서 빼내 첩으로 삼았다.[26] 즉 기생을 양민으로 바꾸기 위해서는 속신이 필요했다. 기생의 가장 실현 가능한 꿈은 고관이나 부자의 첩이 되는 것이다. 그렇게 되면 재물로 대가를 치러주고 기생을 면할 수 있었으며 일생을 여유롭게 지낼 수 있었다. 19세기 개성의 한량이었던 한재락이 만난 평양기생 경패의 경우, 관찰사의 첩이 되니 살던 집이 몇 칸짜리 초가집에서 큰 저택으로 바뀌었고 무늬를 새긴 창문과 수놓은 병풍에 가야금과 책상이 깔끔하고 우아하게 정돈되어 있었다(『녹파잡기』 권1).

다만 예능이 뛰어난 기생은 종친이나 재상의 첩이 되더라도 기역(妓役)을 완전히 면제받지 못하고 국가 경사나 사신 접대를 위한 잔치 등에는 참여해야 했다. 갑오개혁으로 기생들이 천민 신분에서 해방되었을 때도 진연이나 가례 등 국가 행사에 동원되었던 것도 같은 맥락이다. 그만큼 악가무의 기예는 쉽게 그 역할을 대체할 수 없는 전문 분야였기 때문이다. 공연이 끝난 뒤 포상으로 천인 신분을 면제해주기도 했다. 재색이 있는 기생이 빠져나가는 것을 막기 위해서라도 다른 관비와 달리 기생을 속신하는 것은 법으로 허용되지 않았을 것이다.

고려 인종 때의 배경성(1083~1146) 부부의 경우처럼 고려시대에는 기생을 아내로 삼는 일이 일상적이었으나 조선시대는 그렇지 않았다. 18~19세기 옥소선(기명)이라고도 불리는 평양기생 자란처럼 부모의 뜻을 저버리고 자신을 만나러 온 평안감사의 아들과 도주해서 그 도령을 공부시켜 등과하게 한 뒤 왕명에 따라 정실로 들어간(『계서야담』 『천예록』 등에 실려 있다)

---

26 사대부가 기생을 첩으로 데려오면서 그녀와 나이가 비슷한 자기 여종을 몸값으로 물어내기도 했다(『성종실록』 성종 19년 7월 24일).

경우는 있으나 기생은 본부인이 될 수 없는 것이 원칙이었다. 더구나 조선시대는 최고의 법전에 "관원은 기생을 간(奸)할 수 없다"[27]고 되어 있을 만큼 기생들은 개인에 의해 사유화될 수 없는 존재로서, 속량시켜 첩으로 삼는 것도 법으로 금지되어 있었다.[28] 하지만 기생첩(기첩)을 두지 않았던 관원이 없을 정도로 법은 지켜지지 않았다.

기생첩으로 집안일을 관장하게 하여 아내와 다름없게 된 사례도 상당히 많았다.[29] 지아비가 기생첩에 빠져 파산하거나 조강지처를 버리는 경우도 있었다. 어우동(?~1480)의 남편인 이동의 탄핵 이유도 기생을 위해 본처의 허물을 들추고 버리기까지 했기 때문이었다. 세종 때 중국어를 잘해 외교적으로 큰 공을 세웠던 예조판서 김하(?~1462)의 경우 기생 녹명아를 좋아하여 종실 혹은 도승지와 다투는 등 조정을 시끄럽게도 했지만 울주기생 옥루아를 첩으로 들여 여섯 아이를 낳으면서 조강지처를 소박했다. 세조 때 신자형은 초요갱의 미모에 빠져 첩으로 삼은 뒤 본처 이씨를 소박하고 본처에게 초요갱을 험담한 계집종 둘을 때려죽이기까지 했다.[30] 또 세조 때 정종의 아들 이무생(1396~1460)은 기생 탁금아를 사랑하여 정처를 내쫓은 일로 인해 탄핵을 받았다. 성종대 신숙주의 아들 신찬은 기생첩 석금을 가까이하며 본처 유씨를 학대했는데 신찬은 유씨를 창고에 가두고 밥도 주지 않았다.

첩이 되어 천민에서 벗어나고자 하는 기생들의 시도는 끊이지 않았다. 먼저 자식의 앞날을 위해서는 아버지의 신분이 중요했다. 만약 왕실 후손이거나 2품 이상의 고관이라면 자식은 법적으로 천인 신분에서 벗어날 수

---

27 『경국대전』「형전」. 위법의 경우 장 60대의 벌을 내리는 제도는 명의『대명률』(권25 형률8)에 따른 것이다.
28 첩을 들인 경우, 관리는 강등 또는 추방되었고, 무인 또는 중인이나 서민은 곤장을 맞아야 했다.
29 『세종실록』세종 20년 11월 23일.
30 『세조실록』세조 3년 6월 26일.

있었다. 조선 초 재상 이중지(?~1446)가 본처에게는 아들이 없고 기첩에게만 아들이 있었으므로 세조에게 자신의 아들을 종량시켜달라고 하여 허락을 받은 일도 있다. 이때부터 기첩의 자식이 양인이 되는 법이 시행되었다. 성종 시절 공주기생 재춘은 아들 윤양이 양반으로 떳떳하게 살아가길 바랐으므로 남편 윤효상이 보라는 듯이 아들의 성과 이름을 바꾸지 않았고 날마다 아들에게 아버지의 이름을 잊지 않도록 가르쳤다. 어미로서 할 일은 속량이라 생각했다.

조선 중기 청렴한 선비로 유명하던 김시양(1581~1643)이 함경도 종성에 귀양을 가서 그곳 기생을 첩으로 들였다가 유배가 풀려 돌아올 적에 그 기생도 데리고 왔다. 그뿐만 아니라 첩이 아들을 낳자 아이를 정병에 소속시키고 매년 군포까지 바쳤다. 사람들이 의아하여 "국법에 재상의 아들은 군역을 면제받게 되어 있는데 스스로 군역에 편입시키고 군포를 내시니 어쩐 일입니까?"라고 물었다. 그러자 김시양은 "관북기생은 그 지역을 벗어나지 못하는 것이 국법인데 내가 법을 어기고 데려온 데다 거기서 아들까지 보았으나 마음이 늘 불안했다오, 그래서 아이를 군적에 넣고 군포를 바쳐 속죄를 하고자 한 것이오."라고 했다. 듣는 사람이 모두 탄복하지 않을 수 없었다(강효석, 『대동기문』).

그런데 양민이 첩이 되는 경우는 거의 없을 만큼 대부분 기생첩은 지위가 낮고 불쌍한 처지였다. 신분의 굴레에서 벗어날 수 있다는 생각은 착각이었을 수도 있다. 예컨대 춤이 뛰어났던 기생 탁문아는 여러 번 돈에 팔리는 신세가 되었다. 첫 남편이었던 남이(1441~1468) 장군의 역모가 발각되어 진해관비로 전락했는데 다시 성종 때 이축의 첩이 되었다가 높은 벼슬자리에 있던 윤은로에게로 옮겨갔다. 윤은로가 이축에게서 탁문아를 빼앗아 자기 소유로 삼았는데 2년쯤 지나서는 돈을 받고 다시 이축에게 돌려주었다. 기생첩을 물건이나 다름없이 생각했던 것이다.

대비정속 및 특명

한편, 속신의 경우로서 기생이 병들어 제구실을 못 하거나 늙어 퇴직할 때 보통 자신을 대신하여 젊은 계집을 들여놓았는데 이를 '대비정속(代婢定贖)'이라 하였다. 자기 대신 다른 사람을 채워 넣고 빠진다 하여 '납대'라고도 했으며 대개는 동기로 채워졌다. 돈이 있는 기생들은 버려진 계집아이를 사서 자기 대신 들여놓을 수 있지만 돈이 없는 기생들은 자신의 딸이나 조카딸을 들여놓는 수도 있었다. 그러나 법으로는 금지되어 있는 대비정속의 경우 사실 자신이 빠지는 것이 아니라 관기와 양반 사이에서 태어난 자녀에 한하여 이루어졌다. 춘향이는 이도령과 백년해로를 약속하여 대비정속하고 기안에서 빠져 양민이 되었다. 춘향이의 어미 월매가 부자였으므로 몸값을 지불하고 춘향이의 기생 신분을 벗어나게 했다고 증언하는『춘향전』이본도 여럿이다. 영조 때 자란을 사랑하던 울산부사 윤면은 승진하여 한양으로 돌아가게 되자 계집종 두 명을 관청에 바치고 자란을 기적에서 뽑아 데리고 갔다.

다른 한편 기적을 벗어나려면 국왕의 특명이 있어야 했는데, 세종은 종친 이순몽(1386~1449)의 첩 패련향의 기역을 면제해주었다. 또한 세조 때 '4기'로 불리던 기생 옥부향·자동선·양대·초요갱은 출중한 가무 실력을 인정받아 천민 신분에서 벗어날 수 있었다. 성종대에는 기생으로서 왕실 종친의 첩이 되어 아들을 낳은 자에 한하여 기역을 면제해주었다. 선조도 영리한 기생을 면천시켜 어사의 소실로 삼게 한 바 있다. 숙종도 재상이 된 김우항(1649~1723)의 과거 이야기를 듣고 북관(함경도)에 영을 내려 강계기생 홍도를 불러와 김우항의 첩으로 삼도록 했다.

그 밖에도 국왕이 기역을 면제해준 일이 많다. 27세의 가산기생 최연홍(1785~1846)은 1811년 평안도 몰락 양반의 자손이었던 홍경래(1771~1812)가 일으킨 난에 죽은 가산군수 정시(1768~1811) 부자의 시신을 수습하여 장례를 치르고 군수 아우의 부상도 치료해주었으며 결사대를 모집하여 고을을 지켰으므로, 조정이 기적에서 이름을 빼주고 전답을 주어 표창하고 부세를 면제해주었다.

의녀도 종의 신분을 벗어나기 어려웠으나 의술로 공을 세우면 양민으로 신분이 바뀔 수 있었다. 현종 10년(1669) 대비 인선왕후가 온천에 갈 때 수행했던 의녀 단춘, 정옥, 지향을 비롯하여 숙종 37년(1711) 중전의 병을 치료한 단절, 월아, 승례 등 면천된 의녀가 많았다.

4. 기생은 국가적 연예를 위해 존재했다

중국은 기생을 국가가 관리하지 않는다. 기생집단이 송대의 상업화를 거쳐 상당한 규모가 되면서 명대에 이르러 국가의 통제가 불가능해졌다. 특히 정치 경제의 중심지였던 북경과 남경에서는 기생이 일반 백성보다 많다고 할 정도로 감당하기 힘들었다. 마침내 청대에 와서는 수천 년 동안 형성되었던 관기가 사라졌다. 기생 운영의 주도권이 급격히 민간으로 넘어가면서 가무를 제공하던 기생들은 육체를 파는 창기로 변해갔다. 중국 조정에는 공식적으로 기생을 동원하는 일이 없었으니, 중국 사신들은 조선에 와서 연회에 참석하여 기생의 춤과 노래를 보고 의아해했을 것이다.

기생을 둔 세 가지 목적

기생이란 원래 사회적으로 지탄받아야 할 존재가 아니라 예능을 통해 남을 즐겁게 해주기 위한 사람들이었다. 더구나 사내들의 한두 번 욕정을 풀어주기 위한 대상이거나 향락의 도구가 아니었다. 무엇보다 기생을 둔 주된 이유가 궁궐 및 관청의 행사, 외국 사신의 영접, 변방 군대의 위안 등 크게 세 가지에 쓰일 가무 즉 여악(女樂)을 제공하기 위해서였다. 이능화가 기생을 '여악'[31]이라고 말했을(『조선해어화사』 8장) 만큼 여악이란 악가무를 공연하는 기생을 가리키거나 또는 공연 자체를 일컫는다. 이와 같이 기생은 국가에서 필요한 연예를 위해 만든 공적 존재로서 기생의 본질적 역할이 여악이었던 것이다. 고려시대부터 여악 위주의 기생을 설치한 세 가지 목적을 구체적으로 살펴보자.

먼저, 기생을 둔 첫 번째 목적으로, 기생들은 여악이라는 가무 중심의 기예를 익혀 나라의 각종 의례와 잔치에 동원되어 봉사를 해야 했다. 이미 고대로부터 가무를 하는 유녀가 있었고 고려 초기부터 중국을 본받아 교방을 설치하여 여악을 둔 기록이 있다. 조선시대에 들어와 특히 여악을 위해 기생을 두어 내연(內宴)[32]이나 국가 의식에서 공연하도록 했다. 내연과 중궁하례 및 친잠례에서는 여악이 반드시 필요했으므로 조선시대 말까지 여악이 존속할 수 있었다. 대부분의 경우 여악은 왕실 여인이나 친인척이 참석하는 내연에서 공연되었다. 이때 재능이 있는 지방기생이 '선상기'로 뽑혀 한양으로 많이 올라오기도 했다. 그러나 안타깝게도 세력가들이 기생을 첩으로 데려가 실제의 여악은 많지 않을 만큼 국가에서 관기를 양성하기 힘들었다. 조선의 문헌들[33]에는 말단 관리까지 예쁜 기생들을 모두 빼가서 관아에는 못생긴 기생들만 남았다고 적고 있다.

기생을 두었던 두 번째 목적으로서 기생으로 하여금 사신을 접대[34]하는 것은 고려시대부터 이미 있었던 일이다. 『고려사』에 나오는 바와 같이 공민왕 때 중국 사신을 위해 베푼 연회에서 기생이 잘못하여 최고위 재상

---

31 원래 기생의 '妓'란 여악을 뜻하는 말이었다(徐君·楊海, 『妓女史』, 上海文藝出版社, 1995, 1~3쪽).
32 왕실 내명부 위주로 베풀어지는 잔치이다.
33 대표적인 경우, 「연산군일기」(연산군 10년 10월 경오)의 기록을 들 수 있다.
34 경기나 지방기 모두 외국 사신을 접대하는 사객연(使客宴)에 동원되었고, 그녀들은 조선의 사신이 떠나는 환송연에도 참여했다.

이 유배를 가고, 명나라 사신은 화가 나서 귀국하려 했던 사건도 있었다.[35]
외국 사신의 영접에 가면극인 산대희를 베풀었는데 여악도 그 속에 포함
되었다. 다만 방직(房直)기생(일명 방기), 또는 수청기라고 하여 사신들의 잠
자리 시중도 들어야 하는 경우도 있었다. 태종 때 조선에 왔던 중국 사신
반문규(?~234)가 기생 숙초를 사랑하여 데려가고자 하였으나 그러지 못하
고 돌려보냈다는 일화도 실록에 남아 있다. 사신들이 왕래하는 객사에서
는 잔치가 빈번했는데 잔치에 참여한 기생들은 선녀로 인식되었다.

그다음, 기생을 두었던 세 번째 목적은 군대 위안에 관한 것인데, 「세종
실록」에서는 군사들이 가정을 멀리 떠나서 추위와 더위를 두 번씩이나 지
나야 하므로 일상의 사소한 일도 어려울 것이니 기생을 두는 것이 합당하
다고 했다. 김종서(1383~1453)가 여악(기생)을 폐지하자고 건의한 데 대해
서 윤수가 왕에게 "예부터 기생이란 아내가 없는 군사를 접대하기 위한 것
이라고 했습니다. 우리나라가 동남으로 바다에 이르고 북쪽으로 야인과
이어져 있어 방어하는 문제가 없는 해가 없는데 여악을 어찌 갑자기 혁파
하겠습니까."[36]라고 하였다. 세종은 김종서로 하여금 6진을 개척케 한 뒤
여악으로 주연을 베풀고 기생(방기)을 두어 군사들을 위로하였다. 실록에
나오는 바와 같이 예종, 성종, 중종, 선조 등도 변방에 기생을 두어 위안케
하라고 전교를 내렸다. 실학자 이수광(1563~1628)은 『지봉유설』에서 변방
에 기생과 음악을 두는 제도를 만든 뜻이 지극하다고도 했다.

한편 이상과 같은 여악을 본질로 삼는 예능적 기생과 다른 기생이 존재
했는데, 의약을 다루던 의녀(일명 여의)가 있었으며, 바느질을 맡았던 침선
비가 있었다. 특히 의녀는 부인의 질병을 진단 치료하기 위해 조선 태종
때 제생원사 허도의 건의에 따라 설치되었으며, 영조대에는 궁중에서 왕

---

35 『고려사』 공민왕 23년.
36 『세종실록』 세종 12년 7월 28일.

족을 치료하는 내의원 의녀와 일반 부녀자를 치료하는 혜민서 의녀로 구분했다. 내의원의 별칭이 약방이었으나 연산군 이후 의녀를 '약방기생'이라고도 불렀다. 침선비와 관련해서는 18세기 자색과 가무로 빼어났던 공주기생 추월이처럼 상방(상의원)으로 들어온 경우도 있고, 19세기 원주기생 순옥을 침선비로 선상하라는 상의원의 공문이 내려가자 3백 냥을 들여 침선비에서 빠지려 애쓰는 일도 있었다.[37]

조선조 양란 이후 장악원이 제 기능을 다 하지 못하면서 인조반정(1623) 후 3년마다 지방기생을 선상하는 제도가 혁파되었고, 진연 때 지방에서 올라온 기생들은 명목상 약방이나 상방 같은 기관에 소속되었다. 18세기 후반 내의원에는 의녀 30명, 혜민서에는 의녀 70명, 상의원과 공조에는 침선비가 각각 10명이 있었다.[38] 이 약방이나 상방에 소속된 의녀나 침선비들에 의해 여악도 운영되었다.

등급으로는 내의원 의녀가 가장 높고 그다음이 상의원 침선비이며 그다음이 혜민서 의녀이고 그다음이 공조 기생 순서인데, 대한제국 시절(1897~1910)의 관기를 관장한 이 네 기관을 '기생사처소'라 부르며 이 소속의 기생들을 일류기생으로 여겼다.

이렇게 볼 때 기생이란 기본적으로 여악 중심의 가무를 담당하는 연예인 집단임은 물론 의술을 행하는 의녀 혹은 바느질하는 침선비처럼 기술을 가진 국가적 전문직 여성이었다. 여기서도 간과할 수 없는 것은 조선 후기에 여악의 필요성과 더불어 지방기생의 동원에 따른 국고 낭비를 줄이기 위한 순수한 동기에서 의녀와 침선비가 궁중연회의 여악에 동원되었다는 점이다. 17세기 중반 이후에는 의녀와 침선비가 기생과 동일시되었다.

---

37 동고어초, 「북상기」京選.
38 이만운, 『國朝縉紳案』 내편 1권.

여악, 기생의 본질적 역할

　기생들은 각 고을의 교방에 들어가 재주를 익힌 다음 국가 행사가 있을 때 뽑혀서 도성으로 올라가기도 하고, 본 고장에서 활동하거나 다른 곳으로 가서 일하기도 했다. 어느 기생이 지었다는 시, "3월에 집 떠나 9월에 돌아오니/초의 산 오의 물이 꿈속에 아련하구나./이 내 몸 철새같이 돌아다닐 때/남쪽 하늘 다 날고 또다시 북으로 가네(三月離家九月歸 楚山吳水夢依依 此身恰似隨陽鳥 飛盡南天又北飛)."(『고금소총』)에서 보듯 지방의 관기들이 한 곳에만 머물지 않았다. 본래 평안도 강동기생이었던 일지홍은 열한 살 때 노래와 춤을 배우겠다고 자원하여 평양으로 옮겨갔다. 물론 기생들은 공인이기에 임의대로 자기 소속의 지역을 떠날 수 없고 관의 명에 따라 움직였을 것이다. 일제시대 권번 기생들의 활동 범위를 살펴보더라도 전국의 권번을 이동하며 다녔음을 알 수 있다.

　어릴 때부터 가무에 재능이 있던 평양기생 경패는 겨우 열세 살이 되자 "내 고향이 아무리 큰 도회지라고 하지만 안목을 넓히지 못하면 결국 촌스럽게 되고 말 테니 어떻게 한 세상을 압도할 수 있겠는가."(『녹파잡기』 권1)라고 하며 한양으로 올라가 당대의 이름난 기생들을 맘껏 만나보고 장악원에서 새로 작곡된 모든 곡을 수집해 돌아갔다. 장악원 소속의 기생들의 주 업무가 궁중연회에서의 가무였듯이, 주로 사신의 접대나 관리의 수청 등에 동원되는 지방의 기생에게도 가장 중요한 임무는 여악이었다. 앞에 언급된 공주기생 추월이 늙어서 자신의 일생을 돌아보며 재상집 잔치에 초빙되어 갔을 때 음악에 문외한인 재상으로부터 받은 모욕이 한평생 잊혀지지 않는다고 했던 말이 예사롭지 않다.

　기생들은 어린 시절부터 자신의 처지와 환경 속에서 여악의 꿈을 키워 나갔을 것이다. 『녹파잡기』(권1)에 등장하는 기생 수애는 노래와 춤이 능숙했는데 조상 대대로 악적(樂籍)을 지켜온 것에 자부심이 커서 가볍게 손님을 만나지도 않았다. 수애는 누대로 기적에 이름을 올린 기생 집안 출신임을 자랑스럽게 여겼던 것이다. 성천기생 운초도 예기의 꿈을 성취하기 위해 동기 시절부터 유쾌하고 활달하게 기생 수업에 참가하였다.

그러나 궁중의 의례와 지방관아의 행사에서 공연하는 기생이 일탈하여 건전한 역할을 수행하지 못하는 폐단이 적지 않았다. 그리하여 조선조 내내 여악을 둘러싼 시비가 이어지면서, 조선 후기에 와서는 여자들이 주축이 된 내연에는 여악이, 남자들이 주축이 된 외연에는 남악이 공연하는 제도적 장치가 마련되기도 했다. 사실 기생들이 지배층의 성적 요구에 대한 순응과 그 지속적 담보를 통한 긴밀한 관계 속에 호의호식함으로서 다른 집단의 선망의 대상이 될 수도 있었다.

하지만 기생집단 전체가 매음의 수급 자원으로 활용되었던 것은 결코 아니다. 더구나 조선은 성리학으로 인해 매춘이 금지된 국가로서 만약 강간·간통이 발각될 때 양반은 벌을 받았으며, 상중이거나 국가 위급 상황에 기생과 어울리거나 기생에 너무 빠지면 관료들은 탄핵을 당했다. 실록에도 청백리로 소문난 대사헌 안성(1344~1421)이 완산기생 옥호빙을 사랑하여 곁에 두고 부친상을 당했는데도 돌려보내지 않아 파직된 사연이 나온다.[39] 매춘 행위가 발각되면 기생도 유배를 가거나 노비가 되었다. '관기는 공물'이라는 생각으로 지방의 수령이나 관료는 기생을 수청 들게 했으나 수청을 들었던 관기의 경우조차 제도권 내에서나 허용되었지 심하면 지탄받았다.

여악의 공연

행동의 자유나 성관계 여부를 떠나 오히려 기생집단을 매력적으로 이해하게 되는 것은 그녀들이 드러낸 공익적 자존심과 예술적 능력에 있었다. 공인으로서의 연예적 재능을 갖춘 기생들의 경우 타고난 기질과 성향

---

39 『태종실록』 태종 13년 4월 19일.

에서 유로되는 미의식을 감추기는 힘들었을 것이다. 기생의 악가무를 보고 이능화는 "관현악이 조화를 이루어 연주되니 구름 사이로 선계의 음악이 들려옴을 의심한다. 기생의 노랫소리가 맑고도 찌렁찌렁해서 공중으로 울려 퍼진다. 쌍쌍이 춤추니 버들 허리는 민첩하고 두 옷소매는 바람처럼 움직인다."(『조선해어화사』 28장)고 하였다. 악기 반주에 맞춰 구름도 멈추게 하듯 노래하고 눈이 휘날리듯 춤추는 기생의 연예인으로서의 모습은 부러움을 살 만했다.

고려부터 조선에 걸쳐 기생들에 의해 여악이 공연되었던 상황을 이해할 수 있는 두 대목을 들어보자. 장악도감이 임금에게 아뢰기를 "기생 100명이 좌우로 나눠 섰는데 원래는 70명이었으며, 또 모든 기생이 착용한 옷은 홍단의상과 홍초대 등으로 전일 내전의 궁중잔치 때 50건을 구비했는데…… 화전벽은 침향산 무대 앞에 깐 뒤 모든 기생이 축을 드려 학무·연화대 정재를 행해야 합니다."[40]라고 했다. 한편 성호 이익(1681~1763)은 말하기를, "고려악은 헌선도·수연장·오양선·포구락·연화대·무고 등 여섯 가지로 모두 여악이라고 했다. 조선은 기생들로 하여금 고려의 악무를 답습하였다."[41]고 했다. 기생들의 춤 가운데 공을 던지며 춤을 추는 포구락은 고려 문종 때 송에서 들어온 것으로 궁중연회는 물론 민간에까지 널리 공연되었다.

고려시대부터 기생들은 정악[42]의 노래와 춤으로서 궁중의 공식적인 행사나 국왕의 사사로운 연회, 외교사절의 접대 등에서 공연의 주역이 되었다. 특히 고려에서는 국가의 큰 잔치나 행사가 있을 때면 반드시 여악을 동원했다. 문종 때는 팔관회·연등회 등의 국가적인 큰 행사뿐만 아니라 궁중의 여러 의식이나 왕의 거둥에서도 정재를 공연했다. 조선시대에도

---

40 「광해군일기」 광해 8년 5월 3일.
41 박용대 외, 『증보문헌비고』 악고.
42 정악에는 아악·당악·향악이 있다.

고려의 여악제도를 이어받아 여러 고을에 명하여 기생을 뽑아 올려 장악원에 예속시키고 궁중의 의식과 연회에 가무를 제공했다. 지방에서도 마찬가지로 기생들은 여악에 주도적인 역할을 했다. 1907년 공식적으로 여악이 해체되면서 궁중의 관기들은 민간으로 나오게 되었다.

기생들은 낡은 제도적 관행과 억압 속에서도 자신들의 예술적 감각과 재능을 통해 세상과 맞설 수 있었다. 예컨대 평양기생이었던 초요갱이 수양대군의 왕위 찬탈에 이용되는 등 정쟁의 벼랑에 서 있으면서도 그녀가 쫓겨나지 않을 수 있었던 것은 예능이 탁월했기 때문이었다. 더구나 부왕(세종)의 아들들인 평원대군, 화의군, 계양군 등이 초요갱에 빠져 물의를 일으키자 화가 난 세조가 "기생이란 금수와 같은 자들이니 가까이하지 말라."[43]고 호통치며 초요갱을 내쫓았으나 얼마 되지 않아 다시 장악원으로 귀속시켜야 할 만큼 그녀는 기예가 뛰어났다. 초요갱은 세종 때 박연(1378~1458)의 유일한 전승자라 할 정도로 새로 제정한 음악과 춤에 빼어났던 전악서의 기생이었다.

궁핍한 생활

많은 기생들은 방종과 타락의 늪에 빠지지 않고 인간 본연의 일과 행복을 찾고자 노력하였다. 그러나 여성이자 낮은 신분으로 국가적 업무에 종사하는 데는 늘 어려움이 따랐다. 교방에 적을 두고 관청에 들어가 공적인 역할을 수행하는 관기로서 급료를 받아야 하지만 기생들은 행사 때 말고는 공식적으로 봉급을 받지 못하고 스스로 생계를 해결해야 했다. 그러므로 기생들은 쉬는 날 고관들의 유흥에 참여하거나 집에서 손님을 받아 행하를 얻어 생활을 했다. 선상기로 뽑히지도 못하고 첩도 되지 못한 많은

---

43 세조도 열네 살 나이에 기생집에서 유숙한 적이 있고 임금이 되어 잔치를 베풀며 기생의 가무를 즐긴 바 있다.

기생들은 지방관아를 떠나지 못한 채 궁핍한 삶을 이어가야 했다.

조선 문종 때 한양기생의 봉급이 1년에 백미 한 섬이었다고 하는데 이는 궁녀 월급의 10%도 안 되는 수준이었다. 지방의 행수기생들도 월급이 좁쌀 세 말, 또는 조 다섯 말이었다고 한다. 많지 않은 나이에 화류계를 떠나 홀로 살아야 하는 기생들이 노후 생활을 위해 돈을 모으려고 애썼던 것도 이해할 만하다. 『조선해어화사』에서 기생어미가 돈은 없지만 잘생긴 남자와 못생겼지만 돈 많은 남자 가운데 누구를 택하겠느냐는 질문에 동기가 돈 많은 남자를 취하겠다고 답변하는 내용(25장)은 기생들의 현실을 적나라하게 보여준다. 인간의 가치를 잘 보증한다는 사랑을 믿을 수 없는 기생들에게 의지할 것은 돈밖에 없었다. 오죽하면 조선 말 흥선대원군(1820~1898)이 사랑을 돈으로 환산하여 기생의 머리 올리는 값을 120냥으로 정하였겠는가.[44]

시대 변화에 따라 사회적 순기능은 변질되는 경우가 많은 만큼 공인으로서의 기생의 자부심도 세월이 지나면서 차츰 위안부의 성격으로 바뀌게 되었다. 기생들은 공적인 행사를 넘어 사회적 교제에 없어서는 안 될 존재가 되고 있음을 자각하였다. 조선 성종 때의 선비 성현(1439~1504)은 저택에 세 사람만 모여도 반드시 여악을 쓴다[45]고 지적하는 등 날로 기생 문화가 퇴폐화됨을 우려한 바 있다. 기생들은 지배받는 처지에서 나오는 저항감보다는 생존할 수 있다는 안도감을 소중히 여기게 되었다. 그러므로 기생이 주석이나 연회에서 흥을 돋우는 일을 본업으로 삼았다고 하는 것도 무리는 아니다. 이른바 기생은 일종의 '사치노예'라고 할 수 있으며, 길가의 버들이요 담장에 핀 꽃이라 하여 '노류장화(路柳墻花)'로도 불렸다. 이 모멸적인 명칭인 노류장화를 줄인 '화류'에서 '화류계'도 탄생했다.

---

44 박제형, 『근세조선정감』, 1886.
45 성현, 『용재총화』 9권.

조선 후기에는 여유 있는 가정에서 집안 잔치에 노래하는 무리들을 불러 분위기를 즐겁게 하는 일이 빈번했는데 그중에서 기생들을 불러 재예를 감상하는 경우도 많았다. 이 시기에 이르러 나타난 급격한 신분질서의 붕괴와 상업경제의 발달은 오히려 기생들에게는 위협으로 다가왔다. 기생들이 스스로 향락과 퇴폐의 길로 접어든 것은 기생의 생계를 보호해야 하는 조정의 무능과 사회적 경시에 온몸으로 항거하려 했던 그녀들의 불가피한 생존전략으로 이해할 필요가 있다. 많은 관기들은 국법에 따라 의무적 역할을 수행하면서도 한편으로 재색을 내세워 사적으로 실리 추구에 힘썼다. 그녀들은 사대부들과 자유로이 연애하면서 호화로운 생활을 할 수 있었으며 고위 관료의 첩으로 들어가는 경우 친정을 살릴 수도 있었다. 나주기생 나합은 19세기 안동 김씨 세도를 연 김좌근(1797~1869)의 첩이 되어 막강한 권력을 휘둘렀다. 일제강점기 큰 저택이나 호텔을 소유할 정도로 거부가 된 기생들도 있었다.

그러나 「별실자탄가」에서 보여주듯 좋은 집에 들어간 기생첩도 행복을 보장받기 어렵고, 가난한 남자의 처가 되어 구차하게 연명할 수도 있으며, 「노기자탄가」에서 알 수 있듯이 혼자 노기로서 외로이 살아갔다. 기생들은 나이가 들수록 초라한 신세가 될 수밖에 없었으며 고단하고 비참한 수준의 생활을 이어갔다. 기생어멈이라는 포주가 있어 기생을 혹사시키기도 했는데, 기생어멈은 고아를 어릴 적에 데려다가 기르기도 하나 때로는 자기의 딸을 기생으로 만드는 경우도 있었다. 기생은 관청에 딸려 있으면서도 안정된 생활이 보장되지 않아 늘 물질적, 정신적 지원자가 필요했다. 제도적으로 빈약한 존재이다 보니 인간으로서 떳떳하게 사랑을 하고 원하는 대로 일을 하기도 힘들었다. 그나마 직업에 충실하지 않고는 편하게 살기 어려웠다.

노래를 팔지언정 몸을 팔지는 말라

열악한 환경 속에서 "남자가 비록 가난하더라도 기생들이 자원해서 몸을 바치려"(『조선해어화사』 25장) 했던 것을 보면 기생들이 물질적 노예가 아니었음이 분명하다. "굶어 죽어도 씨오쟁이는 베고 죽으라"는 말처럼 진정한 농사꾼이라면 굶어 죽으면서도 종자는 절대로 건드리지 않았던 것과 같은 직업의식의 발로다. 또한 수령의 명을 거역하고 수청을 들지 않아 매 맞아 죽는 경우도 있을 만큼 기생 모두가 사대부들의 유희적 대상이 아니었다. 깨어 있는 기생들은 밝은 눈으로 세상을 바라보고 자기의 갈 길을 정했다. 나아가 기생들은 사대부의 무책임과 부도덕성을 문제 삼거나 정치적 체통 손상의 계기로 만들기도 했다. 즉 일반 여성들과 달리 권력층과 매우 가까이 자리했던 기생들은 그들의 무능력과 허구성을 오히려 자신들의 강점으로 뒤바꿀 수 있을 정도로 강한 문화예술적 잠재력을 발휘하기도 했다. 『논어』 팔일편의 '즐기기는 하나 음탕하지는 않게 한다(樂而不淫)'는 말처럼 매창불매음(賣唱不賣淫), 즉, '노래를 팔지언정 몸을 팔지는 말라'는 것이 기생의 신조와 원칙이었다.

기악

먼저 기생들의 연예적 기량을 악기 연주와 관련해 살펴볼 수 있다. 연산군은 해금을 잘하는 기생을 들여보내라는 어명을 내렸고 장악원에서는 해금의 명인이던 광한선의 이름을 적어 올렸으며 점점 연산군은 해금 소리에 빠졌고 그녀의 손이 신기한지 자주 만져보았다.[46] 연산군 때는 초적(풀피리)을 잘 부는 기생 옥장아가 있었고 가야금의 명수인 기생 최보비가 있었다.

중종 때의 한양기생 상림춘은 거문고를 잘 타기로 유명하여 왕궁의 연

---

46 「연산군일기」 연산군 9년 6월 13일.

회에 자주 초청되었다. 판부사 정사룡(1491~1570)이 그녀에게 보낸 시에서 "열세 살에 시를 배워/기생 가운데 이름 얻었네./널리 귀인들과 놀아서 사랑받았고/음률에도 통하여 노랫소리 맑았네(十三學得瀟蘭操 法部叢中見藝成 遍接貴遊連密席 又通宮籍奏新聲)."(심수경, 『견한잡록』)라고 극찬했다. 그 밖에도 재상 신식(1551~1623) 등 많은 사람이 그녀에게 시를 지어주었는데, 심수경(1516~1599)은 이렇게 어린 기생이 이름 있는 사람들의 시를 얻을 수 있었던 것을 두고 "기예란 어찌 귀중한 것이 아니겠는가"라고 말했다.

조선 중기 송도기생 황진이와 부안기생 이매창도 노래를 잘했을 뿐만 아니라 거문고도 잘 탔다. 선조의 사위였던 신익성(1588~1644)이 사랑했던 강릉기생 홍장도 거문고를 잘 타기로 이름이 났다. 영조 1년(1725) 울산기생 초경의 딸 자란은 커서 병영의 교방으로 보내졌는데, 기생의 악기라는 장구와 가야금을 잘하는 기생으로 이름을 날렸다. 이능화는 "달성고을의 기생 중 거문고를 잘 타는 자는 녹주와 옥소 두 사람뿐이라"(『조선해어화사』 30장)고 적은 바 있다.

노래

정가를 비롯하여 판소리, 민요 등 노래와 관련해서 일찍이 고려 예종은 여악을 매우 좋아하여 영롱과 알운이라는 기생이 노래를 잘 부르자 여러 번 상품을 하사했다. 조선 중종 때의 기생 석개는 노래로 견줄 만한 이가 없을 정도로 장안을 떠들썩하게 했다. 이에 영의정 홍섬을 비롯하여 수많은 재상들이 시를 지어주기까지 했다. 황진이의 맑고 고운 소리를 들었던 개성유수 송공이 무릎을 치며 황진이를 '천재'라 했으며, 당시 제일의 악공 엄수는 황진이의 노래는 세상에서 들어볼 수 없는 소리라고 극찬한 바 있다(이덕형, 『송도기이』). 한편 숙종대의 안악기생 선향은 젊었을 때 노래를 잘 부르기로 장안에 이름이 있었다(조종저, 『남악집』). 한양기생 조비연은 몸이 살쪄서 춤을 추지 못했으므로 스스로 몸의 민첩함이 조비연만 못하다는 뜻으로 비연이라 이름하였고 뚱뚱하여 춤은 못 추었지만 시재가 있고 노래를 잘 불렀다(『조선해어화사』 30장). 달성기생 백설루는 시를 잘 짓고 민요를 잘 부르기로 명성이 자자했는데 그녀가 제일 잘 불렀던 것이 〈육자배기〉였다.

18세기 함흥기생 가련이는 노래를 잘하는 가기로서 나이 84세에 「출사표」와 옛사람의 시를 외웠는데 한 자도 틀리지 않았다(『조선해어화사』 28장). 18세기 후반 가곡창으로 활약하면서 여성 음악가로 이름을 떨친 인물로 기생 계섬(1736~1797?)을 들 수 있다. 그녀는 중인 집안 출신이었는데 어릴 때 부모 모두를 잃고 갈 곳이 없어 노비의 적에 오르게 되었다. 여러 사람의 도움을 받아 노래 공부를 계속할 수 있었고 나중에는 온 나라에 이름이 알려졌다. 지방에서 활동하던 기생들이 한양에 올라와 노래를 배우려 하면 저마다 계섬을 찾을 정도였다.

19세기 호남기생 진채선(1847~?)은 전라북도 고창에서 무녀의 딸로 태어났다. 어려서부터 그녀의 재능을 본 신재효(1812~1884)에 의해 17세가 되어 그가 운영하는 소리학교에 들어가 판소리를 배운 뒤 최초의 여류 명창이 되었다. 고종 때 경회루 낙성연에서 출중한 기예를 발휘하여 청중을 놀라게 했으며 흥선대원군의 총애를 받게 되었다. 그 후 진채선은 고창으로 돌아가지 못하고 운현궁에 머물며 대원군의 첩으로 살아야 했다. 이 때문에 신재효는 〈도리화가〉를 지어 제자에 대한 그리움을 전했으며, 진채선은 신재효가 중병이 들자 고창으로 돌아가 스승의 임종을 지켰다고 전해진다.

또한 19세기 평양기생 화월은 젊은 나이에도 노래와 춤 모두 빼어났다. 그녀는 휘영청 밝은 봄밤에 비단 주렴을 걷고 방 안으로 달빛을 들여놓았다. 그리고 "달은 밝고 바람은 맑아요. 이렇게 멋진 밤을 어찌하면 좋지요?"라고 속으로 나직히 읊으면서 대동문 누각에 올랐다. 그녀가 은비녀를 빼 들고 난간을 두드리며 노래를 부르면 노랫소리가 구슬을 꿰듯 이어져 허공에 흩어지자 모래톱의 갈매기가 놀라 날아오르고 지나가던 구름이 멈춰 섰으며 온갖 바람소리도 잠잠해졌다고 한다(『녹파잡기』 권1).

물론 우리나라 기생들의 음악적 특색은 지방에 따라 다르기도 했다. 예를 들면 모란을 비롯한 평양기생들은 두보(712~770)가 만년(전란 중)에 악양루에 오른 일을 읊었다는 〈관산융마〉를 잘 부르고, 함경도 영흥지방의 기생들은 태조 이성계 선대의 주거지답게 「용비어천가」를 즐겨 읊었다. 강원도 관동지방의 기생들은 「관동별곡」을 즐겨 노래했고, 판소리의 발상지답게 호남지방의 기생들은 판소리를 잘 불렀다.

춤

남도기생은 소리를 잘하는 데 비해 서도기생은 춤을 잘 춘다고도 했다. 춤과 관련해서는 궁중무인 정재나 검무를 비롯하여 민속무인 승무를 추는 사진을 통해 기생들의 춤이 다양했음을 짐작할 수 있다. 앞에서도 말했듯이 세종의 세 아들과의 염문으로 풍속을 해친다 하여 초요갱을 조정신료들이 그토록 유배를 보내고자 했어도 무산된 것은 세종 때의 궁중악무를 그녀만이 완벽히 감당할 수 있었기 때문이었다. 초요갱은 서른 가까운 나이에도 궁중에서 우아하게 춤추고 노래했다. 성종 때 태강수 이동이 아내인 어우동을 내친 것은 기생 연경비를 사랑했기 때문이라 하는데, 연경비는 아름다울 뿐만 아니라 '물찬 제비가 난다'는 뜻의 이름답게 춤을 매우 잘 췄다. 연경비와 함께 놀아난 많은 남자들이 다 쫓겨났지만 그녀만 살아남은 것도 그녀가 없으면 당시 독무를 출 기생이 없었기 때문이다.

영정조 시기 밀양 출신의 기생 운심(1703?~1778?)의 검무는 사대부들의 넋을 빼앗고 조선을 뒤흔들었다. 운심은 성대중의 『청성잡기』 등 여러 기록에 나타나는데 박지원(1737~1805)의 「광문자전」에 등장하는 기생 운심은 바로 밀양의 실존 인물 운심을 바탕으로 한 것이다. 「광문자전」에 의하면, 장안에서 명성이 자자한 기생 운심은 권문세가의 양반들에게는 콧대가 높지만 거지 두목인 광문의 사람됨을 알아보고 그를 위해 검무를 춘다. 실제로 운심은 관서지방의 기생들에게도 검무를 가르쳐 훗날 묘향산에 올랐던 박제가(1750~1805)가 운심의 제자들의 검무를 보게 된다.

18세기 통신사 조엄의 삼방서기로서 일본에 다녀온 김인겸(1707~1772)이 지은 가사 「일동장유가」에서는 통신사가 출행하기 전 100여 명의 기생들이 환송연을 벌이고 있는 가운데 대구기생 옥진 자매가 가면을 쓰고 추는 칼춤인 황창무를 가장 잘한다고 적고 있다. 순조 때 가산군수 정시(1768~1811)의 사랑을 받았던 가산기생 연홍(1785~1846)은 말을 잘 타고 활을 잘 쏘았을 뿐만 아니라 쌍검무를 놀라울 정도로 잘 추었다. 경혜라는 기생은 쌍검을 쥐고 춤을 추는데 허공을 나는 제비같이 민첩하여 진실로 장관이었다(『조선해어화사』 28장)고 한다. 유명한 신윤복의 〈쌍검대무〉에서는 공작 깃털을 단 벙거지에 화려한 옷차림을 한 두 기생이 맞서 검을 들고 춤을 추는 역동적인 모습을 목격하게 된다.

국경 수비의 요새였던 의주의 기생은 말을 달리고 검무를 추는 재주가 있었다. 검객들의 검무와 달리 공연을 위해 추는 검무는 18세기 들어 크게 유행했고 19세기에 이르러 자리를 잡은 뒤 지금까지 이어지고 있다. 이 검무는 지역마다 특성을 지니고 일제강점기까지 매우 인기가 있었던, 회갑연 때 추는 〈장생보연지무〉를 비롯하여 〈춘앵전〉, 〈무고〉, 〈연화대무〉와 함께 궁중무용의 하나이다. 검무에는 두 명이 추는 춤, 네 명이 추는 춤, 연극 형태로 추는 〈항장무〉 등이 있다.

이 밖에도 악기를 연주하는 장면과 함께 반주에 맞춰 춤을 추는 광경을 보여주는 사진이 많아 기생들의 예술적 역량을 느끼게 된다. 〈연회도〉나 〈선유도〉 등의 그림을 통해서도 기생들의 춤추고 노래하는 모습을 엿볼 수 있다. 여러 기생들이 춤출 때 '지화자(持花者)'라고 복창하는데, 이는 기생이 꽃을 쥐고 춤추는 것을 형용한 말이다. 기생들이 전통 문화예술의 계승자요 창조자라고 할 때 무엇보다 우리의 춤이야말로 그녀들에 의한 것

신윤복, 〈쌍검대무〉

임을 부인할 수 없다.

예인정신의 지속

기생들이 문화적 또는 사회적으로 커다란 업적을 남길 수 있었던 것도 그녀들의 삶이 갖는 공공적 예인정신에 기인한다. 조선시대에 수많은 인사들이 기생들을 추앙할 만큼 명기가 많았다. 가령 선조 때 좌의정까지 지낸 심희수(1548~1622)는 금산기생 일타홍의 죽음에 애도 시를 지은 것으로 유명하다(이희준, 『계서야담』). 미친놈 소리를 들으며 방탕하게 지내던 심희수를 만나 화류계에 발을 끊고 열심히 공부하게 하여 등과시키고 자기 때문에 장가를 들지 않겠다는 그를 설득하여 결혼까지 시킨 뒤 스스로 첩으로 남아 있다 세상을 마감했던 일타홍은 용모와 가무가 당대 으뜸이었던 기생이다.

일제강점기에도 세속적 가치를 넘어서는 삶을 가꾸어나간 기생들이 적지 않았으며 지금까지도 그녀들의 공공적 연예 봉사정신을 추모하는 행사가 이어지고 있다.

다만 조선시대까지는 신분과 성으로 인해 공적 역할에 맞는 대우를 받지 못했고, 20세기 들어서는 국권 상실과 함께 존재의 기반을 잃는 불행으로 예인에 해당하는 기생이 매음하는 창녀(일명 갈보)와 동일시되는 아픔을 겪어야 했다. 1876년 개항과 더불어 일본인들이 이 땅에 들어오면서 일본인 창기들이 뒤따라 들어왔고 그 후 매춘업이 성행하게 되었다. 매춘을 전업으로 하는 창녀들의 집단 거처인 유곽이 1902년 부산 완월동에 처음 만들어졌고 1910년에는 전국에 11개소가 생겼다. 유곽의 출현은 국가로부터 매춘 행위를 승인받은 공창의 출범을 의미하는데, 1904년 일본의 '경성영사관령'에 의해 공창의 영업이 시작되었다. 이때부터 기생은 '몸이나 파는 천한 것'이라 인식되고 창녀처럼 매도되었다. 우리의 기생이 차지하는 문화사적인 위상에 걸맞지 않게 아직도 기생에 대해 긍정적인 평가를 내리지 못하는 경우도 있어 아쉽다.

5. 기생은 사라지지 않고 번성해갔다

기생의 역사는 무녀, 유녀, 원화, 양수척, 노비 등과 관련된 여러 기원설과 함께 시작되어 삼국을 거쳐 근대 이후까지 지속되어왔다. 고려 8대 현종 이전에 교방이 있었다는 역사적인 기록[47]과 더불어 기생의 역사는 굴곡이 많은 가운데 장구하게 이어져왔다. 고려시대만 하더라도 현종 즉위 초 교방이 한번 폐지되었을 뿐 고려 말에 이르기까지 궁중에서 기생의 가무 행위는 계속되었다.

---

47 『고려사』 권4 세가.

기생, 노래를 팔지언정 몸은 팔지 마라

기생 제도 끊임없이 유지

역사적으로 볼 때 필요에 따라 만들어졌음에도 불구하고 그 부작용 때문에 기생을 제도적으로 없애려고 끊임없이 노력했지만 허사로 돌아갔다. 무엇보다 기생에 대한 이념과 현실이 상충되던 조선사회의 이중적 구조 속에서 기생 제도의 존폐 문제는 논의의 중심에 설 수밖에 없었다. 욕망의 절제가 부각되는 강력한 유교적 이념하에서도 기생의 존재가 사라지지 않았음을 보면 새삼 끈질긴 생명력을 느끼게 된다.

본래 기생은 공익적 업무를 수행해야 하는 자리에 있었으나 후에 많은 작폐를 드러냈다. 조선 건국 초기의 기생인 초궁장이 상왕인 정종의 애첩이었으면서도 그의 조카인 세자 양녕대군과 정을 통해 징계를 받는 등 강상을 무너뜨리고 풍속을 어지럽히는 것이 기생보다 더 심한 것이 없다는 비난을 받기도 했다. 기생이 사대부나 무인들을 상대로 위안부 역할을 하는 등 성 풍속이 문란해지자 태종은 기생 제도를 폐지하라는 명을 내렸다.

이에 태종을 보필해오던 하륜(1347~1416)이 "창기를 없앤다면 관리들이 여염집 담을 넘게 되어 훌륭한 인재들이 벌을 받게 될 것"[48]이라며 반대해 시행되지 못했다. 세종 때에도 기생 제도를 폐지하자는 논의가 있었지만, 성품이 강직하기로 유명한 허조(1369~1439)가 "창기는 모두 조정이나 왕실의 물건이니 취해도 무방한데 이를 엄하게 금지하면 젊은 조정 선비들이 옳지 못하게 사가의 여인을 탈취할 것이요, 많은 영웅호걸이 허물에 빠질 것이다."[49]라며 반대해 실효를 거두지 못했다.

다시 말해 윤리와 기강을 내세우는 유교적 질서 속에서 기생에 대한 폐지 주장이 조선시대 초기부터 활발히 진행되었으나 실현되지는 못했다. 특히 여악의 폐단에도 불구하고 긍정적 가치에 따라 유지해야 한다는 측

---

48 「태종실록」 태종 10년 10월 병오.
49 성현, 『용재총화』 9.

과 여악의 폐해가 심각하기 때문에 혁파해야 한다는 측이 맞서며 존폐 논의가 계속되었으나 과감하게 폐지 또는 개혁하지도 못했다.

성리학적 개혁을 추구했던 조광조(1482~1519)는 국가에서 음란한 무리를 위하여 둔 기생을 그대로 놓고서야 인심을 바로잡을 수가 없다며 기생의 폐지를 강력히 주장했다. 이렇듯 중종 때 성리학자들에 의해 기생 제도를 혁파하자는 논의가 강하게 제기되고 실제로 기생들의 수가 대폭 감소되기도 했으나 결과는 오히려 반대세력을 결집시키는 기회를 주었다. 마침내 기생을 없애자고 주장했던 사람들은 기묘사화로 죽음을 당하고 왕은 다시 기생 제도를 부활시켰다. 중종 때나 인조 때 일시 폐지되었을 뿐 여악, 즉 관기제도는 끊임없이 유지되었다.

세계사적으로 사회적 지위가 높은 계층에서는 '노블레스 오블리주'를 실천하려 노력해오고 있다. 그것은 신분 계층이 높은 사람일수록 투철한 윤리의식과 선도적 공공정신을 실현하여 사회의 모범이 되어야 한다는 소명 때문이다. 우리나라에도 국가적 전란이나 사회적 위기 상황에 직면하여 애국적 독립운동이나 구국적 봉사 활동 등을 했던 사람들 중에는 명문가의 자손들이 많이 있었다. 이렇게 볼 때 사회적 책임이나 도덕적인 의무를 강요받지 않는 가운데 주체적으로 국가와 사회를 위해 헌신과 봉사를 실천하였던 기생들의 높은 공익적 정신문화는 그녀들의 존재를 지속시키는 원천적 힘이 되었다. 더구나 남자들에게 기생은 성적 서비스를 제공하는 도구로 인식되었는지 모르지만 기생들에게는 사대부를 능가할 수 있는 수준 높은 지식과 안목이 있었다.

기생 수의 증감

기생의 역사적 부침은 기생의 숫자로도 이해할 수 있다. 물론 기생은 나이 50이 되면 노기로서 퇴역하게 되는데, 이들을 퇴기 또는 퇴물이라 하였다. 특히 재주도 없고 나이만 먹은 퇴기들을 '헐차비'라고 불렀으며, 이들은 수청 드는 일을 할 수 없어 관에 종사하는 음악인으로 일했다. 따라서 기생안에 많은 사람이 올라 있다 하더라도 기생으로서 제대로 구실을 할 수 있는 인원은 이보다 훨씬 적은 숫자였다.

기생의 수는 시대에 따라 달랐으며,『조선왕조실록』어디에도 기생의 전국 통계나 지방기생의 수효는 자세히 밝혀진 바 없다. 다만 전국적으로 수천 명 정도의 관기가 있었던 것으로 추정하는 등 의외로 그렇게 많지는 않은 편이다.

세종 시절 엄격한 선발을 통해 장악원에 소속되는 한양기생의 정원을 100명으로 제한하였다.[50] 실제 한양기생의 경우 대개 80여 명 전후였는데 행사 시에는 40~50명이 부족하여 지방에서 임시로 뽑아 올리는 선상기로 충원하였다. 세종 당시 지방 큰 고을의 기생 수도 100명에 이르렀다. 기생에 빠져 지낸 이복동생 계양군 때문이기도 하지만 여색에 거부감을 가졌던 세조는 사람들에게 늘 기생을 멀리하라고 경고했으며 기생들을 연회에 부를 때에는 가면을 쓴 것처럼 분을 두껍게 바르고 들어오도록 했다. 성종 시절 법전에 3년마다 여러 고을의 관비 중 나이 어린 자로 기생 150명과 더불어 연화대 10명, 의녀 70명을 뽑아 중앙에 올리라는 조항[51]이 명문화되었다. 그런데 연산군 재위 10년(1504) 이후 정원이 배로 증가하여 300여 명이 되더니 몇 년 사이 놀랍게 늘어나 수천 명을 넘어 1만여 명에 이르렀다(허봉,『해동야언』).

연산군은 간신 임사홍(1449~1506) 같은 채홍사와 더불어 채청사[52]를 보내 자색이 뛰어나고 재능이 있는 1,300여 명의 '운평(運平)'[53]을 뽑아다 원

---

50 「세종실록」 세종 29년 3월 18일.
51 『경국대전』 예전 選上條.
52 채홍사(採紅使)는 외모가 출중한 여자를 뽑으려고 전국에 보낸 관리, 채청사(採靑使)는 아름다운 처녀를 뽑으려고 파견한 관리이다.
53 태평을 가져다주는 존재라는 뜻의 기생을 말한다.

각사의 승려들을 내쫓고 그곳에 머물게 했다. 그리고 1,300여 명 가운데 300여 명을 골라 '홍청(興淸)'[54]이라 하여 대궐에 살게 했다. 임금을 가까이 모실 수 있는 자를 지과홍청, 임금과 동침하는 자를 천과홍청이라 하였다. 연산군이 성적 향락에 탐닉하며 국정을 도탄에 빠뜨리자 이때 '홍청망청'이라는 말이 생겨나게 되었다. 실록에서 기생이란 말이 가장 많이 등장하는 것도 바로 이 시기다. 중종이 즉위하자 천과홍청 의춘도를 비롯하여 많은 홍청녀들의 죄악을 물어 처벌하였다. 조선기생의 전성기인 연산조에 이르러서는 기생의 간통과 매춘도 현저한 편이었다. 더욱이 아무 데서나 벌거벗고 부녀자들을 욕보이던 군주의 기생과의 간통은 그때까지 축적된 기생 문화의 합목적성을 상당 부분 퇴락시켰다.[55]

다행히 광해군 때 기생들의 숫자가 세종 때의 수준으로 조절되고 인조 때부터는 기생 수가 줄기 시작했는데 기생의 사회적 기능과 활동이 축소되는 계기가 되었다. 이후 국가에서 기생을 동원하는 일이 줄어들었기[56] 때문에 국가 행사에 올라왔던 지방기생의 일부는 한양에 그대로 머물면서 사적으로 기방[57]을 운영하는 일이 생겼다. 성리학의 확산과 더불어 국가와 왕실에서의 기생의 수요는 점점 감소 되었다. 영조 때 제작된『속대전』에는,『경국대전』에서 '지방에서 3년에 한 번씩 기생 150명을 뽑아 올려 보내라'고 했던 조항이 없어지고, '진연 때만 기생 52명을 뽑아 올리라'는 새 조항이 만들어졌다. 조선 초기에는 군주와 신하의 화합을 도모하는 회례연, 임금이 솔선하여 노인을 접대하는 양로연, 문무백관과 왕실의 친인척 등이 정을 쌓는 진연이라는 세 가지 국가적 연회가 있었는데, 조선 후기에

---

54 맑은 흥을 이끌어낸다는 뜻이다.
55 박종성,『백정과 기생』, 서울대학교 출판부, 2003, 294쪽 참조.
56 임진왜란 이후 3년마다 지방기생을 뽑아 올리는 선상제도는 사실상 폐지되었다.
57 기방(妓房)이라는 용어가 처음 등장하는 것은 영조 때이다(『영조실록』 영조 47년 12월 21일).

는 진연이 지방 백성까지 격려하는 국가적 연회의 중심이 되었다.

지방의 경우 조선 후기에 이르러 교방을 설치하기까지 조선 초기에는 외국 사신을 영접하고 변방의 군사를 위로하기 위해 기생을 두게 되었다. 조선시대 서북쪽에 기생 수가 많았던 것도 중국과 조선의 사신이 오가는 길목이자 국경 지역 군사들이 많았기 때문이다. 기생이 가장 많이 배치된 곳은 군사의 요충지인 병영·수영으로서 이 군영 안에 있던 관기를 '영기'라 했다. 변방 군사기지에 배치된 방직기생은 바느질, 빨래 등 병사들의 수발을 들고 잠자리 시중도 듦으로써 현지처의 역할을 했다. 그다음으로 기생이 많은 곳은 사신이 지나가는 지역이었다. 실제로 지방관아 소속의 교방에 속한 기생들의 숫자는 중국과 조선의 사신들이 왕래하던 개성, 황주, 평양, 안주, 정주, 의주 등에 많은 편이었고 일본과 조선의 사신 행로인 충주, 안동, 경주, 부산 등지에도 인원이 많았다.

지방기생의 숫자는 고을의 규모에 따라 달랐는데, 감영이나 병영에는 100~200여 명의 기생이 소속되어 있었고, 목이나 부의 경우에는 60~80명, 군에는 40명, 고을 규모가 가장 작은 현에는 10여 명이 있었으며, 조선 후기로 가면서 인원이 더 많아졌다고 한다. 기생안 중에 가장 많은 수를 보여주고 있다는 1750년 전라 감영에도 32명밖에 없었을 만큼 감영기생의 수적 통계는 일정치 않다. 『춘향전』의 점고[58] 과정에서 남원관기 19명이 등장하듯이 한 고을에는 일반적으로 20명 내외의 기생이 있었다고 할 만하다. 전국에 있는 지방기생의 수는 중앙기생의 수와 비교할 수 없을 정도로 많았다.

기생으로 가장 유명한 평양의 경우에는 기생 수가 보통 100여 명 내외였지만 16세기 말에는 200여 명이 되었고 18세기 말에는 300명에 이르렀다. "평안감사도 저 싫으면 그만"이라는 말이 나온 것도 평양이 예쁜 기생

---

58 명부에 일일이 점을 찍어가며 사람의 수를 조사하는 것을 말한다.

이 많은 '색향'이었기 때문이다. 평양은 유흥을 상징하는 흐드러진 버들이 많아 '유경(柳京)'이라고도 불려왔다. 흥선대원군이 조선의 세 가지 병폐로 충청도 양반, 전라도 아전과 함께 평양기생을 들었던 것은 재미있는 일이다. 고종 말년에 국가에 경사가 이어져 잔치를 하는데 뽑혀온 기생 중 평양기생이 가장 많았고 진주·대구·해주가 그다음이었다고 한다(『조선해어화사』 8장).

1910년대 진주권번의 기생 수는 150~160여 명에 이르렀을 만큼 규모가 컸다. 진주는 세계 기생 문화사에서 보기 힘든 『교방가요』라는 책의 제작 배경이 되었는데, 진주 목사였던 정현석(1817~1899)에 의해 1872년에 편찬된 『교방가요』는 진주기생의 가무 활동을 기록한 문헌이다. 또한 진주에는 아직도 기생을 예술문화 자원으로 활용한 축제가 성행하고 있으며 이로 인해 많은 관광 자원이 유입되고 있다. 그리고 조선시대 크게 활동했던 진주 교방의 맥을 잇는 단체가 현재도 존재하고 있다. 평양기생보다 좀 더 높게 평가되었던 것이 평북 지역의 강계기생으로 조선기생 하면 "일강계, 이평양, 삼진주"라고도 했다. 이유원(1814~1888)은 『임하필기』에서, 8도에서 교방이 융성한 곳은 북청만 한 데가 없어 기생의 수가 300~400명에 이르는데 이는 한양 교방보다 많은 것이라고 했다.

관기제도 해체와 권번시대

조선 후기 점차 감소되어오던 기생의 숫자는 19세기 말경에 이르러 급감하였다. 그리고 마침내 갑오개혁(1894)으로 노비제도가 폐지되면서 기생들도 천민 신분에서 해방되었다. 개혁의 일환으로 장악원이 해체되고 궁중과 지방관아에 속한 기생안을 혁파하여 약 300명의 관기가 해고되었다. 1905년 여악이 폐지되고 1907년 내의원 의녀와 상의원 침선비가 폐지되면서 일제 통감부에 의해 1909년 관기제도는 완전히 사라지게 되었다. 당시 뛰어난 예술가적 기질을 지녔던 흥선대원군은 관기제도가 허물어져가는 것을 복원하고 기생을 예기로 기르려 애쓰기도 했다.

　기생들은 자구책 마련에 나서야 했고 일자리를 찾기 위해 지방의 기생들이 상경함으로써 기생조합이 생겨나기 시작했다. 최초의 기생조합은 1909년 4월에 생긴 한성기생조합이다. 1913년에 평양을 비롯하여 애교가 많다는 서도 출신의 무부기생들 30여 명이 다동조합을 구성했으며 여기에 맞서 서울 출신을 중심으로 남도 출신의 유부기생들이 한성기생조합의 이름을 바꿔 광교기생조합을 구성하였다. 이때 기부(기생서방)가 없는 자리에는 포주가 대신했다.

　경찰 주도하에 만들어진 한성기생조합과 달리 다동기생조합과 광교기생조합은 조선기생의 전통과 의사가 반영되어 만들어졌다. 일제의 단속령에 의해 기생은 반드시 경시청에 신고하여 인가증을 받고 조합원으로 세금을 내면서 활동해야 했다. 즉 권번이 자체 유지를 위해 10~20원의 입회금을 받고 매월 50전의 회비를 받았다. 당시 세금을 바치는 자가 500~600명에 지나지 않았다. 기생조합에서는 시간에 따라 기생이 받는 화대 일명 놀음차(해웃값)를 정해 신문에 광고하기도 했다. 기생 활동을 통제하는 단속령이 내려지면서 기생에 대한 일패, 이패, 삼패의 구분이 예기와 창기로 바뀌고 모두 속칭 기생으로 불리기도 했다.

　기생조합들은 1914년부터는 이름을 권번(券番)[59]으로 바꾸었다. 가령 다동기생조합은 1918년 대정권번으로 바뀌었는데, 대정(大正)이란 1912년에 시작된 일본 천황의 연호요, 대정권번은 조선권번으로 다시 개칭됐다. 광교기생조합은 한성권번으로 바뀌는 등 서울에 있는 기생조합이 먼저 권번으로 바뀌고 1920년대에는 전국적으로 바뀌었다. 권번 시기를 맞아 우리의 기생 문화는 일본 문화와의 갈등 속에서 영향을 받게 되었다. 1924년 당시 서울에 있었던 4대 권번은 가장 규모가 컸던 한성권번을 비롯하여

59　기생조합의 일본식 명칭이다.

한남권번, 대정권번, 조선권번이다. 이 중 한성권번과 한남권번만 조선인이 경영하였고, 대정권번은 일본인이 경영했으며 조선권번은 친일파 송병준(1858~1925)이 맡아 운영하였다.

기생을 교육하고 관리하던 권번 소속의 기생들은 사회 참여 방식과 자신의 생계에 대해 깊이 고민하였다. 어려운 단체를 지원하고 이재민을 원조하기 위한 후원회, 모금회 성격의 연주회는 사회의 긍정적인 인식과 그녀들의 자존심을 고취시켰다.

다양한 활동과 더불어 그녀들의 가장 중요한 일터로는 요리집이 많았다. 사실 한말 요리집의 기원은 일본식 요정에 있다. 3대 요리집인 정문루, 화월루, 청화정뿐만 아니라 유명한 일본요리집이 많았다. 일본식 요리집에 이어 조선의 요리집이 생기게 되었는데 그중 명월관은 우리나라 최초의 근대 요리집이자 가장 유명한 기생집이었다. 지금의 동아일보 사옥 자리에 있던 2층 양옥집인 명월관은 1909년에 대궐에서 잔치 요리를 맡아 일하던 안순환(1871~1942)이 지어 개업하였다. 관기제도가 폐지되고 궁중의 연예에 참여하던 300~400명의 기생들이 이곳으로 모여들어 명성이 자자하게 되었다. 홍련은 명월관 최고의 기생이었는데, 그녀의 미모에 매혹된 숱한 조선과 일본의 남정네들이 명월관을 찾았고 많은 사람이 그녀와 사랑을 나누다 복상사했다. 초기에는 의친왕 이강을 비롯하여 박영효, 이완용 등 고위 관료들이 단골이었으며 그 후 최남선, 이광수, 방인근, 김억 등의 문인과 언론인 그리고 애국지사들이 드나들었다. 이 밖에 서울에 유명한 요리집으로 국일관, 식도원 등이 있었으며, 1930년대는 서울에 약 50개의 요정(고급 요리집)이 있었다. 기생들의 공연은 주로 이들 요리집에 설치된 극장식 무대에서 이루어졌다.

개혁 · 개방에 등급으로 맞섬

18세기부터 기생의 등급이 생겼다고 보지만, 사실상 19세기 말 개혁 개방에 맞서 조선의 기생들은 일패, 이패, 삼패로 나뉘게 되었다고 할 수 있다. 일패란 여악으로 궁중이나 국가의 의례에 나아가 가무를 하는 일급 기생이며 본래의 역할을 충실히 행하는 관기를 총칭하기도 한다. 일패기생 가운데 왕이나 고관대작들의 총애를 받거나 국가에 공이 있을 경우 당상관(정3품 이상)의 작위까지도 받았다. 이패는 관가나 재상집에 출입하는 기생으로서 기생의 품위를 유지하면서 숨어서 매음한다 하여 은근짜[隱君子]로 불리며 이 가운데는 첩 노릇을 하는 이들이 많았다. 작은 지역에 있던 주탕도 여기에 속했다. 삼패는 술자리에서 품격이 떨어지는 잡가나 부르며 내놓고 매음하는 유녀로 탑앙모리 또는 더벅머리라 불리기도 했다. 이능화는 기생의 등급이 한양에만 있는 것이라 했다.

무엇보다 갑오개혁 이후 노비에서 풀려난 기생들이 자신들을 몸 파는 창녀들과 구분하기 위해 이와 같이 나눈 것으로 짐작된다. 그러나 관기제도가 폐지되고 활동을 억압받으면서 오히려 기생과 창녀가 무분별하게 취급되는 결과가 초래되기에 이른다. 다시 말해 일제 침략 이후 일본식 유곽(공창 지역)이 생기면서 몸을 파는 창녀들이 번성하는 가운데 우리의 기생 문화는 문란해졌다. 특히 권번제도를 도입하면서 기생은 '가무와 몸을 파는 기생' 이미지로 정착되어갔다.

게다가 일제시대의 기생 수를 보면, 전국적으로 대략 2,000~4,000명 정도의 기생이 있었다.[60] 1924년 5월 조선총독부가 발표한 통계자료에 의하면 조선기생은 3,400명 정도라고도 했으니 기생의 역사적 정통성이 무시된 채 분별 없이 기생의 수가 많아지면서 예인으로서의 기생과 몸을 파는 창녀의 구분이 모호해지는 불행한 결과가 전개되었다.

그러나 조선시대 수많은 인사들이 관직을 잃어가면서 흠모할 정도로 명기가 많았으며, 그 잠재력 위에 자존심을 지킨 일패기생 덕분에 망국의

---

60   정태섭 외, 『성 역사와 문화』, 동국대학교 출판부, 2002, 230쪽.

시기에도 우리의 전통문화가 계승될 수 있었다. 예기인 자신을 이패기생과 함께 놀게 했다고 요리집에 항의하여 주인이 조합에 가서 손이 발이 되도록 빌었던[61] 사건도 있다. 고종 때 박제형은 "관기는 가마를 타고 쓰개를 머리에서부터 전신을 덮어 얼굴만 드러냈으나 창녀는 감히 가마도 타지 못하게 했다"(『근세조선정감』)고 전한다. 이렇듯 많은 기생들은 일제 시기까지 문화예술인으로서의 역사적 소임을 다했으며 나아가 국가의 존립과 발전에 능동적으로 참여하며 사회적 역할을 충실히 해냈다.

우리 역사에 등장하는 수많은 명기들은 능력에 따라 다양한 삶의 모습을 보였다. 무엇보다 기생의 본질에 가장 부합하게 예기로서의 자질이 탁월한 여성들이 많았다. 구체적으로는 시를 잘 짓는 시기(詩妓), 노래를 잘하는 가기(歌妓), 춤을 잘 추는 무기(舞妓), 악기를 잘 다루는 현기(絃妓), 그림을 잘 그리는 화기(畵妓) 등이 있었다. 또한 자색과 재주가 출중한 가기(佳妓)를 비롯하여 지혜와 해학이 돋보이는 지기(智妓), 사랑의 진정성을 드높인 절기(絶妓), 국가적 충의가 투철한 의기(義妓), 가정적으로 효성스런 효기(孝妓) 등도 많았다.

전통 시서화 창조

특히 기생이 없었다면 시조를 포함하는 한국의 전통 시가문화는 초라함을 면치 못했을 것이다. 다행히 기생들의 가사·민요·창가·잡가·시조 등을 모은 시가집 『악부』가 전하고 있고, 가사 형식 등 14편의 글이 담긴 기생문집인 『소수록』도 전한다. 『해동가요』의 「작가제씨항」에는 '명기 9인'이라 하여 대표 기생 문인으로 황진이·홍장·소춘풍·소백주·한우·구지·송이·매화·다복 등을 들고 있다. 자유롭고 섬세한 감성을 지닌 기생들의 시가는 한국문학사에 찬란한 빛을 발하고 있다. 김억(1895~?)

---

61 『매일신보』 1913. 9. 9.

은 조선 여류문인들의 시선집『꽃다발』을 출간하면서 사대부 가문 아낙네들의 노래와 달리 소실과 기생의 것에는 조금도 감정을 거짓으로 조작한 흔적이 없다고 했다. 기생 시인들의 자유로운 정감과 진솔한 표현을 가치 있는 것으로 부각시키고 있다.

고려 때 시를 잘 짓던 기생은 끊어지다시피 하여 동인홍과 우돌 두 사람뿐이며, 조선조에 들어와서는 송도기생 황진이, 부안기생 이매창, 진주기생 난향 등의 시가 맑고 뛰어나서 중국의 설도나 홍불에 뒤지지 않을 정도인데, 전해지는 시가 많지 않은 것이 유감이라(『조선해어화사』 30장) 한다.

권응인의『송계만록』에 의하면, 선조 때 15세의 진주기생 승이교는 천성이 총명하고 작품의 정묘함으로 보아 성장하면 큰 시인이 되리라 했다. 마관(馬官) 김인갑의 사랑을 받아 시를 배웠는데, 그녀는 시법을 해득했으며 작품이 청려한 데가 있었다. 대표적인 시가 "강양관 안에 서풍이 일어나니/뒷산은 붉게 물들고 앞강은 맑아/사창에 달 밝으니 벌레 소리 목메어/외로운 베개 찬 이불에 잠 못 이루네(江陽館裏西風起 後山欲醉前江清 紗窓月白百蟲咽 孤枕衾寒夢不成)."(『秋夜有感』)이다. 그녀가 하직하자 스승이었던 윤선도(1587~1671)가 시를 지어 추모하기도 했다.

김창협(1651~1708)이 관서 관찰사로 있을 때 자색이 빼어난 기생이 많았는데 계향이란 기생은 시 짓는 재주가 뛰어났다. 18세기 정평기생 취련(자 일타홍)은 중국의 설도에 비견될 정도로 문장이 훌륭한 여인이었다. 19세기 전반 해주기생 금선이 남긴 한시집에는 무려 87수 정도의 시가 실려 있으며, 19세기 말 김해기생 강담운(1850?~?)의 시집은 지방 관기들의 일상생활과 내면의식을 잘 보여준다. 19세기 성천기생 김부용(호 운초)은 익히 알려진 대로 시에 탁월했으므로 그녀의 한시는 근대 권번 기생들의 교과서가 되었다. 이처럼 기생들은 남성의 영역이라는 한시 창작에 능력을 보였으며, 매창·담운·운초의 경우 주위 사람들에 의해 시집이 출간되는 호사를 누리기도 했다.

한편 기생이 아니더라도 여성으로서 서화로 이름을 남긴다는 것은 매우 어려운 일이었다. 기생의 서화작품으로는 평양 명기 소교여사(小橋女史 아호 죽교)가 그린 묵죽도와 죽향이 그린 묵란도가 있다. 19세기 말의 평양기생 죽향은 한때 평양에 수령(부윤)으로 부임했던 이두포의 첩이 되었던 적도 있다. 대나무를 자신의 이미지로 선택하여 호를 삼았을 뿐만 아니라 대나무 그림을 잘 그렸던 죽향은 동시대 같은 화가였던 기생 운초와 절친한 친구로서 평생 우정을 나누었다. 추사 김정희(1786~1856)와의 스캔들과 자하 신위(1769~1845)가 시 두 편을 써주어 더 유명해졌다. 그녀가 그린 대나무 그림은 상당한 명성을 얻어 당시 지식인들 사이에서도 회자되었고 중국에까지도 알려졌다. 안타깝게 그녀의 그림은 현재 국립중앙박물관에 꽃과 벌레를 그린 〈화조화훼초충도〉 13첩만 남아 있다. 죽향은 묵죽화뿐만 아니라 화조화에도 능력이 뛰어났다.

죽향과 같은 평양기생이던 진홍도 서화책을 싸놓고 지닐 만큼 그림을 잘 그렸고, 만홍도 난초와 대나무를 그리는 데 법도가 있었다(『녹파잡기』 권1). 바로 위에서 말한, 19세기 중반 이후 다른 기생들의 희망이 되고 근대시기 소설의 주인공이 되었던 성천기생 운초 김부용은 시인이자 화가였다.

한 몸에 많은 지체를 가졌으나 모든 지체가 같은 기능을 갖지 않듯이 자질과 행적에 따라 기생을 구분할 수 있다. 다만 위에서 언급한 예기를 비롯하여 다기한 능력의 기생 외에도 말 타는 재주가 뛰어난 기생, 바둑을 잘 두는 기생 등 기생이 지닌 여러 재능과 업적을 배제할 수는 없다. 또한 서경 기생 진주가 뛰어난 미인이면서도 시를 잘 썼듯이[62] 기생의 성격을 하나로만 국한하기는 사실 힘들며, 기생으로서 얼굴이 예쁘더라도 재주와 겸비될 때 그 자색을 인정받았다는 점은 더욱 간과할 수 없다. 또한 재주

---

62 이규보가 서경 기생 진주를 두고 "빼어난 미녀 시 잘 지어 세상이 다 아는데/이유 없이 만나도 서로의 생각 물결치는 것을"이라 칭찬한 바 있다(『조선해어화사』 7장).

도 한 가지만이 아니라 복합적이었으며, 나아가 재주만이 아니라 인격의 수양을 중시했다는 점에서 기생은 요즘의 연예인보다 품격이 높은 예능인 이었다고 할 수 있다. 재주와 색을 겸비한 동시에 시서화 등의 문화적 능력까지 갖추고 있어, 남성에게는 기생이란 동시대 여성에게서 발견할 수 있는 매력의 집약체였을 것으로 추정된다.

기생의 소멸

일제강점기 시간이 지날수록 점점 예능과 풍류는 없고 얼굴만을 중시하는 화초기생, 벙어리기생들이 판을 치면서 기생과 창녀의 구분이 더욱 모호해진 것은 안타까운 일이다. 이미 조선 내 일본인 거류지를 중심으로 도입되기 시작한 공창제는 1905년 통감부가 설치되면서 보다 본격적인 성매매의 제도화 과정에 돌입하였다. 1908년 경시청령에 의해 조선인 영업자들에 대한 통제가 강화되었는데, 기생도 창녀와 비슷한 존재로 취급되어 당국으로부터 영업허가를 받고 조합에 가입하여 엄격한 감시 속에 활동해야 했다. 통제의 핵심 내용은 성병 검사였다. 일제는 건강진단을 의무화하고 성병에 걸렸을 때는 지체 없이 영업을 정지시키거나 금지시켰다. 조선총독부는 안내 책자나 홍보 포스터 등을 제작하여 조선에 대한 부정적 인상을 알리는 데 기생 이미지를 이용하기도 했다.

1914년부터 기생을 관리하던 권번제도는 일제의 강요로 제2차 세계대전 시기인 1942년에 폐지되었으며, 해방 이후에는 사실상 기생의 소멸과 함께 기생이란 개념이 사라지게 되었다. 해방 후 그때까지 존재했던 기생들 가운데 능력이 있는 기생은 연예인(예능인)으로 전환하였고, 그 나머지는 대도시의 요정으로 흘러들어가게 되었으며, 그 밖에 기생 일을 그만두고 평범한 생업을 찾아간 여성들도 적지 않다.

한때 일본인을 대상으로 하는 요정에서의 '기생파티'가 주요 관광상품으로 등장하여 이슈화 된 적도 있다. "도둑놈은 한 죄, 잃은 놈은 열 죄"라

하듯이 남의 탓만 할 것은 아니다. 아직도 기생을 접대부 정도로 인식하거나 호기심의 대상으로 폄하하려는 데 대해 대부분의 관련 학계나 분별력 있는 국민들은 비판적 입장을 취하면서 한국의 역사와 문화에 대한 새로운 관심과 각성을 촉구하고 있는 실정이다.

조선시대까지 기생이 공공의 여악을 목적으로 존재했음에도 불구하고 서비스 직업과 천한 신분이란 제약에 갇혀 예인으로서의 가치가 평가절하됐던 점은 유감스럽다. 게다가 일제강점기 저급한 유녀문화의 잠입으로 기생이 창녀로 전락하는 성적 이미지의 왜곡 현상은 더욱 안타깝다. 권번이 사라지면서 광복 이후 기생이 없어진 것은 더욱 아쉬움으로 남는다.

6. 기생 교육은 전문적이고 엄격하였다

기생을 출신 지역이나 소속 여하에 따라 분류해볼 수 있다. 먼저 기생은 원칙적으로 관기(官妓)라 할 수 있다.[63] 고려 광종 때 관료체계가 갖추어지면서 관기가 전국 관청에 배치되었다. 즉 고려시대 중앙관료제도의 정착과 함께 사노비들이 국가 소유로 바뀌는 과정에서 관청 소속의 관기들이 생겨나게 되었으며 이 관기제도는 조선시대로 이어졌다. 따라서 고려시대 기생은 관청에 속한 경우가 대부분이었고 조선의 기생도 일반적으로 모두 관청에 소속된 공공의 관기였다. 다만 '관'이란 '지방고을'을 뜻하듯이 여기서 관청이란 지방관청으로 이해는 것이 바람직하다.[64]

---

63 관에 소속된 관기(官妓), 개인집에 소속된 가기(家妓), 자유로이 영업하던 사기(私妓)로 구분(이경복, 『고려시대 기녀연구』, 민족문화문고간행회, 1986)하기도 했다. 사기는 유녀에 가까운 것이다.

64 종전의 관기의 개념을 수정하여 지방기생만을 가리키는 것으로 이해(전형택, 「조선초기의 창기」, 『배종무총장퇴임기념사학논총』, 1994 ; 정연식 논문 재인용)하게 되었다. 정연식은 기생을 소속처에 따라 장악원에 소속되어 있는 경

기생이 아프거나 사정이 생겨 나오지 못할 때 휴가를 수락하는 것도 관청 향리의 우두머리인 호장이었고, 조직의 이탈을 막기 위한 소집 점검으로서 한 달에 두 차례씩 치러진 점고를 주관하는 이도 호장이었다. 기생의 관리 체계는 행수기생에서부터 올라가 수노와 호방을 거쳐 이 호장에 이르고 끝에 수령으로 이어졌다. 시간이 지날수록 개인이 소유한 가기, 민간에서 일하는 민기 등 사사로이 운영되는 사기도 생겨났는데 사기는 권문세가에 적을 두고 있어 기능만 기생일 뿐 실제로 사비(私婢)일 뿐이다.

기생의 유형

기생을 다시 한양기생과 지방기생으로 나눌 수 있다. 한양기생은 모두 장악원 소속이었고 그녀들은 궁중행사에서의 가무인 여악을 담당하는 것이 주된 업무였다. 한양기생은 지방기생들보다 미모에서뿐만 아니라 자질도 뛰어났다. 따라서 지방기생 중에 자색이 뛰어나고 재주가 있으면 한양기생으로 뽑혀 올라오곤 했다. 지방기생에게도 원칙적으로 여악이 가장 중요하였으나 지방기생들 업무의 상당량은 관행적으로 고관의 수청에 있었다. 관가에서 물을 긷거나 청소를 하는 수급비(水汲婢, 일명 무자이)와 달리 웃음을 팔며 침실 수청을 드는 주탕까지 지방기생에 포함되기도 했던 것이다. 정약용은 "관비에는 두 종류가 있는데 하나는 기생으로서 주탕이라 부르고, 하나는 계집종으로서 수급이라 부른다(官婢厥有二種 曰妓生 一名曰酒湯 曰婢子 一名汲水)."고 한 바 있다.[65]

물론 기생들은 자신들을 관리하고 교육하는 기관에 따라 그 유형이 달라질 수 있다. 크게 장악원이나 교방에 예속되어 있는 일반기생을 비롯하여 내의원 혹은 혜민서에 속한 약방기생, 상의원에 소속된 상방기생으로

기(京妓), 지방의 감영 병영 수영 등에 소속된 영기(營妓), 지방 고을의 관기(官妓)로 구분하였다. 물론 영기를 관기에 넣을 수도 있다.

65   정약용, 『목민심서』 이전(吏典).

신윤복, 〈청금상련〉

나누어질 수 있다. 일반기생이 아닌 의녀들은 앞에서 언급했듯이 연산군 이후에 기생의 역할을 겸했기에 약방기생이라 불리는 경우가 많았다. 신윤복이 그린 〈청금상련(聽琴賞蓮)〉에는 고위층 양반들이 기생들과 연못가에서 유흥을 즐기는데 기생 가운데는 가리마를 쓴 의녀도 있다. 조선 후기 작자 미상의 〈후원유연도(後園遊宴圖)〉라는 풍속화에도 뒤뜰에서 선비들과 함께 잔치를 베풀고 노는, 가리마를 쓴 의녀의 모습이 잘 드러나 있다. 개화 이후에 간호사를 혐오한 이유도 종래 기생이라 호칭했던 것과 무관하지 않다. 한편 바느질을 맡았던 침선비는 상의원 소속이나 일반기생 역할도 했기 때문에 세속에서 상방기생이라 하였다. 이 약방기생과 상방기생은 당대 최일류 기생이었고, 이른바 이 양방기생을 재상이 되는 것보다 어렵다고 해서 '기생재상'이라고 부르기도 했다. 옷고름에 침통을 차고 다니는, 지위가 약간 높던 약방기생은 머리에 검은색 무늬가 있는 비단 가리마를 썼고 상방기생은 검은색의 일반 천으로 된 가리마를 썼다.

19세기의 풍속화가 기산 김준근의 『기산풍속도첩』[66]에 나오는 〈가곡선생〉이라는 그림을 보면 머리를 올리지 않은 어린 기생 둘이 소리선생으로부터 노래를 배우고 있다. 조선의 기생들은 어렸을 때부터 착실하게 노래와 춤 등을 학습함으로써 조선 예능 발달의 가교 역할을 할 수 있었다.

경상도 창령에서 출생하여 대구기생조합에서 공부를 하고 11세에 한양으로 올라온 오옥엽(1900~?)이라는 기생은 교육의 가치를 몸으로 강력하게 주장한 바 있다. "저는 전에 공부할 때에 선생의 발길에 얼마나 몹시 차였던지 그 후부터 병이 들었는데 지금은 적이 되어 항상 가슴에 매달려 있으니 그것이 공부한 효험이지요. 그 고생을 해가면서도 공부를 했기에 지금 이렇게 이름이 났으니 이후에도 더욱 연구하여 남에게 칭찬을 더 받고 싶습니다."[67]

교방과 장악원

기생은 특수 재능을 보유한 전문 예능인으로서 기관이나 관청에 소속되어 공적 의무를 다해야 했다. 그리고 자신들의 직무를 원활히 수행하기 위해서는 당연히 체계적인 교육이 필요했다. 그 기생 교육을 담당한 곳이 교방과 장악원이었다. 교방은 고려 초부터 조선에 걸쳐 꾸준히 기생의 예능 교육을 맡아왔고, 조선 초에 설치된 악학도감, 장악서 등을 계승하면서 개칭된 장악원은 성종 이후 궁중에서 연주되는 음악과 무용에 관한 교육 및 모든 일을 맡아보았다.

고려시대에는 기생을 가르치는 교육기관으로 중앙에 교방이 있었다. 당나라의 제도를 받아들여 기생들이 악기와 노래와 춤을 익히도록 설치한 것이다. 교육받은 기생들은 궁중 의례, 외교사절 접대, 팔관회·연등회 같

---

66 독일 함부르크민속박물관에 소장되어 있다.
67 『매일신보』 1914.2.24.

은 국가 행사에 참여했다.

현종 때 이미 교방이 있었고, 문종 21년(1067)에는 팔관회와 연등회 등에서 여악이 처음으로 쓰였다.[68] 문종 27년에 교방의 기생 진경 등 13인이 연등회에서 새로 들어온 당악정재 〈답사행가무〉를 펼쳤고, 팔관회에서 교방의 기생 초영이 당악정재 〈구장기별기〉 등을 연행하는데 그 절도가 잘 갖추어져 잃어버린 예법을 볼 수 있었다. 문종 31년에는 연등회가 열려 임금이 중광전에 나아가 음악을 감상할 때는 교방의 기생 초영을 비롯하여 55명의 왕실연주단이 당악정재인 〈왕모대가무〉를 추었다. 예종은 여악을 즐겨 노래 잘하는 玲瓏, 遏雲 등에게 자주 물품을 내리는 등 예종 때는 궁궐에 기생이 미어졌으며, 명종 때는 교방의 화원옥이 자색과 예능에 한때 으뜸이었다(이인로, 『파한집』). 충렬왕 5년(1279)에는 각 고을의 기생 중 아름답고 재주 있는 자를 뽑아 올려 교방이 가득 찼다.

조선은 건국과 함께 장악원에서 궁중의 모든 음악과 무용을 관장했다. 조선 초기 악학도감과 장악서의 전통을 이은 장악원은 성종 1년(1470) 이후 고종 광무 1년(1897)의 관제 개혁 시 교방사로 개칭될 때까지 427년 동안 활동한 국립 음악기관이다. 그리고 세조 때 장악원 하부의 좌방과 우방만을 합쳐 교방이라 불렀고 조선 후기에는 지방에도 교방을 설치했다. 교방에 소속된 기생들은 각종 의식에 대비하여 악기, 노래, 춤을 익혔는데 여악이 폐지된 조선 말기에는 궁중의 내연에 참여하기도 하여 궁중과 지방의 가무를 두루 담당해야 했다. 특히 조선시대 읍성 내의 가장 중요한 위치에 왕권을 상징하는 건물, 즉 고을을 찾는 관리들의 숙소인 '객사'가 있고 그 근처에는 기생을 관리하고 교육하는 '교방'이 있었다.

조선시대 궁중의식에 따르는 음악과 무용은 장악원 소속의 악생·악공·여악·무동 등에 의하여 공연되었으며 이들의 연주·노래·춤 등의

---

68 『고려사』 권 8, 世家 8.

기생, 노래를 팔지언정 몸은 팔지 마라

교육은 전악(정6품) 이하 체아직(임시직)의 녹관들이 수행하였다. 광해군이 장악원에서 음악과 무용의 연습이 잘 되고 있는지 묻자 예조에서 "장악원에 문의해 본 결과 관현악의 연주는 연습이 되오나…… 기생의 단장은 전례대로 호조로부터 준비해서 공급한다 하였으며……"라고 답했다. 국가가 기생들의 교육을 담당하는 장악원에 대해 깊이 관심을 갖는 정황이 예사롭지 않다. 인조 21년에 장악원에서 악사·악공·악생을 정했으며, 궁중잔치 때에는 기생 52명을 뽑아서 올렸고(박용대 외, 『(증보)문헌비고』), 영조 20년에도 기생 52명을 가려서 올렸다(김재로 외, 『속대전』)는 기록이 있다. 이처럼 궁중행사에 기생들의 역할이 필수적이었던 만큼 교육이 절실했다. 1897년 대한제국 광무 원년만 하더라도 제조(감독) 이하 772명의 예인들이 있었으나 1910년 경술국치 이후로는 장악원 규모가 급격히 축소되고 쇠퇴의 길로 가면서 교육도 취약해졌다.

궁중연향에서 정재(춤)를 공연할 기생이 선발되면 습의(연습)가 시작되는데, 국왕은 정재를 일정 수준에 올리지 못한 감독자를 호되게 질책할 정도로 교육에 관심을 보였다. 의식 절차가 복잡한 외연보다는 비교적 단순한 내연에서 습의가 많이 이루어졌다. 이는 습의의 중심이 의식보다는 정재였다는 단서가 된다. 기생들은 습의용 의상으로 연습을 하다가 마지막 습의에서는 모든 사람들이 의상을 갖추어 입고 실제 연향처럼 연습했다. 이러한 모습은 현재 실제 공연을 앞두고 치르는 최종 리허설의 형태와도 비슷하다. 습의가 끝난 뒤에 기생에게 포상도 했으며, 습의기간에 일정한 급료가 지급되기도 했다.

지방기생들은 교방에서 일정한 교육을 받으면서 예능을 익혔다. 국가 행사 때 선발되어 상경했던 기생들로 인해 교육내용이 지방에 어느 정도 영향을 미치기도 했을 것이나 각 지방마다 연주, 노래와 춤 등에서 고유한 특색을 지니고 있었다. 예를 들면 〈진주검무〉(중요무형문화재 제12호)가 유명하듯이 진주 교방에서는 8명의 여자들이 군복을 입고 추는 검무를 제대로 가르쳤다. 이능화의 말대로 평양기생은 〈관산융마〉를 잘 부르고, 영남 기생은 광대의 단가를 잘 불렀으며, 선천기생은 〈항장무〉를 잘 추었다고 하는 만큼 충실히 교육을 시켰을 것이다(『조선해어화사』 28장). 〈관산융마〉는 두보의 행적과 관련된 것으로 신광수(1712~1775)가 시를 짓고 그가 사랑했던 평양기생 모란이 노래를 불러 크게 알려진 뒤 평안도 일대에 유행되었다. 〈항장무〉는 한나라 시조 유방(재위 BC 202~BC 195)과 초나라 항우(BC 232~BC 202)가 대결하는 역사를 배경으로 하는 칼춤이다. 특별히 교방이 융성했다는 북청에는 병영이 있었기 때문에 교방에서 기생에게 말 달리는 재주를 가르쳤고, 제주에서도 기생들에게 말 타는 법을 가르쳤다.

조선시대에도 고려를 이어 국가 행사에서 가무를 능숙하게 공연할 수 있도록 기생들의 교육이 교방에서 활발히 이루어졌다. 실학자 이규경 (1788~1856)은 우리나라의 이러한 교방 교육을 통한 여악이 중국의 유명한 사대부들에 의해 칭송된 것은 이상한 일이라고 하면서 명이나 일본의 사신이 왔을 때도 이 여악을 사용하였다(『오주연문장전산고』)고 했다.

교육과정

어린 기생이 12~13세 정도가 되면 기생안에 이름을 올리게 된다. 기생안에 이름이 올랐다고 해서 바로 기생 고유의 역할을 하는 것은 아니다. 그때부터 관청에서 각종 심부름을 하는 한편 교방에서 정식으로 수업을 받으면서 제대로 기생으로 성장해갈 수 있는 기반을 닦게 된다. 교방의 관기들은 거의 매일 배우고 익히는 혹독한 훈련을 했다. 그리고 일정한 과정의 학습이 끝나고 나면 기생의 우두머리인 행수기생의 통제에 따라야 했다. 행수기생은 엄정한 규율로 기생들을 다스렸으며, 기생들의 일과나 사소한 생활까지 간섭하였다.

한편 동기가 필요한 수업을 어느 정도 마치고 나이가 15~16세가 되면 남자를 받게 된다. 물론 기록에 따르면 황해도 해주기생 명선(1830~?)이 12

세에 황해도 관찰사와 처음 잠자리를 같이했고,[69] 박지원(1737~1805)은 안의현감 시절 자신을 찾아온 제자이자 친구인 박제가(1750~1805)에게 13세 된 기생과 동침토록 했다. 명선이 고백했듯이 실제로 동기라면 7~8세가 되고 5~6년만 더 지나면 남자를 경험했을 것이다. 그러니 기생이 12~13세에 남자와 잠자리를 가졌다는 것이 당시에는 드문 일이 아니라 할 수 있다. 이능화에 의하면 도내 각 고을 수령이 업무차 감영에 가면, 감사는 어린 기생을 보내 동침하게 하고 또 머리를 얹어주게 하며, 돈이나 비단으로 상을 내리면 그 기생집에서는 잔치를 베풀어서 기생들을 먹였다(『조선해어화사』 12장). '머리를 얹어준다', '초야권을 얻는다' 하여 맨 처음 서방이 된 자가 댕기를 풀어 쪽을 만들고 비녀를 꽂아서 신부처럼 꾸며주던 것이 사실상 기생의 출발이었다. 이 하룻밤을 통과해야 동기를 벗어나 비로소 기생이 되는 것이다.

기생으로서 본격적으로 활동을 시작하는 15~16세가 되기 전에 기생들은 능력이 뛰어난 전문가로서뿐만 아니라 인격을 갖춘 교양인이 되기 위해 최선의 노력을 하지 않으면 안 되었다. 무엇보다 직업의 속성상 집단의 분위기를 온화하게 하거나 타인과의 만남을 즐겁게 하는 데 필요한 소양을 갖춰야 했다. 그녀들이 주로 상대하는 부류가 신분이 높은 왕족이나 지적 수준이 있는 사대부들이었으므로 더욱 정교한 교육이 요구되었다. 기생집에서 하지 말아야 할 다섯 가지 행동이라는 '기방오불(妓房五不)' 가운데 '문자를 쓰지 말라'는 내용이 들어 있는 것도 기생들이 교육을 철저하게 받았기 때문이다. 기생들은 다양한 능력, 인간적 덕성을 연마한 만큼 웬만한 사대부 못지않은 식견을 지니고 있었다. 남자라도 학식이 정말 뛰어나지 않은 이상 망신당하기 십상이었다.

교방, 장악원 등 교육기관의 교육과정은 크게 둘로 나뉘는데, 하나는

---

69 정병설, 『나는 기생이다―소수록 읽기』, 문학동네, 2007, 22쪽.

교양 부문이고 다른 하나는 예능 부문이라 할 수 있다. 교양교육에서는 앉는 법, 걷는 법, 인사법, 대화법, 식사법 등 예절을 중점적으로 가르쳤다. 특별히 시간과 노력이 요구되는 것은 예능 교육이라 하겠는데 먼저 기생은 노래와 춤을 기본으로 글씨, 회화 등 여러 가지 기예를 제대로 익혀야 했다. 노래 가운데는 수준 높은 시조, 가사, 가곡을 중시하면서 저급한 잡가나 판소리 등은 배제시켰다. 물론 19세기 이후 고창기생 진채선(1847~?)이 여성 판소리 명창으로 등극하고 허금파·강소춘 등 여류명창이 나오면서 그동안의 금기는 허물어지기 시작했다. 거문고나 당비파와 같이 필수적으로 배워야할 악기가 있고, 그 외에 전공 악기를 한 가지씩 습득해야 했으며 악기마다 악사(선생)가 따로 있었다.

이렇듯 교양 있는 전문가 양성을 목표로 기생의 교육과정이 심도 있고 다양할 뿐만 아니라 교육방식이 매우 엄격하여 기생들은 회초리를 맞아가면서 학습해야 했다. 다 배운 뒤에는 제조가 성취도를 직접 시험하였으며, 수준에 이르지 못하면 벌을 주거나 아예 보따리를 싸서 고향으로 돌려보냈다. 실록에 의하면 명종 3년(1548) 대사헌 구수담(1500~1549)은 "기생을 선택해서 국악을 교습시켜 알맞은 시기에 상경케 해야 하지만 그 교습이 심히 어려워 일조일석에 이룰 수가 없습니다."[70]라면서 왕이 기예가 익숙한 기생에게는 배우지 말도록 명령한 것은 극히 부당하다고 직언한 바 있다. 이와 같이 조선사회는 기생 교육의 중요성과 더불어 교육의 어려움에 깊이 공감하고 있었다.

조선 초 「세종실록」에 보면 관기의 교육기간은 해마다 더운 여름과 추운 겨울을 제외한 6개월 동안, 즉 2월부터 4월까지, 8월부터 10월까지이며, 교육은 격일로 진행했다고 기록되어 있다. 18세기 말의 가사작품인 「순창가」에는 기생들이 교방에서 5일마다 한 번씩 음악수업에 참가해 기

---

70 「명종실록」 명종 3년 5월 6일.

예 훈련을 받고 바느질 등의 갖가지 노동으로 힘겨운 나날을 보내며, 게으름을 피우거나 잘못하면 볼기를 맞는다고 되어 있다. 교육과정을 온전히 이수한다는 것이 이렇듯 엄중하였으므로 지방의 관기들 상당수는 자신의 집에서 가무를 배우기 때문에 사실상 일정한 법칙에 따라 가무를 하는 자가 드물었다고 할 수 있다.

근대(권번) 기생 교육

근대 시기 관기제도 폐지 이후에도 교육은 멈추지 않았다. 교육의 중요성을 잘 알고 있었던 진주기생 김연경, 김성구, 박근영, 문숙희 이 네 명은 일신학교 대지를 무상으로 희사한 독지가들에게 점심을 제공하기 위해 의연금을 모았다. 황해도 사리원의 가난한 예기인 오유색은 입학이 어려운 아동을 구제하고자 사리원 제2보통학교를 설립한다는 소식을 듣고 100원을 기부함으로써 부유한 계층에 작은 충격을 주었다.[71] 원산 제1보교 졸업생인 춘성권번의 송학선은 제2보교 증설비로 300원을 희사하여 모교가 감격하였다.[72] 황해도 안악기생 최금홍도 안악에 고등보통학교를 설립한다는 신문의 보도를 접하고 적은 돈이나마 써달라고 하면서 현금 100원을 희사했다.[73] 이 밖에도 눈물과 웃음으로 모은 돈을 교육을 위해 아끼지 않고 희사했던 기생이 많았다.

권번의 기생들은 신문물을 가장 먼저 접하는 계층이기에 더욱 자신들의 정체성에 대한 고민이 치열하였다. 그녀들 중에는 국가와 사회에 기여하는 길을 찾고자 하면서 신여성으로 살겠다는 각오를 다짐하는 기생도 많았다. 무엇보다 권번은 기생의 양성을 책임지는 교육기관으로서의 조직을 갖추어나갔다. 서울 · 평양 · 진주 · 대구 · 부산 등 대도시에 있었던 권

---

71 『동아일보』 1933.4.12.
72 『동아일보』 1936.2.18.
73 『동아일보』 1936.2.21.

번은 사회가 요구하는 예능인을 배출할 수 있을 만큼 다양한 내용과 철저한 방식으로 교육을 시키고자 했다. 권번에서는 학생들에게 예능뿐만 아니라 교양·일본어 등을 학습시켜 현장에 내보냈다.

1929년 『중외일보』에 실린 기사 일부에 주목할 수 있다. 진주에서는 권번에 입적하여 기예를 익히는 과정의 기생을 '학생기생'이라 하였다. 학생기생은 3년간 월사금을 2원씩 내고 국악 전반에 관해 학습을 하게 된다. 또한 배우는 학과에 따라 자신이 부족한 부분은 따로 수업료를 내야 했다. 이렇듯 진주기생들은 3년 동안 월사금을 내야 하는 학생기생들의 처지에 대해 월사금 삭감 등 구체적인 처우 개선까지도 경영자 측에 요구했다.

조선시대 교육보다 수준이 떨어지긴 했지만 권번을 통해 활동하는 기생들의 경우 어느 정도 교육이 이뤄졌다. 서울에 있던 대정권번에서는 20여 명 단위로 학습이 이뤄졌다. 구한말 이왕직 아악부에 속해 있던 하규일(1867~1937)과 악사 11명이 기생을 가르쳤다. 하규일은 한국 가곡의 거장으로 전북 진안군수를 지내는 중 한일합병이 되자 관직을 그만두고 음악에 전념했다. 20세기 정악은 민속악만큼 확산되지 못하고 겨우 명맥을 이어나갈 정도의 미미한 형세였다. 이런 추세에서 정악의 단절을 걱정한 나머지 1911년 탄생된 것이 조선정악전습소라는 교육기관이었다. 1909년 서울 도동에 우리나라 최초의 사설 음악단체인 조양구락부가 세워져 조선의 음악을 발전시킬 목적으로 한국음악과 서양음악을 가르쳤다. 하규일은 조양구락부의 후신인 조선정악전습소의 학감을 맡게 되었다. 그는 1913년에 서울에 남아 있는 지방기생들을 규합하여 다동기생조합을 창립하고 이를 '조선정악전습소 여악분실'이라 이름 붙였다. 하규일은 기생들에게 가곡, 시조 같은 정가는 물론 기악, 무용, 시서화까지 지도했다. 학생들 중 노래와 춤 실력이 뛰어난 기생들만이 그의 가르침을 받을 수 있었다.[74] 주

74 손종흠 외 편, 『근대기생의 문화와 예술』 자료편 1, 보고사, 2009, 7쪽.

수봉이 경기잡가를, 조영학이 가야금 산조를 가르쳤다.

기생조합의 춤 선생으로는 다동조합의 하규일, 광교조합의 장계춘 (1848~1946), 평양조합의 이기수, 진주조합의 김창조(1865~1919) 등이 유명했으며 한성준(1875~1941)은 원각사를 비롯하여 여러 기생조합에서 승무와 기타 민속춤을 가르쳤다. 조합들의 이름이 권번으로 바뀌고 우후죽순으로 생긴 권번들은 어린 기생들을 교육시키는 기생학교까지 부설하며 꾸준히 예능 중심의 교육을 실시해왔다. 이와 같은 권번들의 역할 때문에 정악의 흐름이 단절되지 않고 오늘에 이어지고 있는 것이다. 4대 권번에 비해 교육 수준이 상당히 떨어지는 삼패기생들의 권번인 경성권번, 종로권번 등도 있었다.

평양기생학교

지방의 여러 권번 중에서 가장 유명했던 기성(평양)권번의 학예부는 1921년에 평양에 설립된 근대적 기생 교육기관이다. 조선 유일의 기생학교라는 '기성권번 학예부'(속칭 평양기생학교)는 1930년대 초에 '기성기생양성소'로 그 명칭이 바뀌었다. 기생조합의 효시였던 한성권번도 기생학교 인가를 받았으며 종로권번도 기생학교를 만들기로 했다는 등의 기록들은 있으나 실체가 남아 있지는 않다. 대동강변에 있었던 '평양기생학교'는 조직의 운영이나 교육의 내용면에서 탁월했다.

학교 운영을 위해 학감, 부학감, 교사 등의 교직원을 두었다. 학생들의 입학 연령은 8세부터 20세까지였고, 매년 60명이 입학하여 3년간 체계적 교육을 받은 뒤 졸업할 수 있었다. 1학기(4.1~8.31), 2학기(9.1~12.31), 3학기(1.1~3.31)로 학기제도가 운영되었다. 매년 3월에 학기말고사를 통과해야 하며 시험과 상벌 등에 대한 규정을 상세히 갖춰놓았다. 수업은 월요일부터 토요일까지 진행되었다. 교수 방법이 엄정했는데, 가령 음악수업의 경우 그날 오후에 가르친 것을 다음 날 아침까지 외우게 하며 거기에다 이틀

동안 동일한 대목을 계속 반복시키고 3일째 새로운 곡을 가르쳤다. 행실이 좋지 않고 규칙을 위반하는 자에게는 퇴학을 명령할 수 있었다. 1930년 경 쌀 한 가마에 1원 50전이던 당시 입학금은 2원이었다. 수업료는 1개월 단위로 납부하는데 1학년은 2원, 2학년은 2원 50전, 3학년은 3원이었다.

시조, 가곡, 검무, 가야금, 시문, 서예, 사군자, 일본어 등의 교과목을 개설하였는데 그중에서도 '노래'를 가장 비중 있게 다뤘다. 학생들이 졸업 후 대중가수로 많이 진출한 것도 이와 무관하지 않다. 1926년 스웨덴 황태자인 구스타프 6세 아돌프(Gustaf VI Adolf)가 평양에 와서 김옥란(1884~1955?)을 비롯한 기생들이 추는 승무를 보고 몹시 반했다는 기록이 신문에 보도된 바도 있다. 춤과 관련해서만 보더라도 검무를 비롯한 전통 춤이 상당히 중시되었고, 일본의 레뷰댄스와 서양의 사교댄스도 주요 교과목이었다. 사교댄스 교육을 위해서는 1년에 몇 차례씩 일본에서 교사를 초빙해왔다. 이처럼 학칙에 따라 체계적인 교육과정을 마련하여 운영하고 있었다.

평양기생학교 학생들은 최고의 기생이 되기 위한 수업을 받았으며 그 기량을 키워갔다. 학생들은 학교를 벗어나 요리집 누각이나 극장 무대에서 가무연주회를 개최하기도 했다. 당시『매일신보』등 언론에서는 "밤마다 구경하러 나오는 사람들이 구름같이 몰려들었다."고 보도했다.

평양기생학교의 설립으로 1914년 37명에 불과했던 평양기생은 1940년에는 600여 명으로 늘어났다. 당시 미와 끼를 갖춘 조선시대 최고의 '예능인'을 길러내는 평양기생학교는 일본인을 비롯한 외국인들의 평양 관광 필수 코스로 자리 잡았다.

일제가 1942년 제2차 세계대전에 총력을 기울인다는 방침을 내걸고 전국의 권번을 강제로 폐지하기까지 기생 교육은 계속되었고,[75] 평양기생학

---

75 1940~50년대 '전라도 최고의 춤사위'로 불렸던 기생 장금도(1929~)는 "권번

교는 혹독한 일제강점기 마지막까지 노래와 춤 등 한국 문화 발전을 위한 기생의 예능교육에 책임을 다하려 했다.

각별한 의녀 교육

당대 최고의 전문직 여성으로서 고도의 지식과 기술을 갖춰야 하는 의녀(여의)는 법에 따라 엄격하게 선발했고, 의녀를 대상으로 한 교육 또한 각별했다. 태종 6년(1406) 부녀자 질병을 남성 의원이 진료하게 되면 부녀자들이 보이기를 꺼려 사망하는 일이 있으니 동녀 수십 명을 선발하여 진맥, 침, 뜸의 방법을 가르쳐 치료하도록 해야 한다는 지제생원사 허도의 건의에 따라 생겨난 것이 의녀다.[76] 태종 18년(1418)에 13세 이하 여자 10명을 더 뽑았다.

태종대 중앙의 관노비 중에서 선발하던 의녀제도를 세종 5년(1423)에 이르러 확대해가면서 삼남지방의 관비 중 나이 10세 이상 15세 이하의 어리고 영리한 여자 2명씩을 뽑아 지방의녀로 키우고자 했다. 연령의 범위도 차차 넓어져 세종 16년(1434)에는 12세 이상 30세 이하의 중앙관청 노비 및 기생의 딸 또는 지방의 노비들 중에서 선발하였다.

세종 5년, 의료기관을 관할하는 예조에서는 의녀가 되기 위해 뽑혀온 자들에게 제생원으로 하여금 먼저 글자 해독을 위해 『천자문』, 『효경』, 『정속편』 등을 가르치게 하였다.[77] 그리고 성종 16년(1485)에는 12~13세 여자들을 택하여 의녀를 양성하라고 승정원에 전교하고 의술을 배우기 전에 유교 경전인 사서를 읽게 했다. 의녀들은 전문적인 의술뿐만 아니라 의료

의 규율은 엄격했다. 어린 나이에 고무줄놀이를 해도 회초리가 날아왔다. …술에 취해 치맛말기라도 풀어진 기생은 혼줄이 났다'(『중앙일보』 2004. 2. 4)고 말한 바 있다.

76 「태종실록」 태종 6년 3월 16일.

77 「세종실록」 세종 5년 12월 27일.

인으로서 덕성을 지녀야 했으므로 제생원에서 사서를 가르치고 시험을 치렀던 것이다.

세종 16년에는 매일 의서를 읽고 간병하고, 침놓고, 뜸뜨는 의녀에게 1년에 두 번 쌀을 하사할 것을 명했다는 기사가 보인다.[78] 제생원의 의녀들을 격려하고 권장하기 위해 적으나마 그녀들에게 급료가 지급되었던 것이다. 문종 원년(1451)에는 한양에 거주하는 의녀들이라도 생활이 몹시 가난하므로 백미 1석씩을 지급하였다. 직급이 높은 의녀는 보수가 많았다.

세조 9년(1463) 혜민국(→혜민서) 제조가 의녀를 교육하고 매월 시험 보아 성적이 우수한 자 3명에게는 3개월치 급료를 상으로 주고 성적이 불량한 자는 혜민서 다모(茶母)[79]로 정해서 벌을 준 다음 합격한 뒤에 본업에 종사하도록 허락했다.[80]

성종 9년(1478)『경국대전』의 규정에 따르면 의녀는 3등급의 초학의, 간병의, 내의(녀)로 나누어지며, 단계별로 승급되었다.[81] 초학의란 처음 배우는 의녀란 뜻으로 간병할 수 없이 학업에만 전념하게 된다. 초학의는 위에서 나온 천자문, 사서 등으로 문자 해득과 인성교육을 거친 뒤 진맥에 관한『인재직지맥』, 침구에 관한『동인침혈침구경』, 제약에 관한『태평혜민화제국방』, 산부인과 처방술에 관한『부인문산서』 등의 책으로 기초 공부를 했다. 초학의는 대략 3년 정도 수련을 했는데, 학업 성적이 일정한 수준에 미치지 못하는 경우에는 중간에 봉족[82]을 빼앗기고 마지막 해에도 개선되지 않으면 의녀가 되기 전인 관아의 종으로 돌아가야 했다.

초학의 3년 기간이 끝나면 간병의가 되는데, 의원을 보조하며 간병을

---

78 「세종실록」세종 16년 7월 25일.
79 조선시대 일반 관사에서 차와 술대접 등의 잡일을 하던 관비이다.
80 『경국대전』예전.
81 「성종실록」성종 9년 2월 16일.
82 군역 대신으로 남의 집안일을 돕는 사람을 가리킨다.

하는 간병의로서 40세가 지났는데도 전문 분야가 없으면 본래의 관노비 신세로 돌아가야 했다. 간병의 중에 성적이 뛰어난 사람 4명을 매달 뽑아 그들에게만 급료를 주었다. 간병의 가운데에도 뛰어난 능력을 보인 2명을 선택하여 내의녀로 임명하며 내의녀가 되면 비로소 월급이 나온다. 내의녀 중에서 다시 차비대령의녀, 어의녀로 승급되기도 했다. 조선 후기 22명의 내의녀 가운데 10명이 차비대령의녀로 뽑혔는데 차비대령의녀는 왕이나 왕실 가족의 병환을 대비하여 즉각 현장에 투입하기 위해 대령하는 의녀를 말한다.[83] 임금을 보살피는 어의녀는 대개 내의녀 중에 최고참이 하게 되는데, 조선시대 대표적인 어의녀 대장금은 무려 20여 년 동안 어의녀로 지냈다.

중종도 의녀에 큰 관심을 갖고 의녀의 임무가 중요하니 정밀하게 가르쳐야 한다고 말했다(중종 23년). 다시 말해 반드시 기술에 정통한 사람이 마음을 다해 의녀를 가르쳐야 될 것이라며 예조에 명하여 가르치고 장려하는 방도를 마련하게 하였다. 그리고 의녀 중에서 어리고 가르칠 만한 자를 선택하여 교수와 훈도로 하여금 엄히 가르쳐 드러나게 성과가 있는 자는 내의원에 소속시켜 내의원의 관원 중 의술에 정통한 자를 별도로 정하여 지도하게 했다.

의녀의 활약상

의녀는 크게 혜민서 의녀와 내의원 의녀로 구분된다. 혜민서 의녀의 정원은 70명인데 3년마다 여러 읍의 여노비 중 연소자를 가려서 올려 보냈으며 내의원 의녀는 12명에 불과했다. 혜민서 의녀는 서민을 위해 궐 밖에 있는 혜민서 소속의 의녀로 외의녀라고도 했고, 내의원 의녀는 왕과 왕실을 위해 궐 안에 있는 내의원 소속의 의녀로 내의녀라고도 했다. 흥선대

---

83 한희숙, 『의녀』, 문학동네, 2012, 97쪽.

원군의 총애를 받고 가객 안민영(1863~1907)이 아끼던 해주기생 옥소선은 1868년 해주에서 상경하여 5년 뒤 내의원 의녀가 되었으며 그중에서도 우두머리인 행수기생이 되었다(안민영, 『금옥총부』). 판소리계 소설 「계우사」의 주인공 의양이도 평양에서 올라온 내의원 소속의 의녀였다. 의녀제도는 조선 후기까지 시행되어 고종 때만 해도 의녀의 수가 80명에 달했다.

양반 중에도 간혹 의술에 능통한 사람이 있었으나 이들은 전의감이나 혜민서에서 교수급으로 근무할 뿐 실제 환자를 치료하지는 않았다. 의료기관의 책임자인 내의원이나 혜민서의 제조에는 이러한 양반들이 임명되었다. 그리고 일반 의원은 두 번째 계급인 중인에 속했으나 의녀는 평민 아래의 가장 낮은 천민계급에 속해 있었다. 의녀는 연산군이 궁중연회에 예쁘게 단장시켜 수십 명씩 참여시키면서 더욱 천하게 여겨졌다. MBC TV 드라마 〈대장금〉(연출 이병훈, 2003)의 장금이가 활약하는 중종 시대에도 연회에 의녀를 동원하지 말라[84]는 어명이 여러 차례 보이는 것은 폐습이 고쳐지지 않았음을 말해준다.

선조 33년(1600) 의인왕후 박씨가 위독하여 약방제조 김명원이 의술이 특출한 의녀 애종을 입진시키려 하자 임금과 중신들이 그녀의 신분을 문제 삼아 궐내에 출입할 수 없다며 반대했다. 우여곡절 끝에 애종이 의인왕후의 주치의 노릇을 하지만 왕후의 죽음을 막지 못하고 의녀 명부에서 삭제되는 중징계를 받고 만 사건은 시사하는 바가 크다. 의녀가 관리들의 술자리에도 참여했던 기생으로서의 운명을 벗어나기 힘들었음을 말해준다. 애종은 의술이 매우 뛰어난 재원인 데다가 미인이어서 그랬는지 '끼가 많다' 즉 음란하다는 악평까지 들어야 했다. 2012년 MBC TV 드라마 〈마의〉(연출 이병훈)에 애종(이지선 분)이 등장했다.

우리나라 최초의 공인된 여성 의료인이라고 해야 할 의녀는 요즘으로

---

84 『중종실록』 중종 5년 2월 1일.

치면 의사와 간호사 그리고 약사의 역할까지 겸한 국가공무원이었지만 출신계급 때문에 사회적으로 천대를 받았다. 한편 의녀들은 최하 신분에도 불구하고 당시 여성으로서는 지적 수준이 높아 의료, 여악 이외의 많은 짐을 지게 되었는데, 혼례를 치르는 가정의 혼수의 사치 여부를 감찰토록 하였고, 궁중이나 사대부 집안의 여성에 관한 범죄를 수사하고 죄인을 체포하는 일까지 맡아보았다.

제주의녀 장덕은 치통과 부스럼을 잘 고친다는 소문이 퍼져 한양까지 초청될 만큼 화제를 일으킨 인물이었다. 그녀로부터 의술을 전수받은 귀금이가 제자들을 제대로 가르치지 않았다고 성종에게 불려가 벌을 받게 되자 귀금이는 "제가 마음을 다해 가르치지 않는 것이 아니고 그들이 익히지 못할 뿐입니다."[85]라고 하였다. 전문적인 의술을 배우는 것이 얼마나 힘든 것인가를 짐작케 하는 사례다. 오늘날에는 서양의학 교육을 받은 간호사들이 등장하여 의녀의 역할을 계승하는 가운데 한국 여성 의료인으로 크게 성장해가고 있다.

7. 기생의 복색과 언어와 행동은 다르다

1914년 1월부터 6월까지 『매일신보』에 특집으로 연재된 '예단(藝壇) 100인'에 등장하는 90명이 기생이었다. 우리나라만큼 기생이 뛰어난 예술성을 보유하고 식견과 교양까지 갖춘 나라는 드물다. 그런데 예능인으로서의 자부심을 보이던 우리의 기생들은 해가 가면서 서서히 기개를 잃고 완강한 신분제도 아래서 자신의 신세를 운명으로 받아들이기 시작했다. '열 번 찍어 안 넘어가는 나무 없다'는 탄식의 소리를 내며 자신들이 상대한

---

85 「성종실록」 성종 23년 6월 14일.

남자가 부지기수임을 고백하는 것을 들을 때면 안타깝기 그지없다.

　조선 후기에 이르러 기생들은 궁중이나 지방 관청에서 요구하는 공식적 임무 외에 민간의 풍류와 접대 현장에 빈번히 참여했다. 그리고 글 자랑하는 양반만이 아니라 돈 있는 중인층의 남성들을 주 고객으로 확대해 나갔다. 자연스레 기생집이 상업적 분위기 속에서 운영되고 기방의 풍속이 향락적으로 흐르기 시작했다. 일제 시기를 맞아서는 예기와 창녀와의 혼란을 부추기는 식민 세력의 의도 아래 기생 문화의 왜곡은 점점 가속화될 수밖에 없었다.

기생은 재상

　그러나 중세의 가혹한 신분질서와 일제강점기의 민족적 탄압 속에서도 우리의 많은 기생들은 참고 버티며 때로는 강력히 맞서면서 자신들의 존재감을 잃지 않으려 애썼다. 그리하여 기생들이 이룩한 전통문화의 계승과 근대문화의 형성 속에 오늘날 한국 문화의 새로운 위상을 만들어갈 수 있게 되었다.

　관기들은 여성의 결혼 허가 연령을 근거로 보통 15세부터 본격적으로 기생 일을 시작하여 50세 정년까지 소임을 다하게 되는데, 10세 미만의 어린 기생을 동기라 부르고 나이가 든 기생을 노기라 불렀다. 평양기생 박영월은 "대개 기생의 나이 20이면 속담에 환갑이 되어 시세가 글렀다."[86]고까지 말했다. 앞에서 말한 '예단 100인'에서 소개하는 90명 기생 중 나이를 밝힌 86명 가운데 15~20세까지가 63명이었다. 이런 자료들로 보면 기생의 전성기가 20세 이하에 끝난다고 할 수 있다. 하기는 조선시대 평민들의 평균 수명이 35세 정도였다. 현실적으로 기생이 권력층 남성들의 유희 대상이 되는 경우 그러한 구실을 하기 위한 적정시기가 10대부터 20대까

86　『매일신보』 1914.3.1.

지였을 것이다. 대개 관기 나이 30이 넘으면 기생 노릇을 그만두고 양반의 소실이 되거나 홀로 선술집(목로주점) 또는 색주가 등을 운영하면서 생계를 꾸려나가야 했다.

　대정권번의 기생 전난홍은 기생들이 만든 잡지 『장한』 창간호에서 "기생은 재상이라"는 말이 있음을 언급하고 나서 "타국의 사신이 와서 그 나라 흥망을 보려면 기생의 복색과 언어와 행동을 보았다"는 속담을 지적하였다. 그리고 당시 기생들에게는 과거 기생과 같은 복색, 언어, 행동이 없음을 안타까워하면서, 그것은 옛 기생과 같은 지조를 갖지 않은 까닭이라 했다. 그녀는 반복하여 복색, 언어, 행동을 강조하며 기생의 미래를 위해서 자신들 스스로 존재 이유에 대해 성찰해보아야 한다고 주장했다. 다시 말해 기생들은 일반 여성들과 달리 우아한 복색, 해학적인 언어, 관능적인 행동을 통해 즐거움을 창출하는 것이 자신들의 직분임을 알고 있었던 것이다.

　필자는 복색, 언어, 행동 중 하나만이라도 분리될 때 기생 문화의 진정성을 담보하기 어렵다고 판단하여 세 가지를 총체적으로 파악하고 기생 문화의 융합[87]적 미의식을 밝힌 바 있다.[88] 기생이라 하여 예쁘기만 하면 별 소용이 없었다. 늘 미모와 재주가 겸비되어야 '재색(才色)'이 있는 기생으로 인정받았다. 재주도 한 가지만 배운 것이 아니라 악가무, 시서화 등을 종합적으로 익혀야 했다. 조선기생이 보여준 융합적 미의식 나아가 한국 기생 문화의 융합성의 의미는 동양적 사고에 기반을 두고 치우침 없이

87　융합(融合, Convergence)의 사전적 의미는 '다른 종류의 것이 녹아서 서로 구별이 없게 하나로 합하여지거나 그렇게 만듦 또는 그런 일'(국립국어원, 『표준국어대사전』)이며, 이는 이분법적 사고로서 선택을 강요하는 서구형의 정신문화와 달리 균형적 사고로서 전체를 아우르고자 하는 동양형의 정신문화로서 말하자면 유교에서의 중용론, 불교의 중도론, 노장철학의 제물론과도 일치한다.

88　이화형, 「조선기생 문화의 융합적 미의식」, 『동아시아고대학』 48집, 동아시아고대학회, 2017, 157~186쪽.

한 차원 나아 가고자 하는 한국 문화의 융합적 성격[89]에도 부합하는 것이다.

우아한 복색

개인의 성향에 따라 잘 꾸미지도 않고 교태도 잘 부리지 않는 기생도 있다. 19세기 초 평양기생이던 취란은 화장품이나 노리개 같은 것에 관심이 없고 성품도 담담하였는데, 복희 역시 몸가짐이 단정하여 정숙한 여인의 풍모가 있었다.[90] 그러나 기생은 복색(몸치레)과 언어와 행동이 일반 여성과 달라야 하는 직업인이다. 기생들은 곱게 화장을 하고 우아한 자태로 춤도 추며 사람들의 눈을 기쁘게 하고, 때로는 해학적인 언어유희와 구성진 소리로 분위기를 일신하며, 성적 서비스와 정서적 교감으로 즐거움을 끌어올리는 등 자신의 직분에 충실하고자 했다. 고급관리나 어사를 비롯하여 많은 선비들이 기생의 매력에 빠지거나 희롱당한 이야기가 실제로 많이 전하고 있다.

기생의 용모를 포함하는 '복색'에 대한 관심은 외형과 장식을 배격하고 실질과 검소를 강조하던 유교적 이념과 상충된다. 또 별 규제를 받지 않고 사치를 부릴 수 있었던 것은 복식이 지위와 신분을 나타내던 현실에 반하는 것이었다. 이렇듯 기생들이 유교적 이념과 계급적 질서에 따른 경직된 시각을 탈피하여 감성을 자극하는 복색의 자유를 누렸다. 그리하여 남자들의 마음을 빼앗음은 물론 일반 여성들의 부러움을 살 수 있었다. 물론 그것에 대해 우려하고 비난하는 사람들도 있었다. 실학자 이익과 이덕무 등은 기생들이 입는 옷이 유행한다며 한탄하였다.[91] 그러나 기생들이 아

---

89 이화형, 『민중의 꿈, 신앙과 예술』, 푸른사상사, 2014, 5쪽.
90 한재락, 앞의 책, 123쪽과 133쪽.
91 이덕무는 "규중에 있는 부녀까지 기생의 옷으로 단장하니 무릇 모든 부인들은 이를 급히 고치는 것이 마땅하다. 而閨人妓裝 其宜急改"(이덕무, 『사소절』 권6)

름다움을 표출하고 싶어 하는 인간들의 욕구를 자연스럽게 드러냈다는 측면에서는 그 의의가 적지 않았다.

『조선해어화사』를 보면 고려시대 여악을 담당했던 기생들의 모습은 우아하기 그지없었다. 여러 기생들이 곱게 화장하고 눈앞에 늘어서며 무지개와 깃털 같은 의상은 흩날리는 꽃잎의 천녀와 같고, 아름다운 모습과 어여쁜 자태는 불사약 훔치러 달나라에 간 선아 같으며, 너울너울 춤추는 소맷자락은 단학이 하늘을 나는 것 같고, 구르는 노래 소리는 마치 숲속에서 지저귀는 예쁜 꾀꼬리 소리 같아, 술 마시는 자리에서는 정명도(1032~1085)의 무심을 보존하기 어렵고 교방에서는 당 현종의 풍류를 자주 만나게 된 것 같다(『조선해어화사』 4장)고 했다.

『소수록』에 나오는 19세기 이전 춤추는 기생의 독특한 자태와 우아한 모습은 우리의 시선을 끌기에 적합하다. "체구는 적당하고 자세가 딱이로다. 달같이 둥근 낯은 복스럽기 그지없고 어여쁘고 고운 모양 백태가 구비로다. 묶어 올린 머리채는 검은 구름 흩어진 듯 새벽별 같은 눈동자는 잔잔 맑은 가을물. 백옥 같은 흰 귓불은 은고리가 걸렸는 듯 앵두 같은 입술은 단사를 머금었고, 서른여섯 흰 치아는 조개껍질 세웠도다. 열 손가락 가는 손은 죽순처럼 고와 있고 세 치 작은 예쁜 발엔 봉황 머리 수놓았네. 요요한 가는 허리 하늘거린 버들이요 단아한 앉음새는 눈 가운데 매화로다. 발걸음 사뿐사뿐 금루의 반첩여(BC 48~AD 2)요 춤소매 휘날림은 한나라 궁전의 조비연(BC 45~BC 1)이라."[92] 헤어스타일에서부터 발끝까지의 모습, 그리고 앉음새, 발걸음, 춤소매 등의 움직임 하나하나의 묘사를 통해 기생의 아름다운 자태를 또렷하게 연상할 수 있다. 구름 같은 머리, 반달 같은 눈썹, 가을물 같은 눈동자, 백옥 같은 귓불, 앵두 같은 입술, 연꽃

고 한 바 있다. 기생의 옷이란 이른바 S라인이 강조되는 옷이었다.
92 정병설, 앞의 책, 213쪽.

같은 뺨, 수정 같은 치아, 버들 같은 허리, 죽순 같은 손, 봉황 같은 발 등의 청초하고 우아한 기생의 외모는 인간의 눈을 즐겁게 하고 매료시키기에 부족함이 없었다.

조선 숙종 때 신임사화를 일으켜 정권을 잡았던 조태억(1675~1728)의 처 심씨는 천성적으로 시기와 질투가 심하였다. 이에 남편이 아내를 범 보듯 두려워하여 부인 이외의 여자를 탐한 일이 없었다. 그러던 어느 날 남편이 업무차 평양감영에 내려갔다가 기생의 수청을 들였다는 말을 들은 심씨는 즉시 기생을 벌하려 평양으로 내려갔다. 그러나 열여덟 살 먹은 그 기생을 만나보니 곱고 아리따운 모습이 볼수록 기이하여 사람의 정신을 황홀케 하였다. 심씨는 "남자가 너 같은 절세미인을 보고 가까이 아니한다면 졸장부일 것이니 내 영감이 어찌 혹하지 않으리오. 내 어찌 너를 하수하겠는가. 네가 우리 영감을 모시도록 하라."고 했다는 이야기도 있다(『청구야담』 권14).

원칙적으로 기생은 관에 소속되어 있는 공인이기 때문에 임의대로 자기 지역을 떠날 수 없다. 그러므로 관리가 임무를 마치고 기생을 데려오면 안 된다. 그리하여 어느 관리는 기생과 이별한 후에도 그녀의 매혹적인 모습을 잊지 못해 안달을 보였다. "무릎 위에 안기는 듯 어깨에 걸치는 듯, 찰솜 같이 연한 손을 옆에 잠깐 지르는 듯, 수정 같이 맑은 살로 몸에 찬찬 감기는 듯, 천태만상 네 모양이 눈에 암암 귀에 쟁쟁이라"[93]면서 기생의 어여쁜 맵시를 그리워하였다.

19세기 초 평양기생 경연은 얼굴이 복사꽃처럼 발그레 화사했고, 단아하고 화려한 용모가 남들보다 월등하였다. 고운 치마는 가볍게 펄럭이고 높이 올린 쪽머리는 구름처럼 풍성했다. 곱고 가냘픈 말씨는 사람의 마음

93   정병설, 앞의 책, 262쪽.

을 움직이게 하고 버선을 신은 모습은 귀족의 분위기를 느끼게 했다[94]고 전한다.

기생을 그린 〈미인도〉

기생들은 얼굴을 분으로 백옥같이 짙게 바르고 눈썹을 먹으로 반달처럼 가늘게 그리며 뺨은 복숭아처럼 입술은 앵두처럼 연지로 붉게 칠하는 등 화장[95]을 정성껏 했다. 그리고 헤어스타일은 얼굴을 돋보이게 올린 풍성한 가체(가발), 즉 얹은머리를 기본으로 하고 그 위에 '가린다'는 뜻을 지닌[96] 가리마를 덮어 썼다. 무수리, 의녀, 침선비, 각 고을의 기생은 본인 머리다발로서 가체를 얹고 그 위에 가리마를 써서 등위를 구별하되 의녀는 검정 비단으로 된 것을 쓰고 나머지는 검정 삼베로 된 것을 쓰게 하였다.[97] 가체에 대한 사치가 날로 심해져 정조가 발제 개혁을 단행하여 가체 대신 족두리를 쓰라는 강력한 명령을 내린 이후 가리마는 차차 사라져 갔다. 또한 조선시대 기생들은 머리에 전모를 썼는데 전모란 자루 없는 우산 모양으로, 테두리에 14~16개의 살을 대고 한지를 바른 뒤 기름에 절여 만든 것으로 육각형에서 십각형으로 된 모자다. 그 밖에 기생들은 외출 시 쓰개치마, 장옷 따위 쓰개를 모두 착용할 수 있었다.

기생의 저고리에는 초록, 노랑, 분홍 등에 자주색으로 회장을 달고 소매 끝에는 남색 끝동을 달며 다홍색의 안고름을 달았다. 서민 여성과는 달리 평상시에도 반회장저고리를 입을 수 있었고 행사 때는 삼회장저고리를 입었다. 옷소매는 배래의 곡선이 없는 일자형으로 통이 좁고, 저고리의

---

94 한재락, 앞의 책, 111쪽.
95 고려시대에 시작된 것으로 알려진 기생들의 짙은 색조 화장인 분대(粉黛)화장은 조선시대에도 이어졌다.
96 유득공, 『경도잡지』권1.
97 「정조실록」 정조 12년 10월 ; 이규경, 『오주연문장전산고』.

길이가 짧아 겨드랑이 살이 보이며 흰 치마말기가 보이도록 했다. 치마는 남색[98]과 옥색이 많았으며 바닥에 끌릴 정도로 길이가 넉넉하여 율동미를 드러냈고 폭이 넓어 속곳을 다 덮었다. 치마를 오른편으로 여미게 해서 양반 부녀와 착용 방식이 구별되게 하였다. 치마 속에는 속곳을 껴입어 둔부를 강조하고 하체가 풍성하게 보이도록 했으며 치마 밑으로 속곳을 노출시켜 눈길을 끌게도 했다. 조선 후기에는 통이 넓은 바지로 멋을 냈다. 기생들에게는 양반 부녀와 동등하게 능라 비단이 허용되기도 했다. 옷의 색상도 별 제한 없이 원색을 많이 써서 한층 화려해 보였다. 양반 부녀가 수를 놓은 의상을 입은 경우 가장도 죄를 논했으나 기생은 금하지 않았다.[99]

정조의 어머니인 혜경궁 홍씨(1735~1815)의 회갑연을 기록한『원행을묘정리의궤』의 〈복식도〉를 보면 합립, 유소, 단의, 통초말군, 홍라삼, 금화라대 등의 몸치레에 관한 묘사가 보인다. 단정하고 후덕함을 강조한 일반 부녀들의 몸치장이 화려하거나 요란스러워서는 안 되는 데 비해 기생들의 경우 예외적으로 많이 허용되었고 그녀들은 마음껏 사치를 누렸다. 「춘향전」에 나오는 금봉채, 옥비녀, 은죽절, 밀화장도, 옥장도, 자적댕기, 도투락댕기 등을 봐도 당시 기생들의 다양한 장신구의 사용을 엿볼 수 있다.

기생의 영혼까지 그리려 했다는 조선의 신윤복(1758~?)의 〈미인도〉는 세계의 미인도 가운데 최고의 걸작으로 평가된다. 이 〈미인도〉는 물론 이인문(1745~1821)의 〈미인도〉를 비롯하여 기생을 그린 어느 미인도를 보아도 머리에 구름같이 큰 가체를 얹고, 저고리는 소매통이 좁아 팔에 피가 통하지 않을 듯하고 길이가 짧아 겨드랑이가 보일 것 같으며, 치마는 부풀려서 하체를 극도로 강조하고자 했음을 알 수 있다. 우아하면서도 섹시한

98　19세기 초반 신윤복의 풍속화첩(30점)에는 여성 70명(대부분 기생)이 등장하는데, 전통염색에서 가장 얻기 어렵다는 쪽물 들인 남색 옷을 입은 이가 52명이나 된다(『조선일보』 2009.3.27)는 보고도 있다.

99　『신보수교집록』 권5 형전.

몸치레, 이런 복식과 패션의 기본적인 형태는 유행으로 번져갔고 귀천에 관계없이 모든 여성들의 사랑을 받을 만했다.

신윤복, 〈미인도〉

'사치노예'로도 불리는 기생들의 복색과 맵시를 부러워하는 분위기가 사회에 만연되었다는 개탄의 소리까지 나오게 되었다. 연산군이 아직 흉포와 방만을 일삼기 전인데도 당시 기생 한 사람의 의복이 평민 열 사람의 의복보다 더 비싸다[100]고 당시 문인 어무적은 상소문을 올렸다. 원칙적으로 몸치레에 드는 비용은 기생 자신이 감당해야 했는데, 기생들의 사치풍조는 조선시대 내내 가시지 않았다. 이러한 부정적 현상에도 불구하고 기생들의 복식은 조선 후기로 오면서 일반 여성들의 복식에까지 크게 영향을 미쳤다.

근대시기 기생의 조직에는 위계질서가 뚜렷하며, 지위에 따라 복색이 달랐는데, 우두머리인 행수기생은 옥색 치마를 입었고 과부나 일반기생 등은 청상(靑裳) 즉 푸른(남색) 치마를 입었다. 통상 양반 부녀자들이 '녹의홍상'이라 하여 녹색 저고리에 다홍색 치마를 입었기 때문이다. 다수의 기생들은 흰 저고리와 남색 치마를 입고 다녔으며, 급수에 따라 기생들의 헤어스타일과 액세서리와 우산도 달랐다. 특히 일패기생들은 값비싼 큰 가

---

100 「연산군일기」 연산군 7년 7월 28일.

발을 얹을 수 있었고, 안경을 쓸 수 있었으며, 수놓은 신을 착용할 수 있었고, 붉은 우산을 들고, 가마를 탈 수 있었다. 기생들은 자신들의 우아한 외모와 호사스런 현실을 스스로 신선의 모습에 견주기도 했다.

자색이 탁월한 佳妓

해주기생 옥소가 하는 말을 들어보면 기생 자신들이 어떤 마음가짐으로 처신했는지 잘 짐작할 수 있다.[101] 옥소는 "앵무 같은 소리 내니 악기보다 듣기 좋고/백옥 같은 맑은 살은 달빛보다 보들보들/금은보화 무엇이며 큰 돈 든다 아낄쏜가/남자의 일시 호화 우리밖에 또 있는가"라고 기생으로서의 우아한 자태와 호화로운 생활을 자신 있게 뽐냈다. 이어서 옥소는 "그린 눈썹 던진 추파 사람을 낚시하고/희롱 겨운 묘한 태도 남자 빠질 구렁이라/예쁜 얼굴 낭랑한 말 현혹하는 단약이요/하얀 치아 붉은 입술 낭랑한 고운 소리/혼을 빼는 진법이라"고 했다. 단아한 용모와 낭랑한 목소리까지 기생이 아니고는 누릴 수 없는 호사를 당당하게 표현하고 있다. 다시 옥소는 기생의 예쁜 얼굴을 그려 흉노를 무찌르니 장수와 같고 아리따운 기생 초선이야말로 왕실 전횡의 원흉들을 제거한 최고의 공신이라 했다.

"기생 환갑은 서른"이란 속담이 널리 퍼져 있는 만큼 기생들은 자기 직무와 본분을 다 하기 위해서는 미모와 젊음을 지켜야 했다. '다 낡아 못 쓰게 되었어도 아직 볼품은 있다'는 의미로 사용되는 속담에 "기생 죽은 넋"이라는 말이 있다. 기생이라고 다 그런 것은 아니지만, 기생은 죽어도 그 기본이 남아 있다는 뜻으로서 기생의 멋스럽고 화려한 자태를 나타내는 말이다. 역사적으로 기생의 아름다운 자색은 커다란 매력으로 이어졌다.

기생으로서 임금의 첩인 후궁의 자리에 오르거나 궁중 권력에 가까이

---

101 정병설, 앞의 책, 176~182쪽.

가는 것은 기생이 기대할 수 있는 가장 영예로운 일이었다. 일찍이 고려 시대 기생 칠점선(영선옹주)·소매향·연쌍비는 우왕의 후궁으로 봉해졌 다.[102] 조선시대 김해기생 칠점선(화의옹주)도 태조의 후궁이 되어 옹주(숙신옹주)까지 낳은 바 있다. 또한 보천기생 가희아는 키는 크지 않지만 얼굴 이 앳되고 인형처럼 예뻤으며 노래도 잘하고 춤에도 뛰어나는 등 재색을 겸비하였다. 그녀를 차지하려고 고위 관료들인 황상과 김우(?~1418)가 몽둥이를 들고 대낮에 난투극을 벌였는가 하면 나중엔 여성 편력이 심한 태종의 첩이 되기도 하였다.[103]

양녕대군의 세자 자리를 폐위시킨 결정적 인물은 기생 출신의 어리였 다. 어리는 재력이 있던 중추부사 곽선의 첩으로 살고자 했으나 양녕을 만 나 태도가 바뀌었다. 양녕은 어리를 보는 순간 말을 잃고 숨조차 제대로 쉴 수 없었다. 여성의 외모를 적극적으로 표현하는 데 인색하던 사관들조 차 자색이 있다고 적어야 했던 어리의 미모에 반한 것이다. 종친들이 건드 렸고 매형 이백강의 첩이었음을 모르고 양녕이 다시 취하고자 했던 기생 칠점생도 미모와 재주가 뛰어났다. 또한 세종의 후원으로 양녕대군과 애정을 나누며 자녀를 많이 낳고 백년해로했다(『기문총화』)는 평양기생 정 향은 미색이 뛰어나고 지혜롭기 그지없었다.

15세기 평양기생 초요갱은 용모가 빼어나 조정 관료들로 하여금 거친 싸움을 벌이게 하고 남이(1441~1468) 장군의 첩이 되어 행복한 삶을 보냈 다. 초요갱은 실록에 16번이나 이름을 올린 재예를 갖춘 경국지색으로서 권력의 핵심에 섰던 기생이다. 모란은 평양기생이었다가 재색이 뛰어나서 한양으로 뽑혀 올라왔는데, 시골에서 올라온 선비가 모란에게 빠져 가진 것을 모두 잃었다는 이야기가 전하듯 남자들이 기생에게 정신을 빼앗겨

---

102 『고려사』 권135~137, 열전48~50.
103 「태종실록」 태종 7년 12월 2일.

스스로 명예를 실추시키고 재산을 탕진할 정도로 미모가 출중했던 기생은 부지기수였다. 효녕대군의 첩이었음에도 불구하고 외증손자뻘 되는 남흔과 사통했던 매화라는 기생 역시 미모와 재주를 인정받아 성종 시절 후궁으로까지 올라갔다. 성종 때의 공주기생 홍행은 원래 이효창의 첩이었는데 그녀를 사이에 두고 종친 이원과 부평부사 김칭이 길거리에서 치고받고 싸워 조정에 보고될 만큼 어여쁘고 열정적이었다. 자질이 뛰어나고 깐깐하기로 소문난 대사헌 김승경(1430~1493)도 그녀의 미모에 반하여 가깝게 지내면서 아들까지 두었다고 하듯이 홍행은 쟁쟁한 권력자들 사이에서 자신의 매력을 한껏 과시했다.

연산군의 후궁이 된 기생 장녹수(?~1506)는 원래 제안대군의 여종이었다. 그녀는 남종과 결혼하여 아들 하나를 낳은 뒤 가무를 배워 기생이 되었다. 입술을 크게 벌리지 않아도 소리가 맑게 울려 퍼질 만큼 노래를 잘 불렀고, 당시 30세가 넘었으나 10대처럼 앳돼 보이며 교태와 아양을 견줄 여자가 없었다. 그녀를 보고 한눈에 반한 연산군은 궁궐로 데려와 종4품 숙원에 봉하고 항상 곁에 두었다. 왕자를 셋이나 낳은 장녹수에게 미색과 노래는 기생으로서의 큰 자산이었다. 명종 때 임백령(?~1546)이 절세미인이었던 평양기생 옥매향을 두고 질투하여 윤임(1487~1545)을 역모로 몰았던 것이 바로 을사사화의 발단이다. 「춘향전」의 월매가 돈으로 딸 춘향이를 기생점고에서 빼낼 수 있을 만큼 재산을 많이 모을 수 있었던 것도 춘향이의 미모와 재주가 뛰어났기에 가능했다. 일제강점기 나이 21세에 중국 상하이로 유학길에 올랐던 기성권번의 장연홍은 의식기생, 사상기생으로 활동했으며, 뛰어난 미모와 몸가짐으로 당대 이름을 날렸던 명기이다.

기생들은 외모만으로 자신을 뽐내지 않았다. 오히려 단순히 얼굴만 예뻐서는 비난받기 십상이었기 때문이다. 미모로 이름을 떨쳤던 한양기생 소춘풍도 가무와 시문에 뛰어났다. 자색만큼이나 자신을 드러낼 수 있는 재능이 요구되었다. 그렇다고 재주만 강조되지는 않았으니 성현

(1439~1504)은 "재주뿐 아니라 색도 겸해야지/물고기 눈과 구슬을 혼동해 선 안 되네"라고 했던 것이다. 마침내 외형과 내실이 조화로운 경지에 이른 '색예(色藝)', '재모(才貌)', '재색(才色)'으로 인정받을 수 있었다.

골계미 창출의 언어

기생들은 몸을 예쁘게 만들며 복색만 화려하게 꾸민 것이 아니었다. 뿐만 아니라 사랑과 성으로 이어지는 농염한 행동만이 기생놀음의 전부는 아니었다. 기생들은 때로 정신적 주체가 되고자 했고 스스로 판단하여 상황을 호전시키기도 했다. 무엇보다 이는 '언어'를 통한 해학과 골계로 나타났다.

기생답게 살았다는 옥소마저도 "가인이 없다 마오 재자는 그 뉘시오/구름 뜻 물 마음은 타고난 기생 성정"이라 말했다. 이는 기생이 남성들을 향해 고운 자색을 과시하면서 오히려 멋진 남성이 없음을 지적하고 나아가 자신들이 순결한 심성을 지녔음을 자부하고 있는 주장이다. 이어 옥소는 "노류장화 웃지 마소 꺾고자 다 꺾으며/아무 남자 아내지만 얻고자 다 얻을까/공경재상 뜻 없으니 무뢰배에 정 있을까/하고 많은 떠돌이야 화류장 깊은 뜻을/아느냐 모르느냐"[104]라고 인간의 속물근성을 배척하는 순수정신을 선포했다.

자색이 빼어난 평양기생 현옥이나 나섬은 돈보다도 사람을 귀하게 여겼으며, 평양기생 일지홍은 기생을 운명으로 받아들이면서도 다른 기생들이 웃음을 파는 꼴을 보면 부끄럽다면서 금과 옥을 산더미같이 가져와도 자기의 뜻을 꺾을 수는 없다[105]고 했다. 기생들은 직업상 많은 남성들을 상대하기는 하지만 결코 마음까지 내주지 않는 자존감을 드러내었다. 기

---

104 정병설, 앞의 책, 182쪽.
105 한재락, 앞의 책, 19쪽.

생들의 우아한 모습과 고상한 정신을 간과할 수 없는 중요한 이유다. 실제로 기생을 두고 "고운 자태는 월궁의 선녀요 맑은 정신은 가을 달빛"[106]이라 말하기도 했다.

우스갯소리

무엇보다 기생들은 인생과 현실의 무료함과 답답함을 풀어줄 우스갯소리[107]와 시적 풍류를 통한 해학과 재치의 골계미를 표출하고 즐겼다. 그녀들은 권력 있고 재물이 있어도 풍류와 인격이 없는 남자들을 꺼리고 때로는 골탕을 먹이곤 했다. 말하자면 풍류와 인격은 우스갯소리와 해학시 같은 재미와 여유에서 나온다고 기생들은 생각했을 것이다.

우스갯소리를 모아놓은『고금소총』에서도 언어유희에 근원이 있고 격조가 있어야 함을 경계하였다. "순우곤, 동방삭은 우스갯소리로써 명성을 얻은 사람들이다. 그러나 아무 근거 없는 허무맹랑한 말이었기에 널리 숭상되지는 않았다. 근래 오성과 현곡은 유능한 관리였다. 그런데도 우스갯소리를 즐기는 것은 인간적인 본성인가? 아니면 세상을 풍자하려는 의도인가? 아무튼 우스갯소리 하는 데는 단연 으뜸이라 하겠다. 또한 조원범의 망발은 인간으로서 따라 할 수 없는 하늘이 내려준 재치임에 틀림없다. 그 명성이 결코 우연한 것이 아니다. 모두 우리를 즐겁게 해주는 웃음거리로서 계속 전해지는 것은 당연하다."[108]고 했다. 우스갯소리가 단순히 말장난에 그치는 것이 아니라 사실적이고 풍자적일 때 세상을 여유롭고 유쾌하게 하는 큰 힘이 있음을 강조한 것이다.

---

106 정병설, 앞의 책, 259쪽
107 기생들이 등장하는 문헌 소화를 사기담, 음담, 재기담으로 나눈 연구(류정월, 「웃음 유발자로서 기생의 역할과 그 의의」,『한국고전여성문학연구』11권, 한국고전여성문학회, 2005, 208쪽)도 있다.
108 작자 미상,『고금소총』妄發匠人.

기생들에게는 무릇 남자들을 놀라게 할 만한 우스갯소리의 언어적 유희가 번뜩였고 그녀들이 보여준 골계미는 세상을 즐겁게 하고 풍자하는 의미가 있었다. 정승 배극렴(1325~1392)과 상대했던 송도기생 설매(설중매)는 행실이 음란하기는 했으나 미모와 함께 기지가 뛰어났다(『대동기문』, 『연려실기술』, 『공사견문록』에 실려 전한다). 조선의 태조가 개국공신들을 모아놓고 베푼 잔치에서 설매가 술을 따르게 되었다. 배극렴이 "내 들으니 너희들은 아침에는 이 집에서 먹고 저녁이면 저 집에서 잔다는데, 오늘은 이 늙은이와 베개를 함께 함이 어떻겠는가." 하였다. 희롱을 당한 설매는 "동가식서가숙하는 이 천한 기생이야말로 왕씨도 섬기고 이씨도 섬기는 정승과 어찌 천생연분이 아니겠습니까."라고 했다. 그러자 자리에 있던 고관대작들이 모두 얼굴을 붉혔다. 기생들은 사람의 마음을 움직일 수 있는 능란한 수완과 권력을 무색하게 할 수 있는 지혜가 있었다.

사대부들이 그랬던 것처럼 기생들도 상대방을 떠보기 위한 언어적 유희로 재치와 기개를 뽐냈으며 권위적 행태나 위선적 인품에 타격을 가하기도 했다. 15세기 조정의 고관 하나가 성주기생 영산홍과 정을 통하고 나서 장난삼아 붓을 잡고 그녀에게 관계한 남성들에 대해 등급을 정해보라 했다. 영산홍이 "먼저 이 아무개를 쓰고 다음에 아무개를 쓰고 또 그다음에 아무개를 쓰십시오."라고 하였다. 관리가 말하길 "나는 그 서열에 들 수 없느냐?"고 하니 영산홍이 말하길 "낭군님의 모습은 이 아무개와 비슷하시니 그 말미에 참여할 수 있습니다."라고 하였다. 관리가 붓을 던져버리고 손바닥만 만지작거렸다.[109]

명종 때의 문인으로 알려진 유진동(1497~1561)이 지방의 군무를 감찰하기 위하여 감군어사로 파견되어 가니 평안감사가 어사를 위해 부벽루에서 크게 연회를 베풀었다. 감군어사가 도착하여 기생들을 보고 말하기를 "평

109 권응인, 『송계만록』 하 ; 이능화, 『조선해어화사』 25장.

양의 교방이 언제 혁파되었느냐?"고 하였다. 기생 중에 인물이 없음을 비꼬아서 한 말인데, 사방에 아무 말이 없자 평안감사가 "어사 물음에 어찌 답이 없느냐?"고 말했다. 무정가라는 기생이 나와서 "감군어사를 언제 다시 세웁니까?"라고 했다. 감사가 크게 기뻐하며 전세를 역전시킨 무정가에게 후히 상을 주었다.[110]

선조 때 문의현감으로 있던 홍난상(1553~?)이 충청도 관찰사인 유근이 도내 수령들과 큰 잔치를 벌이는 곳에 참석한 일이 있다. 밤을 새워 풍악 속에 술을 마시고 취흥이 무르익는 판에 갑자기 닭 울음소리가 들렸다. 날이 밝는 것이 싫었던 유근이 무슨 소리냐고 묻자 그때 기생 양대운이 "이 소리는 강가의 백로 울음이옵니다."라고 답하였다. 관찰사는 대답이 자기 마음에 드는지라 좋아하며 기생의 재치를 칭찬하고 좌중으로 하여금 시를 읊게 했다. 홍난상이 한 수를 지었는데, 3~4구에서 "가인은 풍류의 흥 깨질까 두려워하여/닭 울음을 백로 울음이라 웃으며 말하도다(佳人恐敗風流興 笑道鷄聲是鷺聲)."(『어우야담』학예편)라고 하였다. 이 시가 회자되어 충청도 많은 사족들이 끝 구절을 가지고 제목으로 삼아 시를 지었다.

기생이 재상을 놀린 사건[111]도 재미있다. 호남의 이름난 기생 추향이는 재상인 이귀(1557~1633)에게 자주 편지를 썼는데 편지 끝에는 늘 "글재주가 없어 이만 줄입니다."라는 말을 붙였다. 하루는 이귀가 "네 편지에 '글재주가 없어 이만 줄입니다'라는 구절을 정말 싫증나도록 보게 되는구나."라고 조롱하듯 말했다. 이에 추향이는 곧바로 "소인도 대감 말씀에 '진실로 황공하고 진실로 두렵습니다'라고 하는 구절을 정말 싫증이 나도록 봅니다요."라고 반격을 가했다. 분개를 잘 하는 성격의 이귀는 젊은 시절부터 수없이 글을 올려 임금의 잘못을 지적하니 사람들이 그를 가리켜 '상소

110 유몽인,『어우야담』인륜편. ; 이능화,『조선해어화사』31장.
111 미상,『고금소총』宰妓相嘲.

기생, 노래를 팔지언정 몸은 팔지 마라

귀신'이라 불렀다. 그런데 상소문 위에는 통상 "신 아무개는 진실로 황공하고 진실로 두려워 머리를 조아리고 머리를 조아립니다."라고 써야 했던 것이다.

이능화는 앞에서 언급한 설매가 배극렴을 풍자한 것, 무정가가 어사의 말에 응대한 것을 비롯하여 『어우야담』에 나오는 기생 장본이 백광훈(1537~1582)을 조소한 것이라든지, 무정개가 창두의 말에 대꾸한 것 등을 예로 들면서 우스갯소리의 효용을 한껏 끌어올렸다. 기생이 해학을 잘하는 것은 시를 잘하는 데에 비견될 뿐만 아니라 한층 색다른 데가 있고 술자리에서 흥을 돕고 웃음꽃을 피우게 하는 것은 천금을 줘도 아깝지 않다고까지 하였다(『조선해어화사』 31장).

음담패설에서도 여지없이 기생의 역할이 부각된다. 문헌 소화(笑話)에 "나이든 생원이 밤새껏 기생을 끼고 누었는데도 궐물이 전혀 일어나지 않는지라 기생이 '소녀의 음호가 생원 댁의 옛날 무덤입니까?…'라고 하니 생원이 얼굴을 붉힐 뿐 꾸짖지 못했다."[112]는 이야기가 있다. 한편 한 사나이가 아버지의 기일에 이불 속으로 기생을 끌어들여 성기를 꽂았다가 즉시 빼고서 우쭐대자 기생이 벌떡 일어나 "도둑이 이미 집에 들어왔다가 물건도 훔치지 않고 도망한다고 해서 도둑의 이름을 면할 수야 있겠소."[113]라고 한 우스갯소리도 있다. 남성들의 성적 무능력과 부도덕을 성토하는 기생들의 해학적 육담이다.

해학적인 시

해학을 유발하는 시와 관련하여 살펴보자면 다음 이야기부터 주목할

---

112 抱臥至鷄鳴 厥物不起 妓曰 少女陰戶 乃是生員宅舊山所乎…生員自椵然不能責也, 『禦睡錄』 終無入葬. 기생은 자신의 음문을 무덤에, 양반의 궐물을 시체에 비유하였다.

113 盜入閣中 未及竊物而遁 其能免盜之名乎, 『禦眠楯』 公子忌日.

수 있다. 부유했던 김수천이라는 소년이 가산을 탕진하고 의탁할 곳 없이
남의 집 담 밑에 앉아 있다가 기생 하나가 지나가자 한숨 속에 시 한 수를
지었다. 시를 듣고 화답을 한 평양기생 소매는 '철인이 철인을 아낀다'며
그 소년을 데리고 자기 집에 돌아와 평생을 함께 하였다(『양은천미』).

기생들은 성적 본능이나 지적 감각을 자극하는 희화적인 태도로 술자
리 여흥을 돋우는 가운데 시적 풍류를 통해 자신들의 독특한 놀음 방식을
드러냈다. 곧 다른 예술보다 성찰적 비판적 기능이 강한 문학에 의해서 기
생들의 풍자와 골계는 잘 나타나고 있다.

조선 초기의 선비 전목이 충주기생 금란을 사랑한 이야기[114]는 유명하
다. 전목이 한양으로 돌아가면서 금란에게 다른 사내는 만나지 말라고 당
부하니 금란은 월악산이 무너질지라도 자신의 마음은 변치 않는다고 했
다. 뒤에 금란이 단월 역승(丞=관직명)을 사랑한다는 말을 들은 전목이 "들
으니 단월 역승을 사랑하여/밤마다 역을 향해 분주히 달리도다/어느 때
든 육모방망이를 들고 내려가/약속한 월악이 무너졌느냐고 묻겠노라(聞汝
便憐斷月丞 夜深常向驛奔騰 何時手執三稜杖 歸問心期月嶽崩)."(『용재총화』6권)라
고 시를 지어 보냈다. 이에 금란이 다음과 같이 화답하는 시를 지었다. "북
에는 전군 남에는 역승이 있으니/첩의 마음 정할 곳 없어 구름에서 노니
는 것을/만약 맹세해서 산이 변한다면/월악이 지금 몇 번째 무너졌겠소(北
有全君南有丞 妾心無定似雲騰 若將盟誓山如變 月嶽于今幾度崩)."(『용재총화』6권)
기생의 간교한 심사와 선비의 순진한 모습이 대비되기도 하지만 냉대받고
기롱당하는 나약한 처지의 기생의 변명치고는 명쾌하기 그지없다. 그만큼
기생의 태도가 주체적이며 재치가 번뜩인다고 할 수 있다. 시적 상상 속에
서 현실을 수용하면서 그 안에 저항을 담고 있는 기생의 해학 정신을 엿볼
수 있다.

---

114 성현, 『용재총화』6권 ; 이능화, 『조선해어화사』23장.

성종 때의 장성기생 노아에 대한 이야기[115]도 빼놓을 수 없다. 노아의 용모와 재예가 당시 으뜸이었는데 부임해 오는 관리마다 그녀에게 미혹되어 고을의 큰 폐단이 되었다. 어사 노모가 남쪽으로 내려가는 날 노아를 곤장으로 죽이겠다고 공언하였다. 노아가 꾀를 내어 여관에 불러들였다. 선녀같이 아름다운 모습에 어사는 밤새도록 떨어지지 못했다. 노아가 "저는 귀한 분의 총애를 받았고 이제는 다른 사람에게 시집갈 수 없으니 팔 위에 이름을 남겨서 후일의 증거로 삼고 싶습니다."라고 말했다. 어사가 흔연히 자기 이름을 팔 위에 써주었다. 어사가 장성에 들어가 노아를 잡아들여 휘장으로 가리고 죄를 추궁했다. 노아가 절구 한 수를 지어 올렸다. "노아의 팔에 있는 것은 누구의 이름인가/얼음 같은 피부에 먹물 들어가니 글자마다 선명하네/차라리 깊은 강물을 말리게 할지언정/이 마음은 끝내 처음 맹세 저버리지 않으리(蘆兒臂上是誰名 墨入氷膚字字明 寧使川原江水盡 此心終不負初盟)." 어사가 비로소 노아의 꾀에 넘어간 것을 알고 그날 밤에 도망가버렸다. 조정에 돌아오자 임금이 그 말을 듣고 웃고는 특명을 내려 노아를 어사에게 하사했다. 겉으로는 노아가 어사에게 절조를 다짐하는 것 같지만 속으로는 사대부의 권위와 위선을 비웃는 것이다. 기생 노아는 기생 특유의 재치와 시적 해학을 통해 인간의 허세를 비판하였다.

조선 중기 풍류시인 임제(1549~1587)는 평양기생 한우[116]를 만나게 되었다. 임제는 말로만 듣던 한우를 만나 반가웠으나 차분하게 "북천(北天)이 맑다커늘 우장(雨裝)업시 길을 나니/산(山)에는 눈이 오고 들에는 춘 비로다/오늘은 춘 비 마자시니 얼어 잘까 ㅎ노라"[117]라고 한우를 떠보았다. 기생 이름 '한우'가 사물 '차가운 비'로 대치되고 있음이 돋보인다. 임제의 희롱에 한우는 기개와 해학으로 재치있게 응수하였다. "어이 어러 자리 므스

115   홍중인, 『동국시화휘성』.
116   『청구영언』에는 작가가 매화로 되어 있기도 하다.
117   『악학습령』 197 ; 『일석본 해동가요』 94.

일 어러 자리/원앙침(鴛鴦枕) 비취금(翡翠衾)을 어듸 두고 어러 자리/오늘 은 츤 비 마자시니 녹아 잘까 흐노라"[118] 그녀는 즉흥적으로 농염한 사랑 의 감정을 잘 드러냈다. 고운 베개와 이불이 준비되어 있는 만큼 임을 맞 아 행복한 밤을 보내겠다는 적극적인 성 의식이 노정되었다.[119] 한우가 임 제를 만난 그날 밤 두 사람은 동침했다[120]고 한다. 내용적으로는 성적 유 희에 해당하지만 그렇다고 음란한 태도로 남성을 유혹하는 천박한 기생의 모습을 떠올리기는 힘들다. 오히려 위 시는 고도의 자유와 해학이 용납될 수 있는 관계에서나 오갈 수 있는 사랑가이며, 따라서 기생에게서 재색을 겸비한 여인의 멋스러움과 풍류를 엿볼 수 있다.

평안북도 강계기생 진옥[121]도 정철(1536~1593)과 희화적인 시를 주고받 은 바 있다. 정철이 희롱 삼아 "옥(玉)을 옥(玉)이라커늘 번옥(燔玉)만 너겨 써니/이제야 보아하니 진옥(眞玉)일시 적실하다/내게 슬송곳 잇던니 뚜러 볼가 흐노라"[122]라고 읊었다. 그러자, 진옥은 거침없이 "철(鐵)이 철(鐵)이 라커늘 섭철(鐵)만 너겨써니/이제야 보아하니 정철(正鐵)일시 분명하다/내 게 골블무 잇던니 뇌겨볼가 흐노라"[123]고 화답했다. 조선의 대표 문장가 로 극찬 받던 정철의 성적 희롱에 대담하게 성애를 표현하는 기개와 재치 가 뛰어나다. 광해군(1575~1641)을 왕세자로 세우려 했다는 이유로 명천에

---

118 『악학습령』 553 ;『일석본 해동가요』 139.
119 이화형,『여성, 역사 속의 주체적인 삶』, 국학자료원, 2016, 233쪽.
120 『일석본 해동가요』.
121 이 작품의 작자가『악학습령』과『병와가곡집』에 진옥이 아닌 철이(鐵伊)로 되어
있기도 하다. 정철이 전라도 관찰사로 있을 때 동기(童妓)였던 강아를 처음 만
나 머리를 얹어주고 하룻밤을 같이했는데 그 강아가 곧 진옥이라는 설도 있다.
정철은 어리지만 영리한 강아를 매우 귀여워했다. 강아 또한 기백이 넘치는 정
철을 마음 깊이 사모하였다. 강아는 정철과 이별 후 10년간 절개를 지키며 임
란 시 왜장을 유혹해 첩보를 빼내었고 정철 사후엔 시묘살이를 하다 생을 마감
한 의기다.
122 『악학습령』 545 ;『근화악부』 391.
123 『악학습령』 546 ;『근화악부』 389.

기생, 노래를 빚지언정 몸은 빚지 마라

유배되었다가 다시 강계로 쫓겨와 있는 정철을 정성껏 섬김으로써 그녀는 첩이 될 수 있었다.[124] 앞서 정철이 모조 옥이 아닌 진옥을 말했듯이 진옥도 잡것이 섞이지 않은 정철로 화답했다. 그리고 남자의 성기를 은유한 '살송곳'에 여자의 성기를 상징하는 '골풀무'[125]의 대응은 성적 이미지 구축에 중심 역할을 한다.[126] 주색을 가까이했던 정철과 서슴없이 교류할 수 있었던 기생 진옥의 활달한 기상과 시적 감각이 번뜩인다.

영흥기생 소춘풍은 기생의 본분에 충실하게 연회 분위기를 띄우고 무지한 남성들을 곤혹스럽게 하는 시적 유희와 풍자를 보여주었다.[127] 성종이 잔치를 베푼 자리에서 소춘풍에게 원하는 사람한테 술잔을 올리라 하자 병조판서를 지나쳐 대제학에게 잔을 올리며 '명석한 선비를 어디 두고 무인을 좇으리'라 읊자 병조판서가 불쾌해하였고, 다시 병조판서를 향해 '문무가 다 같은 신하인데 무관을 어찌 아니 좇으리'라고 노래했다. 모두가 그녀의 농담과 재치에 놀라고 성종은 크게 기뻐서 선물을 가득 주었으며 이로부터 소춘풍의 명성은 조선을 떠들썩하게 했다. 물론『부북일기』에서는 함흥기생 금춘과 무인 박계숙(1569~1646)과의 관계로 적고 있기도 하다.[128] 노래를 잘하고 바둑도 잘 두고 거문고와 가야금에도 뛰어났던 금춘의 재치나 기지를 짐작케 된다. 19세기 실학자 이규경(1788~1856)은 소춘

---

124 마치 평양기생 의양이가 무숙이를 지혜롭게 수발함으로서 무숙이 처가 의양이에게 고마워하며 첩으로 받아들였던 것처럼 송강 부인 유씨의 서신 속에는 남편의 유배 생활을 위로해주는 진옥에 대한 고마움이 적혀 있다.
125 풀무는 대장간에서 쇠를 달구거나 또는 녹이기 위하여 화덕에 뜨거운 공기를 불어넣는 기구로서 골풀무가 있다는 것은 살송곳이 들어오면 뜨거운 열기로 녹여버리겠다는 뜻이다.
126 이화형, 앞의 책, 235쪽.
127 차천로,『오산설림초고』.
128 이에 대해 소춘풍의 노래가 기생의 입을 타고 전파되어 함경도 경성 땅의 기생 금춘에게로까지 이어진 것이라(조광국,『기녀스캔들』, 월인, 2014, 74쪽) 추정하기도 했다.

풍에 관한 이야기를 언급하며, 융성한 시대의 운치 있는 일이었다[129]고 평가한 바 있다.

대표적 기생 문인이었던 황진이나 이매창에게서도 재치와 해학을 드러낸 시적 풍류를 충분히 느낄 수 있다. 황진이는 왕족의 권위로 다가오는 벽계수를 만나 시와 소리를 통해 재주는 있을지언정 인격이 부족함을 깨닫게 했고, 이매창은 어설프게 달려드는 풍류객들을 멋진 시가를 통해 굴복시켰다.

요컨대, 기생들은 단순한 말장난이 아닌 풍자적인 우스갯소리를 즐겼으며 희화적인 태도로 시적 풍류를 제고시켰다.

관능적인 행동

사적으로 남자를 상대하는 기생의 역할 가운데 하나인 '행동'은 선정적인 사랑놀음(성행위)이라 할 수 있다. 물론 기생이라 하여 남자들의 성적 요구에 무조건 허락하지는 않았다. 시대부들의 수청을 거부하기도 하고 도망가기도 하는 등 성관계를 스스로 선택하기도 했다. 춘화 속의 기생들을 보더라도 중국과 달리 수동적인 자세가 아니라 남자들을 데리고 노는 것처럼 교만함도 느껴진다.

효종 시절 왕실 가문의 오성군은 기방 출입을 일과로 삼아 호걸로 일컬어지는 사람이었다.[130] 나이 80이 가까웠을 때 어떤 사람이 기생집에 드나들게 된 이유를 묻자 오성군은 한숨을 쉬며 대답했다. 어느 날 이웃에 사는 무인 하나가 자신을 속여서 데려간 곳이 기생집이었는데 처음에는 황당하여 집으로 돌아가려 하니 사람들이 말려서 주저앉혔다. 잠시 뒤 기생이 나타나 갑자기 저고리를 벗고 가려운 데를 긁는 것이었다. 그 풍만하고

---

129 이규경, 『오주연문장전산고』 20집, 경사편6.
130 강효석, 『대동기문』 권3.

보드라운 젖가슴과 윤기가 흐르는 옥 같은 살결을 본 순간 도저히 참을 수가 없어 잠자리를 같이했는데 그 예쁜 자태와 애교스런 얼굴빛이 정신을 못 차리게 했다. 그때부터 오성군은 방탕하게 놀기 시작하여 돌이킬 수 없는 지경에 이르렀다고 하였다. 그리고 끝으로 그는 유종원(773~819)의 「하간전」에 나오는 음탕한 여자라도 그 근본이 부정한 것은 아님을 깨달았다고 말했다. 품격이 높은 유종원도 음란한 이야기를 쓸 정도로 보편적 인간의 삶 속에 드리워진 성적 욕망이 얼마나 강렬한지를 새삼 느끼게 한다.

서거정(1420~1488)을 비롯하여 김종직(1431~1492), 조광조(1482~1519), 김인후(1510~1560) 등 기생을 배척한 선비들도 있으나 웬만한 사내들이라면 항상 기생의 치마폭에 빠져들 위험성이 있다. 오죽하면 남명 조식(1501~1572)이 제자들에게 "천하에 가장 뚫기 힘든 철관문이 화류관이라"[131] 하였겠는가. 연산군 때의 시인 어무적이 상소를 올려 기생 제도를 폐지해야 된다고 주장했던 것도 이런 이유에서였다. 어무적은 연산군에게 "대체로 창기는 아양을 떨면서 여우처럼 사람을 홀리기 때문에 비록 행실이 높고 지조가 있다고 자처하는 선비일지라도 그 음란한 곳에 빠지지 않는 사람이 적습니다."[132]라고 했다. 기생의 유혹에서 벗어나기는 쉽지 않은 일이다. 도덕군자로 불리는 점잖은 사대부들조차 기생의 요염함 앞에서는 욕정을 참지 못하는 게 다반사이다. 기생과 가까이하다 보면 정이 들게 되고 자기만 독차지하고 싶어 다툼을 벌이는 일이 자주 발생하게 되었다.

고려시대 공민왕의 총애 속에 두루 요직을 지낸 김홍경(?~1374)이 기생 소근장을 사랑하고 남이 훔칠까 두려워 날마다 같은 패거리인 최인길을 시켜 엿보게 했다. 마침 이성림이 그 집에서 자는 것을 목격하고 보고하니

---

131 권별, 『해동잡록』 권3.
132 「연산군일기」 연산군 7년 7월 28일.

이튿날 김홍경이 "재상이 창기의 집에서 자는 것이 옳겠소?"라고 희롱하자 이성림이 낯빛이 바뀌면서 "그런 일 없다."고 말하였다. 이로 말미암아 서로 원수처럼 증오하였다.[133]

주도적인 성행위

기록[134]에 따르면 어느 선비가 관찰사를 돕는 자리인 도사가 되어 부임하자 그 고을 수령이 수청기생을 보냈다. 도사는 일찍이 기생을 본 적이 없어 어찌할 바를 몰랐다. 그러다가 기생이 지쳐 잠든 모습을 보고 불같은 마음이 일어 기생을 끌어안았다. 기생은 도사가 아직 경험이 없는 촌놈임을 알아채고 고도의 음행으로 쾌감을 만족시킨다면 지금까지 못했던 별별 구경을 다 할 수 있겠다고 생각했다. 기생은 도사의 허리를 꼭 끌어당겨 온갖 음란한 행위를 다 하였다. 도사는 정신이 빠지고 넋이 나가 중간에 그만 사정을 하고 말았다. 도사는 기생의 잠자리를 담당한 수노를 불러 배 위를 편안케 하는 기생을 들여보내지 않은 죄를 물어 곤장을 치라 하였다. 이에 행수기생이 나타나 웃으면서 "기생이 허리 아래에서 요동친 것을 요분질이라 하지요. 이것은 남자의 쾌락을 더하기 위한 것으로 잘못이 아니랍니다."라고 말했다. 다음 날 아침 도사는 "내가 30여 년 잠자리를 가졌지만 이처럼 절묘한 재미는 맛보지 못했다. 이른바 집사람이란 마땅히 해야 할 요분질을 알지 못하니 심히 어리석음을 탄식하노라."라고 했다. 요분질이란 성교할 때 여자가 남자에게 쾌감을 높이려고 몸을 놀리는 짓으로서 열고 닫고 빠르게 느리게 잡았다 놓았다 하는 방법이라고 한다. 순진한 선비가 성행위에 능숙한 기생을 만나 출생 후 처음으로 진정한 쾌락을 느꼈다. 특히 선비는 자기 아내에게서 전혀 느껴보지 못한 경험을 통해 성

133 『고려사』 권 124, 열전 37.
134 장한종, 『어수신화』 都事責妓 ; 김준형, 『조선 후기 성소화선집』, 문학동네, 2010, 119~201쪽 재인용.

에 대해 새로운 눈을 뜨게 되었다. 기생은 상대 남성의 욕망에 충실히 화답할 수 있는 자유분방한 성적 유희의 주체가 되어야 했다.

다음과 같이 18세의 홍천기생 순옥이 회갑이 된 낙안선생에게 하는 말을 통해서는 기방에서 가르쳤을 다양한 기교의 방중술을 어느 정도 이해할 수 있다. "저는 일찍이 기방의 노사부에게서 온갖 기예를 다 배웠어요. 마파, 품소, 그네타기, 원앙다리 희롱하기, 협비선, 후정화를 가지가지 다 알아 차례차례 시험하려 했는데 하나도 못 썼군요."[135]라고 했기 때문이다. 천하절색 순옥의 어머니인 기생 봉래선은 원주 교방에서 20여 년을 살아온 베테랑이다. 그녀가 딸에게 하는 말은 더욱 기방에서의 성교육에 대한 신뢰를 갖게 한다. "무릇 부인의 그 일은 첫 경험이 어렵지. 사람 맞이하는 법을 지금 네게 전수하마. 먼저 하희의 고전법을 시험해보자."[136] 하희는 춘추시대 정나라의 여성으로 빼어난 미모에 남자의 정기를 채취하는 방법을 터득하며 숱한 염문을 뿌렸던 요부이다. 고전법은 효과적인 성행위를 위해 여성이 다리를 이용하는 방중술의 하나로 현재까지도 젊음을 되찾기 위한 다리근육 훈련으로 내려오고 있다. 기생들은 성교 시 필요한 다양한 체위와 기교를 배우고 익혀왔다.

성행위가 기방에서만 이루어지는 것은 물론 아니다. 영남 안찰사 강혼(1464~1519)이 임기를 마치고 떠나면서 성산기생 은대선과 하룻밤을 함께 지낸 잠자리의 묘사는 매우 농염하고 에로틱하다. "부상 역사 안에서 한바탕 즐기는데/나그네 이불 없고 촛불만 타다 남았네./열두 봉우리 무산이 새벽꿈에 어른거려/역루의 봄밤은 추운 줄을 모르겠네(扶桑館裡一場驩 宿客無衾燭燼殘 十二巫山迷曉夢 驛樓春夜不知寒)."(어숙권, 『패관잡기』 2) 이 시를 보면 깊은 밤 이불도 없어 추웠을 텐데도 불구하고, 두 남녀는 운우지정의

---

135 동고어초, 『북상기』夢遇, 안대회 · 이창숙 역주, 김영사, 2011.
136 동고어초, 『북상기』踐約.

제1부 기생이 되고 싶다

쾌락을 느꼈던 듯하다. 『패관잡기』 2에 전하는 내용을 보면 강혼이 일찍이 영남에 가서 매력적인 기생 은대선을 사랑했다가 돌아올 때 부상역까지 말을 태워가지고 왔다. 앞선 일행이 침구를 가지고 먼저 가버렸기 때문에 강혼은 기생과 이불도 없이 역사에서 하룻밤을 잤다고 한다. 강혼은 젊은 시절 한때 진주관기 소매와도 깊은 정염을 불태운 일이 있는 풍류남아이다. 기생 은대선은 재색을 겸비한 여인으로서 이별하는 밤 강혼의 혼을 빼놓았을 것이요 위 시는 사랑놀음의 절정을 보여주고 있다.

기방에서는 밤일을 노골적으로 평가하기도 했다.[137] 한 고을의 기생은 집에서 손님을 접대했는데 드나드는 손님은 모두 한 두 번씩 사랑을 나눈 사람이었다. 집에 한 손님이 이미 와 있는데 이어서 네 사람이나 더 왔다. 기생은 들어오는 대로 마부장, 우별감, 여초관, 최서방이라 부르며 마중인사를 했다. 맨 먼저 와 있던 손님이 이상해서 물어보니 밤일을 평가하여 붙인 것이라 했다. 몸과 양물이 모두 장대하니 성이 말 마요, 몸은 작으나 양물이 크니 성이 당나귀 여이며, 한번 삽입하면 곧바로 끝내니 성이 소우이고, 잠깐 동안에 오르락내리락하니 성이 참새 최라는 것이다. 맨 먼저 온 사람이 자신에 대해 물으니 실속도 없이 날마다 헛되이 왔다 갔다 허송세월만 하니 허생원이라 붙이는 게 좋겠다고 했다. 이렇게 평가하는 기생을 주위에서는 지혜가 있다고 일컬었다. 기생들은 성적 봉사의 의무에 따라 남성의 성욕을 채워주는 수동적인 대상이기도 했지만, 관능의 기술을 통해 성관계를 주도적으로 끌어갔음도 유추할 수 있다.

기생들이 자신과 관계한 남성의 성적 능력에 등급을 매기는 소화(우스갯소리)는 송세림(1479~?)의 『어면순』에 나오는 '한생이 붓을 잡은' 이야기서부터 앞에서 언급한 바 있는 권응인의 『송계만록』에 등장하는 '영산홍' 이야기, 그리고 다음에 나오는 바와 같은 성현이 지은 『용재총화』의 '자운아'

---

137 장한종, 『어수신화』 妓家襃貶 ; 김준형, 앞의 책, 220쪽 재인용.

이야기 등 적지 않다. 평가의 기본은 성기의 크기나 성적 기술(기교)였다.

성애와 낭만적 정서

나주기생 자운아는 재치를 타고났는데 호남에 사신으로 간 손영숙이라는 선비가 그녀에게 정을 쏟았다. 전주부윤인 조치규가 나주에 들렀다가 자운아와 잠자리를 함께한 후 그동안 좋아했던 많은 남자들과 비교하여 자신이 어떤지 엄정하게 평가해보라고 말하자 자운아가 합격권에 들지 못하는 '차3등'이라 답하였다. 조치규가 놀라면서 손영숙은 어떠냐고 묻자 자기보다 낮은 '경지경'이라 했다. 손영숙보다 앞에 놓인 것을 다행으로 여기면서도 부끄러워하였다. 그러자 자운아는 "아까 한 말은 장난이었습니다. 당신은 가히 1등에 놓일 만합니다. 당신이 어찌 기생집의 높이고 낮추는 방법을 아시겠습니까?"[138]라고 했다. 그리고 자운아는 법을 집행하는 사람들이 취하는 방식에 비유하여 기생들에게 손님을 다루는 방식이 있음을 말했다. 자운아는 "먼저 누르고 뒤에 올리며 먼저 깎아내리고 뒤에 상을 주는 것이 대장부를 거꾸러뜨리는 방법"이라고 하였다. 이렇듯 사랑놀음에는 성행위의 기교와 정서적 인격적 교감이 한데 어우러지는 경지까지 내포되었다.

한편 19세기 김홍도나 신윤복의 춘화를 보면 알 수 있듯이 성희에 음란성만 부각되지 않고 인정과 풍자가 살아 있다. 그들의 춘화에는 기방이 주무대이거나 바깥에서 기생을 상대로 호색적인 남성들이 성애를 즐기는 모습이 주종을 이룬다. 그런데 남녀의 질펀한 성희가 달빛 아래의 자연과 조화[139]를 이룬다는 점에서는 매우 낭만적 서정성을 띤다. 성행위는 물론 현실적이고 구체적이지만 강변이나 산속 등 자연이 배경이 되면서 이상적이

---

138 서거정, 『태평한화골계전』 순암본 108화.
139 나무와 바위, 참새 한 쌍 등 음양의 조화를 이루는 자연경관을 배경으로 한 춘화는 중국이나 일본에는 보이지 않는다.

고 목가적이 된다. 담홍색 진달래가 흐드러지게 핀 산언덕이나 깊은 계곡의 시원한 개울가에서 벌어지는 남녀의 성희가 눈길을 끈다.

또한 기생이 들어간 춘화를 보면 단순히 자극적인 애정행각이라기보다 에로틱하면서도 사회풍자적인 요소가 깃들어 있다. 기생들의 사랑놀음이 오로지 도색적인 성희만을 추구한 것이 아니라 인간사의 일부로도 인식되었던 것이다. 다시 말해 기생들이 사랑을 향유하는 성적 유희가 삶의 일부로서 은근한 관능미와 야단스럽지 않은 성풍습을 담고 있음이 확인된다.

마르셀 뒤샹(Marcel Duchamp 1887~1968)의 그림 〈처녀의 신부로의 변화〉는 오늘의 성문화에 대해 매우 시사적이다. 이러한 성문화는 어떻게 이해할 수 있는가? 조선조 목가적 기생 문화를 들어왔던 사람들은 이 시대에 형성되고 있는 성문화의 저돌적 모습에서 할 말을 잃는다. 상반부는 전원적 배경 앞에 천진한 얼굴의 젊은 여인을 만날 수 있다. 그러나 그녀는 자신의 나체를 작품의 중앙에 전면으로 노출시키면서 온갖 더러움과 병균과 벌레들로 가득 찬 하체를 보인다.[140]

성과 인간적 신뢰

원래 우리나라 기생은 품격이 높아 '천민의 몸, 양반의 머리'라 일컬었다고 하듯이 기생에게는 신분적 자괴감에다 손님 접대에서 오는 모멸감과 함께 국가연예의 공적 역할 수행자로서 갖는 자부심이라는 이중적 인식이 따랐던 것이다. 또한 관리들에게는 기생집에 들어가 하룻밤 유숙을 하면 법적으로 장(杖) 60대의 처벌을 받으면서도 관리가 지방 순시에 나가면 기생으로 하여금 수청들게 함으로서 성에 대한 모순된 인식을 갖게 하였다.

성적 서비스의 대가로서 기생이 받는 화대에서도 인간적 신뢰를 매우 중시했다. 강효석의 『대동기문』 권1에 의하면, 박신규(1631~1687)가 과거에

---

[140] 정대현, 『다원주의 시대와 대안적 가치』, 이화여자대학교 출판부, 2006, 217쪽.

급제하기 전 전주를 지날 일이 있었는데 마침 전라감사가 잔치를 크게 베풀어 도내의 수령들과 관료들이 다 모인 자리에 지나가던 유생 신분으로 말석에 끼이게 되었다. 흥겨운 잔치가 끝날 무렵 모든 기생들이 수령들에게 한꺼번에 '체지'[141]를 올렸다. 그런데, 한 기생이 박신규 앞에 와서 꿇어앉았다. 박신규는 "나는 벼슬을 못한 가난한 선비요. 마침 길을 지나다 성대한 잔치에 끼었을 뿐이니 너에게 줄 게 있겠느냐?"고 겸연쩍게 말했다. 그러자 기생은 "제가 그것을 모르는 바 아닙니다. 선비님은 귀인으로서 앞길이 창창하실 것이니 미리 체지에다 넉넉히 적어주시면 됩니다." 박신규는 미소를 지으며 듬뿍 써주었다. 박신규가 전라감사가 되었을 때 그 기생이 체지를 보여주니 박신규는 웃으며 약속대로 행하를 주었다. 기생이 직접 돈을 만지는 것은 상스럽고 천하다는 인식과 함께 행하를 주는 방식의 일면을 볼 수 있고, 그 속에서도 인간이 주체가 됨을 확인하게 된다. 비록 처음 만나는 기생이요 지나가는 남자와의 약속이었지만 서로 신의를 소중하게 여기는 모습이 아름답다.

기방에 자주 출입하며 풍류를 즐기던 조선 후기의 재력가 심용(1711~1788)이 기생들 사이에서 인기가 좋아 그의 주위에는 항상 기생이 들끓었다고 하는데 이는 심용이 기생들을 인격적으로 대했기 때문이라는 것이다. 18세기 한양에 사는 김이라는 풍류객도 빈둥거리는 왈짜였는데 그를 기생들이 따랐던 것도 그가 기생들을 인간적으로 존중했기 때문이다.

일제강점기 기생들은 권번에 적을 두고 당국의 '인가증'을 받아 영업을 하며 세금을 내야 했다. 즉 권번이 운영을 위해 입회금을 받고 매월 회비를 받았으나, 세금을 바치는 자는 많지 않았다. 무엇보다 권번은 기생을 기생서방으로부터 해방시킨다는 명분을 갖고 기생을 직접 통제할 수 있는 권한을 획득하게 되었다. 다시 말해 기생을 선발하고 교육시키던 과거 기

---

141 행하(行下) 즉 화대를 주겠다고 약속하는 증서이다.

생청과 교방의 기능까지 담당하는 일종의 연예기획사의 위치에 있었다. 권번은 기생들의 놀음이라는 요정 출입을 지휘하면서 '놀음차' 또는 '해웃값'이라는 화대를 받아주고 이를 7 : 3의 비율로 나누어 갖는 등 중간 역할을 맡았다. 기생들의 요정 출입을 통제하고 화대를 배분하는 과정에서 일부 기생들은 권번의 부당한 착취에 대항하여 동맹파업을 일으키기도 하였다. 1929년 요정 한양관에서 일어난 남선권번 기생의 동맹파업은 약 8년간의 화대 미불이 원인이었다.

현실은 이상과 괴리를 보이나 꿈과 원칙은 나름대로 현실을 끌어가기 마련이다. 기생보다 신분상 우위에 있는 양반층이라 하더라도 관기로서의 기생을 강간해선 안 되고 상중[142]이나 국난 시 기생과 어울리거나 너무 빠질 경우 탄핵을 받아야 했다. 실제로 태조 때의 한림을 지낸 금극화는 태종의 상중에 기생과 정을 통한 일로 폐족의 형법이 적용되었고 성종의 상에 전라감사 이극돈(1435~1503)이 기생을 데리고 다녔다가 사초에 올랐으며 광해군 때의 승문저작 임건(1561~?)이 사신으로 서도에 가서 국휼도 생각 않고 기생을 끼고 놀다 파직당했다. 기생들은 자유로운 정신과 이성적 판단을 통해 세속에 만연된 성적 타락과 인간의 부도덕성에 대한 불만을 드러내려 했다.[143] 인간의 본능적 욕정을 낭만적 정서와 인격적 교감으로까지 승화시키려고 했던 우리 나름의 격조 있는 사랑놀음을 포르노 같은 수준으로 급격하게 떨어뜨린 것은 일제가 유곽을 들여놓고 기생을 창녀와 동일시했던 만행에서 비롯되었다.

기생서방과 기방

기생의 놀음에서 빼놓을 수 없는 것이 기생서방이다. 관기제도가 실시

---

142 국상 때 기생을 끼고 논 자는 양천을 가리지 말고 기한도 정하지 말고 유배를 보내라(『수교집록』 권5 형전)고 했다.
143 이화형, 앞의 책, 255쪽.

되던 당초에는 기생이 서방 두는 것을 금했었는데 점점 기강이 해이해져 조선 중엽에는 기생도 서방을 갖게 되었다. 기부(妓夫)라는 기생서방을 '기둥서방'이라고도 했는데 언제나 기둥 같이 튼튼하게 믿고 지낸다는 뜻이다. '기생오라비'라는 말도 기생서방에서 나왔다. 성격이 호방하고 돌아다니기 좋아하며 기방에 빠져 사는 사람을 '외입장이(오입장이)'라고 했는데, 대개 이들이 기생서방이 되었다. 각 전의 별감, 포도청 군관, 왕족이 사는 궁가의 청지기 및 무사를 사처소 외입장이라 하는데(『조선해어화사』 34장), 흥선대원군 집권 이후에는 기생서방이라 하면 반드시 이 사처소 외입장이를 말하였다. 이와 같이 대개 건장한 무관들만이 기생서방이 될 수 있었으며, 대전별감으로서 기생서방이 되는 자가 가장 많았다. 흥선대원군 이하응(1820~1898)도 기방에 출입하며 외입장이 노릇을 하다가 뜻을 얻어 대권을 잡았던 것이다.

연암 박지원(1737~1805)은 「발승암기」라는 글에서 발승암 김홍연을 기생서방이라 보고 그에 대해 기록하기를 김홍연은 무과에 급제한 인물로서 손으로 범을 잡고 기생 둘을 끼고 몇 장의 담을 넘을 만큼 힘이 세었다고 했다. 그리고 김홍연은 준걸이었지만 개성 출신의 서북인으로 출세할 수 없다는 사실을 알고 전국을 떠돌며 화류계에 몰입했다고 하였다. 또한 기생서방 김홍연을 생업을 돌보지 않고 낭비벽이 심한 조선의 대표적인 중간계급으로 묘사했다.

기생서방은 실제 혼인 관계에 있는 남편이 아니라 비공식적인 남편으로 일정을 관리하고 업무를 처리해주는[144] 기생의 후원자일 뿐이다. 기생서방 가운데는 소유권을 주장하다 죽임을 당하는 경우도 있었다. 기생서방들은 지방에서 한양으로 올라오는 기생[145]들의 편의를 제공해주면서 그

---

144 기생이 근무해야 할 날에 빠졌을 경우에는 기부에게까지 벌을 주었다(『대전속록』 권3 예전).
145 시골 기생에겐 서방은 없고 어미만 있다. 즉 시골의 기생어미는 서울의 기생서

녀들이 벌어들이는 수입의 일부를 챙기기도 했다. 즉 기생의 뒷바라지를 하고 고객을 알선하는 매니저로서 기생의 몸값도 좌우하였다. 그리고 고객이 있으면 손님에게 양보하고 없으면 잠자리를 같이하기도 했다. 대개 서방이 있는 기생들은 매음을 하지 않았다. 기생서방은 기생을 길들이는 방식, 손님끼리 인사하는 방식[146] 등 기방의 법도를 챙기는 기방의 운영자 역할을 했다. 처음 나온 기생은 기방에서 몸으로 자기를 소개하는 수모(일종의 신고식)도 겪어야 했다. 손님 중에는 치마를 살짝 들추고 성기를 엿보기도 했다. 화류계에 입문하기 위해 상스럽게 발가벗겨지는 잔인한 하룻밤이 되곤 하였다. 기생서방들은 초보자를 빨리 단련시키기 위해 수치스러운 술자리를 통과의례로 반드시 거치게 했다. 기생이 손님에게 실수를 하면 그 벌도 기생서방이 대신 받았다. 또한 단골손님에게 예의를 잃는 일이 있으면 치마와 버선을 벗겨서 맨발로 종로 거리를 다니게 했다. 기생이 말을 듣지 않거나 잘못하면 혼내주었던 것이다. 그렇지 않으면 기생집의 세간을 모두 때려 부수고 기생의 사과를 기다려서 새 집을 사주었다(『조선해어화사』 33장).

　　손님이 기생놀음의 현장을 드나들기 위해서는 기생서방이라는 관문을 통과해야 했다. 신윤복(1758~ ?)의 〈야금모행〉이라는 그림을 보면 그믐달이 뜬 겨울밤 기생서방으로 보이는 붉은 옷을 입은 별감이 능숙하게 기생과 양반의 잠자리를 중개하고 있다. 통행금지 시간에 불심검문을 당한 양반은 상당한 품계를 지닌 듯한데 체면에 어울리지 않게 별감에게 갓테를 숙여가며 사과하자 별감의 기세가 등등하기만 하다. 기생서방들은 기방의 인사법 등을 정해놓고 이에 어긋나면 머리통을 깨거나 팔다리를 부러뜨리

방과 같은 것이다.
146　기방에 처음 들어설 때 먼저 와 있던 고객들에게 "평안호(평안하신가)"라고 묻고, 기생에게 노래를 청할 때는 합석자들의 동의를 얻기 위해 "좌중에 통할 말이 있소"라고 했다.

신윤복. 〈야금모행〉

는 것쯤은 예사로 여겼다. 기록[147]에 따르면 기방에 함부로 드나들다 기생
서방에게 붙잡혀 눈이 멀고 귀가 잘린 벼슬아치들도 있었다. 양반이 기생
을 겁탈 또는 간통하다가 기생서방에게 들켜 망신을 당하기도 했다. 만약
기생을 첩으로 삼으려는 자가 있으면 반드시 기생서방에게 적지 않은 몸
값을 주고 기방에서 빼내야 했다.

　좌의정 서지수(1714~1768)의 손자로서 포도대장을 역임한 순조 때의 무
인 서춘보(1766~1825)는 조선의 양반 외입장이이자 기생서방이 된 대표
적 인물이었다(『조선해어화사』 33장). 15세의 어린 서춘보를 시험하고자 했
던 무뢰한들은 오히려 서춘보에게 조롱당하면서 그의 기백에 탄복해야 했
다. 한편 사처소 오입쟁이들이 독점한 기방의 횡포 속에서 판서 이기익

147　이제신, 『청강쇄어』 ; 이능화, 『조선해어화사』 34장.

(1654~1739)의 손자인 이일제는 호탕한 성격에 공부는 멀리하고 15세에 당당하게 기방에 드나들면서 화류계의 협객 노릇을 했다(이희준, 『계서야담』). 이 밖에 강이천(1768~1801)이 지은 『한경사』를 비롯하여 많은 문헌에서 기생서방과 함께 기방 특유의 법도를 말하고 있다. 기방을 출입하고 기생놀음을 하는 격식은 일제 침략 후 1909년 관기제도의 폐지와 더불어 사라지기 시작했다.

기생은 대부분이 관아에 묶여 있었으므로 그녀들이 독립적으로 기방을 차리고 손님을 받아 영업하는 것은 조선 후기에 생긴 일이다. 기방의 출현은 국가적 수요의 감소와 함께 그녀들의 위상이 약화되고 있음을 뜻했다. 당시 기록[148]에서는 "지금 사람들은 기생집에 출입하며 놀기를 좋아하니 어찌 슬프지 않은가."라고 하였다. 기방에 출입하는 자는 별감과 포교 등의 기생서방은 물론 각 관청의 하급 관리인 서리 또는 역관이나 의관 등의 중인, 시전 상인 등 양반도 상민도 아닌 중간층이 고객의 주류였다.

정약용(1762~1836)은 관리가 기생과 즐기는 탈법적 관행이 오래되었으므로 갑자기 이를 금하는 것은 위험하다고 말했다. 다만 부임하는 수령에게 "아전과 군교로서 기생을 끼고 놀아나는 자는 즉시 법에 따라 엄히 다스려야 한다. 또 기방에서 소란을 피워 싸우고 송사를 일으키는 자는 가중처벌을 해야 한다."[149]고 경고했다. 관리가 공적인 관기를 사적으로 데리고 놀 수 없는 법규를 어기고 지방의 하급 관리들마저 기생과 놀러 다니고 기방에서 싸우고 소란을 일으켰음을 알 수 있다. 충청도 공주의 아전과 장교들이 법을 어기고 기생들을 끼고 놀다가 단속에 걸려 혼비백산하는 일도 기록[150]으로 남아 있다. 사실 '기생은 요물이니 가까이 해서는 안 된다'고 하던 정약용마저 휴직하는 동안 기생과 지낸 일이 있다고 한다.

148 이규경, 『오주연문장전산고』 20집, 경사편6.
149 정약용, 『목민심서』, 형전.
150 정병설, 앞의 책, 147쪽.

기방에서 손님들이 어울려 놀다가 말을 실수하거나 행패를 부리게 되면 여러 사람들이 달려들어 그 사람을 자리에 눕히고 둘둘 말아서 거꾸로 세워놓는 벌을 주기도 했다. 기방의 까다로운 법도를 몰라 손님들끼리 싸우는 일이 많았음은 신윤복이 그린 〈유곽쟁웅〉 즉 '기방 앞에서 벌어진 사내들끼리의 난투극'을 통해서도 확인된다. 홍명희(1888~1968)의 소설 『임꺽정』에도 기방에서 다른 패에게 맞고 온 임꺽정의 부하 한온이가 임꺽정과 함께 상대를 혼내주는 장면이 생생하게 그려졌다. 무인과 달리 사대부는 기방에 드나들지 않는 것이 원칙이므로 그 방면에 어두운 것은 자연스런 일이다. 그러나 지체 높은 양반들은 기방에 출입하며 기생들과 야외에서 유흥을 즐기고 심지어 자기 집에서 데리고 살기까지 했다.

1843년에 유만공(1793~?)이 지은 『세시풍요』에 보면 "광화문 남쪽 가장 넓은 곳에 젊은이가 많으니 기생집이 육조 앞에 있는 것을 알겠도다."라는 구절이 나온다. 수도 한복판 고급 관청 앞에 기방이 즐비했음을 말해주며, 아울러 지금의 서울시 중구 다동 일대에 기생집이 많았음을 알 수 있다. 조영우(1686~1761)의 〈동국풍속도〉 중에서 의녀가 들어간 그림에 서화가 허필(1709~1761)은 다음같이 시를 지었다. "천도 모양 높은 가리마에 목어 귀밑털/자줏빛 회장의 초록 저고리 차림/새로 장만한 벽장동 집을 향해 가나 보군/그 누가 오늘 밤 놀이를 하고 돌아갈까(天桃高髻木魚鬢 紫的回裝草綠衣 應向壁藏新買宅 誰家今夜夜遊歸.)." 회장저고리 맵시 있게 차려 입고 멋진 가리마를 쓴 의녀 그림을 보면서 허필은 상상했을 것이다. 벽장동 기방에 기생 하나가 새로 왔고, 밤이 되어 남자 하나가 그녀를 찾아가리라는 생각은 즐겁다. 벽장동은 경복궁 옆 동네로 조선 후기에 기생집이 많았다.

8. 기생은 대중문화예술의 선구자다

한 관찰사가 모든 기생을 불러놓고 그중에 예쁜 기생을 골라 가까이 오게 하고는 입을 맞추고 껴안는 등 못 하는 짓거리가 없었으며 매일 밤 그녀들을 차례로 불러내어 관계를 가졌다. 피하고자 하는 기생이 있으면 "너희들은 상점에서 쓰는 요강과 같은지라. 뭐 꺼릴 게 있겠느냐?"며 어느 누구라도 함부로 대했다. 작자 미상의 『교수잡사』에 나오는 이야기다. 기생은 때로는 여우나 요물로 불렸으며 공물 혹은 관물로 불리는 등 인간이 아닌 물건으로 취급되기도 했다.

기생에 대한 선망

사대부들은 이렇게 기생을 최하층 신분이라고 치부하는 듯하면서도 이율배반적으로 재능이 뛰어난 예술인으로 선망해왔다. 남자들은 겉으로는 기생을 멸시하는 것 같으면서도 속으로는 그녀들을 품고 싶어 안달했다. 일반 여성들조차 말로는 천박하다고 욕하면서도 실제로는 기생들의 옷차림과 화려한 생활을 동경하고 질투도 하였다.

일제강점기에 제작된, 8장의 엽서가 한 세트인 기생이 들어간 사진엽서의 봉투 표지에 '예도에 힘쓰는 기생의 생활과 기생학교'라는 제목이 쓰여있다. 이것은 기생의 존재 의의가 예능에 있으며 기생 교육의 본질적 목표가 '예도(藝道)' 구현에 있음을 시사한다는 점에서 주목할 만하다.

앞에서도 말했듯이 『매일신보』[151]에서 연재했던 주요 예술가 100명 가운데 기생이 90명이었다는 사실은 근대시기 예술계에서 차지하는 기생들의 위상을 나타낸다는 점에서 놀랄 만한 것으로 기생 문화의 대중화가 시

---

151 『매일신보』, 『조선미인보감』, 『장한』 등은 근대기생의 예술적 상황을 이해하는 중요한 자료가 된다.

작되었음을 말해준다. 거기에 뽑힌 기생들은 대체로 각 기생조합에 속하거나 새롭게 등장한 극장에 전속으로 있는 기생들이었다. 전통 문화예술을 계승해온 기생들이 대중 문화예술 창달에도 주도적인 입장에 있었던 것이다.

근대화와 더불어 기생들은 다양한 사회 변화에 대한 통찰과 함께 스스로 '우리도 인간'이라는 주체적 각성을 강력히 촉구하였다. 1927년 기생들이 만든 『장한』의 창간호 권두언에서 "기생도 사람이거니…… 웃음과 기쁨으로 살기를 원하거든 먼저 우리의 수양에 힘쓰자."라고 했듯이 기생에 대한 새로운 관심과 인식을 이끌었다. 『장한』의 기생들이 쓴 글이 주로 생활의 곤란과 숙명적 슬픔[152]을 드러낸 것이지만 선배기생의 고상함을 본받자, 미래지향적 생각을 갖자, 스스로에 대해 성찰하자는 주장과 함께 그녀들의 결의와 비전에 이르기까지 눈길을 끄는 내용들이 많다. 일제 시기 기생들의 사진에서 볼 수 있듯이 독서도 기생들의 주요한 일과였다.

기생들이 남긴 수준 높은 대중 문화예술 장르는 한국 문화사에 확연히 자리매김하고 있다. 물론 기생들은 교양과 지식을 갖춘 가운데 음악, 춤, 서화, 시가 등의 다양한 재능을 통해 우리의 전통 문화예술을 창조적으로 계승해왔다. 그리고 근대 이후에는 새로운 시대적 요구와 변화된 공연 환경에 따라 기생들은 연극, 영화, 모델, 패션 등 대중 문화예술을 이끌어가는 주역이 되었다.

극장 설립과 대중문화

1900년대 초부터 서울을 비롯하여 대도시에 생겨난 극장은 대중들의 관심을 끌기 시작했다. 극장은 공연예술을 창조하고 보급하는 서구적인

---

152 이화중선, 박녹주 등 유명한 기생들이 마약의 유혹에 빠졌던 것도 한 맺힌 과거나 현실적 불안과 관계가 있을 것이다.

공간이다. 극장이 생겨나면서 종래의 기록 또는 문학 중심의 문화가 연극, 영화, 가요 등 공연문화의 시대로 바뀌어갔다. 더욱이 주로 마당에서 공연되던 탈춤, 남사당패 놀이, 인형극 같은 장르는 쇠퇴하고 극장에서 공연하기 적합한 판소리, 재담극, 창극 같은 장르가 번창했다.

다시 말해 기생들은 궁중의 정원이나 민간의 놀이마당으로 공연을 나가던 방식에서 무대시설이 갖추어진 곳으로 활동 공간을 넓혀갔다. 그리하여 기생조합이 1년에 한두 번 공연하는 정기연주회나 후원연주회보다 극장이 주관하는 공연이 더 많았다. 1902년 한국 최초의 국립극장이라 할 수 있는 협률사(후일 원각사로 개명)가 개장되고 그곳에서 〈소춘대유희〉가 공연되었다. 물론 〈소춘대유희〉는 기생들의 춤, 판소리 명창들의 소리, 재인들의 무동놀이 등 가무악으로 구성된 전통연희이다. 20세기 접어들어 판소리가 근대식 극장에서 공연된 것이다. 과거 궁내부 소속의 예인 집단과는 다른 성격의 민간 예능인 단체에 의한 공연문화의 변화요, 일반인을 대상으로 한 유료공연의 시작이었다.

협률사, 즉 원각사가 국립극장의 성격으로 출발한 데 비해 1907년 설립된 광무대는 민간극장의 성격을 띠었다. 최초로 활동사진을 상영했을 뿐만 아니라 소리, 재담, 잡가, 줄타기 등 종합적인 형태의 공연이 대중들로부터 큰 인기를 끌었다. 1907년 설립된 단성사에서는 기생들을 중심으로 창이나 무용이 주축이 되어 공연이 이루어졌다. 당시 동양극장, 제일극장, 단성사, 우미관 등 10개의 극장이 있었는데 거의 일본인 소유였고 시설도 열악하였다. 1935년 부민관[153])이 준공되자 사람들이 모두 이곳으로 몰려들었다. 부민관에서는 연극과 창극이 합쳐진 대형 음악극 같은 공연이 펼쳐졌고, 특히 아악이 대중들에게 본격적으로 공개 연주되었다. 궁중의 의식에 쓰이던 아악은 그전까지 일반인들이 듣기 어려웠던 음악이다.

---

153 현 서울시의회 건물이다.

한편 광무대의 오옥엽과 이산옥, 단성사의 채희와 이화, 장안사의 채란과 해선과 초향 같은 극장의 전속 기생도 생겨났다. 1907, 8년부터 광무대, 단성사, 연흥사, 장안사 등의 극장이 개설되면서 전속 기생들에 의해 신구연극, 판소리, 창극, 가무, 활동사진[154] 등이 무대에 활발히 오르게 되었다. 공연 방식의 변화에 따라 당시의 대표적인 극장 중 원각사, 단성사, 연흥사 등에서는 주로 판소리와 창극을 공연했고, 광무대와 장안사에서는 궁중무와 민속무를 공연했다. 그리고 단성사는 활동사진 전용극장, 광무대는 전통연희 전용극장이 되었다.

민족적 정통성이 훼손당하는 일제 시기 대중 문화예술을 창조 발전시켜야 하는 권번 기생들은 공적 연예를 책임지던 기생 본연의 모습을 보여주었다. 연극, 영화를 비롯하여 광고, 패션, 가요, 무용, 서화, 시가 등에 이르기까지 예술 분야 전반에 걸쳐 이룩한 그녀들의 업적은 적지 않다. 기생들은 자유로운 몸과 마음으로 전통 문화예술의 확고한 전승자가 되는 동시에 새로운 사상과 정신을 호흡하며 시대의 변화를 수용하는 대중 문화예술인이 되었다. 함부로 몸을 팔거나 명예를 더럽히면 제명당할 만큼 권번의 기강은 엄격했다. 기생 출신의 판소리 명창 박녹주(1906~1979)가 여성으로는 최초의 무형문화재가 되는 것도 우연일 수 없다.

배우

기생들은 근원적인 존재 이유와 달리 호의적이지 않은 사회적 평판 속에서 자신들의 정체성을 찾아나가는 여정을 계속해야 했다. 근대적 기생 제도가 형성되고 서양식 극장이 설립된 이후에도 기생들의 예능 활동은 눈에 띄었다. 일제의 문화 침략의 소용돌이 속에서 기생들은 자신들의 본분이라 할 수 있는 전통기예 활동을 유지하는 가운데 신여성으로서의 새

154 영화의 옛 명칭이다.

로운 면모를 통해 오늘날의 '연예인'과 같은 역할을 전개해 나갔다. 기생들은 『장한』 창간호에서도 "조선극단에서 손가락으로 꼽는 배우 ○○○, ○○○, ○○○ 등은 모두 전신이 기생 출신이니, …… 지금의 기생 중에서 얼마나 훌륭한 배우가 나올는지도 모르지만 배우의 소질이 풍부한 사람은 얼른얼른 나와서 조선 제일의 여배우가 되기를 바란다."라고 하여 스스로 자신들을 배우와 동일시했음을 알 수 있다.

첫 연극 영화계의 배우로 유명했던 이월화, 복혜숙, 석금성 등도 기생출신이다. 조선 연극계에서 여배우의 등장은 이월화(1904~1933)가 처음이었다. 이화학당에 다니던 그녀는 극단 신극좌 여배우로 등단했다. 1922년 민중극단에 가입하여 여배우로서 각광을 받다가 연극계를 떠나 영화배우가 되었다. 〈월하의 맹세〉(1923) 등의 주연배우로 일약 스타가 되면서 최초의 영화 여배우로 평가받고 있다. 신극운동의 중심에 있던 극단 '토월회'에서 10년간 여배우로 활동하던 복혜숙(1904~1982)은 20여 편의 영화에 출연했고 만년에는 텔레비전 드라마에도 출연하였다. 석금성(1907~1995)은 무성영화와 흑백 및 컬러 영화 시대, 그리고 텔레비전 시대를 섭렵한 한국 영화계의 산 증인이다. 또한 서울 출신의 기생 신일선(1907~1990)은 19세에 〈아리랑〉(감독 나운규, 1926)에 발탁되면서 영화배우로 이름을 날리게 되었는데, 그녀가 26세에 다시 기생이 된 것은 생활고 때문이었다.

모델

한편 기생들은 신문이나 잡지 등의 광고, 홍보 포스터, 사진엽서의 모델이 되었음은 물론 전람회나 박람회 등의 흥을 돋우는 도우미 역할까지 했다. 신창조합의 기생 채경은 한국 최초의 서양화가로 알려진 고희동(1886~1965)이 1915년 조선물산공진회전에 출품할 미인도의 모델이 될 만큼 화제가 되기도 했다. 근대미술에서 맨 먼저 모델을 써서 그림을 그린 화가 고희동이 그린 〈거문고를 타는 여인〉이라는 유화는 그가 도쿄미술학

기생, 노래를 팔지언정 몸은 팔지 마라

교를 졸업하면서 18세의 기생 채경이 기방에서 거문고를 타는 모습을 그린 것이다. 모델이라는 직업에 대한 인식이 낮았던 시절 11세에 이미 양금, 검무, 승무 등으로 이름이 알려진 채경은 과감히 고희동을 찾아갔던 것이다.

또한 일제 시기 기생들은 패션계의 리더 역할을 했다. 조선 후기 신세대 기생들이 모든 부녀의 패션을 주도했던(이덕무, 『청장관전서』 권30 사소절 권6) 것처럼 기생들은 치마꼬리를 바짝 잡아당겨 몸의 윤곽선을 드러내는 새로운 착장법(스타일링)을 시도했으며 다양한 색상과 화려한 디자인으로 변화를 모색했다. 20세기 서양복의 영향으로 저고리의 길이가 길어지고 치마가 짧아진 것과 더불어 이처럼 착장법, 색상, 디자인 등에서 보여준 기생들의 차림새는 아주 새로운 느낌을 주었다.[155] 게다가 기생들이 들고 있는 고운 양산, 작은 핸드백, 목을 감싼 스카프, 어깨를 두른 숄과 함께 뾰족구두를 신고 당당한 포즈를 취하고 있는 모습을 통해 기생들의 주체적인 표현을 확인하게 된다. 기생 가운데 일부는 서양식 코트에 가죽장갑을 끼고 손가방을 들기도 했는데, 1930년대 초반에는 여우목도리가 유행하였다.

1930년대 신여성들 사이에 유행하던 헤어스타일도 주로 기생들에 의해 확산되어갔다. 신여성들이 모두 단발을 하자 사회에서는 기생들과 같다고 비난하기도 했던 것이다. 길 가는 사람들이 '단발미인'이라며 다투어 손가락질을 하였다. 일찍이 조선에서 중이 아니면 머리를 깎은 여성이 없었던 상황에서 처음으로 단발머리를 한 대구기생 강향란(1900~?)의 모습은 예사로울 수 없었다. 기생이 단발하는 것은 화류계에서 떠나 달리 살아갈 뜻을 표시하는 상징성이 있었다.

---

155 국립민속박물관, 『엽서 속의 기생읽기』, 민속원, 2009, 137~147쪽.

전통음악

근대 기생들의 사진을 보면 가야금, 거문고, 양금, 해금 등을 연주하며 북, 장구, 박 등을 치는 장면이 많다. 무엇보다 타악기로는 장구를 치는 기생의 모습이 눈에 띈다. 기생학교에서 샤미센을 연주하는 모습도 사진을 통해 많이 볼 수 있다. 평양기생학교의 국악단과 양악단이 함께 찍은 사진에서는 바이올린, 아코디언, 피아노를 연주하는 기생들이 보인다. 당시 언론[156]에서는 전국의 기생 중에서 진주 태생으로 서울에 올라온 금홍이같이 가야금에 익숙한 자는 없을 것이라 했다. 사진엽서 속에는 "조선의 음악은 무척 뛰어나다. 기생이 타는 가야금의 음률은 단지 황홀할 뿐이다." 라고 쓰여 있기도 하다. 다동기생조합의 김명옥은 피아노를 배우기 위해 1916년 일본으로 유학을 떠났다.[157]

근대 시기 가요계의 활동이 가장 왕성했다. 조선권번의 이난향(1900~1979)은 평양 태생으로 15세에 서울로 올라와 근세 가곡의 거장인 하규일(1867~1937)로부터 정악 일체를 배웠으며, 그의 제자들 가운데 가장 뛰어나다는 평을 받았다. 이난향은 노래를 두루 잘 불렀는데 그중에서도 가사는 장식음이 자연스럽다는 정평이 나 있었다. 한 신문사 기자와 결혼해 집안 살림에 전념했었으나 음악에 대한 열정은 가시지 않아 틈이 날 때면 하규일에게 노래를 배우며 가곡 수련에 정성을 기울였다. 그리하여 가곡으로는 첫 레코드판을 녹음한 주인공이 되기도 했다. 1930년대 조선권번의 현매홍은 정가인 가곡, 가사, 시조에 뛰어난 기량을 보였다.

작가 김유정(1908~1937)이 짝사랑했던 선산 출신 기생 박녹주는 판소리 명창으로 주목받았다. 김유정은 단성사에서 공연을 한 박녹주의 판소리를 듣고 크게 감동하여 사랑의 감정을 담은 편지를 보냈는데 박녹주는 거절

---

156 『매일신보』 1914.3.3.
157 『매일신보』 1916.10.27.

했다. "나는 기생이오. 당신은 공부하는 학생이고⋯⋯." 김유정의 애원에
도 불구하고 박녹주는 끝내 사랑을 받아들이지 않은 것으로 유명하다. 대
구 출신 기생 김초향(1900~1983)은 남도소리를 잘하기로 명성이 자자했다.

20세기 성천기생 손진홍은 〈수심가〉를 매우 잘 불렀으며[158] 의주기생
주매화는 〈수심가〉와 여러 잡가에서 명창 소리를 들었다.[159] 대정권번 기
생 강명화는 평양기생 중 〈수심가〉와 〈배따라기〉를 가장 잘 불렀다. 작가
김동인(1900~1951)과의 사랑으로 유명했던 서도기생 김옥엽은 〈수심가〉로
장안의 풍류객들을 감동시켰고 서도잡가인 〈난봉가〉나 〈선유가〉 등을 잘
불러 빅타, 콜럼비아, 태평레코드 등에 음반을 취입했다. '민요의 여왕'으
로 칭송받던 기생 이화자는 〈어머님 전상서〉로 히트하며 십수 년간 대중
의 사랑을 받았다. 동래 출신의 기생 이화중선(1899~1943)은 판소리사에서
전설적인 자리를 차지할 만큼 명창이었으며 일제강점기 음반 취입이 가장
많은 것으로 알려졌다.

대중가요

일제 시기 기생 출신의 왕수복, 선우일선, 김복희 등은 유행가로 대중
스타가 되었다. 작가 이효석(1907~1942)의 연인이었던 왕수복(1917~2003)
은 평양의 기성권번을 거친 기생 출신 최초의 대중가수라 할 수 있다. 〈고
도의 정한〉은 가요 중에서 가장 많이 유행되었고 레코드 판매 수도 당시
최고를 기록할[160] 만큼 그녀는 1930년대 독보적 스타였다. 무엇보다 왕
수복이 중심에 섰던 '신민요'라는 성악 장르의 탄생으로 1930년대는 음악
사에 있어 새로운 대중음악의 전환기를 맞게 되었다. 왕수복은 해방 후에

---

158 『매일신보』 1914.3.6.

159 『매일신보』 1914.3.13.

160 박민일·신현규, 「전통공연 계승의 관점에서 본 권번 기생 고찰」, 국립민속박
물관, 『엽서 속의 기생읽기』, 민속원, 2009, 173쪽.

는 고향인 평양에 남아 민요가수로 활동하다 사후 애국열사릉에 묻히게 되었다. 2016년 기생을 다룬 영화 〈해어화〉(감독 박흥식)의 모티브가 된 것이 바로 왕수복이다. 20세기 말까지 살았던 평양 출신의 기생 선우일선 (1918~1990)은 기성권번에서 교육을 받은 뒤 1934년 포리돌레코드에 발탁되어 〈꽃을 잡고〉로 데뷔해 단번에 대중의 인기를 한데 모은 신민요가수다. 평양에서 기생의 길로 들어서면서부터 가희로 인기를 끌었던 김복희는 1934년 빅타레코드사를 통해 〈애상곡〉으로 데뷔한 뒤 수많은 인기곡을 출반해 1930년대 간판 가수가 됐다.

한성권번 소속의 이옥란은 국악과 양악 양쪽을 오가며 활동했는데 콜럼비아레코드사에서 조선 후기 12잡가 중 하나인 〈유산가〉로 음반을 취입했다. 콜럼비아레코드에 취입한 가요곡으로 〈기생수첩〉, 〈눈물의 시집〉, 〈꽃 같은 순정〉 등은 대중들로부터 많은 인기를 모았다. 김산월(1898~?)은 〈배따라기〉 같은 민요와 〈장한몽〉 같은 가요를 많이 불렀으며, 도월색과 함께 "이 풍진 세상을 만났으니 나의 할 일이 무엇인가"라는 〈희망가〉를 불렀다. 김영월은 평양 기성권번 출신으로 소리에 능통했으며, 연기 쪽에도 소질이 있어 많은 활동을 하면서 1927년 개봉한 영화 〈낙양의 길〉의 주인공이 되기도 했다.

1927년에 개국한 경성방송국은 기생들의 노래와 연주가 확산되는 계기를 마련했다. 다시 말해 라디오 방송은 극장 공연과 음반을 통한 대중음악의 보급에 기여했고 기생들은 당당히 대중문화를 선도해나가는 예능적 주체가 되었다. 이렇듯, 권번에 소속된 기생들은 초창기 연극영화계를 주도하는 큰 공을 세웠을 뿐만 아니라 라디오의 음악방송에 출연하고 축음기의 음반을 취입하여 가수 활동을 펼쳐나가는 대중음악의 선구자가 되었다. 한편 일제강점기 후반으로 갈수록 일본의 민요를 부르는 기생들도 나타났다.

춤

무엇보다 1920년대 서양춤이 본격적으로 들어오기 전부터 거의 모든 춤을 기생들이 감당해야 했다. 근대화의 시기, 제도의 변화와 관객의 요구에 따라 기생들의 춤의 내용과 공연 방식도 달라지게 되었다. 전통적인 향악 또는 당악 정재와 민속춤에서 개량되고 창작된 춤들이 새로운 무대를 통해 공연되기 시작했다. 당시 단성사에 전속으로 출연하는 대구 출신의 기생 박이화가 무대에 올라 춤추고 노래할 적마다 박수갈채 소리가 우레와 같았다.[161] 앞에서 말한 가사와 가곡의 명창으로 유명한 평양 출신의 기생 이난향은 궁중무용인 정재에서도 절묘하다는 평가를 받았다. 평양명기라는 채금홍(1900~1930?)은 가무가 평양에서 으뜸이므로 지식계층의 좌석에만 불려갔는데, 서울에서 소설가 이광수(1892~1950)가 오거나 시인 심천풍이 놀러 오면 꼭 채금홍만 찾았다고 한다.

일제 시기 서양식 극장의 무대에서 기생들이 공연한 기본적인 전통춤은 수많은 종목으로 이루어졌다. 기생들의 가장 중요한 궁중무의 레퍼토리는 검무, 무고, 박접무, 선유락, 연화대무, 오양선, 육화대, 춘앵무, 포구락, 항장무 등이었다. 일제강점기 중반을 넘어서면서 궁중무는 민간에서 공연되기 시작했다. 기생들은 남무(男舞),[162] 부채춤, 살풀이춤, 승무 등의 민속춤도 소홀히 하지 않았다. 요즘도 많이 무대에 오르고 있는 살풀이춤의 경우 『조선미인보감』(1918)에 처음 등장할 정도로 문헌이나 사진 기록이 매우 드물며, 살풀이춤과 관련된 입춤과 허튼춤을 기생들이 추었다는 기록은 더러 있다.[163] 지금도 활발히 공연되고 있는 승무는 우리나라에 극장이 생기면서 더욱 발전하기 시작했다. 승무는 일제 시기 기생 사진엽서 가

---

161 『매일신보』 1914.5.28.
162 남녀로 분장한 두 사람이 서로 포옹 애무 교태를 부리며 추는 춤으로 일제시기 기생들 사이에서 성행했다.
163 국립민속박물관, 『엽서 속의 기생읽기』, 민속원, 2009, 66쪽.

운데 가장 많이 들어간다고 할 만큼 기생들의 대표적인 춤이었다. 당시 승무 사진을 보면 흑장삼에 소매의 폭이 넓고 길이는 짧은 게 특이하다. 바로 앞에서 언급된 기생 박이화의 승무에 대해서는 '세상에서 제일'이라는 평판이 자자했다. 일제강점기 대정권번 소속의 윤채선은 요즘 활동하고 있는 연예인을 연상시킬 만큼 세련된 미모로 많은 남성들의 가슴을 설레게 하였는데 그녀는 예기로서 특히 조선무용에 탁월했다.

시대적 변화를 수용하고 관객의 요구에 부응하기 위해 기생들은 문명축하무, 사고무, 서민안락무, 시사무, 욱일승천무, 이화무, 전기광무, 전기춤, 지구무, 팔선녀무, 풍국롱화무 등 새로운 춤도 추었다. 대개는 전통무를 변형 개작한 춤이지만 문명축하무, 전기춤, 지구무 등은 창작성을 크게 반영한 춤이다.[164] 서양무도 1917년에 다동기생조합의 기생들이 무대에서 처음으로 추었다.[165] 1930년대까지 볼 수 있었던 사고무(四鼓舞)도 1916년에 다동기생조합이 초연한 것으로 상당 기간 공연되었다. 하규일이 창작한 4개의 북을 치는 이 사고무는 궁중무인 향악정재 무고(舞鼓)를 변형한 것이다.

기생들은 1910년대 일본에서 들어온 레뷰댄스도 추고, 서양의 사교춤과 포크댄스도 추었다. 특히 짧은 치마를 입고 어깨를 드러내고 허리를 뒤로 젖히는 레뷰댄스는 놀라움을 자아냈다. 사진엽서를 보면 '가극에 새로운 분야를 개척한 모던 기생'이라는 설명이 붙은 것도 있고, 끈 달린 탑에 티어드 스커트를 입고 탬버린을 연주하는 기생의 모습도 있다. 또 중절모자를 쓰고 지팡이를 짚고 남장을 한 사진도 눈에 띈다. 이렇듯 경쾌하고 화려한 레뷰댄스는 1930년대에 대중화되었다. 기생들은 역사성을 지닌 전통적인 춤뿐만 아니라 변화하는 시대의 새로운 춤에 이르기까지 거의 모든 춤을 추었다.

---

164 김영희, 「기생 엽서 속의 한국 근대춤」, 『엽서 속의 기생읽기』, 민속원, 2009, 192쪽.
165 『매일신보』 1917.10.21.

서화

서화와 관련해서는 근대 시기 기생들의 활동이 부진한 편이었다고 할
수 있다. 이능화는 우리나라 기생계에 시가에 능한 자, 해학을 잘하는 자,
얼굴이 뛰어난 자, 절의와 효행이 있는 자 등이 모두 있으나, 오직 서화를
잘하는 자가 전해지지 않음이 유감스럽다(『조선해어화사』 30장)고 했다.

20세기 기생화가로 서울에서 이름이 있었던 사람은 금주와 주산월 둘
이었다[166]고 한다. 평양기생 금주는 어려서부터 붓만 보면 그림을 그리고
글씨를 썼으며 점점 자라나면서 기생들 사이에서 명화 명필로 일컬어졌
다. 의암 손병희(1861~1922)의 아낌을 받았던 주산월은 본래 평양 태생으
로 서도에 능력이 뛰어나 평양기생학교에서 학생들을 가르치기도 했다.
또한 평양기생 백산월과 임기화도 서화를 매우 잘했다. 부산기생 옥희는
난초를 잘 그리는 등 화기(畫妓)로 이름을 떨쳤고,[167] 해주기생 조합장 문
월선도 서화에 능숙했다.[168] 서울기생 성산월도 서화에 재능이 있었다.

대정권번의 오산홍은 서울 출신의 기생으로서 호를 홍월이라 하며 서
화에 매우 능하였다. 오산홍은 비록 기생을 업으로 하고 있으나 음탕한 것
을 좋아하지 아니했으며 시속의 잡가를 노래하지 않고 오직 서화와 거문
고 및 문학 등에 전심하여 선비들과 함께 놀기를 좋아했다(『조선해어화사』 30
장). 그녀가 그린 난초가 1924년 조선미술전람회에 입선되어 세간의 주목
을 받았다. 오산홍은 해마다 조선미술전람회에 입선된 재원으로 화방을
차리고 주위의 부러움을 사며 멋지게 살았다. 당시 박식하기로 이름을 떨
치던 윤희구(1867~1926)는 그녀를 찬양하는 시를 짓기도 했다.

경주 출신의 기생 김미옥은 13세에 대구교방에 들어가면서 화려한 생

---

166 『매일신보』 1914.5.15.
167 『매일신보』 1918.1.20.
168 국사편찬위원회, 『한국독립운동사』 2권. 1966.

활이 시작되었으며,[169] 당시 유명한 서석재 화백의 인정을 받을 만큼 서화 분야에서 인기가 높았다. '유행가의 여왕'으로 불리던 왕수복은 서화에도 뛰어나 국화를 잘 그렸다. 사군자를 그리고 있는 기생 강산월의 사진을 비롯하여 그림을 그리는 기생들의 모습이 여러 사진으로 전하기도 한다. 다만 기생들의 그림이 별로 남아 있지 않아 안타깝다.

시가

시가와 관련해서 볼 때 1910년 이후 알려진 서울기생 남취선은 최판서의 첩이었는데 그녀의 시는 중국의 시에 조금도 뒤지지 않으며 다른 여성의 시에 비해 절묘하다는 지적과 함께 규방의 시로 보아서는 안 된다는 평가를 받았다. 1910년대 활동한 언양기생 이봉선은 당시 기생으로는 유일하게 한 시집을 남겼다. 일제강점기 평양기생학교 출신의 장연화는 스스로를 가리켜 문학을 좋아하는 기생이라 말한 것으로 유명하며 러시아문학에 조예가 깊었다. 장연화는 1920년대 중앙문단에 내로라하는 문사들이 말 한번 걸어보는 것이 소원이었을 정도로 웬만한 문인을 능가했던 문학기생이었다.

기생들이 개화 이후 일제강점기를 거치는 시대 변화 속에서 사창화 또는 윤락녀의 길로 들어서거나 사회적 주변인으로 몰락해가기만 한 것이 아니다. 오히려 1920~1930년대 일제에 의한 문화적 침탈이 더욱 강화되는 상황에서도 많은 기생들이 새로운 문화적 주체로 등장했던 것은 매우 주목할 만한 흐름이었다.

특히 사회가 점점 산업화·도시화됨에 따라 기존의 지배층 중심의 문화로부터 대중문화가 생성·확장되어가는 과정에서 부각되는 문화사업이나 서비스업 종에서도 단연 기생집단의 역할은 두드러졌다. 기생들의 문화예술에 대한 소명의식과 창조활동은 대중문화를 선도하기에 손색이 없

---

169 『동아일보』 1930.11.22.

을 뿐만 아니라 기생 문화가 우리 사회를 대중적 공간과 미디어 중심으로 전환시키는 데 핵심이 되었다.

9. 기생은 정신적 순결을 중시했다

일반 여성들의 가치관과 삶이 누구나 같은 수 없듯이 기생들의 경우도 마찬가지였다. 기생에게서 열녀의 이미지를 떠올릴 수 있는 것도 이 때문이다. 더구나 기생의 정절은 조선 중기 이후 사회에 확산된 정절 이데올로기와도 무관하지 않다.

무엇보다 기방의 풍속은 시대나 지역에 따라 차이가 있다. 말하자면 한 기생이 한 남자만을 상대하는 경우도 있으나 한 기생이 여러 남자들을 상대할 때가 많은 것도 사실이다. 이는 남자들의 취향과 요구에 맞춰 접대하는 기생들이라 할지라도 그녀들의 내밀한 감정을 드러내지 않을 수 있었음을 말한다. 많은 기생들은 정신적 순결을 보물처럼 여겼다.

수절의 어려움

실제로 조선 영조 때 순창기생 분영이 신돈복(1692~1776)과의 대화 속에서 "기생이 많은 남자를 접해도 대개는 마음에 없이 몸만 주는 것이지요. 기생도 정말 좋아하는 남자를 만나면 순정을 바친답니다."라고 한 바도 있다. 기생이 절개를 지킨다는 것은 불가능할지도 모른다. 하지만 일반적으로 남자들이 기생을 멸시와 천대 속에 몸만 탐내듯이 기생들도 남자에 대해 불신을 갖고 건성 대하기 일쑤였다. 순결한 정신을 지킨다는 것은 사회적으로나 개인적으로 귀하고 힘든 일이었다.

경주기생 하나가 한양에서 온 청년[170]에게 사랑의 증표로 이빨을 뽑아

---

170 기록에 따라서는 선비 최생으로 나온다.

달라 했는데 나중에 기생의 변심을 알게 된 청년이 종을 시켜 이빨을 찾으려 했던 사건은 유명하다. 찾아온 종에게 기생은 "어리석은 놈아! 도살장에서 알려주고 죽이더냐? 기생에게 수절을 기대하는 놈이 바보가 아니면 망령든 놈이지."라고 말했다. 그리고 기생이 이빨이 가득 들어 있는 베주머니를 내던지며 찾아보라 했던 이야기[171]는 『배비장전』의 내용과 함께 기생들의 거짓된 행동을 단적으로 말해준다. 사람들은 천하에 가장 어리석은 것이 선비들이라 하면서 지나가는 손님들을 위해 목숨을 버릴 기생이 있겠느냐고 했다. 기생들이 남자들과 이별하면서 얼마나 많이 물에 빠져 죽겠다고 했겠는가.

누군가는 기생들이 노래하고 웃는 것이 모두 돈을 위한 것이니 기생들의 꾀에 넘어가지 말라고 경고했다. 『이춘풍전』의 이춘풍이 평양기생에게 혹하여 공금을 탕진할 뿐만 아니라 전주에 사는 생강장수가 기생의 술책에 넘어가 재산을 탕진하는 이야기[172]도 유명하다. 부유한 중인이었던 이생이 평양기생 모란에게 빠져 재산을 털어 비녀와 비단을 사주고 나서 걸식하며 지냈던 것[173]도 간과할 수 없다.

남곤(1471~1527)이 황해도 관찰사를 지낼 때에 쌍이라는 기생을 사랑한 이야기(『어우야담』 인륜편)도 주목할 만하다. 임기가 끝나 돌아가서도 계속 못 잊어 하자 고을 원이 기생을 치장하여 보내주었다. 결국 남곤은 기생을 받아들여 첩으로 삼게 되었다. 그런데 하루는 남곤이 술에 취해 갑자기 첩의 집에 들이닥치자 웬 잘생긴 사내 하나가 뒷문으로 내빼버렸다. 남곤이 누구냐고 묻자 기생은 거짓으로 놀란 체하며 눈물을 떨구고 은장도를 꺼내 손가락 하나를 잘랐다. 남곤은 두 마음 가진 것을 넘어 거짓 행동을 보면서 다음 날 기생을 나귀에 실어 자기 집으로 돌려 보내주었다.

---

171 홍만종, 『명엽지해』 命奴推齒 ; 서거정, 『태평한화골계전』 등.
172 유몽인, 『어우야담』 사회편.
173 강희맹, 『촌담해이』 牧丹奪財.

기생, 노래를 팔지언정 몸은 팔지 마라

또한 세종 30년 『실록』 속의 소양비와 같이 사정(司正) 민서의 기생첩이면서도 다시 이조정랑 이영서와 간통하였듯이 첩이 되어서도 난잡하게 음행을 저지르는 기생들이 있었다. 인조 26년(1648)에 평안병사 김모의 기첩이 고을 수령 정호신에게 정을 둔 사건에 대한 기록(강효석, 『대동기문』 권3)도 있다. "첩 노릇하는 기생에게는 반드시 정부가 있다."는 말이 돌았던 것도 허투루 생긴 것은 아닐 것이다.

한편 기생들은 자유로운 입장에서 사랑을 구가할 수 있었지만 농염한 사랑만이 그녀들의 전부가 아니었다. 오히려 기생들은 이성적 차원에서 절제의 미덕을 발휘하며 윤리적 삶을 지향하기도 했다. 스스로 정신적 순결을 중시하며 목숨을 걸고 절개를 지키고자 하는 기생들의 이미지는 조선사회를 교화하는 원천이 되었다.

정신적 순결

기생의 정절은 단순한 수용 단계를 넘어 주체적으로 선택되고 있다. 사회는 강력한 신분의 올가미로 씌워놓고 옷고름을 풀도록 요구했으나 많은 기생들은 순종하지 않았다. 무엇보다 기생들에게는 부도를 실천해야 할 의무가 없었는데도 주체적으로 정절을 실천했다는 데 윤리적 가치가 부각된다. 조선의 많은 사대부 집안 여성들이 간통 사건에 연루되며 풍기를 문란케 한 것을 감안할 때 기생들이 선택한 정절의 의미는 더욱 증폭된다.

먼저 '하늘의 도리는 믿음을 귀하게 여기고 땅의 도리는 절개를 중하게 여긴다'는 말이 있듯이 기생들의 정절은 '일부종사(一夫從事)'의 의미보다는 신의나 의리의 개념으로 대체할 필요가 있다. 특히 나이 먹은 기생이 후배들에게 "아무리 기생이라도 마음 하나 변치 마라."고 조언을 하면서 "신의를 주장하면 자연 절개가 있느니라."[174]고 했던 말이 매우 인상적

---

174 정병설, 앞의 책, 121쪽.

이다. 그만큼 기생들이 주장하는 절개의 의미가 신의나 의리로 해석되면서 변함없는 마음, 정신적 순결에 가까웠기 때문이다. 물론 공주관기의 하소연처럼 사내들의 노리개이자 성적 노예로 사는 것에 염증을 느껴 한 사내를 선택하는 정절을 바라기도 했다. 고립무원이 된 장선달이 부유할 때 정 주고 돈 주었던 일을 회고하며 장씨와 해로한, '의리'를 지킨 기생의 이야기(임매, 『잡기고담』)도 있다.

세상을 덮을 만큼의 미모로 이름이 알려진 한양기생 소춘풍은 효령대군의 아들 이정(1422~?)의 첩이 된 적이 있고 최국광의 첩이 되기도 했다. 그러나 자신을 사랑하던 사인 이수봉을 끝까지 잊지 않았고 그에 대한 그리움과 의리를 저버리지 않았다. 소춘풍이 죽자 최국광은 선영에 장사를 지내주었고, 그녀를 사랑했던 종실(성종의 손자) 흥원군도 약속한 대로 장례를 치른 뒤 무덤 앞에 전을 차려놓으며 그녀의 정신적 순결을 추모했다(이륙, 『청파극담』).

중종 때의 명기인 관홍장은 용모가 빼어나 달려드는 남자가 많았지만 자기 마음에 드는 사람을 찾고 있었다. 그때 강직한 선비인 한주가 나타났고, 관홍장은 그의 첩이 되어 딸 하나까지 낳았다. 사간원에 근무하던 한주가 부당하게 남해로 귀양을 가게 되자 장안의 부유하고 권력 있는 많은 사람들이 다투어 사랑을 호소했으나 일체 응하지 않았다. 이때 성종의 아들인 이천군이 매파를 시켜 구혼하였다. 관홍장은 노모가 굶주리는 것을 보다 못해 우선 이천군의 청혼을 따르기로 했다. 다만 남편이 풀려나면 떠나겠다고 했고 이천군은 그 약속을 받아들였다. 비로소 유배 갔던 남편이 돌아오자 관홍장은 이천군과 결별하고 돌아가고자 했다. 그러나 남편은 "어찌 감히 지체 높은 이천군의 부실을 차지하겠느냐?"고 거절했고 관홍장은 목놓아 울며 이천군의 집으로 향했다(『어우야담』 인륜편).

조선 중기 노진(1518~1578)이 전라도 남원에서 살 때 일찍 부친을 여의고 가세가 빈곤하여 약혼을 했으나 결혼 비용이 없었다. 모친이 권하여 할 수 없이 선천부사로 있는 당숙부를 찾아갔다. 성문조차 열어주지 않아 방황하던 중 어린 기생의 도움으로 당숙부를 만나기는 했으나 지나친 냉대 속에 즉시 나와버렸다. 그리고 그 어린 선천기생의 집으로 갔는데 반가이 맞고 후하게 대접하며 잠자리까지 제공해주었다. 며칠을 그곳에서 묵다가 기생이 마련해준 돈을 가지고 돌아와 결혼식을 올렸다. 노진은 그 뒤 과거에 급제하여 관서지방을 순시하던 중 그때의 어린 기생의 집을 찾아갔다. 그 기생은 전날 노진과 인연을 맺은 후로 절에 들어가 수절하고 있었다. 그리하여 노진은 그녀를 찾아가서 만난 뒤 함께 살았다고 한다(『계서야담』).

영정조 시기 평안도 강계기생 무운은 용모와 재능이 뛰어났다. 한양에 사는 성진사라는 사람이 내려와 강계에 들렀다가 무운과 하룻밤을 지낸 후 서로 정이 깊게 들었다. 무운은 그 뒤부터 딴 사람과 관계하지 않기로 맹세하고는 두 다리에 악질이 있음을 핑계 삼아 강계로 오는 벼슬아치들의 접근을 막았다. 그러던 어느 날 무운은 새로 부임한 강계부사 이경무(1728~1799)에게 다가갔다. 무운은 성진사를 위해 수절하고자 쑥뜸을 떠서 남자들의 요구를 물리쳤던 사실을 말하고 "사또를 여러 달 모시면서 동정을 살펴왔는데 참으로 대장부이십니다. 어찌 가까이 모실 뜻이 없겠습니까?"라고 하였다. 이경무는 재임 기간이 끝나 돌아가게 되었고 그 뒤 10여 년이 지나 다시 함경도 성진의 책임자로 부임하자 무운이 인사하러 갔다. 이경무가 기뻐하며 밤이 되어 가까이하려 하자 무운은 강경히 거부했다. 이경무가 놀라 이유를 묻자 남자를 가까이하지 않기로 다짐했기에 감히 분부를 받들 수 없다고 하였다(『계서야담』). 기생의 정절 개념이 바로 정신적 순결에 가까우며, 기생의 정절의 선택이 주체적임을 무운의 이야기에서 거듭 확인하게 된다.

19세의 성천기생 김부용(1813~?)은 어릴 때 부모 잃고 기생이 되었다. 그녀는 1830년 구성으로 귀양을 다녀온 다음 해 77세의 김이양(1755~1845)을 만나 15년을 살다 죽은 후 남편의 무덤 앞에 묻혔다. 일찍이 평양감사의 임기를 마친 김이양은 호조판서에 제수되어 다시 한양으로 가야만 했다. 이별을 해야 하는 상황에서 김이양은 직분을 이용하여 김부용을 기적에서 빼내 양인의 신분으로 만들고 자신의 첩으로 삼았다. 김부용은 사랑하고 존경하던 임을 잃자 외부와 교류를 일체 끊은 채 남편의 명복만을 빌며 16년을 더 살았다. 58세의 나이 차이는 전혀 문제되지 않았다. 여성으로서 한시를 세상에 내놓기 쉽지 않던 시절 부용은 죽은 남편 김이양을 위해 애도의 글을 지었다. "봉황은 날아가 즐겁게 노래하지요./이제 봉새가 돌아오지 않아 황새는 통곡하네요./머리를 잡고 하늘에 물어도 하늘은 묵묵부답이네요./하늘은 길고 바다는 넓은데 한은 그처럼 끝이 없네요(鳳凰于飛和鳴樂只 鳳飛不下凰獨哭只 搔首問天天黙黙只 天長海闊恨無極只)."(『신증동국여지승람』권29)

기생들이 보여준 절개와 신의는 일반 부녀자들이 겪었던 윤리적 위선이나 강요된 수절과는 차이가 있다. 기생들의 정절은 주체적 선택이었고 정신적 의미가 강했다. 기생들은 존중받기 어려운 소외계층이었으나 사대부들과 교유하면서 길러진 개방적인 사고와 지적 안목을 통해 진솔하고 강력하게 세상과 맞설 수 있었다. 어느 기생은 "관우 타던 적토마도 주인 따라 죽었으니, 미물도 저렇거든 하물며 사람 되어 절의를 모를쏜가"[175]라고 했다.

열녀적 태도

특히 기생들의 윤리적 삶의 태도는 정신적 순결을 넘어 정절을 목숨보다 중히 여기기도 했다. 조선 중종 때 청주기생 춘절은 성리학자 성제원(1506~1559)과 잠자리를 같이한 것도 아닌데 인연만으로 수절하였다. 황주기생 유지도 대학자 이율곡(1536~1584)과 동침한 바 없이 율곡이 죽은 뒤 3

---

175 정병설, 앞의 책, 53쪽.

년 동안 상복을 입었다. 영조 때의 기생 하나도 과거급제 후에 동침하기로 맹세했던 유명순이 갑자기 죽자 인연을 생각해 자신도 따라 죽었다. 정절을 중시하는 극단적인 행위였다. 그런가 하면 용강의 기생을 두고 "대장부도 사직의 존망의 기로에서는 오히려 몸을 아끼는데 너의 정절을 당시에는 알았는지 몰랐는지"라고 칭송하고 있기도 하다(조경, 『용주유고』).

법보다 관습이 더 힘이 세다고나 할까. 법규상 관기를 첩으로 삼으면 탄핵을 받고, 기생을 강간(간통)해서는 안 되지만 대체로 지켜지지 않았다. 관례상 기생이 사대부들의 수청을 거부한다는 것은 직무유기에 해당한다고도 볼 수 있으며 사실 관기들은 사신이나 고관의 잠자리 시중을 들기도 했다. 이렇듯 기생이란 한 남자에게 지조를 지킬 수 없는 신분임에도 불구하고 정절을 지키기 위해 우물 속으로 뛰어들기도 하고 수청을 거부하다 맞아 죽은 기생들도 많았다.

조선 태종 때 전라도 관찰사 허주(1359~1440)가 나주판관 최직지를 파면시켰다.[176] 만경현령 윤강이 업무를 보기 위해 나주에 갔다가 관기 명화가 수청을 들지 않겠다고 화를 내자 최직지가 판관의 체면을 구겼다는 이유로 명화를 매질하여 3일 만에 죽게 했기 때문이다. 수원기생 하나는 손님을 거부했다 하여 매를 맞자 여러 사람들에게 어우동은 음탕한 짓을 즐겼다 하여 벌을 받고 자신은 음탕하지 않다 하여 벌을 받으니 조정의 법이 어찌 그같이 고르지 않은가를 따졌다고 한다.[177] 곧은 삶을 살았던 김려(1766~1822)가 유배 중에 사랑한 부령기생 지연화는 김려가 떠난 뒤 부령부사에게 모진 고문을 받다 죽었다.

조선 중기의 남명 조식(1501~1572)은 뛰어난 학덕을 갖추고서도 조정에 나아가지 않은 채 일생을 지리산 근처에서 후학들을 가르치며 살았다. 시

176 「태종실록」 태종 10년 6월 25일.
177 성현, 『용재총화』 권6.

류와 영합하지 않던 부친 조언형(1469~1526)의 의기를 그대로 이어받았다
는 조식은 미숙한 시절 함경도 단천군수로 와 있던 부친의 임기가 다하여
돌아갈 때까지 기생과 5년 동안 사랑을 나누었다(윤국형, 『문소만록』). 서로
하염없는 눈물을 흘리며 이별한 후에 기생은 찰방의 수청을 들 수밖에 없
게 되자 그날 밤에 나체로 뛰어나가 미친 척했다. 이렇게 그 기생은 조식
을 위해 수절하면서 나이 80이 지나도록 살았다.

　기록에 따르면 함흥기생 금섬(?~1592)은 임진왜란 때 동래부사를 지낸
송상현(1551~1592)의 첩으로 포로가 되어 일본에 끌려갔다가 해방되어 돌
아오는 배 안에서야 남편이 순절했다는 소식을 들었다. 바다에 몸을 던지
려 했으나 뱃사람들의 만류로 뜻을 이루지 못했다. 때마침 배에서 만난 강
항(1567~1618)이 말하길 "만일 자진한다면 당신이 몸을 깨끗이 보존해가지
고 돌아오는 것으로 누가 인정하겠는가." 하였다. 금섬은 그 말을 옳게 여
기고 "큰 나무가 넘어지는 날/못다 핀 꽃들은 광풍에 부딪히네./광풍은 고
요히 잠이 들었지만/꽃은 진흙 속에 묻혀 있네./누가 알아주랴. 진흙에 떨
어진 꽃이/나비에게 희롱당하지 않았음을/비록 제 뿌리로 돌아간다 하
나/뭇 꽃의 비웃음만 살 뿐이네(大樹飄零日 殘花受狂風 狂風終自息 洛花埋泥
中 誰識泥中花 不爲蝴蝶嬲 縱然歸根帶 徒爲衆芳笑)."(「大樹殘花」)라는 시를 지어
자신의 처지를 밝힌 뒤 시집으로 들어갔으나 자기 입으로 절개를 지켰음
을 말하지는 않았다(『조선해어화사』 30장). 기생 출신 애향도 부산첨사 정발
(1553~1592)의 첩으로 임란 시 몸을 피하지 않고 남편을 구하기 위해 적진
에 뛰어든 의기다.

　광해군(재위 1608~1623) 때 평양기생 동정월은 "기생이 비록 천한 몸이
지만 마땅히 한 남편을 섬기며 일생을 마쳐야 한다."고 생각했다. 비장이
나 책실들이 그녀의 자색을 흠모한 나머지 형벌을 가하고 부모를 가두기
까지 했지만 끝내 순결한 마음을 바꾸지 않았다. 부모가 남편감을 여러 번
구했지만 "제가 스스로 고를 것입니다."라고 주장하고 가난한 노총각을 남

기생, 노래를 팔지언정 몸은 팔지 마라

편으로 맞았다. 그리고 남편과 함께 상경하여 서대문 밖에 술집을 차려 장안 제일가는 색주가로 만들었다. 그 뒤 남편 이기축(1589~1645)을 가르쳐 인조반정에 가담케 하고 마침내 병조참판에 이르게 하였다(작자 미상, 『해동야서』).

16~17세기 함경도 단천기생 일선은 군수로 부임하는 아버지를 따라 내려온 스물두 살의 기인을 좋아하였다. 두 사람은 순식간에 사랑에 빠졌고 어느새 2년여 세월이 흘렀다. 그러던 어느 날 갑자기 명망이 높던 부친이 갑자기 파직을 당해 서울로 가게 되었다. 김만중(1637~1692)의 「단천절부시」를 보면 이별하면서 기인이 일선에게 새서방 잘 섬기고 가끔씩 옛사람 생각해 달라고 말한다. 이어서 "일선이 울먹이며 말하되 이 말씀 어찌 차마 들으리오…… 두 몸은 비록 헤어질지언정 두 마음은 나뉠 수 없으리(逸仙含淚說 此言何忍聞…… 兩身雖可離 兩心不可分)."라고 적고 있다. 이렇게 기인은 떠났고 일선은 한 번의 사랑을 지키기 위해 수절을 하고 있었다. 안찰사를 위한 기생점고의 연락을 받고 일선은 몹쓸 병에 걸렸다는 핑계로 나가지 않았다. 그 후 기인은 일선을 그리워하다 병으로 세상을 떠났고 그 소식을 들은 일선은 한양으로 달려가 3년상을 다 치르고 돌아와 평생토록 절개를 바꾸지 않다가 일흔이 넘어 죽었다. 김만중은 일선의 절행을 기려 212구나 되는 장편서사시 「단천절부시」를 지었다. 예조좌랑으로 벼슬을 시작하면서 행한 첫 정치적 활동이 시골의 천한 기생의 절개를 표창하라는 것이었다. 일선에게 국가에서는 숙종 17년(1691)에 정려문을 세워주었다.

효종(재위 1649~1659) 때 무인 전태현이라는 자가 평안도 만포첨사를 제수받고 부임한 뒤 기생과의 사이에서 딸 하나를 낳은 후에 연로하여 병사했다. 그 딸의 이름은 '관불(關不)'이었는데, 관불의 아름다운 자색은 비할 데가 없었다. 새로 부임한 만포첨사가 관불에게 수청을 요구했으나 그녀는 죽음을 무릅쓰고 따르지 않았다. 그러자 첨사는 분노하여 위협을 가했고 관불은 더 이상 거절할 수 없는 상황으로 몰리자 강물에 투신하였다. 조정에서는 정려문을 세워 표창을 하였다(미상, 『양은천미』). 기생의 딸이라는 이유로 자기와 상관없다 하여 '관불'이라 이름을 지어준 아비의 가문을 위해 정절을 지키려 한 관불의 마음이 순수하기만 하다.

영조 때 정승을 지낸 조문명(1680~1732)이 동지부사로 연경에 가기 위해 안주를 지나다가 여러 고을 수령들과 백상루에서 잔치를 벌였다. 여기에 참석한 어린 기생은 겨우 열두 살이었지만 재주와 용모가 뛰어났다. 조문명은 그녀를 사랑하여 가지고 있던 부채를 건네주고 떠났다. 그 기생은 부채 하나 받은 뒤로 수절하기로 맹세하고 많은 유혹과 협박에도 불구하고 처녀로 살았다. 조문명은 그녀의 행실을 가상히 여기고 사신으로 갔다 돌아오는 길에 데리고 올라갔다(서유영, 『금계필담』).

대제학을 지낸 이광덕(1690~1748)과 사랑을 나눴던 함흥기생 가련은 천성이 강개하여 제갈량의 「출사표」를 좋아했는데, 달 밝은 밤이면 이광덕을 위해 「출사표」를 읊곤 하였다. 이광덕은 영조 때 호남지방에 암행어사로 파견되었다가 그곳에서 만난 어린 가련에게 시를 지어주었다. 수십 년이 흘러 이광덕이 함흥으로 귀양을 갔는데 가련이 그 시를 품에서 꺼내 보여주었다. 미색이 출중한 가련은 그동안 많은 사대부로부터 협박과 유혹을 받았으나 이광덕만을 생각하며 절조를 지켜온 것이다. 가련은 이광덕이 유배생활을 하는 기간에 정성을 다해 뒷바라지를 했다. 몇 년 만에 풀려난 이광덕은 한양으로 돌아가 얼마 안 있어 죽고 말았다. 비보를 들은 가련은 제사상을 차려 놓고 통곡하고는 「출사표」를 읊은 뒤 자결하였다.

영조 때 미모와 가무로 이름을 날리던 영월기생 경춘은 부사 이만회(1708~?)의 아들 이수학에게 처음으로 몸을 허락할 만큼 사랑을 하게 되었다. 임기를 마친 아버지를 따라 과거급제 후 결혼하기로 약속하고 이수학은 한양으로 떠났다. 경춘은 그 뒤 탐욕스런 관리들로부터 몽둥이로 피가 흐르도록 맞아가며 절개를 지키다 열여섯 어린 나이에 결국 강물에 투신하고 말았다. 시체를 인양하여 보니 경춘의 몸에는 이수학의 편지가 들어 있었다. 홍직필(1776~1852)은 이같이 경춘에 대한 전기를 쓰면서 "이익 때문에 의를 어기지 않으며 죽음이 두려워서 지금껏 지켜온 것을 바꾸지 않는다는 말이 있었는데 이러한 것은 선비가 지켜야 할 행동으로 권장되어도 어려운 것인데 하물며 여자이고 천한 기생임에랴."(홍직필, 『매산집』)라고 했다.

정조 시대 평안도 강계기생 소상매도 천한 기생이면서 지극히 어렵고 귀한 절행을 보였다. 평안감사 김이소(1735~1798)가 도내의 효자와 열녀를 아뢰니, 왕이 전교하기를 "소상매는 천한 기생으로서 한 지아비를 섬기다가 뒤따라 죽었다 하는데 이처럼 굳은 절개는 전에도 드문 일이니 특례로 포상하는 것이 마땅하다."[178]고 했다.

19세기 초의 평양기생 난임은 몸가짐에 품위가 있어 명문가 규수라도 더할 것이 없었다. 그녀 스스로 말하기를 양반집 태생도 아니면서 일부종사하는 정숙한 여인의 도리를 본받고자 하니 우습다고 하였다. 그리고 자신이 만난 사람은 많아도 마음에 드는 사람이 없어 더 기다릴 것이라고 하였다(『녹파잡기』 권1). 이와 같이 기생들에게 사랑을 선택하는 자유와 함께 마음과 몸을 지키려는 윤리적 주체로서의 의식이 있었다.

헌종 때 활동한 위항시인 대산 오창렬은 천성이 맑고 기품이 단아한 군자로 소문이 자자했던 인물이다. 그는 평안도 덕천기생 초운을 보고 예뻐하였다. 오창렬은 이별하면서 어린 초운에게 시를 지어주며 "세월은 자꾸 흘러 기다리기 어렵고/벌과 나비 어지러울 테니 돌아올 때까지 지킬 수 있으랴."라고 안타까워했다. 그러나 15세의 처녀 몸이었던 초운은 오창렬이 준 시를 붙들고 기방의 문을 닫은 채 손님을 사절하였다. 이후 오창렬은 이를 기특하게 여기고 초운을 총애하여 첩으로 삼았다(『녹파잡기』 권1).

---

178 「정조실록」 정조 13년 1월 10일.

19세기 후반 가무와 시서화로 유명했던 김해기생 강담운은 15세에 문인화가 배전(1843~1899)을 만났다. 애석하게도 부부로 만났던 배전이 자신의 머리를 올려주고 바로 한양으로 떠나야 했다. 그 뒤 담운은 많은 남성들의 유혹을 받으면서도 배전만을 생각하며 절조를 지키고 살았다.

기생 문인들의 순결의식

기생 문인들도 자아에 대한 성찰과 인생에 대한 총체적 인식 속에 많은 어려움을 이겨내며 창조적 삶의 경지를 모색하는 가녀린 노력을 보였다. 정신적 순결을 핵심 가치로 삼는 기생들의 절의가 현실적 사회적 차원에서 논의될 수 있으나, 기생 문인들의 절의는 대체로 당대를 뛰어넘는 근원적이며 존재론적인 성격으로 나타났다.

기생은 다가오는 남성들을 얼마든지 품을 수도 있고 애욕을 무한히 발산할 수도 있다. 그러나 기생이라고 다 그런 것은 아니었다. 고려시대 평안도 팽원(평안도 안주의 옛 지명) 기생이었던 동인홍은 자신을 살피는 시를 통해 정절에 대한 각오를 잘 드러내 보였다.[179] "기생과 양가집 규수 사이에/묻노니 그 마음 다를 게 있나요/슬프다 송백같이 굳은 절개로/죽어도 딴 뜻 안 갖기로 맹세한다네(娼女與良家 其心問幾何 可憐栢舟節 自誓矢靡他)."(「自敍」) 순결을 소중히 여기는 마음에 신분의 차이가 있을 수 없는데도 세상은 그렇지 않은 게 사실이다. '동인홍(動人紅)'이라는 이름이 말해주듯 그녀는 허튼 수작을 부리는 사내들의 얼굴을 부끄럽게 만들 만큼 꼿꼿한 여성이었다. 정절을 지키려는 마음은 조선에도 그대로 이어졌다.

앞서 나온 바와 같이 영흥기생 소춘풍은 궁궐잔치에서 시를 통해 성종을 기쁘게 하여 엄청난 하사품을 받고 이름을 천하에 떨쳤다. 성종의 은총까지 입으며 사랑을 나누던 28세의 소춘풍이 38세를 일기로 성종이 승하하자 머리를 깎고 중이 되었다는 사실은 임에 대한 의리가 확고했음을 말해준다(『오산설림초고』).

홍원기생 홍랑은 자색이 있고 절의가 뛰어났다. 작자 미상의 『기문총화』에 의하면, 천품이 호탕하고 재능이 풍부했던 최경창(1539~1583)이 선조 6년(1573) 가을 함경도 북평사로 와 있을 때에 서로 뜨겁게 사랑했다. 최경창이 1년도 되지 않아 한양으로 가게 되자 홍랑이 송별하고 돌아오면서 "묏버들 갈히 것거 보내노라 님의손딕……"(『오씨장전사본』)라고 읊었다. 홍랑은 비를 맞고 새롭게 돋아나는 버들과 같이 늘 샘솟는 사랑을 절실히 염원하였다. 물론 최경창은 화답으로 난초 한 포기를 보냈다. 최경창이 이듬해 병을 얻어 눕게 되자 홍랑은 7일 밤낮을 걸어 한양에 도착하여 병을 간호했다. 이 일로 정적들에 의해 최경창은 파직을 당했고 홍랑은 고향으로 돌아가야 했다. 시간이 흘러 1582년 종성부사로 있던 최경창이 이듬해 상경하던 도중 함경도 경성의 객관에서 세상을 떠났다. 홍랑과 최경창 사이에는 아들이 하나 있었으며, 최경창이 죽은 뒤에도 사내들의 접근을 막아가며 9년간 그의 무덤을 지켰다. 임진왜란 때는 최경창의 시고를 짊어지고 다녀서 병화를 면하였다. 최경창 곁에 묻히길 바랐던 대로 홍랑은 최경창의 자손들에 의해 경기도 파주의 같은 장소에 모셔졌다.

『춘향전』이 인습에 대한 필사적 항거와 함께 드러내는 정절의 의미는 문화적 매력으로 각인되고 있다. 춘향이가 사또의 수청을 거절하다 태형을 맞게 되자 〈십장가(十杖歌)〉를 부르는 대목이 백미다. 간략히 적어보면 다음과 같다. "춘향이는 저절로 설움 겨워 맞으면서 우는데, '일편단심 군은 마음 일부종사 뜻이오니, 일개 형벌 치옵신들 일 년이 다 못 가서 일각인들 변하리까.' 둘째 낱 딱 붙이니, '이부절(二夫節)을 아옵는데 불경이부 이내 마음 매 맞고 죽어도 이 도령은 못 잊겠소.' 셋째 낱을 딱 붙이니, '삼종지례 지중한 법 삼강오륜 알았으니 삼치형문(三治刑問) 정배를 갈지라도 삼청동 우리 낭군 이 도령은 못 잊겠소." 진정한 사랑을 지키고자 하는 춘향이의 자발적 의지는 정숙한 여성 이미지로 승화된다.

기생들이 정절을 지키려 했던 노력은 시대를 초월하여 나타난다. 영조 때 황해도 곡산기생 매화는 누구보다 순결 의식이 강했다. 이희준의 『계서야담』에 의하면, 매화는 곡산 신임사또로 부임한 홍시유를 만나 사랑했다. 하지만 홍시유가 병신옥사에 연루되어 참형을 당하자 그의 부인 이씨도 목을 매어 순사했다. 매화는 홍시유 내외를 선영에 합장한 뒤 며칠을 허탈한 마음으로 지내다 오늘날 절창으로 회자되고 있는 "매화 옛 등걸에 봄이 다시 돌아오니……"라는 시조를 읊었다. 다음 날 매화의 시체가 홍시유의 무덤 곁에서 발견되었다고 한다. 보살펴주고자 했던 관찰사 어윤겸을 떠나 사랑하는 사람을 위해 순절한 것을 두고 세상 사람들은 '재가열녀'[180]라 불렀다.[181]

드높은 자아

18세기 중반 강화기생 송이[182]는 드높은 인격과 정신을 거침없이 보여주었다. "솔이 솔이라 ᄒᆞ니 무슴 솔만 너기ᄂᆞᆫ다/천심(千尋) 절벽(絶壁)에 낙락장송(落落長松) 내 긔로다/길 아ᄅᆡ 초동(樵童)의 접낫시야 걸어볼 줄 이시랴[183]라고 자신의 이름을 넣어가며 지조 있는 자아를 잘 드러내었다. 해주 선비 박준한이 과거시험을 치러 한양에 가다가 강화도 객사에 머무른 적이 있었다. 박준한은 호기심에서 그녀를 불러 술자리를 함께했는데 송이는 이 자리에서 자기의 기상을 한껏 발휘하였다. '나무하는 아이들의 작은 낫 따위를 함부로 걸어볼 수 있겠느냐'는 송이의 태도에서 오만할 정도

---

180 두 번 결혼한 열녀라는 뜻이다.
181 물론 나이든 황해감사의 기첩인 매화가 젊은 곡산부사와 밀통했다고도 볼 수 있다.
182 기생 송이는 시조문헌에 등장하는 27명가량의 기생 문인 중에 가장 많은 작품을 남겼는데, 다른 작자와 혼동되는 것을 제외하고도 7수나 된다.
183 『악학습령』547, 『일석본 해동가요』141.

의 자부심을 읽을 수 있다.

구지라는 평양기생을 보면 주체적으로 정절을 지키려는 의지가 강렬하다. "장송(長松)으로 비를 무어 대동강(大洞江)에 흘니 씌여/유일지(柳一枝) 휘여다가 구지 구지 미야시니/어듸셔 망녕(妄佞)엣 거슨 소헤 들나 ᄒ느니"[184] 초장의 숭고한 존재로 인식되는 '소나무'와 광활한 이미지를 표출하는 '강'이 제공하는 신뢰감이 돋보인다. 구지는 자신을 소나무로 만든 배에 비유하고 그 배를 유유히 흐르는 강물에 띄우겠다 말했다. 진취적인 기상과 강직한 태도에는 불순한 것이 용납될 수 없기에 '망령된 것'이 자신을 늪으로 유혹하는 교활한 행위를 막아낼 수 있다. 앞서 나온 송이를 비롯하여 구지, 송대춘, 황진이, 매화 등 기생들이 작품 속에다 자신의 이름이나 호를 넣는 것도 주체적 의지의 발로이다.

황해도 해주기생 명선(1830~?)은 비록 12세에 관찰사의 권력에 못 이겨 수청을 든 바는 있으나 "천금이 꿈속이라 푼돈냥에 허신할까/기생이라 웃지 마소 눈 속의 송백일세"라고 하였다. 재물이나 권력에 몸을 허락하지 않을 만큼 기생의 순결한 정신이 드높다. 명선은 16세에 김진사를 만나 사랑하여 아들까지 갖게 되었다. 그러나 얼마 되지 않아 김진사는 떠나야 했고, 기다리던 명선은 한양에 올라갈 때까지 김진사와의 인연을 고이 지켜나갔다. 심지어 신관사또의 수청 명령에도 '도끼날도 무섭잖다'고 대응했다. 명선은 임에 대한 절개를 중국의 백이숙제와 악비(1103~1142)에 대비하기도 하고 고려 충신 72명과 정몽주(1337~1392)에 견주기도 했으며, 남자가 배신하자 강물에 빠져 죽은 기생 두십낭의 지조까지도 언급하였다.[185]

기생 옥소도 진나라 부자 석숭(249~300)이 사랑했던 기생 녹주가 주인

---

184 『악학습령』554, 『일석본 해동가요』142.
185 정병설, 앞의 책, 29~30쪽, 53~54쪽, 73쪽.

을 위해 자결했고, 명기 두십낭이 남자에게 배신당해 강물에 투신했으며, 순임금의 두 왕비인 아황과 여영이 절개로 손꼽혔음을 통해 기생들의 정조를 강조한 바 있다.[186] 한편 어느 기생은 편지 속에서 "김씨나 이씨나 남자들은 다 똑같은 듯"이라 말하면서 "진실한 남자 없음이 평생 한이오."[187]라고 일갈하였다.

함경도 명천기생 군산월은 철종 4년(1853) 한양에서 유배 온 사대부 김진형(1801~1865)의 수발을 들게 된다. 19세 꽃다운 나이의 군산월은 본관 사또 수청까지 거절하면서 53세 선비가 첩으로 삼겠다는 약속을 믿고 그를 뒷바라지를 하며 인연을 맺게 되었다. 그러나 막상 유배에서 풀려나자 김진형은 약속을 저버리고 귀로에 군산월을 집으로 돌려보냈다. 그녀는 처절하게 배신을 당했고, 김진형의 고향땅에는 「군산월 애원가」라는 가사가 널리 퍼졌다. 그러나 자신의 정절을 내세우며 '아무리 기생이나 행실이야 다르겠는가'를 반복하던 그녀는 마지막 탄식 속에서도 "이내 신세 자위하고 근근이 돌아가서/절행을 지키고서 일부종신하리라."라고 다짐했다. 버림을 받고도 '불경이부 일부종사'의 정절을 강조하는 기생의 순수함에서 처절함이 묻어난다.

개인의 인권을 상상도 할 수 없었던 여건 속에서도 기생들은 정신적 육체적 순결을 지킴으로서 인간의 존엄성을 인정받고 싶어 했다. 기생 문인들도 임과 이별 후에 새로운 임을 찾을 수도 있을 것이나 그런 내용의 작품은 찾아보기 힘들다. 그만큼 그녀들이 사회를 지배하는 남성이나 제도에 철저하게 종속되지는 않았음을 뜻한다. 인간이 지닌 본질적 자존감은 성적 차별이나 신분의 고하 등 어떠한 비인격적 조건과 무관하게 유지될 수 있다. 기생들은 미약하나마 나름대로 몸과 마음의 절조를 가꾸는 신념

---

186 정병설, 앞의 책, 178~179쪽.
187 정병설, 앞의 책, 229쪽.

속에서 인격적 주체가 되기를 기대했다.

기생들에게는 분명히 직업적 특수성과 취약점이 있었다. 오죽하면 기생집에서 하지 말아야 하는 다섯가지 행동, 즉 기방오불이 전하며 그 첫번째가 기생의 맹세를 믿지 말라는 것이었겠는가. 처음에는 기생을 두고 사악하니 요망하니 하던 고관마저 얼마 지나지 않아 기생에게 꼼짝 못 하는 모습은 숱하게 전하고 있다. 순진한 양반들은 기생의 말과 약속을 믿었다가 낭패를 보고 신세를 망치기 일쑤였을 것이다. 이토록 문제를 안고 있는 기생집단 속에서 기생들 스스로 나타낸 아름다운 인간상에 대한 고민과 자존감의 표방은 값지지 않을 수 없다. 더구나 헤아릴 수 없을 정도로 많게 시기를 초월하여 기생들이 보여준 정신적 순결에 대한 가치 지향은 소홀히 할 수 없다.

10. 기생의 사랑은 슬프다

고려 중엽 이후부터 기생을 사랑하여 처첩으로 삼고 자식을 낳은 인사들이 있었다. 고려 명종 때의 공부상서 조원정(?~1187)은 기생의 아들이었고 고려 후기 권신이었던 최이(?~1249)의 아들 항도 기생에게서 태어났다. 고려 말엽 초계 사람 정통은 나주 서기로 있을 때 기생 소매향을 사랑하여 아이 하나를 낳았으며 평생 첩으로 데리고 살았다. 성현의 『용재총화』 (5권)에 따르면 조선 세종 때의 김사문은 아내가 죽자 자신이 사랑하던 밀양기생 대중래를 데리고 한양에 올라왔는데 승지로 벼슬이 높아지고 기생이 두 아들을 낳자 정실부인으로 올려주었다. 조선의 사대부 가운데 신찬, 정철(1536~1593), 심희순(1819~?) 등 기생을 사랑하여 첩으로 삼은 남자도 많고, 심지어 김하(?~1462), 이언적(1491~1553), 최경창(1539~1583), 김시양(1581~6143) 등 자식까지 낳은 양반들도 많다.

기생으로 아픔을 겪은 선비들

조정의 벼슬아치들이 기생을 사랑하여 싸우는 경우도 많았다. 성종 때 재상 이영근과 이곤(1462~1524)이 같은 기생과 정을 통하고 서로 쟁탈하는가 하면, 명종 때 윤임(1487~1545)의 기첩 옥매향을 두고 임백령(1498~1546)이 다투었다. 기생을 사랑하다 파직을 당하고 유배를 가며 죽음에 이르는 등 곤욕을 치른 경우도 허다했다. 많은 선비들은 살아가면서 자신이 평생 증오하는 것이 여색이라며 친구들에게 만일 여색에 빠진다면 절교를 선언해도 좋다고 호언장담을 하였다. 그러나 기생에 넘어가 귀신이 된 이야기도 있듯이(작자 미상,『기문』) 기생에 빠져 온갖 추태를 보이며 비웃음거리가 되는 경우가 비일비재했다.

황해감사로 있을 때 해주기생을 사랑하던 남곤(1471~1527)은 한양으로 돌아오며 밤새도록 생각에 잠겨 잠을 이루지 못했다. 조선 세종 때 선비 김위민은 평양에서 근무하는 동안 사랑했던 기생 패강춘과 헤어지게 되자 통곡을 하며 비 오듯 눈물을 흘려 옷깃을 다 적셨다.『지봉유설』에서는 평안도 평사로 간 백광홍(1522~1556)이 관서기생을 사랑했다가 병을 얻어 도망쳐 왔다가 뒤에「관서에서 놀던 시」를 보낸 것을 두고 호걸인사로서 일개 아녀자에게 현혹되어 마음에 잊지 못하는 것이 이와 같았다고 지적했다. 기생을 사랑하다 헤어지는 괴로움을 토로한 남자가 수도 없다.

한편 사대부들은 기생을 만난 감흥을 시로 표현했고 기생과 이별하면서 서운한 마음을 시로 남겼으며 기생이 죽은 후 슬픈 마음으로 시를 지어 바쳤다. 이규보(1168~1241), 이율곡(1536~1584), 홍만종(1643~1725), 채제공(1720~1799) 등 많은 유학자들이 기생을 찬미하는 시를 지었을 뿐만 아니라 고려시대 경학의 대가였던 이곡(1298~1351)은 삼척기생 완계사를 만났다 헤어지며 시를 지어 아쉬움을 표했고, 조선시대 영월부사 신광수(1712~1775)는 영조 22년(1746) 삼척기생 농월선을 만나 죽서루에서 놀다 헤어지면서 시를 지어 아픔을 달랬다. 박충좌(1287~1349), 심희수

(1548~1622), 이수광(1563~1628), 권필(1569~1612) 등 기생의 죽음을 애도하는 시를 지은 선비도 부지기수다.

개방적이지 못한 사회

사대부가의 부녀자들이 비교적 윤리와 예법 때문에 자유로이 사랑을 구가하기 힘들었다면, 기생들은 자유롭게 사랑을 할 수는 있으나 진실한 사랑을 향유하기는 어려웠다. 어떤 선비가 기생을 끔찍하게 사랑하자 그의 아내가 기생에게 빠지는 이유를 물었다. 남편은 아내에게는 공경해야 하기 때문에 조심해야 하지만 기생에게는 그렇지 않아 드러내놓고 못할 짓이 없지 않으냐고 답했다. 그러자 아내는 누가 자기를 공경하라 했고 조심하라 했느냐며 화를 냈다고 한다. 공경을 하다 보면 소원해지고 조심하지 않아도 될 때 친해지기도 한다. 일반 여성들에게는 인간의 자연스러운 욕구를 억제하며 이성으로 살기를 요구하는 관념이 우선이었다면 기생들에게는 제도적으로 자유로운 감성과 사랑의 표출이 허용되나, 그녀들의 진실을 받아들이기에는 사회가 순수하지 못하고 경직되어 있었다.

기생들은 애정관계에서 적극적인 면모를 많이 보였다. 그러나 일반적으로 기생과 사대부들의 사랑은 애초부터 한계가 있었다. 지방에 파견되었던 관리의 임기가 끝나면 사랑도 지속되기 어렵기 때문이다. 기생은 원칙적으로 사사로이 관내를 벗어나 다른 지역으로 갈 수 없으므로 관리들과 깊은 사랑을 나누었다가 헤어지면서 사랑이 끝났던 것이다. 더욱이 많은 사대부들은 기생과 후일을 약속까지 해가며 사랑을 하다가 임기가 만료되어 떠날 때는 생각이 바뀌어 따라오는 기생들을 매몰차게 떨쳐버렸다. 16~17세기 부사를 따라 한양으로 가던 삼척기생 계화가 더 이상 갈 수 없게 되자 귀가 중 산적에게 겁탈당할 위기를 맞아 바위에서 떨어져 죽었다는 이야기(『진주지』)도 있다. 사대부들도 사랑하던 기생과 헤어지면서 아픔을 겪었지만, 정만을 주고 떠나는 사대부들에 의해 기생들은 저린 가슴을 안고 고통스러워했다.

　더구나 잠시 왔다가 떠나가면 그만인, 믿을 수는 없는 존재임을 알면서
도 직업적 성격상 남자들과 접촉할 기회가 많으므로 촘촘하지 못하게 다
시 사랑을 하게 되고 슬픔은 이어졌던 것이다. 이처럼 기생들에겐 현실적
시선과 낭만적 감정의 교차가 두드러졌다. 한편 처음부터 믿고 사랑을 했
으며 심지어는 신의를 갖고 정절을 바치고자 결심을 했건만 그 역시도 배
신으로 인해 공허해지기 일쑤였다. 그녀들이 바라던 순수나 진실과 거리
를 둔 채 남자들은 약속과 무관하게 안정된 생활을 찾아 출세의 방향으로
의연히 움직였다. 첩이 되어서도 사랑을 받지 못하는 경우가 많았다. 자
유로이 사랑을 선택할 수 있을지언정 사랑을 지킬 수 있는 힘은 부족했다.
그리하여 그녀들은 사랑에 슬퍼했고 절망했다.

　기생을 다룬 영화 〈해어화〉에서 주인공 정소율(한효주 분)이 부른 〈사랑
거짓말이〉가 영화 엔딩에 삽입되어 반응이 뜨거웠던 적이 있다. 기생들
스스로 말하듯이 '벼락처럼 만났다가 번개처럼 헤어지는' 남자와의 만남
은 깊은 슬픔을 남겼다. 특히 신분제하에서의 기생은 인격이나 덕망과 무
관하게 남자들에게는 성적 호기심이나 욕망 충족의 상대 이상이기 어려웠
다. 그리하여 아무리 높은 절행으로 자신의 몸가짐을 바르게 하려 해도 남
자들로부터 존중 받기는커녕 조롱받기 십상인 것이 기생들의 처지였다.
이른바 남성 지배체제에서는 권력에 의해 여성 섹슈얼리티의 통제가 수월
했다. 17세기 권필(1569~1612)이 지었다고 하는 애정전기소설『주생전』에
서 기생 배도가 양반 주생과 관계를 맺기 전에 입신출세하여 자기의 이름
을 기적에서 빼줄 것을 주생에게 당부하며 몸을 허락하는 대목은 이를 잘
반영한다. 사랑하는 연인에게 보낸 시나 편지 같은 글을 보더라도 기생보
다는 남성들이 쓴 것이 더 많은데 매우 상투적이고 진정성이 의심되는 유
희적이고 낭만인 내용들이다.

기생의 애절한 사랑

문장과 가무가 뛰어났던 성주기생 성산월은 한강에서 뱃놀이를 하는 고관들의 잔치에 초대받아 남대문을 나서다 과거에 낙방하고 쓸쓸히 고향 여주로 돌아가는 민제인(1493~1549)을 만났다. 원래 경상도 성주 출신이었던 성산월은 재주와 용모가 출중하여 선상기로 뽑혀 한양으로 올라온 기생이다. 성산월은 민제인을 집으로 데리고 들어가 정중히 대접했고 두 남녀는 깊은 사랑에 빠졌다. 그러나 성산월은 그가 천하를 경영할 만한 학문이 있음을 알고 곧 떠나보내야 했다. 그리고 성산월은 지혜를 발휘하여 그를 장원급제까지 시켰다. 하지만 그는 과거에 급제한 후 성산월을 찾지 않았다. 비로소 성산월은 기생과 선비의 사랑이 얼마나 부질없는 것인가를 처절히 깨닫게 되었다. 『어우야담』(인륜편)에 의하면 성산월은 어느 선비도 사랑하지 않고 말년에 장흥에 사는 중인의 첩이 되어 편안히 생을 마쳤다.

명종 시절 심수경(1516~1599)은 1551년 이부랑으로서 관서지방에 가서 평양기생 동정춘과 사랑하다 조정에 돌아왔다. 어느 날 동정춘으로부터 "님을 그리워하지만 뵈올 수 없으니 생이별의 그리움을 견딜 수 없습니다. 차라리 죽어서 무덤 속이라도 같이하고 싶어 곧 선연동으로 돌아갈 생각입니다."라는 편지를 받았다(심수경, 『견한잡록』). 평양 칠성문 밖에 있는 선연동은 기생이 죽어 묻히는 곳이다. 어릴 때 교방에서 기예를 배우다 15세에 처음으로 남자와 동침한 일을 수치스러워하며 기생의 운명을 저주해온 동정춘은 늘 자신이 죽으면 '직제학 심수경의 첩'이라 쓴 비석을 세워달라고 친척들에게 부탁 해왔다. 심수경은 동정춘과의 사랑 이후 홍주기생 옥루선, 전주기생 금개, 대구기생 막종을 사랑하는 등 여성 편력이 심했다.

18세기 북평사에 임명되어 함흥에 온 서명빈(1692~1763)을 만나자마자 사랑에 빠지게 된 기생 취련은 서명빈과 장래를 약속하면서까지 열렬히 사랑을 했다. 그러나 명문가 출신의 서명빈이 한양으로 떠나게 되자 상황은 달라졌다. 소식을 기다리던 취련은 편지를 썼다. 답장조차 없자 취련은 한양으로 올라갔다. 그러나 취련은 서명빈의 집에 들어가지도 못하고 발길을 돌려야 했다. 취련의 애절한 사랑은 장안의 화제가 되었다. 기생들은 사랑의 허상을 좇는 모순을 스스로 떠안고 살았다.

순조 때 활동했던 함경도 부령기생 영산옥은 처음에 유배객 김려(1766~1822)를 흠모하고 연정을 품었다. 김려는 사람들을 인격적으로 대했기 때문에 그를 좋아하는 기생도 많았다. 김려를 포기해야 했던 영산옥은 그 후 부령에 유배되어 온 김려의 친척인 서시랑을 깊이 사랑하게 되었다. 서시랑은 용모가 아름답고 가무와 시서화가 뛰어난 기생 영산옥에 빠졌고 영산옥 또한 처음으로 남자를 알게 되었다. 그러나 얼마 되지 않아 다른 남자들처럼 서시랑은 한양으로 떠나야 했다. 영산옥은 부질없는 사랑, 삶의 잔혹함에 눈물을 흘릴 수밖에 없었다. 그 후 영산옥은 부령부사로 온 유상량(1764~)의 수청을 거절하면서 곤욕을 치러야 했다.

19세기 초 평양기생 희임은 가곡에 능하고 춤 솜씨가 평양에서 첫손가락에 꼽혔다. 그녀가 사랑하던 평계선생이 한양으로 돌아가자 밤에 달을 보나 아침에 꽃을 보나 실의에 빠진 채 가슴 아파했고, 새 옷이 헐렁해질 정도로 야위게 되었다. 3년이 지나 선생이 다시 부임하여 전날의 인연을 잇게 되었는데, 1년 남짓 지나 선생이 다시 돌아가서는 기약한 때가 지나도 오지 않자, 그녀는 평계선생 얘기만 나오면 겨우 긴 한숨만 몇 번 토해낼 뿐 눈물이 그렁그렁하였다. 그녀가 선생을 얼마나 사랑하는지 알 만하였다(『녹파잡기』 권1).

앞서 나왔듯이 철종 때 안동 출신의 선비 김진형(1801~1865)은 유배 갔다가 인연을 맺은 기생 군산월을 첩으로 데리고 가겠다는 약속과 달리 떨쳐버렸다. 이 배신 행위에서 보듯이 기생들이란 사대부들과의 만남에 일시적으로 호응하는 도구로 여겨지곤 했다. 오죽하면 군산월이 임과의 이별을 두고 "생초목에 불이 탄다"고 했겠는가. 기생들은 때로는 사악한 남자들로부터 비인간적 취급 속에 무시되고 버림받는 처지가 되어야 했다.

그런 가운데도 기생들은 외롭고 나약한 마음에 눈앞의 남자와 다시 사랑을 나누게 되고 슬픔은 떠나지 않았을 것이다.

한편 기생에게 사랑이 육체적 접촉에 불과한 모욕이 되기도 했다. 19세기 중반을 살았던 해주기생 명선은 열두 살에 처음 남자와 잠자리를 같이 했던 기억을 떠올리며 '짐승' 같은 일이었다고 했다.[188] 손님 접대를 거부하고 도망갔다 잡혀온 공주기생 하나도 "밤새 잠을 못 자게 하면서 저희들을 데리고 노니 저희들은 짐승 같은 느낌이 들 뿐이라."고 실토한 바 있다(이기, 『간옹우묵』). 젊었을 때 자질과 가무로 이름을 날리던 평양기생 하나는 감사를 모시던 시절 무뢰배에게 강간당하고 집으로 돌아와 더운 물로 몸을 씻었으나 비위가 가라앉지 않아 며칠 동안 밥을 먹을 수 없었다고 고백하였다(이희준, 『계서야담』). 이쯤 되면 기생에겐 정서적 사랑이 아닌 육체적 교합만이 있을 뿐이다.

사랑은 죄악

근대 시기 기생 박금옥은 「사랑으로 죄악에」라는 제목의 글 첫머리에서 "복잡하고 단단한 사람의 감정 생활 가운데서 가장 굳세고 뜨겁게 나타나는 것은 이성에 대한 애정이외다."[189]라고 했다. 그리고 연애에 취하여 물불을 가리지 않는 것을 보면 '연애란 맹목적'이라는 말이 참으로 그럴듯하게 느껴진다는 생각을 드러냈다. 그녀는 다시 "이성에 대한 애정이 가슴에 끓어오르고 질투의 마음이 온몸을 충동하더라도 밝은 양심과 굳센 의지와 세밀한 반성으로써 감정의 흥분을 억제해야 한다."라고 하여 감정을 극복하는 윤리적 당위성과 함께 애정의 분출이 얼마나 감당하기 힘든가를 보여주었다.

---

188 정병설, 앞의 책, 22쪽.
189 『장한』 제2호.

20세기 초 뜻대로 사랑을 이루지 못하자 기생 김목단과 이발사 이경성이 동반자살하려 했던 사건이 일어난 바도 있다.[190] 한남권번 기생 염계옥은 1929년 11월 자기 집에서 방문을 굳게 닫고 작은 칼로 목을 찔러 자살을 시도하였다. 그녀는 서울 청진동에 살던 박모라는 고리대금업자를 우연히 사랑하게 되었었다.[191] 그런데 박모는 염계옥의 정조를 유린하고 자신의 야욕만을 채운 후 그녀를 헌신짝처럼 버리고 말았다. 염계옥은 결국 돈 한 푼 얻어내지 못하고 정조만 빼앗긴 사실을 원통하게 여겨 자살을 선택하고자 했던 것이다.

그 이전 1923년 평양 출신의 기생 강명화(1900~1923)가 23세에 음독 자살한 사건은 너무나 유명하다. 서울에 올라와 기생으로서 이름을 날리던 강명화는 대구 부호의 아들 장병천과 사랑에 빠져 장래까지 약속했다. 결혼에 대한 남자 쪽 부모의 반대와 기생을 멸시하는 사회의 비난 속에서도 두 사람은 행복하게 지냈다. 그러나 상황이 더욱 힘들어지자 강명화는 쥐약을 먹고 자살했고 4개월 후 장병천도 독약을 마시고 죽는 충격적인 사건이었다.[192] 한국 최초의 여성 서양화가이자 자유연애의 선구자였던 나혜석(1896~1948)은 「강명화의 자살」이라는 제목의 글[193]을 쓰면서 원하는 바를 얻지 못했다고 해서 스스로 죽는 것은 비겁한 행위라고 하면서도 "나는 언제든지 자유연애 문제가 토론될 때는 조선 여자 중에 연애를 할 줄 안다 하면 기생밖에 없다고 말하여왔다."고 했다. 기생은 남자들과 자유로이 만나본 경험이 많아 좋은 사람을 고를 만한 판단력이 있으며, 특히 기생에게는 사랑을 구가할 만한 순수한 열정이 있다고 본 것이다.

190 이철, 『경성을 뒤흔든 11가지 연애사건』, 다산초당, 2008, 84쪽.
191 신현규, 『기생, 푸르디푸른 꿈을 꾸다』, 북페리타, 2014, 223쪽.
192 중국이나 일본에까지 알려진 이 사건은 영화(〈비련의 곡〉, 1924)와 노래(〈강명화가〉, 1927)와 소설(『강명화의 죽음』, 1964) 등으로 만들어졌다.
193 『동아일보』 1923.6.16.

지금까지 살펴보았듯이 역사적으로 사대부들과의 만남에서 겪게 되는 기생들의 모순된 심사를 우리는 간과할 수 없다. 즉 남자들을 불신하면서도 무시로 찾아드는 사랑 속에서 그녀들의 애틋함과 곡진함이 쉽게 발견되기 때문이다. 사실 기생에게 이별이란 특별히 놀랄 만한 것이 아니라 일상의 일이었다. 스쳐 지나가는 만남이라 여기고 감수하면 그만이다. 하지만, 그녀들에게도 간직하고 싶은 자기만의 진지한 사랑은 있기 마련이었고 깊은 이별의 생채기를 안고 살아야 했을 것이다. 무명의 기생일수록 더욱 임을 잊지 못해 홀로 애태우며 지냈을 것은 자명하다. 임을 그리워하며 병이 들었던 기생들은 사는 것이 귀찮으며 죽고 싶은 마음뿐이라 고백했다. 더구나 온전히 믿고 의지하고 싶은 임과의 관계 속에서 분출하는 기생들의 실망과 비탄은 이만저만이 아니었다. 이는 바로 앞 장에서 다룬 정절을 지키려는 데에 따른 반작용일 것이다.

　이같이 기생들의 애정이 대개 비극적 결말을 예견하는 것이었지만 오히려 그 사랑의 밀도는 더 격렬했다는 점에 특별히 주목할 만하다. 이는 남녀관계에 있어 기생들의 애정이 일반 부녀자들의 사랑보다 더 지속적이길 바라는 현실적인 요구에 따른 것이었음을 뜻한다. 처음부터 애정에 진실성을 부여하기 어려운 관계이다 보니 불안하고 초조했을 것이요, 비어 있기에 더 채우고 싶은 이치였을 것이다. 상대와 평생을 함께할 수 있는 제도적 장치가 마련되어 있지 않은 정황에 오히려 가슴 깊이 새겨진 상처나 모욕 등에서 오는 긴장 때문에 기생들의 사랑은 더욱 정신적이며 절실한 성격으로 흘렀을 것이다.

　기생들의 사랑이 수동적으로 이루어지기보다 오히려 주도적인 입장에서 진행되었던 면도 예외는 아니다. 잘 알다시피 기생 황진이의 경우 세상의 천박한 무리 같으면 천금을 준다 해도 돌아보지 않고 풍류와 인격이 없으면 거들떠보지 않았을 만큼 자아가 강한 인물이었다. 기생 이매창 역시 고도의 자존심으로 달려드는 뭇 남성들을 냉정하게 물리치면서 기꺼이 스스로 사랑을 선택하는 모습을 보여주었다. 그러나 당차게 취하기는 했어도 사랑을 지키기는 어려워 눈물짓지 않을 수는 없었다.

사랑의 진정성을 호소한 기생 문인들

기생 문인들은 일반 여성들보다 노골적으로 남녀 간의 사랑에 관심을 두고 문학적 주제로 삼았다고는 하나 애정의 진정성 여부에 더 비중을 두었다. 기생 문인으로서 사랑의 즐거움을 노래하는 작품을 많이 남겼을 듯도 하지만 오히려 사랑에 대한 슬픔이 더 많은 것도 이 때문이다.

고려 말의 강릉기생 홍장은 기생으로서 한계에 부딪칠 수밖에 없는 애정을 드러냈다. 홍장은 "한송정(寒松亭) 둘 붉은 밤에 경포대(鏡浦臺)에 물썰 잔 제/유신(有信)흔 백구(白鷗)는 오락가락 ᄒ건마는/엇더타 우리의 왕손(王孫)은 가고 아니 오는고"[194]라고 임에 대한 애틋한 그리움을 읊었다. 사모하던 관리이자 풍류객이었던 박신(1362~1444)이 떠나간 후 다시 돌아오지 않자 애절하게 원망하는 기생의 심리가 적절히 표출되었다. 물론 박신도 홍장을 그리워하는 마음에 소리 없이 눈물을 흘렸을 것이다. 기생들은 남자들과 참된 사랑을 나누기 어려움을 예상하면서도 계속 사랑을 좇음으로써 자신의 허약만을 확인해야 했다.

어쩌다 사랑을 하게 된 것을 후회하는 데서 슬픔은 더 커 보인다. 기생들 사이에서 애창되던 시조가 있다. "친하지 않았던 들 이별이 있을쏜가. 이별이 없으면 그리움도 없어/그리우나 만날 수 없는 그리움은 애초에 정을 두지 않아 그리움 없는 것만 같지 못해/어쩌다 청춘이 이 일로 해서 백발이 되누나"(『조선해어화사』 26장). 기생들은 이처럼 이별의 아픔과 그리움의 고통을 노래하였다. 사랑하던 사람과 헤어져 쓸쓸함에 시달려야 했던 그녀들의 불만스런 현실을 잘 이해할 수 있다.

---

194 『악학습령』 544, 『일석본 해동가요』 134.

조선 후기 관찰사 이광덕(1690~1748)의 애희라는 평양기생 계월이는 이별을 남의 일인 양 크게 마음에 두지 않다가 자신이 이별에 직면해서야 그 참담함을 뼈저리게 느끼게 되었다. 계월은 "눈물 흘리는 눈이 서로 마주칠 때/애를 끊는 사람이 애끊는 사람을 마주하네./일찍이 항간에서 예사로이 보았는데/오늘 나에게 일어날 줄 어찌 알았으리오(流淚眼看流淚眼 斷腸人對 斷腸人 曾從卷裏尋常見 今日那知到妾身)."(「奉別巡相李公」)라고 토로했다. 이광 덕에게는 그를 죽도록 사랑했던 함흥기생 가련이도 있었음을 감안하면 계 월이의 고충과 분노는 더욱 증폭된다.

조선 후기 고종 때 가객 안민영이 사랑했던 담양기생 능운은 임을 기다 리며 "임이여 달 뜨면 오신다더니/달이 떠도 임은 아니 오시네./아마도 임 이 계신 그곳은/산이 높아 달도 늦게 뜨는지(郞云月出來 月出郞不來 想應君在 處 山高月上遲)."(「待月」)라고 안타까워하고 있다. 기다리다 지친 듯, 자신의 처지를 원망하는 어조는 임에 대한 불신의 깊이를 반증하기에 충분하다.

가객 김수장(1690~1766)과 교유했다는 18세기 기생 다복은 "북두성 기 울어지고 경오점(更五點) 잦아간다/십주가기(十洲佳期)는 허랑타 하리로다/ 두어라 번우(煩友)한 임이니 탓하여 무엇 하리오"[195]라 했다. 밤은 깊어만 가는데 임이 쏟아놓은 언약은 거짓일 뿐이다. 본래 사귄 사람이 많은 임이 니 따져서 무엇 하겠는가라는 아픈 심정을 실토했다. 꼭 다복의 처지가 아 니더라도 관계없을 듯하다. 인간의 간교함 속에 정을 나눈 어느 양반을 잊 지 못하는 기생의 애처로움과 자조적 비난이 잘 드러난다.

강화기생 송이는 진사시에 급제하고 강화에 다시 나타난 박준한과 만 나 회포를 풀고 닭에게 '오늘만큼은 울지 말아달라'고 간곡히 부탁하는 시[196]를 읊었다. 동침의 열기를 오래도록 연장하고 싶은 진솔한 바람을 담

195 『악학습령』555, 『일석본 해동가요』143.
196 『악학습령』636 ; 『박씨본 시가』432.

고 있다. 제나라 맹상군(?-BC279)이 닭 울음소리로써 밤중에 무사히 진나라에서 도망칠 수 있었던 '계명구도(鷄鳴狗盜)' 고사[197]를 인용하면서까지 사랑의 기쁨이 한순간으로 끝나지 않기를 바라는 데서 애달픔이 묻어난다. 하룻밤을 함께 하고 박준한은 떠났으며 그가 떠난 뒤로 수절하면서 그가 약속대로 돌아오기를 기다렸다. 물론 아무 소식도 없었다. 순수함이 결여된 현실의 애정을 송이는 '잡사랑'[198]으로 규정하며 사랑의 진정성을 확보하기 위해 안간 힘을 쏟기도 했다.

18세기 중엽에 처음으로 불렸을 판소리 〈춘향가〉 중 "쑥대머리 귀신형용 적막옥방 찬자리에 생각난 것 임뿐이라 보고지고 보고지고 보고지고 한양낭군 보고지고"는 옥중에 있는 기생 춘향이가 임을 그리워하며 부른 〈옥중가〉 가운데 하나인 〈쑥대머리〉이다. 이 〈쑥대머리〉야말로 춘향이 자신의 신세를 한탄하면서 임에 대한 사랑을 애절하게 촉구하는 대목으로 너무나 잘 알려져 있다. 한양에 가서 돌아오지 않는 이도령에게 보낸 편지에서는 춘향이가 '정은 억제할 수 없고 슬픔은 금할 수 없다'면서 임에 대한 원망을 격정적으로 실토하였다.

흐르는 눈물

18세기 중후반에 활동한 기생 입리월은 "시문(柴門)에 물을 미고 님과 분수(分手)홀 제/옥안(玉顔) 주루(珠淚)가 눌노 ᄒ야 흘넛는고/아마도 못 니즐 슨 님이신가 ᄒ노라"[199]라고 했다. 과거에 연연해하며 슬픔만을 삭이고 있는 모습이 선하다. 임과 헤어진 후 현실을 받아들이지 못하는 안타까움 속에 이별의 원인을 캐며 서글퍼하고 있다. 사랑이 사라진 현실엔 앞이 보이지 않는 방황과 절망만이 있다.

---

197 사마천, 『사기』 맹상군열전.
198 『악학습령』 1020 ; 『일석본 해동가요』 515.
199 『가람본 청구영언』 275.

18세기 후반 맹산기생 송대춘은 "님이 가신 후(後)에 소식(消息)이 돈절(頓絶)ᄒ니/창(窓) 밧긔 앵도화(櫻桃花)가 몃 번이나 픠엿ᄂ고/밤마다 등하(燈下)에 홀노 안ᄌ 눈물 계워 ᄒ노라"[200]라고 노래했다. 대개 기생들은 임을 만나 뜨겁게 사랑을 하다가 때가 되면 헤어지는 아픔을 겪어야 했다. 사랑을 맹세하던 임으로부터 소식이 끊긴 채 송대춘은 밤마다 눈물만 흘리고 지냈다. 임의 배신에 깊은 상처만을 끌어안고 탄식하는 그녀의 모습이 안쓰럽기 그지없다. 중장의 '앵두'가 갖는 지속적 가치의 표현은 종장과 같이 눈물에 젖은 여린 인간상을 부각시킨다.

자유세계인 '창밖'과 현실세계인 '등하' 같은 공간적 대비는 비슷한 시기 같은 고향에서 활동했던 평안도 맹산기생인 강강월의 "잔등(殘燈) 도도 혀고 전전불매(輾轉不寐) ᄒᄂ 츠에/창(窓) 밧긔 굴근 비 소릐예 더욱 망연(茫然)ᄒ여라"[201]라고 하는 심리적 갈등의 묘사에서도 역력히 드러난다. 비가 쏟아지는 창밖의 어두운 밤과 대치하여 방 안에서 등잔불을 밝히고 있는 강강월의 애처로운 심사가 효과적이다.

성천기생 연단은 사랑하는 낭군과 이별하면서 "그대는 나를 보내며 눈물짓고/나도 눈물 머금고 돌아서네./양대에 비가 내리기를 바라며/다시 임의 옷소매에 눈물뿌리네(君垂送妾淚 妾亦含淚歸 願作陽臺雨 更灑郎君衣)."(「別郞」)라고 시를 지어 애절한 심정을 한껏 잘 드러냈다. 이처럼 기생들은 헤어지며 눈물을 흘렸고 끊임없이 그리움에 마음 아파하였다.

기생을 찾는 임들은 잠시 머물었다가는 자신의 출세를 위해서 혹은 안정된 가정을 찾아서 돌아가야 하는 남자들이었다. 그러므로 정을 주던 기생들은 늘 그리움과 기다림의 슬픈 세월을 살아야 했다. 19세기 후반에 활동했던 진주기생 옥선이는 "뉘라샤 졍 됴타 ᄒ던고 이별의도 인졍인가/

---

200 『악학습령』 552, 『서울대본 악부』 80.
201 『악학습령』 548, 『서울대본 악부』 81.

평싱의 쳐음이요 다시 못 볼 님이로다/아믜도 졍 쥬고 병 엇기난 나쏀인 가"[202]라고 읊었다. 옥선이는 '이별의 정도 정인가'라는 설의적 표현을 써가며 사랑이 병이 되는 가혹함을 감내하고 있다. 첫사랑의 임이 떠난 허탈감은 절망을 넘어서 자학에 이르는 안타까움을 드러내었다.

19세기 말 충청도 공주의 아전들이 기생놀음을 벌이며 지은 가사와 시조들이 실려 있는 『염요(艶謠)』라는 책이 있다. 이 가운데 공주기생 형산옥의 가사작품 마지막은 "속절없다 이별이야 남은 간장 다 녹는다/언제나 우리 낭군 다시 만나 이생 인연 이어볼까"이다. 이별의 정황이 잘 드러나고 슬픔이 극에 달하고 있다. 불안한 신분의 기생들의 사랑에서는 이렇듯 울적하고 처절함이 짙게 묻어난다.

사대부의 작품에서 흔히 볼 수 있는 정치현실과 밀착된 이념적 의미는 기생의 작품에서는 찾아보기 힘들다. 그녀들의 작품에서는 무엇보다 근원적 인간으로서 반응하게 되는 사랑의 의미와 가치, 그리고 그에 반한 이별의 아픔과 고통의 문제를 여실히 간파할 수 있다. 이는 기생으로서 양반, 지주, 관료집단의 남성들을 신분과 제도에서 멀리할망정 본능과 욕구로까지 견제할 수는 없었던 데 기인한다.

기생과 사대부들 사이에는 성적 계급적 차별이 엄연히 존재했다. 상호간에 사랑을 하더라도 온전히 진실과 믿음이 통하기는 어려웠다. 당연히 많은 남자들은 기생을 잠자리의 상대로 생각하며 성적 욕망을 채우고자 애썼다. 온갖 감언이설로 유인하지만 불순한 의도를 숨기기는 쉽지 않았다. 기생들의 경우 남성들과 마찬가지로 마음 없이 몸으로만 사귀기도 했다. 그러나 많은 기생들은 순수한 사랑을 갈망하고 실천하고자 노력했다. 그렇지만 사회는 아직 그러한 진정성을 받아들일 만큼 성숙하지 못했다. 결국 기생들의 신분적 자괴감과 남성에 대한 불신은 관계 형성에 장애가

---

202 『삼가악부』「속악부인」.

되었다. 그런 탓에 앞에서 말했듯이 사랑의 희열이나 성적 쾌락 등을 읊은 작품은 거의 없고 대부분 슬픔을 자아내고 있다. 그리고 성적 유희를 노래한 작품들조차 외설성을 드러내지 않는 데서 기생 문인들의 정신적 사랑을 엿볼 수 있다.

기생은 자유로이 사회활동을 할 수 있는 직업을 가져 남자들과 접촉이 불가피했고 그에 따른 순진한 사랑은 슬픔으로 이어졌으며, 한편 처음부터 믿고 의지하며 정절까지 바치고자 했던 남자들마저도 약속을 지키지 않고 떠나버림으로써 또 슬퍼하지 않을 수 없었다.

11. 기생은 충효정신도 투철했다

기생들은 살면서 받은 천대와 멸시로 인해 물질적 욕심을 과도하게 부릴 것 같고, 또 그녀들이 겪은 모욕과 울분 때문에 세상에 대한 원망만 가득할 것 같으나 그렇지만은 않았다는 점에서도 기생에 대한 새로운 시각을 가질 수 있다. 기생들은 늙으면 육체도 병들어 생계마저 곤란해지므로 노후를 위해 악착같이 돈을 모아야 하는데 그렇지 못한 편이었다. 이는 역사적으로 우리 사회를 지배해온 유교적 분위기 때문이었다. 특히 성리학적 이념이 떠받치던 조선사회에서는 기생들이 부를 축적하는 것에 대해서도 부정적인 편이었다. 낙동강 지역 일선고을의 한 기생이 돈을 많이 받고 소금장수를 남편으로 맞았더니 다른 기생들이 욕을 하고 비웃었다고 하는 이야기도 이와 무관하지 않다.

16세기 성주 출신 기생 성산월이 말년에 장흥의 돈 많은 창고지기의 첩이 된 것을 두고 유몽인이 비난한 것이나 제주기생 김만덕이 지독하게 재산을 모은 사실에 대해 심노숭(1762~1837)이 비판한 것 등도 그 근거가 될 수 있다. 중국을 대표하는 역사학자 사마천(BC 145?~BC 86?)이 『사기열전』

화식편에서 학자들이 학문을 연구하는 것조차 부를 얻기 위한 것이라 하면서 기생들이 술과 웃음을 파는 것이 오로지 부를 위한 것이라고 주장했던 것과는 사뭇 차이를 보인다.

앞에서도 살폈듯이 많은 기생들은 인간으로서 정신적 순결을 중시하고 여성으로서 일부종사의 정절을 지키다 보니 너무나 비통하고도 극단적인 결과까지 낳았다. 기생들은 유교정신에 기초하여 '열'에 이어 '충'과 '효'에도 마음과 몸을 다하였다. 국가적 충의에 연관된 기생은 우리 역사에 이루 헤아릴 수 없이 많다. 중종반정(1506) 이후 정의와 기개를 둘러싼 기생들의 정치화 현상은 두드러진다. 무엇보다 국난 극복 과정에서 기생들이 보여준 투신과 자결 등의 적극적 저항과 극도의 자기 희생은 기생에 대한 편견을 불식시키는 역사적 미담으로 전해진다.

국난에 바친 희생과 대비

임진왜란 때 바위에 올라 왜장을 끌어안고 남강에 몸을 던진 진주기생 논개(1574~1593)의 경우 한국 근세사에서 사당까지 지어가며 한 여성을 국가 차원에서 제사지낸 것은 처음이라는 평까지 받고 있다. 서당 훈장을 하던 아버지가 죽고 집이 가난하다는 이유로 포악한 숙부가 논개를 남의 집에다 팔려고 하자 불쌍히 여긴 장수현감 최경회(1532~1593)가 구출하여 나중에 첩으로 맞아들였다. 그 후 최경회는 임진왜란이 일어나 진주성 전투에 최선을 다해 싸웠으나 전사자가 속출하고 구원병이 끊겼으며 무기마저 다 떨어지자 북향재배하고 순절하였다. 19세의 논개는 끓어오르는 분노를 참고 기회를 엿보다 일본군의 승전축하연에서 기생으로 위장하고 적장 게야무라 로쿠스케(毛谷村六助)를 유인하여 허리를 껴안은 채 강물에 투신했던 것이다.

남쪽의 논개와 함께 북쪽의 계월향은 '임진왜란 2대 의기'로 꼽히기도 한다. 평양기생 계월향(?~1592)은 평안도 병마절도사 김응서(1564~1624)의 애첩으로 그를 도와 왜장 고니시 유키나가(小西行長)의 부장(副將)을 살해하고 자신은 스스로 목숨을 끊음으로써 평양성을 탈환할 수 있었다. 다시 말해 계월향은 일본군 장수 고니시 히다노카미(小西飛弾守)에게 접근하여 환심을 산 뒤 오빠로 위장한 김응서로 하여금 그의 머리를 베게 하였다. 성을 빠져나오다가 일본군에게 발각되자 김응서를 군영으로 도망가게 한 뒤 자신의 목숨을 대신 내놓았다. 그로써 통솔하던 장군을 잃은 일본은 평양성에서 물러나고 말았다. 김응서는 경상도 병마절도사로 승진하였다.

유몽인이 『어우야담』(인륜편)에서 논개를 언급하며 그녀는 한낱 관기의 신분이므로 족히 정절을 가지고 말할 것이 못 되지만 죽음 보기를 마치 제 집으로 돌아가는 것같이 하여 왜적에게 욕되지 않았으니 갸륵한 일이라고 했음은 매우 정당한 평이다. 국난에는 남녀가 따로 없이 위기를 극복하기 위해 노력했고, 제도적으로 정절이 요구되지 않는 기생들이지만 그녀들은 죽기를 각오하고 열과 충을 다하려 했다. 사실 임진왜란 때 관기로서 일본군에게 욕을 당하지 않고 죽은 자는 헤아릴 수없이 많다.

성천기생 금옥은 청나라가 침략해온 병자년(1636)에 난리를 피해 골짜기에 깊숙이 숨었다가 적병에게 잡히자 몸을 날려 낭떠러지에 떨어져 죽으니 사람들이 모두 탄식하며 불쌍히 여겼다. 이런 사연을 전해들은 관찰사는 도내 백성들의 뜻을 모아 기생 금옥의 정의로운 행동을 임금에게 보고했고, 임금은 숙종 7년(1681) 적군의 혹독한 핍박에도 굴복하지 않고 자결을 선택한 기생 금옥에게 붉은 정려문을 세워 큰 뜻을 기리도록 했다.[203]

18세기 많은 기생들에게 시를 지어주었던 선비 신광수(1712~1775)가 의주를 여행할 때 지었다는 시 일부를 보면 "수놓은 옷을 입고 징 치고 노래 부르는 화살 멘 기생들/준마를 타고 채찍질하며 성으로 들어온다(繡服饒歌

---

203 「숙종실록」 숙종 7년 3월 3일.

弓箭妓 皆騎撻馬入州城)."고 했다. 사냥 후 화살통을 메고 입성하는 기생들의 의젓함이 선하게 다가온다. 기생들은 사냥만 잘했을 뿐 아니라 군사훈련에도 참여했다. 14세에 남장을 하고 금강산을 유람했다는 여류시인 김금원(1817~1851?)은 의주부윤에 임명된 남편 김덕희를 따라 의주에 갔다가 기생들이 군복을 입고 사열하는 모습에 감동하여 "뿔피리가 울리자 일제히 말에 올라타고 군령을 기다리는 모습이 장관이었다."(『호동서락기』)고 술회한 바 있다. 기생들은 무예를 연마하며 사냥을 나가기도 하고 외적이 침입하면 싸우기도 했던 것이다.

헌종 12년(1846) 불과 15세밖에 되지 않은 기생 초월은 임금에게 시정의 폐단을 직언하는 결기를 보인 것으로 유명하다. 용천에서 기생으로 있다가 재주와 인물이 뛰어나 평양으로 뽑혀 올라온 초월은 중국에 사신으로 갔다가 돌아가는 길에 평양에 들른 서장관 심희순(1819~?)을 만났다. 심희순의 첩이 된 초월은 당돌하게 어린 나이에 장문의 상소를 올려 임금에게 주색에 빠지지 말고 어진 정치에 전념하라고 충정 서린 권고를 하였다.

항일투쟁

일제시대 고급 요정 명월관 소속의 진주기생 산홍은 재색이 뛰어났다. 을사오적이었던 친일파 내부대신 이지용(1870~1928)이 소실로 삼고자 거금으로 유혹하자, "기생에게 줄 돈이 있으면 나라 위해 피 흘리는 젊은이에게 주라."며 단호히 거절한 의기이다. 그러면서도 정작 산홍은 논개의 의로움은 길이 남음이 있으나 본인은 한 일이 없어 부끄럽다는 뜻의 시를 남겼다. "천추에 길이 남을 진양의 의로움이여/두 사당(충렬사, 의기사)에 또 높은 누대가 있구나/일 없는 세상에 태어난 것 부끄러워/피리 소리 북 장단에 한가로이 노니누나(千秋粉晋義 雙廟又高樓 羞生無事日 茄鼓汗漫遊)." 이는 진양(진주)의 의기사 사당 안에 걸려 있는 판상시(板上詩)이다. 비록 기생 신분이었지만 일제강점기 권력의 중심을 향해 투쟁했던 논개, 산홍, 애

기생, 노래를 팔지언정 몸은 팔지 마라

향 등을 보면 진주의 기생이 유명하다는 것이 근거 없는 말이 아님을 실감케 된다.

1919년 서울에서 3·1운동이 시작되고 독립운동이 전국 각지로 파급되자, 진주·수원·해주·통영 등지의 기생들이 독자적으로 만세시위를 통한 항일투쟁을 전개하였다. 진주의 논개와 산홍에 이은 애국 활동은 결국 3·1독립만세운동 사상 최초의 '진주기생독립단'이 형성되는 결과를 낳았다. 3월 19일 진주에서는 기생독립단이 태극기를 앞세우고 촉석루를 향해 시위행진하며 독립만세를 외쳤다. 이때 일본 경찰이 기생 6명을 붙잡아 구금하였는데 무엇보다 기생 한금화(1899~?)가 독립만세를 외치다 감옥에 갇혀서도 혈서로써 애국정신을 표현했다. 관련 주요 기록은 "봉천 동인여관에 머무르는 기생 한금화는 방년 22세인데 그 몸은 일찍이 잘못하여 화류계에 뛰어들었으나 조국사상은 누구나 흠모할 만하도다. 금번 국가 광복을 위하야 손가락을 깨물어 흰 명주 자락에 피로 글을 쓰기를 '기쁘다 삼천리강산에 무궁화 다시 피누나'라고 하였다."[204]고 적고 있다.

3월 29일에는 수원기생조합 소속의 기생들이 정기검진(성병 검사)을 받기 위해 자혜병원으로 가던 중 경찰서 앞에 이르러 독립만세를 불렀다. 이때 23세의 김향화(1897~?)가 선두에 서서 '대한독립만세'를 외치자 뒤따르던 여러 기생들이 일제히 만세를 따라 불렀다. 수원기생들은 병원에서 돌아오는 길에도 경찰서 앞에서 다시 만세를 불렀다. 이 항일만세시위 사건의 주모자 김향화는 일본 경찰에 붙잡혀 6개월의 옥고를 치러야 했다.

4월 1일에는 황해도 해주에서 기생 모두가 손가락을 깨물어 흐르는 피로 그린 태극기를 들고 독립만세운동을 전개하였는데, 이에 자극을 받고 용기를 얻은 민중이 참여함으로써 만세 시위 군중은 3천 명이나 되었다. 당시 해주기생 중에는 서화에 뛰어난 기생조합장 문월선을 비롯해 학식

---

204 국사편찬위원회, 『한국독립운동사』 2권, 1966.

있는 여성들이 많았다. 이날 문월선·김해중월·이벽도·김월희·문향희·화용·금희·채주 등 8인이 구금되어 고통을 겪었다.

4월 2일에는 경상남도 통영에서 정홍도·이국희를 비롯한 예기조합(藝妓組合) 기생들이 금비녀·금반지 등을 팔아 광목 4필 반을 구입해 만든 소복으로 갈아입고, 수건으로 허리를 둘러 맨 33명이 태극기를 들고 만세시위운동을 전개하였다. 이때 이소선, 정막래 등 3명이 붙잡혀 6개월 내지 1년 동안 투옥되는 고난을 당해야 했다.

한편 유명한 요리집 식도원에서 친일파 박춘금이 인촌 김성수(1891~1955)에게 권총을 꺼내들자 이연행을 비롯한 기생들이 인촌을 둘러싸면서 막아섰다는 이야기가 회자되었다. 또한 일제시대 기생 춘외춘은 남산에 있던 통감부에 끌려가 경무총감으로부터 독립지사에 대한 정보 제공의 대가로 받은 돈뭉치를 뿌린 것으로 유명하다. 그 밖에도 일제침략기에는 애국충정과 관련된 기생들의 일화가 많다. 국채보상운동에 앞장섰던 대구기생 앵무(1889~1946)도 의기로 이름을 떨쳤다. 18세가 된 기생 앵무는 1907년 국채보상운동에 집 한 채 값의 거금을 쾌척하였다.

춤과 가야금에 대적할 이가 없었던 달성기생 현계옥(1897~?)은 진주기생 논개의 사당과 평양기생 계월향의 사당이 퇴락했음을 듣고 비녀와 가락지를 팔아 중수했다가 여러 번 잡혀 고문을 당했다. 계속되는 일제의 감시 속에도 마침내 동지들과 함께 극단을 조직하여 평양으로 갔다가 압록강을 건너서 상해 임시정부를 찾아갔다(『조선해어화사』 30장). 현계옥은 연극을 해서 얻은 돈을 남김없이 군자금으로 희사했다. 화장도구를 팔고 비단옷을 벗어버린 뒤 나무 비녀에 베 치마 차림으로 몸소 부엌일을 맡아 하며 독립운동에 매진하였다. 2016년에 개봉된 영화 〈밀정〉(김지운 감독)은 3·1운동 직후 1920년대 독립운동을 하던 의열단 이야기를 그려냈는데 여기에 등장하는 연계순(한지민 분)이 바로 기생 현계옥을 모티브로 한 것이다.

같은 시기 활동한 금사는 「장충단유감」이라는 한시를 지어 경술년 한일

합병과 장충단 폐사를 당하여 비분강개하면서 나라 잃은 운명을 탄식하였다. 평양기생 채금홍은 1926년 순종이 승하하자 장례 광경을 보러 상경하였는데 백성들이 통곡하는 것을 보고 단순히 순종을 위한 것이 아니라 대한제국이 망한 것을 슬퍼하는 것이라는 시조를 읊었다.

역사적으로 나라에 큰 위기가 닥쳤을 때 사회지도층에서는 솔선수범하는 행동을 보여줌으로서 일반인들에게도 귀감이 되었다. 그런데 기생들은 그러한 지도자적 책임이나 도덕적 의무를 강요받지 않았음에도 불구하고 자발적으로 애국의지를 드러냈기에 더욱 존중 받을 수 있다.

사회봉사활동

기생들은 남자가 돈이 없어도 풍류를 알고 인품이 훌륭하면 자발적으로 접근하여 재물도 주고 사랑도 했으며 특히 장래성 있는 젊은이에겐 순수하게 뒷바라지도 하였다. 그리하여 기생들의 사회봉사와 기부 행위 등도 다른 계층에 비해 두드러졌다.

앞서 나온 제주기생 만덕은 욕을 먹어가며 지독하게 고생하여 모은 재산을 풀어 굶주리는 백성 수천 명의 목숨을 구했다. 만덕은 시세의 변동을 파악하고 물건을 매매하여 수십 년 동안에 부자로 이름을 날렸다. 정조 19년(1795) 제주에 크게 흉년이 들어 백성들이 죽어가자 임금이 구제하려 노력했으나 뜻대로 되지 않았다. 만덕은 갖고 있는 큰돈으로 육지에서 곡식을 사들여 먹지 못해 얼굴이 누렇게 뜬 백성들에게 나누어주었다. 사람들이 모두 만덕의 은혜에 고마워했고 사실을 알게 된 임금은 기특하게 여기고 후하게 상을 내렸다. 제주도로 귀향 온(1840~1848) 추사 김정희는 김만덕이 사재를 털어 굶주린 제주도민을 구휼했다는 이야기를 듣고 그녀를 칭송하기 위해 '은광연세(恩光衍世)'[205]라 써서 후손에게 준 바도 있다. 가

---

205 은혜의 빛이 온 세상에 퍼진다는 뜻이다.

난한 사람들을 구제하는 데 앞장섰던 일제강점기 김진향, 양일지매, 오류색 등은 만덕의 후예라 하겠다.

19세기 평양기생이던 차앵은 기록(『녹파잡기』 권1)에 의하면 대대로 장악원의 명부에 올라 있는 집안 출신이라 침착하고 사정에 밝아 남을 귀찮게 하는 일이 없었다. 기방의 경박한 태도가 없고 규방의 정숙한 여인의 기상이 있었다. 그녀는 혼자 집에 있을 때는 남루한 옷을 입고 거친 음식을 먹었다. 자신의 일상생활은 소박하지만 굶주리고 헐벗은 사람을 보면 정성을 다해 베풀었다. 자기가 입은 옷을 벗어주고 자신이 먹을 밥을 주더라도 힘들어하는 기색이 거의 없었다.

1908년 7월 조선 관기들의 마지막 무대가 경성고아원을 위해 장안사에서 열었던 자선연주회였듯이 20세기 기생들의 사회적 활동은 눈부셨다. 1922년에 한남권번 기생들은 우미관에서 수재를 당한 동포를 위한 위문 공연을 하고 관객 1천여 명에 의한 수익금을 기부하였다. 1923년 동래권번 소속의 기생들은 일제의 경제적 수탈에 항거하여 물산 장려와 소비 절약을 실행하고 금연하기로 결의하면서 〈물산장려가〉를 지어 부르기도 하였다. 1923년 진주기생 4명이 진주일신고등보통학교 터를 다지는 일에 무상으로 노동하는 사람에게 점심밥을 제공하기 위해 각 기생들에게 의연금을 모집하였다. 1925년 한강이 범람하여 가옥 수천 채가 유실되었을 때 서울의 명월관 기생들이 나서서 구호작업을 벌였다.

1932년 명기 20여 명이 출연한 남선기생 음악대회는 유치원의 재정난을 보조하기도 했다. 사회사업가로 알려진 전남 출생의 기생 장금향(1909~?)은 10년 동안 고생하여 모은 재산 중에서 현금 500원을 경성부 사회사업에 기부하고 또 500원을 전남도청에 기부한 바 있다[206]고 언론 보도 되었다. 또한 시인 백석(1912~1996)의 연인이었던 조선권번 출신 기

206 『동아일보』 1933.11.3.

기생, 노래를 팔지언정 몸은 팔지 마라

생 김진향은 "살을 에는 듯한 삭풍은 불어오건만 찬 구들장에 조석도 간 곳 없는 불쌍한 그들을 위하여 적은 돈이나마 이것을 선처해주시오."라는 메시지와 함께 잠도 못 자며 고달프게 번 돈 60여 원을 경찰에 위탁하였다.[207] 그녀는 성북동의 요정 대원각을 길상사로 바꾸어 사회에 환원했고 1997년 거금을 출연해 백석문학상을 제정하기도 했다. 이 밖에 대정권번의 기생 양일지매 등 1930년대만 하더라도 사회의 어려움에 처한 사람들을 도우려는 기생들이 많았다.

지극한 효심

한편 기생들은 유교문화 속에서 몸에 밴 정절과 충성뿐만 아니라 기본적으로 부모에 대한 효성이 지극하였다. 조선 선조 때 활동했던 함경도 홍원기생 홍랑은 미모와 시재가 뛰어났을 뿐만 아니라 둘도 없는 효녀였다. 홍랑은 일찍 아버지를 여의고 홀어머니와 함께 살았는데 어머니가 깊은 병으로 자리에 눕게 되자 어느 날 80리 떨어진 곳에 명의가 있다는 말을 듣고 꼬박 사흘을 걸어 찾아갔다. 어린 소녀의 효성에 감탄한 의원은 나귀 등에 홍랑을 태우고 그녀 집에 도착했으나 이미 어머니는 숨져 있었다. 12세의 어린 홍랑은 석 달을 어머니 무덤 곁에서 떠나지 않고 눈물을 쏟으며 살았다. 의원은 홍랑의 갸륵한 효심을 보고 자기 집으로 데리고 가서 수양딸처럼 키웠다. 덕분에 홍랑은 꽃처럼 아름답게 잘 자랐으나 자신이 원하는 대로 집으로 돌아와 어머니의 무덤을 돌보며 살았다. "효자 효녀가 나면 집안이 망한다"는 속담이 있다. 예전에는 오래 상례를 치렀는데 효자 효녀는 이것을 철저히 지키느라 일을 못한 데서 생긴 말이다. 홍랑은 타인에게 신세를 지지 않는 삶의 길을 찾다가 경성 관아의 기적에 이름을 올리고 기생으로 살아가게 되었다.

---

207 『동아일보』 1935.12.24.

조선 선조 때 시로 유명했던 진주기생 승이교와 16~17세기 활동했던 한양기생 관홍장도 효성이 지극했으며, 숙종 때 함경도 관찰사의 아들인 황규하와 사랑에 빠졌던 함흥기생 만향도 부모를 극진히 봉양하여 효부로서 이름을 날렸다. 기록(『녹파잡기』 권1)에 의하면 19세기 평양기생 패옥은 마음에 쌓은 바가 우뚝하여 기생 따위를 달갑게 여기지 않았다. 그런데 그녀의 수양어미가 탐욕스럽고 모질어서 하루도 그녀를 야단치지 않은 날이 없었다. 자기 생각을 굽히고 어미의 뜻을 받들었지만 끝내 쫓겨나게 되었다. 그러나 그녀는 어미를 향한 다른 사람들의 비난에 대해서 어미를 변명하며 원망하는 빛을 보이지 않았다.

근대에도 집안의 어려움을 생각하고 부모님에게 효성을 다했던 기생이 많다. 그 가운데 해주 출신 옥향은 강보에 싸였을 때 부친을 잃고 재주를 팔아 모친을 공양함이 심청의 효도를 방불케 했으며,[208] 평양명기 설도 또한 60여 세 노부모를 효성으로 봉양하며 부모가 아플 때는 몸에 의대도 끄르지 아니하고 잠시도 병석을 떠나지 않고 치료를 했다.[209] 대구기생 박리화는 서울에 올라온 이후 한 푼 두 푼 모아 시골집으로 보내며 항상 늙은 부모를 생각하면서 "나는 언제나 이 노릇을 그만두고 편안히 부모를 모실른지"라고 효심을 강렬하게 드러냈다.[210] 일찍이 공자가 "부모가 계시거늘 멀리 놀지 아니한다"(『논어』 이인편)고 하였던 효행의 실천이었다.

한편 조선권번 박민자는 동덕여자고등보통학교 2학년까지 마치고 생활이 어려워 자퇴한 다음 늙은 부모를 효성이 지극하게 섬겨오던 중 가정이 더욱 궁핍해져 마침내 1935년 4월 초순에 세상이 비웃는 화류계에 몸을 던졌다. 그렇게 부모를 봉양하여왔지만 그녀의 아버지는 술만 마시면 주사가 심하여 딸의 마음을 항상 괴롭혔고 이를 비관하던 박민자는 아예

---

208 『매일신보』 1914.2.6.
209 『매일신보』 1914.2.18.
210 『매일신보』 1914.5.28.

죽음을 선택하려 했다. 그녀의 머리맡에는 유서 한 통이 있었는데 내용을 들어보면 애틋하기 그지없다. "나는 모든 희망이나 청춘을 희생하여가며 부모를 위하건만 아버님은 그 마음을 왜 모르시는지요."[211]

"굽은 나무가 선산을 지킨다"는 속담이 있듯이 부모에게 헌신적으로 효도를 다하려 했던 기생은 수없이 많다.

12. 나오며

기생이라고 하면 우리는 성적 호기심을 충족시키기 위한 대상으로서 지금의 호스티스나 매춘녀쯤을 떠올릴 것이다. 즉 남자들의 술좌석 시중을 들고 잠자리나 같이하는 부정적 인식을 갖기 십상이다. 물론 기생은 사대부들의 유흥을 위한 수단에 이용되기도 했고 사적으로 남성과의 만남을 통해 생계를 해결하고 성적 유희를 즐겼다고 할 수 있다. 그러나 그것은 부차적인 일이다.

기생도 인간

기생은 원천적으로 의례와 연회를 위한 국가적 필요성 때문에 만들어졌고, 여악을 기본으로 궁궐과 관청에서 요구하는 공적 기능을 수행하면서 공인된 즐거움도 향유할 수 있었다.

다만 국가적 수요와 남성의 요구에 따르는 태도나 방식에는 개인에 따라 차이가 있어도 봉건적 차별 사회에서 비천한 처지로 살 수밖에 없었던 것은 기생으로서의 공통된 운명이었다. 그리하여 많은 기생들은 자신에게 씌워진 신분과 직업을 타고난 불행으로 여기고 암울한 삶을 살아야 했다.

---

211 『조선중앙일보』 1935.9.6.

상당수의 기생은 신분상 모욕과 수치를 참아내며 일찍부터 사랑의 배신과 경제적 빈곤을 경험해야 했다. 더구나 나이 들수록 남자들에게 버림받고 수입도 줄어 생계조차 막막하기 일쑤였다. 기생들이 악착같이 돈을 모으고자 하는 것도 노후에 덜 초라해지기 위한 가녀린 노력이었다.

그러나 불운은 오히려 긍정적인 방향으로 나아갈 수 있는 동력도 되기에 기생들 가운데는 자유로운 생활 속에서 공인이나 직업인으로서의 역할과 의지를 펼칠 수도 있었다. 놀랍게도 운명과 환경을 탓하며 무기력하고 안이하게 살아가기에는 원대한 뜻과 다양한 재주를 지닌 기생들이 많았다. 무엇보다 기생은 국가의 부름에 따른 연예 활동이나 유교정신에 입각한 충효열의 실천에 소명과 긍지를 갖고 적극적으로 임하였다. 그 결과 당시나 후대에 두고두고 주위 사람들로부터 칭송을 받을 수도 있었고 스스로 사회적 자아로서의 자존심도 키워갈 수 있었다.

이제 기생에 대해 올바른 평가를 해야 할 때다. 대개 기생들은 부모를 잘못 만나 불우한 길을 가야만 했던 가난하고 힘이 없는 부류이다. 그러다 보니 현실적 생존을 위해 세속적인 삶을 살기가 쉬웠다. 예능이 좋아서 스스로 선택했던 기생들조차 시간이 지나며 사대부들의 풍류적 상대를 넘어 성적 희롱의 대상이 되기도 했다. 더구나 일제강점기를 거치면서 종래 지니고 있던 예기로서의 자존심은 크게 훼손되고 창녀와 동일시되곤 했다.

하지만 많은 기생들은 성별 또는 신분별 제약을 초월하여 나름대로 인간적 자존감과 사회적 신뢰를 견지하려고 했다. '우리도 인간'이라는 자각과 함께 학습을 통해 타고난 재능을 연마했고, '덕이 있으면 외롭고 않다'는 품격 있는 정신으로 고되고 외로운 삶을 버티고 살아갈 수 있었다. 많은 기생들은 태생적 한계를 극복하면서 자유로운 생각과 더불어 온전한 사회의식으로 세상과 맞서 자신들의 책임을 다하려고 애썼다. 우리로 하여금 기꺼이 기생들을 주체적 존재로 인정하게 하는 근거도 여기에 있다.

결과적으로 기생들은 본능과 욕망의 덫에 걸리기도 하고 생존의 틈바구니에서 무력하게 순종하며 살아가는가 하면 주체적 이성과 지혜의 발동과 함께 완강한 힘에 굴복하지 않고 자립하고 성취하는 모습을 나타냈다. 즉 기생들은 역사 속에서 안주와 저항의 상호 충돌하는 양상을 보여주었다.

이에 기생이 남긴 자취에 대해 엄밀히 공과 과를 논하고, 사랑이나 일 등의 한 영역만이 아닌 전 분야를 다루며, 유명한 기생 일부가 아닌 전체를 대상으로 이야기해야 할 당위성이 있다.

기생은 공적 존재

기생의 발생 기원을 사제에서 전락한 무녀, 삼국시기의 유녀, 화랑의 전신이었던 원화, 버드나무 그릇을 만들어 팔러 다니던 양수척에서 찾는 등 기생의 기원에 대한 여러 가지 견해가 있으나 기생의 기원이 하층민에 뿌리를 두고 있음은 분명하다.

기생의 형성을 말하자면 원칙적으로 기생은 세습된다고 할 수 있다. 그러나 반역을 꾀한 역적의 처자의 경우에서부터 부모를 잃거나 가난한 경우에 이르기까지 불가피한 상황에서 다양한 이유로 기생이 되었다. 주목할 만한 것은 기생이 좋아서 스스로 선택했다는 사실이다. 그러나 그러한 기생들조차 신분적 제약에 갇혀 천하게 살아야 했으므로 끊임없이 양민으로의 전환을 시도했다. 신분 상승을 위한 속신의 요건으로 권력이나 재물이 있어야 했고 특히 고관대작의 첩으로 들어가는 경우에는 속신이 수월한 편이었다.

예를 중시하는 국가에서 여악이 정도가 아니며 예법에 어긋남을 알면서도 대안을 찾지 못했던 것은 여악 설치의 목적이 분명했기 때문이다. 원래 기생을 둔 목적은 국가적 연예에 해당하는 가무 중심의 '여악'에 있었다. 기생들은 기본적으로 여악이라는 기예를 익혀 궁중에서의 각종 의식과 잔치, 그리고 지방관아에서의 사신 접대나 변방 군인들의 위무 등에 동원되어 자신들의 공적인 의무를 다했다. 그러다 보니 의약이나 침선의 기술로 국가의 일에 참여하고 봉사하던 의녀나 침선비도 여악에 참여하게 되었다.

기생의 역사는 장구하고도 굴곡이 많았다. 풍속을 해친다는 폐단 때문에 기생을 제도적으로 없애려고 끊임없이 노력했으나 허사로 돌아갈 만큼 존재 의의는 쉽게 사라지지가 않았다. 더구나 근대화 이후 기생은 식민지적 현실을 상징하는 나약하고 타락한 존재로 인식될 수 있었으며 점점 관기와 창녀를 거의 식별할 수 없게 되었던 점은 아쉬움으로 남으나 모든 어려움을 무릅쓰고 많은 기생들은 문화예술 창조를 중심으로 한 본연의 역할을 통해 사회에 크게 공헌하였다.

기생은 12~13세 정도 되면 기적에 이름이 오르고 그때부터 정식 기생이 되기 위한 수업을 받게 되는데 교육은 매우 전문적이고 엄격하였다. 장악원과 교방에서 악가무를 철저히 배우고 시서화를 비롯하여 교양과 예절을 익혀야 했는데, 회초리를 맞아가며 힘든 교육과정을 이겨내야 했다. 특히 평양기생학교의 운영은 체계적이었으며 학생들은 3년 동안 매주 월요일에서 토요일까지 수업을 받아야 했다. 고도의 지식과 기술을 갖춰야 하는 조선의 의녀 교육은 각별하였다. 성종 때 이르러 의녀는 초학의, 간병의, 내의녀로의 단계별로 승급이 이루어졌다.

여러 사람들에게 즐거움을 주어야 하는 기생들의 몸치레와 노는 방법은 일반 여성들과 달랐다. 기생에게는 그녀들에게 부합하는 특별한 복색, 언어, 행동이 요구되었다. 다시 말해 기생들에게는 아름다운 복색, 해학적인 언어, 관능적인 행동이 강조되었다. 얼굴과 복식 등 우아한 자태는 기생으로서의 기본적 조건이었고, 우스갯소리와 시적인 풍류는 좌중을 해학적 분위기로 이끌었으며, 기생의 행동이 보여주는 사랑놀음(성문화)은 관능적이면서도 목가적이어야 했다. 기방의 엄격한 법도를 유지하는 데는 기생서방의 구실이 컸다.

기생은 대중문화예술을 선도했다. 기생 교육의 목표가 '예도' 구현에 있었던 바와 같이 기생들은 치열한 훈련을 통해 예능 방면에 역사적인 성과를 이뤄왔다. 특히 기생들은 근대 이후 극장이나 방송국, 레코드회사의 설립 등에 따른 공연 방식의 변화와 함께 연극 영화 및 가요를 비롯한 대중문화예술을 이끌어가는 선구자적 행동을 보였다. 더구나 일제강점기 일본의 문화적 침투로 우리의 문화가 생기를 잃고 방황할 때, 기생들은 민족의 혼을 일깨우는 데 큰 몫을 했다.

기생들은 정신적 순결을 중시했다. 미천한 신분일지라도 그녀들은 자유로운 감성에만 몰입하지 않고 세속에 만연한 불륜을 포함하는 부도덕적 인간성에 대해 문제를 제기했다. 공적 존재인 기생을 사유화하려는 남자들의 성적 욕구에 맞서 기생들 스스로 마음은 물론 몸까지 지켜내고자 했던 성윤리 의식은 소중한 가치로 인정해야 할 것이다. 기생 문인들의 경우도 마찬가지로 인간의 보편적 가치인 정절, 즉 정신적 순결을 강조하면서 인격적 주체로서의 삶을 존귀하게 여기고 있었다.

기생의 사랑은 슬펐다. 많은 기생들은 직업적 현실에 따라 애정과 관련된 농밀한 감성을 드러낼 수 있고 사대부들이 자신들을 허투루 상대하는만큼 얼마든지 계략적으로 접근할 수도 있다. 그러나 그녀들은 사대부들과 교유하면서 가식과 위선에 매몰되지 않고 인간 본연의 순수성과 진실성을 잃지 않으려 안간힘을 썼다. 남녀 간의 애정에 깊이 관심을 두면서도 오히려 슬픔이나 울분을 더 많이 보이는 것도 그 때문이다.

기생들은 유교정신에 기초하여 정절을 실천하고자 하는 '열'에 이어 국가적 '충'과 가정적 '효'에도 관심을 갖고 행동하고자 하였다. 어느 나라보다 국난이 많았던 우리 역사에 충성과 의리를 보여준 기생은 이루 헤아릴 수 없이 많다. 한편 유교문화 속에서 살아온 많은 기생들은 기본적으로 부모에 대한 효성이 지극하였다.

당만진상부득백구비하낭화전
혜원

제2부

풍류적 지성인, 황진이

풍류적 지성인, 황진이

1. 들어가며

황진이(1520년대~1560년대)라고 하면 누구나 대뜸 색기가 자르르 흐르는 요염한 여인을 떠올릴 것이다. 심지어 황진이에 대해 남자를 손에 넣고 주무르던 팜 파탈 정도로 이해하는 과도한 경향도 있다. 그러나 놀랍게도 문헌 속에 등장하는 역사적 황진이는 딴판이다. 그렇다고 한갓 소리만 잘하던 기생, 단지 글재주만 뽐내던 기생도 아니다. 분명한 것은 황진이는 여성이자 기생이라는 한계에도 불구하고 세상의 부러움을 살 정도로 자유롭고 진실한 삶을 구가했다는 사실이다.

다시 말해 황진이는 기생으로서 예쁘기도 하고 가무에도 뛰어났지만 인간으로서 지적이고 도덕적이었을 뿐만 아니라 여성이면서도 호방한 성격을 지니는 등…… 쉽게 단정할 수 없는 무한한 가능성을 지닌 인물이라고밖에 볼 수 없다. 그러다 보니 적어도 황진이는 신비스러울 정도로 매력적인 여성의 상징으로 세간의 주목을 받아왔다. 황진이는 시공을 초월하여 우리의 가장 큰 관심의 대상이 되고 사랑을 받은 여성 캐릭터요 역사적 인물이라 할 수 있다.

이러한 이유로 황진이는 많은 문화예술의 주인공이 되었다. 심지어 20

세기 이후 체제와 이념이 다른 남북한을 통틀어 그녀 이상 사랑받은 인물은 없었다. 남한에서 작가 이태준[1]을 비롯하여 정한숙, 박종화, 안수길, 유주현, 정비석, 최인호, 김탁환, 전경린 등이 황진이를 소설로 썼고 북한의 작가 홍석중이 황진이의 일대기를 그렸다. 문정희 시인과 이생진 시인도 황진이를 노래하였다. 소설이나 시뿐만 아니라 희곡, 드라마, 영화, 오페라, 가요, 음악극[2] 등으로 재현되는 등 황진이만큼 수없이 대중들의 인기를 한 몸에 받은 여성은 일찍이 없었다. 최근 채널A의 〈천일야사〉라는 프로그램에도 황진이에 대한 일화가 소개되었다. 그녀는 빼어난 미모에다 자유로운 성격을 갖추고 탁월한 재능을 드러내며, 무엇보다도 호쾌한 기질과 고결한 인품을 겸비했던 존재이다.

순종하는 것이 여인의 미덕인 조선사회에서 황진이는 과감히 자신의 결정으로 기생이 되었다. '명월(明月)'이라는 기명(妓名)을 사용하며 당당하게 살았고, 마음에 드는 남자를 만나서는 계약 동거를 제안하는 파격적 행실을 보였다. 그녀는 스스로 '송도삼절'이라 부르며 남달리 시대를 넘어 독자적인 삶을 영위했던 주체적인 인물이다.

풍류와 지성의 융합

황진이에게 가장 먼저 붙일 수 있는 수식어는 '풍류'라는 말일 것이다. 이 말은 시대에 따라 의미를 달리하나 예술을 비롯하여 멋, 여유, 즐거움, 자유 등 많은 뜻을 내포한다. 황진이는 남달리 풍류를 위해 살다 떠난 여성이다. 출생부터 죽음에 이르기까지 그녀에 대한 많은 이야기가 야담이

---

1 이태준, 『황진이』, 동광당서점, 1938.
2 2004년 6월 18일~20일 국립국악원에서는 정가극 〈황진이〉를 공연한 바 있다. 이미 영화, 연극, 오페라, 뮤지컬, 창극 등으로도 만들어졌지만 그녀가 시조작가였기에 정가극으로 만들어야 제격이라는 취지에서 제작했던 것이다. 정가를 바탕으로 음악극이 만들어진 것은 처음이다.

나 설화로 전해진다는 것도 그녀를 풍류적 인물로 이해하게 하는 요소다. 기생 신분에 얼굴에 분조차 바르지 않을 정도로 꾸미지 않고, 그리고도 남들의 이목에 신경 쓰지 않았던 점 등도 그녀를 특징 짓는 풍류와 자유 이미지에 보탤 수 있다. 성격이 호탕하여 매사에 얽매이는 것을 싫어했고, 현실에 안주하지 않고 여행을 즐겼던 것도 그녀의 풍류를 설명할 수 있는 증거다. 물론 사랑도 로맨틱하고 자유롭게 하였다. 이사종과의 6년 동거와 순수한 사랑은 남녀 내외의 법도를 지켜야 할 사대부들의 성생활의 질서를 파괴하는 충격이었다.

그녀는 진정한 멋과 자유에 다가가기 위해 많은 사람들과 경계 없이 만났을 뿐만 아니라 권세 있고 명성 있는 사람들과 대결했고 거리낌 없이 그들을 유혹하고 조롱했다. 그리고 수많은 갈등과 대립 구도 속에서 그녀가 승리하거나 초연할 수 있었던 것도 언제나 '풍류'를 지향하는 가치관이 뒷받침되었기 때문이다. 그리고 그녀는 무엇보다 풍류의 방향을 예술에서 찾았다. 가야금 연주를 잘했을 뿐만 아니라 노래를 비롯하여 시, 서 등 전반적으로 뛰어난 예술가로 명성을 얻을 수 있었다. 그녀는 여유 있고 도도하게 살다 간 참된 예술가였다. 그녀는 세상적 규범과 신분적 질서에 조종당하지 않고 현실적 벽을 뛰어넘어 자기 세계를 구축해나간 인물이다.

그녀는 자신이 갈망하는 풍류적인 삶을 인정받기 위해서는 이성적으로 고매하고 청아한 인격을 갖춰야 한다고 생각했다. 그러므로 자유로운 신분의 기생이자 예술가였음에도 성품이 깨끗하여 번화한 것을 좋아하지 않는다는 말을 들었고, 시정잡배들이 천금을 준다 해도 거들떠보지 않는다는 평가를 받았다. 사람이라면 변화무쌍한 기질을 다스리고 착한 마음을 기르는 태도가 필요하다. 즉 인생에서 치기양심(治氣養心)하는 방법을 찾아야 하는데, 그녀에게는 이 치기양심이 내면 깊숙이 중요한 요소로 들어차 있었다. 이 호방한 기상과 순수한 양심을 인간의 '지성'이라 할 것이다.

황진이는 아름답고도 정의로운 세상을 열망하는 이상적인 인간이 되기 위한 과정을 집요하게 살피고 추구해나갔다. 그녀는 이른바 합리성을 배제하는 어떠한 성취도 인생의 궁극적인 목표로 생각하지 않았다. 설사 풍류적인 삶의 경지에 도달하더라도 인간으로서 훌륭한 품성을 갖추지 못한다면 덧없는 것으로 인식했다. 이는 자신뿐만 아니라 남에 대해서도 마찬가지로 적용되었다. 벽계수를 향해 "풍류는 있으나 명사가 아니다"라고 지적했던 것도 바로 그런 이유에서이다. 이와 같이 높은 도덕적 품성과 고상한 정신을 지향하는 그녀의 치열한 노력은 '지성'으로 상징화될 수 있었다.

사대부들이 황진이를 만나기 위해서 갖춰야 하는 기준이 '성품이 높고 청아한 풍류적 명사'여야 한다고 했던 것도(서유영, 『금계필담』)[3] 허투루 나온 말이 아니다. 황진이가 가장 소중하게 여겼던 가치가 바로 자유로운 '풍류(예술)'와 고고한 '지성(인품)'였던 것이다. 물론 사람을 인정하고 선택하는 이런 판단과 기준도 전적으로 그녀의 독자적인 성향에 따른 것이다. 황진이는 세상 사람들의 생각이나 판단에 휩쓸리지 않고 자신을 지킬 수 있는 그릇이었고 그만큼 철저하게 황진이는 주체적이었다. 그리고 지성과 풍류를 좇는 황진이의 가치관, 즉 윤리와 감성을 아우르는 그녀의 철학은 매우 설득력이 있다.

이처럼 다양한 삶 속에서 풍류적인 태도를 보이는 가운데 인간의 지성적 면모를 회복시키고자 한다는 점 때문에 그녀에게서 특유의 매력과 개성이 우러나온다. 햇살이 강렬할수록 그늘을 찾아가는 이치를 깊이 깨달아야 하듯 양면 또는 전체를 볼 수 있는 균형 잡힌 사고와 융합적인 안목이 돋보인다. 조선 말 개성 출신 학자 김택영(1850~1927)의 『숭양기구전』[4]

---

3 서유영(1801~1874)은 조선 후기 유명한 달성 서씨 가문 출신인데도 자유분방하고 꼿꼿한 성격 탓으로 일생을 궁핍하게 살았다. 그가 지은 『금계필담』은 일반 야담집처럼 다른 문헌을 참고하지 않고 자신이 직접 들은 이야기만 실었다는 특징이 있다.

4 고려 말과 조선시대에 활동했던 숭양(개성의 옛 지명) 출신의 인물들의 행적을 기록한 전기집이다.

에서는 "세상에서 전하는 황진이의 다른 일은 모두 망령된 것들이어서 여기에는 기록하지 않는다."고 하면서 "황진이의 맑은 생각과 빼어난 시만은 다루지 않을 수 없음"을 밝히고 있다. 그녀가 지닌 지성으로서의 인생과 풍류로서의 예술의 가치를 극명하게 보여주는 것 같다.

만남과 헤어짐을 통한 성숙

필자는 황진이에 대한 이해도를 높이기 위해 그녀의 남성 편력을 중심으로 황진이가 지향했던 윤리적 가치와 풍류적 실상을 파악하려고 노력했다. 20세기 미술의 거장이라는 피카소(1881~1973)가 수많은 여성들과 만나서 사랑하다가는 과감하게 헤어지는 가운데 작품의 변화와 함께 의식의 성숙을 이어갔던 것이 연상된다. 황진이의 융합적 삶은 유교사회가 지닌 특성과 밀접히 관련되어 진행되었다. 인간으로서 현실을 중시하고 기생으로서 남성들과 만나고 헤어지면서 그녀 나름의 독특한 삶의 여정이 이루어졌다.

예컨대 황진이가 소세양(1486~1562)과 김경원(1528~?)을 만난 것은 시적 풍류를 좋아한 것이며, 이언방과 송겸을 만난 것도 소리 풍류를 사랑한 것이다. 그리고 그녀가 이사종을 만나 지속적으로 사랑하게 된 것은 인격 때문이었고 서경덕(1489~1546)을 만난 것 역시 학문을 좋아하고 인품을 존경했기 때문이다. 만날수록 여유와 순수가 느껴질 때 황진이는 헤어지기 힘든 아픔을 겪어야 했고 그 반대의 경우도 있었다.

특히 그녀의 타고난 시와 소리는 남성들과 만나는 기회를 제공했다는 점에서 중요한 의미가 있다. 도의적 삶과 결부된 황진이의 시적 상상력은 타인과 비교될 수 없을 만큼 탁월하였다. 이에 필자는 황진이의 시가에 대한 논의를 계속해왔다.[5] 「만월대회고」, 「봉별소판서세양」 등 8수의 한시

---

5   2010년대 연구를 보면 다음과 같다. 「시조를 통한 송이와 황진이의 동이성 비

와「동짓달 긴긴밤을 한 허리를 베어내어」,「청산은 내 뜻이요 녹수는 님의 정이」 등 6수의 시조를 통해 그녀는 문학적 감수성을 유감없이 드러냈다. 현대 시조미학을 개척한 이병기(1891~1968)는 "지금까지 내가 본 시조 중에는 이만큼 형식으로나 기교로나 구성으로나 잘 짜인 것을 못 보았습니다."[6]라고 황진이 작품이 자신의 스승이 되었다고 말한 바 있다. 물론 그녀의 재능으로 보아 훨씬 많은 작품이 있었을 것이나 대부분 소실되어 전하지 않는데 그나마 아주 귀한 작품들이 남아 있어 다행이 아닐 수 없다.

그녀의 빼어난 문학적 기량에 따라 최근(2010년대)까지도 그녀가 남긴 시가에 대한 연구[7]가 지속적으로 이루어졌다. 특히 그녀가 남긴 문학 장르의 우수성에 따라 시조에 관한 연구에 치중된 편이었다. 한편 황진이가 재주가 뛰어나고 개성이 강한 인물이다 보니 여러 장르의 문화예술로 재탄생되었다. 이에 따라 그녀를 다룬 소설[8]을 중심으로 많은 연구가 이루어졌고 영화[9]나 드라마에 대한 연구도 이어졌다. 다만 많은 연구 성과에

교 고찰」,『시조학논총』35, 한국시조학회, 2011 ;「사대부와 기생의 문학세계 비교 – 윤선도와 황진이의 시조를 중심으로」,『우리문학연구』39집, 우리문학회, 2013 ;「황진이와 이매창의 한시 비교 고찰」,『우리문학연구』41집, 우리문학회, 2014 ;「황진이와 薛濤의 한시에 나타난 세계인식의 변별성」,『우리문학연구』52집, 우리문학회, 2016.

6 이병기,「나의 스승을 말함」,『동아일보』1931.1.29.

7 유육례,「황진이의 연정시 연구」,『온지논총』41호, 온지학회, 2014 ; 이려추,「기녀시인 황진이와 왕미의 비교 연구」,『연민학지』19권, 연민학회, 2013 ; 장만식,「황진이의 작품 속에 내재된 트라우마와 욕망 탐색」,『열상고전연구』45호, 열상고전연구회, 2015 ; 황추효,「한중기녀시인 황진이와 유여시에 대한 비교연구」, 경남대학교 석사학위 논문, 2012 등.

8 2010년대 소설 연구를 보면 다음과 같다. 박상석,「신소설〈명월정〉에 형상화된 송도기생의 고찰」,『한국고전연구』28호, 한국고전연구학회, 2013 ; 이미화,「홍석중의〈황진이〉에 나타나는 수사학적 특성 연구」,『현대소설연구』60호, 한국현대소설학회, 2015 ; 이주향,「차라투스트라의 "중력의 악령"과 전경린의 "황진이"」,『한국니체학회연구』21, 한국니체학회, 2012 등.

9 이명현,「영상서사에 재현된 황진이 이야기의 두 가지 방식 – 드라마〈황진이〉와 영화〈황진이〉의 비교를 중심으로」,『문학과영상』11권 1호, 문학과영상학회, 2010 ; 이현경,「현대영화가 '황진이'를 소환하고 재현하는 방식 –〈황진

도 불구하고 황진이 자체에 대한 연구가 부족한 편이었다.

지금까지 진행된 많은 논의들이 그녀의 철학과 가치관을 비껴가고 있지 않은가 하는 아쉬움이 가시지 않는다. 황진이의 삶과 예술에 대한 대부분의 인식과 평가가 지나치게 연정이나 애욕 쪽으로 기울었다는 점 때문이다. 그런 가운데서도 일찍이 황진이 시조에 대해 그녀가 변하는 것으로서의 인간 존재가 지닌 고민을 문제 삼았다고 지적한 주장[10]은 주목할 만하다. 그 후 황진이 시조에 대한 기존의 연구가 기녀시조이며 애정시조라는 맥락에서 벗어나지 않았음을 지적하는 논문도 있었고,[11] 다행히 최근에는 그녀에 대한 평가에서 애정의 틀을 벗어나고 있는 추세다. 황진이 시 문학의 주제를 선행연구와는 달리 인생에 대한 허무로 규정 짓는 연구[12]도 있었다. 특히 자유롭지도 행복하지도 않았던 삶을 산 황진이의 고통과 욕망을 찾으려 한 연구[13]도 있다. 요컨대 여성의 성과 사랑은 물론 신분에서부터 작품의 제재나 미적 정서 등을 감안할 때 황진이 또는 그녀의 문학이 애정과 무관하지 않지만 좀 더 정심하게 접근함으로써 애정적 시각에서 벗어날 당위성에 직면하게 된다.

본 저서에서는 황진이 시가의 미학에 결부되면서 그를 포괄하는 황진이의 신뢰 추구 의지의 문제를 다루는 데 주력하고자 한다.[14] 애정을 제재

이〉(배창호, 1986)와 〈황진이〉(장윤현, 2007)를 중심으로」, 『한국고전여성문학연구』 15 한국고전여성문학회, 2007 ; 박태상, 「소설 「황진이」와 영화 「황진이」의 심미적 거리」, 『국어국문학』 151호, 국어국문학회, 2009.

10　김일렬, 「시조에 나타난 시간의식 − 황진이, 이황, 이현보의 작품을 대상으로」, 『백영 정병욱선생 환갑기념논총』, 신구문화사, 1982.

11　조세형, 「〈동짓달 기나긴 밤…〉의 시공인식」, 『한국고전시가작품론 2 − 백영 정병욱선생 10주기 추모논문집』, 집문당, 1992.

12　김해리, 「황진이 시 연구」, 국민대학교 교육대학원 석사학위 논문, 2008.

13　장만식, 「황진이의 작품 속에 내재된 트라우마와 욕망 탐색」, 『열상고전연구』 45호, 열상고전연구회, 2015.

14　이화형, 「황진이와 이매창의 한시 비교 고찰」, 『우리문학연구』 41집, 우리문학

로 삼아 자아의 확립, 나아가 인간성의 회복을 기도하는 황진이의 모습이 은근하면서도 집요하게 목격되기 때문이다. 이에 인간의 결핍이나 삶의 부조리에 맞서 그녀의 작품에 표면화되고 있는 '뜻[意]'이나 '믿음[信]' 등의 지적 의지를 담은 표현은 작품 해석의 열쇠가 될 것이다. 물론 이러한 논점에서 볼 때, 그녀의 인간적 목표나 시적 주제는 정직이나 진실의 지향이라 함이 온당하다고 할 수 있다. 이 같은 논의의 원천은 조선조 차별적 이념의 질곡에 문제를 제기하고 감정의 진솔함을 중시하며, 특히 한 시대와 사회에 국한하지 않는 인간의 근원적인 모순에 저항하여 삶의 진정성을 구현하고자 했던 황진이의 가치관에 따른 것이라 하겠다.

이와 같이 그녀가 세상과 만나고 사대부들과 교류하면서 빚어내는 풍류적 삶과 예술의 주제는 단순한 그리움이나 사랑을 넘어 인간적 신뢰, 즉 '지성'의 구현이라 할 수 있다.

자료의 한계는 있지만 이제 상상을 벗어나 지적 호기심에 부합하는 '실체'로서의 황진이를 만나볼 필요가 있다. 그러나 황진이에 관한 기록이 너무나 적을 뿐만 아니라 전해오는 황진이에 대한 이야기 대부분은 야사에서 나온 것이기에 그녀의 행적에서 과학적 근거를 기대하기는 처음부터 무리라고 하겠다. 그렇다고 황진이가 가공의 인물이 아닌 실존 인물이었으며, 정사라 하여 온전히 보편적인 것도 아니듯이 야담이라 하여 사실이 아닌 것은 아니다. 더구나 역사적 사실의 재현보다 진실을 향한 한 인간의 치열함을 부각시키는 것도 충분한 의미가 있다. 이야기 속에서 삶의 이치와 세계의 원리를 발굴하여 살아가는 가운데 공감하고 원용하는 것은 우리의 지혜라 하겠다.

회, 2014, 241~266쪽.

2. 스스로 기생의 길을 선택하다

황진이가 언제 어디서 태어나 어느 때 어디에서 죽었는지 그녀의 일생을 정확히 아는 사람은 드물다. 이렇듯 황진이에 대한 기록이 보이는 한계는 그가 여성이자 기생이기 때문일 것이다. 그럼에도 불구하고 한국의 여성사나 문화사에서 황진이만큼 비중 있게 언급되는 여성도 없다. 그 정도로 황진이가 비상하게 걸출한 인물이요 그러기에 더욱 신비로움이 따라붙는다고 할 수 있다.

신비로운 출생과 절세의 미모

유몽인(1559~1623)의 『어우야담』,[15] 허균(1569~1618)의 『성옹지소록』[16] 등에 의하면 황진이가 중종(재위 1506~1544) 시절에 살았다는 것만큼은 분명한 사실이다. 황진이는 출생부터 예사롭지 않다. 황씨 성을 지닌 진사가 병부교[17]를 지나다가 빨래하던 여인을 보고 한눈에 반해 다리 아래서 관계한 뒤 황진이를 낳았다고 하는데, 어머니가 기생 또는 천민이었을 것으로 추정되므로 여기서 황진이는 황진사의 서녀라는 설이 나오는 것이다.

황진이의 어머니는 성은 진(陳)이요 이름은 현금(玄琴)이다. '검은 거문고'라는 의미의 이름으로 보아 기적(기생 명부)에 실린 이름 같으나 기생이

---

15 유몽인은 선조와 광해군 때 벼슬을 하다가 관직에서 물러난 뒤 은둔과 방랑의 생활을 했으나 광해군 복위 음모를 꾸민다는 무고로 사형을 당했다. "천하의 일에 본(本)만 있고 말(末)이 없는 것은 없다."고 말했던 유몽인이 지은 『어우야담』은 임진왜란 전후의 인간생활상을 잘 보여주는 책으로 조선 후기에 성행한 한국 야담집(설화집)의 효시로 평가받는다.

16 허균이 자기가 지은 시와 산문을 모아 엮은 『성소부부고』 권 22~24 설부(說部)에 수록되어 있는 야사집이다. 허균이 역적으로 몰려 극형에 의해 죽었기 때문에 『성옹지소록』은 몰래 필사해 전해졌는데, 이 책은 문학사적으로 귀중한 자료이다. 황진이에 관한 글은 허균이 1610~1611년에 쓴 이 『성옹지소록』이 최초일 것이라고도 한다.

17 개성 시내 북쪽에 있는 다리이다.

라 명시하고 있는 기록은 없다. 황진이의 음악적 재능은 이같이 평생 악기를 끼고 살아야 하는 악기(樂妓) 어머니를 둔 데 따르는 천부적 운명의 소산이었던 것이다. 어머니 진현금은 개성에서 유일하게 가야금을 제대로 타는 연주자였다.

황진이의 출생과 관련하여 비교적 신빙성이 있다는 이덕형(1561~1613)의 『송도기이』[18]에 근거하여 자세히 말하면 어머니 현금은 매우 얼굴이 예뻤다. 현금이 18세 때 병부교 아래에서 빨래를 하고 있었다. 다리 위에 한 사람이 서 있었는데 용모가 단정하고 잘생겼으며 의관이 화려하고 아름다웠다. 그가 현금에게 눈길을 보내며 웃기도 하고 손가락으로 가리키기도 하니 현금도 마음이 움직였다. 그런데 그 사람이 갑자기 사라지고 보이지 않았다. 날이 저물자 빨래하던 여인들이 다 흩어지니 그 사람이 잠깐 사이에 다리 위에 나타나 난간에 기대어 노래를 길게 불렀다. 노래를 끝내고 나서 그 사람은 현금에게 마실 것을 요구했다. 현금이 표주박으로 물을 가득 담아서 주니 그 사람은 반쯤 마신 뒤 미소를 띠고 돌려주면서 말하기를 "그대도 한번 마셔보라."고 하였다. 현금이 마셔보니 바로 술이었다. 현금은 이에 놀라움을 금치 못했다. 이로 인하여 두 사람은 부부의 인연을 맺고 드디어 황진이를 낳게 되었다는 것이다.

김택영(1850~1927)의 『숭양기구전』에도 비슷한 내용이 나온다. 황진이의 어머니 현금이 다리 아래에서 물을 마시고 몸에 이상한 힘이 뻗치더니 임신을 하였고, 그녀를 낳을 적에 방 안에 기이한 향기가 3일 동안 풍겼다는 것이다. 황진이가 자라나면서 자색이 아름다웠고 서사(書史)가 통했다고 한다. 신비로운 분위기로 묘사되고 있는 황진이의 출생과 관련하여 위 『송도기이』에서 "방 안에서 때로 이상한 향기가 나서 며칠 동안 없어지지

---

18 1631년에 간행된 이 책은 이덕형이 송도(개성의 옛 지명) 유수로 재직하면서 쓴 것으로, 송도에는 유독 인물이 많이 났는데 서경덕, 황진이, 차천로, 임제, 한명회, 한석봉 등 송도 출신 인물들에 대한 기이한 일화들을 모아 실었다.

않았다."는 정도로 다루어진 것보다 구체적인 기록이다.

한편 허균의 『성옹지소록』과 김시민(1681~1747)의 『조야휘언』에 따르면 황진이는 개성에 사는 시각장애 여성의 딸이다. 유족한 집안의 딸로 꿈 많은 처녀였던 진현금은 황진사라고만 밝혀진 선비와 하룻밤 정을 나누고 황진이를 잉태하자 부모 몰래 아이를 지우려 약을 먹었다가 장님이 되었다는 설도 있다. 외할머니마저 맹인이었다고 하는데 어머니나 외할머니나 처음부터 맹인은 아니었다고 한다.

기생의 딸이라는 설과 시각장애 여성의 딸이라는 설을 종합해서 이해하는 것이 바람직하다고 볼 때 황진이는 아버지 황진사와, 그의 첩에 해당하는 악기(樂妓)이자 시각장애 어머니 사이에서 출생하였다.

황진이는 성장하면서 절세의 미모를 드러냈고, 경서와 사서도 깨우쳤으며, 시문에 밝고 뛰어나며 소리에도 놀라울 정도의 기량을 보였다. 재덕을 겸비한 것으로 유명한 이덕형은 1604년 암행어사 신분으로 개성에 내려갔다가 이미 개성 땅을 떠들썩하게 하고 있던 황진이의 명성을 전해 듣고 이를 『송도기이』라는 책에 남겼다. 이 책에서 황진이는 아름다운 외모를 지닌 선녀이고 천재 소리를 듣는 시인이자 천하의 절창으로 소개되고 있다.

무엇보다 개성유수가 초청한 연회에 참석했을 때 황진이는 우아한 자태로 다른 기생들을 압도한 바 있는데, 그녀는 '경국지색(傾國之色)'[19]이라 할 만큼 외모부터 뛰어났다. 중국 대륙에도 미인이 많다고 하지만 중국의 사신이 왔다가 혀를 내두를 정도의 천하의 미인이 조선에도 있었던 것이다. 즉 명나라 때 사신 하나가 개성에서 노랑 저고리를 입고 사신의 대열을 보러 나온 15세 황진이를 보고 "조선에도 천하의 절색이 있었구나!"라

---

19 중국 한 무제 때 아름다운 여동생을 두었던 악사 이연년의 노래에서 비롯되었다고 하는 '경국지색'이란 나라를 위태롭게 할 만한 천하제일의 미인을 지칭하는 말이다.

고 감탄 회고했다는 기록이『해동야언』,『송도기이』등에 전하고 있다.

중국인이 경국지색이라고 감탄한 황진이의 얼굴은 과연 어떤 모습이었을까 궁금하지 않을 수 없다. 인터넷 포털에서는 조선의 〈미인도〉를 근거로 황진이의 머리는 검은 숱이 많고 구름처럼 올렸으며 눈은 부드럽게 말아 올라가 호수처럼 맑았으며 눈썹은 송어가 뛰어 오르는 듯하였고 깨끗한 피부에 단아한 얼굴이었다고 말하고 있다. 특히 무인이면서도 문장에 뛰어났던 구수훈(1685~1757)이 지은『이순록』에서는 황진이의 미모가 기절할 정도로 아름다웠다고 적고 있다.

상사병에 의한 총각의 죽음

황진이가 15, 6세가 될 무렵 드디어 이웃에 사는 총각 하나가 남몰래 사랑하며 문제를 일으키고 말았다. 황진이의 어머니가 딸로 하여금 그 총각을 절대로 만날 수 없게 하였으므로 총각이 상사병으로 죽는 일이 벌어졌다. 이런 경우 황진이는 팜 파탈이 될 수 있다. 남자를 죽음에 이르게 할 만큼 치명적인 매력을 지녔기 때문이다. 황진이의 선녀 같은 자태에 반해 병에 걸려 죽었다는 그 총각은 꽃신을 만드는 기술자 홍윤보라는 설이 있다. 김택영의『숭양기구전』에 대략 다음과 같이 기록되어 있다.

> 황진이 나이 바야흐로 15~16세 때였다. 이웃에 한 서생이 있었는데, 그가 황진이를 엿보고 기뻐하여 구애하고자 했으나 뜻을 이루지 못했다. 드디어 그로 인해 병을 얻어 죽고 말았다. 관이 떠나 황진이의 문앞을 지나게 되자 말이 슬피 울며 나아가지 않았다. 이보다 앞서 서생이 병이 들자 그 집에서 자못 서생이 황진이를 연모한 일을 들었다. 그리하여 사람을 시켜 황진이에게 사정해 그녀의 저고리를 얻어 관을 덮으니 그때서야 말이 나아갔다. 황진이가 이 일에 크게 느낀 것이 있었다. 이에 점점 기생의 길에 들어선 것이다.

한창 물이 오른다는 15~16세 처녀 시절 자신을 짝사랑하던 남성을 살아서 보지 못하고 주검으로 보아야 하는 황진이의 기구한 운명에 우리는 숙연해진다. 옛날 고구려의 온달 장군이 전사하여 장례를 치르는데 시신을 넣은 관이 움직이지 않다가 아내인 평강공주가 와서 어루만져주어 비로소 운구할 수 있었다는 전설마저 연상된다. 그 일로 황진이는 크게 충격을 받았고 소문이 삽시간에 퍼져 시집도 가기가 어렵게 되었다. 자신으로 인해 젊은 남자가 죽었다는 돌발적인 사건이 다정다감하던 시기의 황진이에게 던진 파문은 실로 컸다. 황진이는 자신으로 인해 무고하게 사람이 죽었다 하니 더 이상 많은 사람이 죽으면 아니 된다는 마음을 가졌다. 그리고 위와 같이 "점점 기생의 길에 들어선 것이다"라는 일화가 전해지듯이 한 남자에게 예속되는 삶이 아닌 모든 남성들과 어울릴 수 있는 기생으로 살겠다는 각오를 다지게 되었다고 볼 수 있다. 당시 여성들이 자유롭게 사회로 진출하는 유일한 직업이라 판단했을 것이다.

1986년 영화 〈황진이〉(배창호 감독)에서 황진이 역을 맡았던 영화배우 장미희(1958~)는 황진이에 대해 "어린 황진이가 상사병으로 죽은 갓바치(안성기 분)의 주검 앞에 섰던 장면을 잊을 수 없다. 새로운 시작의 순간에 선 여자아이가 삶의 종결인 죽음에 마주했을 때 도망가거나 거부하는 대신, 시대와 관습에 반항했다. 아름답고 우아한 반항의 힘으로 해방의 열쇠를 쥔 사람이 황진이라 생각한다."고 말한 바 있다.

총각이 멀리 떠나도록 내버려둔 결과를 황진이는 돌아보지 않을 수 없었다. 청년의 죽음은 뜻하지 않은 번민의 불을 붙였다. 황진이는 천부적 재능, 미모, 감수성 등 탁월한 캐릭터로 인해 주변 인물들로부터 선망의 대상이 되었으며, 스스로 만족도 했을 만큼 여유를 보이기도 했다. 그러나 무심한 태도로 방치한 인간관계로 인해 직면해야 하는 극한 상황에 당혹감을 감출 수 없었다. 그리고 황진이는 인간이 지닌 숙명적 괴로움이나 외로움에 휩싸이기도 했을 것이다. 행과 불행을 함께 짊어지고 살아야 하는 그녀의 파란만장한 삶을 실증적으로 느끼게 한다. 나아가 그녀는 무슨 일에 있어서나 감정 또는 충동에 따른 행동이 초래하는 결과를 예견해야 하는 지혜를 스스로 촉구하는지도 모른다. 삶에 있어 후회와 상처를 극소화시킬 수는 있는 것은 인간의 의지와 이성의 힘이라는 논리를 불러일으키기 때문이다. 무엇보다 인간의 진실과 신뢰의 가치 실현을 염두에 둔 황진이에게 현실은 문제적일 수밖에 없었을 것이요, 이렇듯 고뇌하는 그녀의 의중을 새삼 확인할 수 있다.

> 어져 내 일이야 그릴 줄을 모로던가
> 이시라 ᄒᆞ더면 가랴마ᄂᆞᆫ 제 구ᄐᆡ야
> 보내고 그리ᄂᆞᆫ 情은 나도 몰라 ᄒᆞ노라[20]

임에 대한 황진이의 그리움과 사랑이 안타깝게 드러나고 있다. 그러나 단순히 사랑하는 임을 보고 싶다는 사실보다 더 긴요하게 이해되어야 할 것은 그녀의 인간적 의지와 관련된 인식이다. 황진이를 당황하게 한 남성은 생면부지(生面不知)의 인물이다. 그저 이웃에 사는 청년 하나가 자신을 연모한 나머지 상사병으로 죽었다는 사실에 놀라움을 금치 못하고 있다.[21] 간혹 위 시를 소세양과 관련된 것으로 보기도 한다. 문제는 현재 황진이가 가장 후회스러워하는 것으로 임이 떠나지 못하도록 붙잡지 않았다는 점이다. 임이 떠남은 비록 자유지만 붙들려는 애정 어린 의지만 있었어도 '구태여' 임이 떠나지 않았을 것이다. '있으라고 했더라면 갔을까마는'은 결과적으로 황진이가 임을 보냈음을 의미한다. 가겠다는 총각을 결연히 보내는 비수 같은 냉정함이 황진이에게 있었던 것이다.

사실 황진이의 경우, 정이 없는 것도 아니요, 인정의 역동적 가치를 모를 바도 아니다. 그럼에도 불구하고 그녀는 고귀한 인간적 정감을 때로 대

---

20 『악학습령』,『진본 청구영언』
21 김택영,『숭양기구전』; 김택영,『소호당집』권14.

수롭지 않게 생각하고 지나쳤다. 불현듯 자신을 꼼꼼히 살펴보는 순간, 따스한 인간적 정리에 대해 방심했음을 감지케 되었다. 이별 후에야 자신에게 비정함이 있었음을 통렬히 깨달았다. 그리고 감당하기 힘들 만큼 남녀 또는 인간관계에 대해 심각하게 갈등하고 있는 자아를 발견하게 되었다. 더욱이 상대방과의 관계를 지속시키기 위한 자기의 노력이 얼마나 부족했는가를 절감하게 되었다. 물론 솔직하게 얘기하고 과감하게 다가왔더라면 하는 아쉬움은 있었다. 급하게 인생을 포기한 상대편에 대한 원망이 아주 없는 것도 아니다. 그러나 자신의 진지하지 못한 태도, 인간관계를 좀더 신중하게 파악하려는 의지가 충분치 않았던 자신에 대해서 황진이는 현재 모질게 성찰하고 있다. 삶을 포기하는 엄숙한 현실 앞에서 느꼈을 부질없는 것들에 대한 그녀의 공허함이 얼마나 컸을까는 역력히 짐작된다.

위 시에서 자신의 방만한 감정과 무관심한 태도를 철저하게 반성하고 있는 황진이의 주체적 입장이 부각된다. 적극적으로 만류하지 않은 자신의 부주의 때문에 임이 떠났는데 문제는 종용하거나 만류하는 의지적 결행에는 또 다른 인내와 고통이 요구될 수도 있다는 점이다. 혹자는 '보내고 그리는 정'은 임이 여기에 있도록 만들 수 있었던 가능성과 가도록 방치할 수밖에 없었던 자신의 무력함이 복합되어 나타나는 것이라[22]고 한 바도 있다. 아마도 기생이라는 천한 신분도 그녀의 의지적 행동에 부정적인 영향을 미쳤을 것이다.

남자 같았다고 하는 그녀에게도 어쩔 수 없이 여성으로서 겪어야 하는 특유의 정서적 흐름이 도사리고 있었다. 섬세한 마음의 끝자락에 지나고 나면 회한을 보이는 여성성도 지녔다. 흔히 이별의 아픔과 기다림을 드러내는 고려속요인 「가시리」나 「서경별곡」을 비롯하여 현대시인 김소월(1902~1934)의 「진달래꽃」이나 김영랑(1903~1950)의 「모란이 피기까지는」 등에

22　조세형, 앞의 논문, 501쪽.

이르는 정조를 연상케 한다. 겉으로는 강한 체하면서도 속으로는 나약함을 지닌 인간의 모습이 오히려 깊은 공감을 불러일으키게 한다. 황진이는 마음과 행동, 감성과 이성, 자존심과 그리움 등 인간에게 나타나는 심리적 갈등을 어느 누구보다 심하게 겪고 있었다.

신분적 한계의 자각

그러나 황진이가 죽은 총각으로 인해 기생의 길을 갔다고 하는 것은 비약이다. 다시 말해 기생이 되고자 했던 이유가 이것 때문만은 아니다. 오히려 황진이에겐 이미 출생 후 이름이 노비안에 오르면서 불행이 예고되었다. 어머니만 노비인 경우에는 일천즉천(一賤則賤)의 원리와 천자수모(賤者隨母)의 원리가 동시에 적용되었기 때문이다. 황진이는 신분사회가 지닌 봉건적 질서 속에서 자신이 천첩의 자식으로 불우하게 살아갈 운명임을 알고 있었다. 당시 노비나 기생들은 나름의 안정이 보장된 양반의 첩 자리를 몹시 부러워했겠지만 황진이는 달랐다. 첩으로서 멸시를 받으며 규방에 갇혀 일생을 소모하기보다는 비록 천민이기는 하나 자유로운 처지로 살아갈 수 있다는 점에서 기생을 선택하지 않을 수 없었다.

게다가 현실과 무관하지 않은 소설[23] 속에서 그녀의 생모인 현금이 청교방 색주가에 있는 여인들 중에 가장 천한 논다니[24]였다는 사실을 듣게 된 황진이로서는 다른 길을 택할 여지가 별로 없었을 것이다. 오죽하면 황진사댁 고명딸에서 노비의 소생으로 전락되는 순간 이미 알고 지내던 놈(가상인물)이란 종을 기둥서방으로 삼고자 그에게 정조를 내줌으로써 기생이 되는 통과의식을 치렀겠는가. 이런 환경적인 요인들과 얽매이기 싫어하는 천부적 기개에 의해 황진이는 스스로 기생의 길을 정했을 것이다.

---

23 홍석중, 『황진이』, 대훈, 2006.
24 웃음과 몸을 파는 여자이다.

황진이는 서얼의 신분임을 자각하게 되고 자신의 정체성을 스스로 획득함으로써 위대한 인물로 다시 태어날 수 있었다. 만일 그러한 결단의 과정 없이 양반가의 첩으로 들어가거나 동일한 신분의 남성을 만나 무난한 일생을 보냈더라면 한국사에서 황진이란 존재는 언급되지 않았을 것이다.

시집과 친정에서 탈출한 뒤 형벌 규정에도 없는 사형을 당하고 예외적으로 당일 집행되었던 어우동(?~1480)을 빼고 한 사람의 독립 여성도 없다는 조선에서 황진이는 자신의 주체적 결정으로 가부장적 질서에 맞서 인생의 주인으로 독립했다. 황진이는 오랜 기생 수업을 모두 마치고 열여섯 살이 되어 마침내 개성관아의 기적에 자신의 이름을 올리고 기생의 삶으로 들어갔다. 기생이라는 가혹한 운명을 스스로 받아들이고 나서는 거친 세상과 대결하며 자유를 향한 집념을 불태우기 시작했다. 피할 수 없는 모진 기생의 신분 속에서도 인간의 위선, 권세, 인습 등에 굴복할 수 없음을 익히 예견하고 있었다. 오히려 그 모든 인간의 한계와 모순을 극복해야 할 또 다른 운명이 자신 앞에 놓였음을 직감하게 되었다. 어쩌면 누구에게나 이 땅에 주어진 것은 같고 그 선택과 땀은 자기의 몫이라 판단했을지도 모른다. 그녀는 결코 피하거나 태만하지 않았다. 흔들리는 마음을 다잡으며 뜻한 바를 꺾지 않고 과감하게 밀고 나갔다.

3. 소세양의 명성, 순수정신으로 꺾다

황진이는 여느 기생과는 자못 달랐다. 비교적 행동이 가볍지 않고 태도가 담담한 편이었다. 이렇듯 인품이 높았을 뿐 아니라 학문도 상당한 경지였고 특히 시적 재능은 남들이 추종하기 힘들었다.

『숭양기구전』에서는 황진이가 만월대에 올라 슬픔을 머금고 옛날을 회고해 지은 시나 초생달을 읊은 시들이 세상에서 다투어 회자되었음을 거론하며 당나라의 유명한 여류시인 이야(李冶, 742?~784)²⁵⁾와 설도(薛濤, 768?~832)²⁶⁾에 비견될 만하므로 나라의 명창을 말할 때면 반드시 황진이를 앞에 두었다고 했다.

실학자이자 독서광이었던 이덕무(1741~1793)는 황진이를 우리 역사상 시를 가장 잘 지은 기생이라고 말한 바 있다.²⁷⁾ 그러므로 재주가 있고 명성이 있다는 웬만한 선비는 감히 황진이에게 접근조차 하기 힘들었다. 소설가 김탁환은 "박사과정 때 조선 한시를 많이 봤는데 황진이의 한시 7수와 시조들은 작법과 내용에서 완벽했다. 그저 감정으로 쓴 게 아니라 당

---

25 당나라 오정(烏程, 지금의 저장성[浙江省] 우싱현[吳興縣])에서 태어난 여류 시인이다. 본명은 야(冶)이고, 자가 계란(季蘭)이다. 어려서부터 지혜로웠으며 무엇보다 시를 잘 지었다. 그리하여 설도, 어현기와 더불어 당의 3대 여류 시인으로 꼽힌다. 뿐만 아니라 그녀는 금(琴)을 잘 타고 서예에도 뛰어났다. 11세 때 섬중(剡中)에 있는 도교사원에 들어가 여도사가 되었다. 그리고 육우 (733~804), 유장경(725~789) 등과 깊이 교유했는데, 육우는 이계란이 병들어 누웠을 때 찾아왔던 진정한 친구였고, 유장경은 그녀를 '여류시인 중의 호걸'이라 추켜세웠던 인물이다. 현종이 거문고를 잘 켜고 시 재주가 있다는 말을 듣고 궁중에 불러들여 수개월간 머물게 했다. 그러나 나중에 모반을 일으킨 주차(朱泚)에게 시를 지어 올린 일로 총애하던 덕종에 의해 죽었다. 작품은 다 흩어졌고, 시 16수가 남아 있다. 후세 사람들이 그녀의 시와 설도의 시를 합하여 『설도이야시집』 2권을 간행하였다.

26 장안(長安, 지금의 산시성[陝西省] 시안시[西安市]) 출신으로, 자는 홍도(洪度)이다. 당나라 관리로 학식이 높았던 아버지 설운은 총명했던 외동딸 설도를 몹시 아꼈다. 설운은 강직한 성품으로 조정에서 서슴없이 직언하다 촉으로 쫓겨났는데, 몇 년 뒤 전염병으로 세상을 떠났다. 설도는 생활고를 이기지 못하고 2년 뒤(16세) 관기가 되었다. 그녀의 명성은 쓰촨성 전역으로 퍼져나갔으며, 당의 4대(위에서 언급한 3대에 유채춘 포함) 여시인으로 불린다. 그녀는 명사들과 나눈 애정으로도 유명한데 위고가 연정을 품었고, 11세 연하인 원진과도 애틋한 사랑을 나누었다. 설도는 나이 들어 기적에서 벗어났지만 주위의 숱한 구애에도 불구하고 홀로 여생을 보냈다. 90여 수의 시만 남긴 채 나이 832년(64세)에 세상을 떠났다. 쓰촨성 청두시의 왕장러우(望江樓) 공원에 설도의 무덤이 만들어졌다. 설도의 시 「춘망사(春望詞)」 4수 가운데 세 번째 시는, 김억이 번역하고 김성태가 곡을 붙여 〈동심초(同心草)〉라는 제목의 가곡으로 개작되어 광복 이후 한국사회에서 많이 불렸다.

27 이덕무, 『청장관전서』 32권, 『청비록』.

시·송시를 다 익힌 뒤 스스로의 운율과 표현을 만들어낸 수준이다."[28]라고 말했다.

풍류적 고관대작 소세양

황진이와 동시대 인물 가운데 양곡 소세양(1486~1562)이라는 사람이 있었는데, 그는 학식과 능력이 뛰어나고, 글재주가 있어 율시에 능하다고 소문이 난 문관이었다. 한편 소세양은 중종 4년(1509)에 등과하여 대제학, 이조판서, 좌찬성 등 높은 벼슬을 두루 역임했다. 말년에는 부모를 봉양하기 위해 벼슬을 사직하고 고향인 전라도 익산에 은거하며 풍류를 즐기다가 77세에 별세한 유명한 사대부 문인이었다.

익산의 미륵산 자락에 있는 금마 도천마을의 시인 소세양은 자연도 좋아했지만 사람을 좋아하였다. 그리하여 "산과 물은 천지간의 무정한 물건이므로 반드시 사람을 만나 드러나게 된다."고 면앙정의 현판에 써 붙였다. 그리고 "산음의 난정이나 황주의 적벽도 왕희지나 소동파의 붓이 없었더라면 한산하고 적막한 물가에 지나지 않았을 것이니, 어찌 후세에 이름을 드리울 수 있었겠는가."라고 말한 바도 있다. 인간에 대한 긍정적 시각을 지녔던 소세양은 풍류남아로서 젊어서부터 여색을 밝히기도 했다.

송도의 명기 황진이가 절세미인이라는 소문을 들은 소세양에게 호색 기운이 발동되었다. 더구나 소세양은 황진이의 미색에 매료되어 벽계수, 지족선사 등 여러 명성이 있는 사람들이 망신을 당했다는 소문을 듣고 있는 터였다. 사실 황진이는 뛰어나게 총명한 기운과 빼어난 예술적 재능뿐만 아니라 용모가 아주 출중했다. 그리하여 당시 이렇다 할 선비들은 천하일색 황진이와의 만남을 대단한 자랑거리로 삼고 싶어 했다.

임방(1640~1724)의 『수촌만록』에서는 이렇게 적고 있다. 양곡 소세양은

---

28   김탁환, 『나, 황진이』, 푸른역사, 2002.

젊었을 때 뜻이 굳음을 자부하여 말끝마다 "여색에 미혹되는 자는 남자가 아니다."라고 하였다. 송도의 기생 황진이가 재주와 용모가 당대 제일이라는 말을 듣고 벗들과 약속하며 자신만만해하였다. "내가 그 여인과 딱 30일만 함께 지내고 곧 헤어질 것이고, 헤어진 뒤에는 다시 털끝만큼도 마음에 두지 않을 것이다. 그 기한을 넘겨 만약 하루라도 더 매달린다면 자네들은 나를 사람이 아니라고 해도 좋다."고 호언장담하였다. "입찬소리는 무덤 앞에 가서 하라"는 속담이 있듯이 사람은 죽는 날까지 호언장담을 해서는 안 된다고 하건만 사대부들은 허세를 부렸다. 그런 다음 어느 날 한양에 있던 소세양은 몸종 하나만을 데리고 송도로 내려갔다.

일설에 따르면 만나기 전에 기방에 있는 황진이에게 '유(榴)' 한 글자로 써서 편지를 보냈다. 놀라운 발상이었다. 뛰는 소세양 위에 나는 황진이라고나 할까. 황진이가 답장을 보냈는데 역시 달랑 '어(漁)' 한 글자였다. 도대체 소세양이 써 보낸 유(榴)는 무슨 의미이고, 또 황진이가 답장으로 보낸 어(漁)는 무슨 뜻일까? '유'는 석류나무 유 자이니, 발음만 따서 한자로 쓰면 '석류나무유(碩儒那無遊)'이고, '어'는 고기잡을 어 자이니, 역시 발음만 따서 쓰면 '고기자불어(高妓自不語)'이다. '석류나무유'는 '큰 선비가 여기와 있거늘 어찌 놀지 않겠는가'이고 '고기자불어'는 '격이 높은 기생은 함부로 말을 섞지 않는다'는 뜻이다. 이렇게 상대의 수준을 알아본 뒤에 두 사람은 만나자 마자 꿈같은 나날을 보내게 되었다.

『수촌만록』에 이어지는 내용을 보면, 소세양이 길을 떠나 송도에 도착해 황진이를 보니 과연 멋진 기생이었다. 황진이와 소세양은 만나서 약속한 대로 30일의 동거에 들어갔다. 두 남녀는 서로 가까워졌고 사랑의 즐거움 속에 한 달이 어떻게 흘러갔는지 모른다. 그토록 일체감을 갖고 지내온 시간은 이제 막을 내려야 할 때가 되었다. 다음 날이 되면 서로 각자의 길로 가야 한다. 비록 마음은 떠나고 싶지 않을지라도 약속대로 떠나야 한다. 개성의 달빛이 영롱하게 비치는 누각에 올라가 두 사람은 술을 마셨다.

소세양의 허세를 무너뜨린 순수시

황진이는 이별을 슬퍼하는 기색을 가벼이 드러내지 않고 청하기를 "공과 서로 이별하는데 어찌 한마디 말이 없을 수 있겠습니까? 변변치 못하나마 시 한 수를 올려도 될까요?"라고 하니 소세양이 허락하였다. 곧 황진이는 호흡을 가다듬고 곡진한 감정으로 시 한 수를 읊었다.

달빛 어린 뜨락에 오동잎 다 지고	月下庭梧盡
서리 맞은 들국화는 노랗게 물들었네.	霜中野菊黃
누대는 높아 한 자만 더 오르면 하늘인데	樓高天一尺
사람은 취해서 천 잔의 술을 마셨네.	人醉酒千觴
물소리는 거문고에 차갑게 스며들고	流水和琴冷
매화의 높은 향기 피리 소리에 휘감기네.	梅花入笛香
내일 아침 우리 서로 헤어진 뒤에는	明朝相別後
사무치는 정 푸른 물결처럼 끝이 없으리.	情與碧波長

늦가을 판서 소세양과 헤어지기 전날 달밤에 노래한 오언율시다. 일곱 살 때부터 시를 지었다는 소세양이 격조 높은 이 시를 다 듣고 막상 돌아서 가려다가 돌아서지 못하고 감탄해 말하기를 "나는 사람이 아니다."라 하고서 그대로 며칠 더 머물렀다고『수촌만록』뿐만 아니라『동국시화휘성』에도 기록되어 전하고 있다. 한편 좌객이 모두 남에게 떠밀고 자기는 사양해 감히 화답하는 자가 없었다고『숭양기구전』에서는 적고 있다. 「판서 소세양과의 이별에 부침(奉別蘇判書世讓)」이라는 제목으로 되어 있는 이 빼어난 시는 한 달간 있었던 두 사람 사이의 관계의 돈독함과 사랑의 긴밀도를 증언해준다. 짧은 만남의 기간이지만 가을의 국화, 봄의 매화를 인용하여 계절이 두 번이나 바뀌었음을 표현함이 매우 적절하다. 더구나 이별의 아픈 감정을 다스리는 차분하고 단아한 태도가 돋보인다.

1연은 한 달 전 가을이 되면 서로 헤어질 것이라고 약속을 했지만 이제 그때와 사뭇 달라진 상황을 보여준다. 기약했던 시간이 돌아오니 아쉬움과 애달픔이 서로를 에워싼다. 가슴이 답답하고 마음이 아프다. 잎이 다 떨어지고 꽃빛마저 변한 세월만큼 인간적 정념이 쌓인 것이다. 공고하게 구축해놓은 시공간을 허물어야 하는 고통은 인간 자신들의 몫이다. 2연은 자연과 인간의 영역을 잘 대비시켜 보여준다. 전반부에서는 황진이가 자신의 미래를 내다보았다. 지금은 자기가 지상에 머물고 있지만 한 달이 지나면 하늘로 돌아가야 하는데, 오늘 딱 한 자만을 남기고 있다. 후반부에서는 소세양이 처한 현실을 이야기하였다. 소세양은 술로 허전하고 울적한 마음을 달래려 하였다. 황진이가 하늘을 향해 오를수록 소세양은 점점 애꿎은 술잔을 비울 것이다. 3연에서 황진이는 거문고를 타고 소세양은 피리를 불었다. 차가운 물소리는 거문고에 서리고 그윽한 매화 향기는 피리 소리에 감겨든다. 자연이 예술로 승화되는 격조가 느껴지는 지점이다. 4연에서는 이제 떠나야 하는 시간에 이르렀음을 직설적으로 이야기하고 있다. 약속을 지켜 헤어지기는 하겠지만 그간 쌓아놓은 깊은 정은 푸른 물결처럼 영원히 출렁거릴 것이라는 점을 쉽게 예상할 수 있다. 항상 그러했던 것처럼 황진이의 예민한 감성은 이성적 판단으로 극복될 수 있었으나 아마도 소세양은 밤새껏 술을 마시며 새벽이 될 때까지 혼미한 상태에서 깨어나지 못했을 것이다.

위 시는 헤어짐의 안타까움을 은근히 드러내면서 초연하게 절제하는 담대함도 놓치지 않는 애이불상(哀而不傷)의 매력을 감각적으로 표현하고 있다. 영문학자 송욱(1925~1980)은 『문학평전』에 이 시를 소개하면서 황진이가 보들레르(1821~1867)보다 수백 년 앞서 공감각의 황홀한 경지를 보여주었다고 평했다.[29] 함께 있고 싶어 하는 연약한 심정도 들어 있지만 애써 단념하는 결연한 의지도 내포되어 있어 절창임을 느끼게 한다. 이 같이 예

---

29 김성언, 『황진이, 보들레르를 노래하다 ─ 세계 문학과 함께 읽는 한시 이야기』, 프로네시스, 2012에서 재인용.

정된 날짜를 다 채우고 황진이와 소세양은 함께 이별의 술잔을 나누었다. 말없이 바라보면서 서로의 눈가에 맺힌 눈물도 확인할 만했으나 황진이는 눈물을 보이지 않았다. 아쉬움을 남기며 헤어져야 하는 이별이 더욱 아름다움을 그녀는 몸으로 보여 주었다. 여백의 미학이라고 하나, 우리는 쓸쓸하게 비워지는 데서 아름다움을 더 크게 느끼는지도 모른다.

무엇보다 판서 소세양의 교만하고 방자했던 태도가 시인 황진이의 순수하면서도 진지한 태도 앞에 무색하게 되었다. 황진이가 소세양을 사랑한 것은 틀림없다. 그러나 위 시를 통해 알 수 있듯이 감정의 표출이나 사랑의 만끽보다 정제된 감정과 절제의 미덕을 이해하는 것이 더 중요하다. 신뢰 추구의 열정과 강렬한 의지는 사람으로서 당연히 지녀야 하는 기본적인 조건이기에 남녀 문제는 물론 인간적 갈등을 타개할 수 있는 위력을 가진다. 인간 모두가 진지하지 못한 경박성, 실상을 숨기는 위선, 도량이 없는 이기적 행동 등을 벗어버려야 한다는 점을 속 깊이 일깨워준다.

삶의 새로운 질서와 이상적인 인간관계를 위한 노력이 누구에게나 요구된다는 점에서 황진이의 입장은 설득적이다. 고원한 삶의 구경에 도달하려는 황진이의 내면적이며 심층적인 사고가 시적 형상화를 통해 승화되고 있음을 엿보게 된다. 『숭양기구전』에서 말하는 바와 같이 황진이는 멀리 나가 노는 것을 즐겼으며 그녀의 시와 글은 맑고 빼어났다. 당대의 산수와 정자를 돌아다니며 만유의 성쇠를 슬퍼하고 기뻐하는 가운데 붓을 들고 언어를 풀어 그 정을 곡진하게 다하지 않은 적이 없었다.

그녀는 고상하고 청아한 성품을 지녔을 뿐만 아니라 그에 걸맞은 깨끗하고 순정한 시적 감수성이 그녀의 품속에 도사리고 있었다. 능력이 뛰어난 황진이의 아름답고 자유로운 시적 호소 앞에 세력과 명성이 무슨 의미가 있겠는가. 소박한 이미지에 자신의 외로운 마음을 실어 차분하게 읊은 황진이의 시 한 수는 소세양의 마음을 움직였고, 친구들은 약속을 어긴 소세양을 인간이 아니라고 놀렸다. 황진이는 진정 능력이 뛰어난 기생이자 풍류를 아는 순수하고 걸출한 시인이었다.

큰소리 치며 허세를 보이던 소세양은 황진이와 함께 며칠을 더 지내면서 그녀의 곁을 떠날 수 없음을 알고 오히려 그녀가 자신을 버릴까 두려워하였다. 그리고 소세양은 위 시에 화답이라도 하듯 다음과 같은 편지글 내지는 시를 읊으며 그녀 곁에 머물렀다고 한다.

> 달빛 아래 소나무만이 푸르르고
> 눈에 덮인 한 포기 꽃들은 고개를 떨구었구나.
> …(중략)…
> 내일 아침 그녀를 보내고 나면
> 슬픔은 비가 되어 나의 몸을 짓누르리.

이 같은 글을 써서 황진이를 잊지 못하는 자신의 입장을 전달했다고 한다. 얼마나 더 그들의 사랑이 지속되었는지는 자세히 알 수 없지만 소세양이 한양으로 돌아간 뒤에도 오랫동안 편지를 주고받으며 서로 그리워했을 것이다. 두 사람은 자신들이 존귀하기에 정직하고 진실해야 함을 새삼 확인하며 더욱 가까워질 수 있었다.

소세양은 그 이후 인간의 부족함과 어리석음을 반성하고 끊임없이 수양하면서 지혜로운 삶으로 한 걸음 다가갔을 것이다. 명성과 권세의 유혹을 떨쳐버리고 소세양은 1540년부터 1562년까지 고향인 익산에 내려가 은둔하며 여생을 보냈다. 1534년 자신을 가장 존중하고 후원하던 이행(1478~1534)이 죽자 충격을 받았고, 관료로서 영달을 누렸던 사장파에 대한 도학파의 공격을 피하려는 의도로도 풀이된다. 그러므로 이수광(1563~1628)의 말대로 "근세의 문장가로 편안히 몸을 마칠 때까지 천수와 부귀를 누린 자로 그보다 나은 이가 없다"(『지봉유설』)고 할 것이다.

뜻을 세우고 참되게 살고자 정진하는 자에게 연륜은 깨달음으로 보답하기 마련이다. 소세양은 일찍감치 벼슬에서 물러나, 행복과 불행을 동시에 끌어 안고 가야 하는 인생의 무게를 돌아보았다. 그리고 고통을 겪고 나서 힘을 얻는 삶의 도정에서 인간이 벗어날 수 없음을 통찰하며 생의 말미를 장식했을 것이다.

시인 김용택(1948~)이 꼭 한번 필사하고 싶은 시들을 모아 『어쩌면 별들이 너의 슬픔을 가져갈지도 몰라』[30]라는 책을 펴냈다. 이 책엔 황진이의 「소세양 판서를 보내며」라는 한글로 번역된 시가 실려 있다. 선비들과 시를 짓고 학문을 토론하기 좋아하던 그녀가 지은 시문은 지금도 수많은 자리에서 회자될 만큼 한국 문화사에 커다란 발자취를 남겼다.

천부적으로 중시한 정직

황진이가 성인군자 같은 지적이며 담박한 기상을 품은 것은 운명적이라 할 수 있다. 그녀의 어머니 진현금은 눈이 멀게 되면서 그 충격으로 거짓말을 일삼았다고 하며 그러기에 딸만큼은 참되게 살기를 바라는 마음으로 이름자에 '진(眞)'을 넣어 주었다고 한다. 황진이의 본명은 진(眞), 진이(眞伊), 진낭(眞娘) 등이다. 황진이는 벽계수든 소세양이든 사대부들의 권세와 위선과 탐욕과 거짓을 벗기는 데 주저함이 없었다.

개성에는 과부가 많다고도 할 정도로 절개를 상징하는 소나무가 많아 개성을 송도(松都)라고 했다. 흔히 송악의 정기가 나뉘어 서경덕과 황진이를 탄생시켰다고 말하는데, 송도의 기생 황진이는 나라를 뒤흔들 만큼 자색이 뛰어났을 뿐만 아니라, 글과 소리의 재주는 더욱 기이하였다. 서경덕과 같은 시대에 살았던 황진이가 여자로 태어나고 천한 신분으로 태어난 것은 애석한 일이다.

조선 영조 때의 구수훈(1685~1757)이 지은 『이순록』(下)에 나오는 다음의 설화를 보면 황진이가 얼마나 정직과 윤리를 핵심으로 하는 정신적 가

---

30 김용택, 『어쩌면 별들이 너의 슬픔을 가져갈지도 몰라』, 예담, 2015.

치를 소중히 여겼는지 쉽게 확인할 수 있다. 황진이는 일찍이 당시 3대 주요 인물인 율곡 이이(1536~1584)·송강 정철(1536~1593)·서애 유성룡 (1542~1607)에 대해 평한 바 있다. 율곡은 진정한 성인이고, 송강은 군자이 며, 서애는 소인이라고 했는데, 그 이유는 이러하다.

율곡이 중국 사신을 맞는 원접사가 되어 개성을 지나면서 황진이를 불러 가까이하고 차와 식사도 함께하며 다정하게 대했다. 밤이 깊어지자, 먼 길을 오느라고 피곤함이 심하니 집에 가서 자고 내일 아침에 들어오라면서 돌려보냈다. 황진이가 집에 나가서 자고 아침에 들어가니 역시 어제처럼 부드럽게 대했고, 여러 날을 같이 지내면서도 끝내 흐트러지지 않았다. 율곡은 황진이의 몸을 좋아한 것이 아니라, 그 재능을 사랑했으니 정말 성인이라는 것이었다.

그 후 송강이 중국 사신을 인도하는 관리가 되어 송도를 지나가면서 역시 황진이를 불렀다. 분명하게 잠자리 시중을 들기를 명하여 동침했고, 돌아올 때도 또한 그렇게 불러 함께하였다. 이는 남자의 예사로운 일이요 정상적인 경우로서 명쾌한 그 행동이야말로 정말 군자의 처사에 해당한다고 했다.

서애도 중국에 사신으로 가는 길에 역시 황진이를 불렀다. 다정하게 대해 잠자리 시중을 명하는 줄 알고 있었는데, 어두워지니 나가라고 명령하기에 역시 훌륭하다고 생각하고 집으로 돌아갔다. 그런데 밤중에 부하를 보내 몰래 들어오라고 하여 동침하고는 새벽에 일찍 나가라고 했다. 이 일은 매우 분명하지 못한 처사이므로, 서애는 소인이라는 평가였다. 황진이의 이 평가에 대해 문헌자료에서는 대단히 적당하다고 기술하였다. 저자를 알 수 없는『청야담수』에도 비슷한 내용이 실려 전한다.

이렇듯, 황진이는 주체적으로 진실되게 살고자 하는 생각이 뚜렷했다. 결코 남에게 의존하거나 눈치를 보며 살기를 원하지 않았다. 좋은 남자가 있으면 자신이 스스로 찾아갔다. 그리고 그녀는 지혜롭고 정직하게 살고자 했음이 분명하다. 사랑을 위해서는 자기 재산을 아낌없이 썼다. 그녀에게는 설사 경멸하는 일은 있어도 내숭을 떠는 일은 없었다. 능력이 있고 자존심이 강했던 그녀는 꾸밈이나 거짓을 철저히 배척했다. 이렇게 자신을 순수하게 다 내놓다 보니 실속적이고 안정적인 삶을 유지하지 못했음은 당연하다.

그녀가 극찬한 율곡은 한국사에 유례 없이 아홉 번이나 장원급제하고 장관급의 높은 벼슬을 오랫동안 지냈으면서도 집이 없이 셋방에서 죽어가야 했던 선비이다. 그리고 그토록 거친 상소와 직언에 의해 고통과 수모를 당했을 선조로 하여금 율곡의 죽음에 통곡하게 했던 위인이다.

4. 벽계수의 권세, 도량으로 허물다

허균의 아버지인 초당 허엽(1517~1580)은 화담 서경덕과 퇴계 이황의 제자이다. 허엽은 스승 서경덕이 은거하던 골짜기에 황진이가 찾아와 시서를 함께 논하고 거문고를 타면서 즐기는 모습을 직접 목격한 몇 안 되는 사람 중의 하나이다. 말하자면 허엽과 황진이는 서경덕 밑에서 동문수학한 사이이다. 황진이는 자기보다 열 살 아래인 허엽과 호방한 기질이 서로 비슷하여 매우 친했다. 반달을 노래한 「영반월(詠半月)」이라는 시는 허엽이 지은 것인데 황진이가 자주 불러 그녀의 시로 오인된다고 할 정도로 가까웠다.

남자 같았던 황진이

비록 아버지로부터 들어 간접적으로 알기는 하나 황진이에 대해 깊은 관심을 가졌던 교산 허균(1569~1618)은 황진이를 가리켜 "성격을 보면 뜻이 크고 기개가 있어 남자와 같았다."고 한 바 있다(『성옹지소록』). 활발하고 거침없던 그녀는 기방 속 꽃으로만 남아 애잔함을 일으키는 수동적 존재가 되기를 완강히 거부했다. 『어우야담』(인륜편)에 나오는 재상의 아들 이생과의 금강산 유람의 행적은 자유를 넘어 탈속적이기까지 한 황진이의 호탕한 기상을 보여준다.

황진이는 일반 여성은 물론 다른 기생들과도 차이가 있었다. 당시 기생들의 소망이기도 했던 사대부의 첩 자리를 거부하고 기생이라는 천한 신분을 스스로 택했고 오히려 그런 자리에서 사대부들의 무능력과 이중성을 적극적으로 지적하고 고발했다. 심지어 허위 가득한 양반들을 웃음거리로 만들어 인간세상의 모순을 파헤치고자 했다. 어쩌면 양반의 사생아로 태어나면서부터 황진이에게는 사대부에 대한 부정적인 콤플렉스가 생겼을 것이다. 이러한 황진이의 혁신적이고 진보적인 성향은 시대와 사회를 넘어 존중받는 가치이자 삶의 동력이 되었다.

황진이는 어려서부터 책을 가까이할 수 있는 환경에 놓였었다. 그녀의 외가가 개성의 서리 집안이라는 것은 이덕형의 『송도기이』에 나오는 사실이다. 아전 중에서도 서리는 문자의 해독과 글쓰기 등에 능력이 있어야 했다. 양반은 아니더라도 책을 가까이할 수 있는 식자층 집안의 도움을 받아 그녀는 지적 편력을 쌓을 수 있었다. 황진이는 큰 부자는 아니더라도 집안일에 얽매이지 않고 기생으로 나갈 때까지 배움을 계속 이어갔다. 김택영이 "황진이는 성장하여 절색의 미모를 갖추었고 경서와 사서도 깨우쳤다"(『소호당집』)고 했던 것도 그냥 한 말이 아니었다.

지식과 권위를 내세우는 사대부만큼 허점이 많은 사람들도 흔치 않을 것이다. 겉으로 자랑할수록 속이 비어 있음은 불후의 진리라 할 수 있다. 입으로는 온갖 능력을 드러내고 외적으로 천하의 위인처럼 부풀리면서도 실제적으로 어느 하나 제대로 이룬 것 없기 십상이다. 기생이라고 무시하고 비웃는 사대부들을 만나 보면 안일하고 방탕할 뿐 대범하지도 선비답지도 못함에 황진이는 실망하지 않을 수 없었다. 인간의 가장 큰 욕망인

'식욕과 색욕'[31]에서도 사대부라고 예외는 아니다. 오히려 사대부들은 겉과 속이 다른 데서 멸시를 당하는지도 모른다.

「배비장전」을 비롯한 기생 관련 이야기 속에는 여색을 멀리한다고 큰소리치는 남자들이 등장한다. 그렇게 지나치게 남녀 사이의 도덕성을 강조하는 인물들은 하나 같이 속으로는 색정적이다. 이러한 이중 인격체로서의 남성들은 문화 미디어에서 조롱거리가 되었고 사회 여론으로부터 지탄의 대상이 되었다. 무엇보다 황진이에게는 사특한 기운을 거부하고 위선의 껍질을 벗기며 잔재주를 멀리하는 인격과 능력이 있었다. 이탈리아 시인 프란체스코 페트라르카(Francesco Petrarca, 1304~1374)가 말한 "사람은 고귀한 신분으로 태어나는 것이 아니라 스스로 고귀한 사람으로 되어가는 것"임을 보여준 인물이다.

나귀에서 떨어진 벽계수

서유영(1801~1874)의 야담집 『금계필담』을 보면 손곡 이달(1539~1612)의 친구로서 근엄하기 이를 데 없는 국왕의 친족인 벽계수가 나온다. 그리고 조선 최고의 군자라고 불리던 벽계수가 황진이에게 굴복당한 것으로 유명한 일화가 여기에 실려 전하고 있다. 특히 벽계수는 한양에서 내로라하는 풍류객으로서 처음에는 황진이의 소문을 들었어도 시골 기생 하나쯤으로 알고 상대하지도 않았었기에 더욱 초라함을 드러낸다.

벽계수의 이름은 이혼원(?~1503)이라 하는데 그의 형 주계군 이심원(1454~1504)과 함께 효령대군의 증손이라 말하기도 한다. 근래에는 벽계수를 세종의 증손으로 추정하는 의견이 있어 주목을 끈 바 있다. 다시 말해 최근에 벽계수의 본명이 세종의 증손자인 벽계도정 이종숙이라는 주장이 나왔다. 도정은 조선시대에 종친부 · 돈령부 · 훈련원에 속하여 종친과 외

---

31 "飲食男女 人之大慾存焉." 『禮記』禮運篇.

척에 관한 사무를 맡아보던 정3품 벼슬이다. 이종숙은 세종의 아홉째 서자 영해군 이당의 둘째 아들 길안도정 이의(李義)의 다섯째 아들로 1508년 출생했다. 벽계수 이종숙은 조선 인종조에 황해도 관찰사를 지낸 바 있으며, 그의 묘는 강원도 원주시 문막읍 동화리 산90번지에 있다.

『금계필담』에 나오는 바와 같이 벽계수는 왕실 가문이라는 높은 신분임에도 지방의 일개 기생에 불과한 황진이를 만나기가 얼마나 힘들었던지 고민하던 끝에 친구인 이달에게 도움을 요청하게 되었다. 이달은 기생의 몸에서 태어난 서얼로 평생을 떠돌아다니며 곤궁하게 살았다. 이달은 당시 자유분방한 성향과 태도를 과시하던 최고의 시인이었던 만큼 친구에게 조언을 해줄 만한 방법을 갖고 있었던 듯하다.

이달은 미천한 기생의 아들일 뿐만 아니라 기생과의 경험도 있었던 터이다. 허균의 시비평서 『학산초담』에 따르면 조선 중기 시인으로 이름을 크게 떨치고 있던 이달이 일찍이 전라도 영광고을을 지나다가 객사에서 하룻밤을 묵으면서 한 기생과 동침한 일이 있다. 함께 잠을 잔 손님이 이달인 줄을 모르고 있던 기생은 아침이 되어 화대를 줄 뜻이 없어 보이자 인색하다는 생각이 들어 "한양에서 비단장수가 왔는데 같이 잠자리를 한 손님께서는 가난한 선비로 보여 돈을 요구할 수도 없고 그래서 한스러워 슬퍼집니다."라고 말했다. 이달은 기생의 치마폭에 시를 써주며 군수에게 가서 시를 보여드리라 말하고는 떠나버렸다. 마침 삼당시인으로서 친한 사이였던 고죽 최경창(1539~1583)이 영광군수를 지내고 있었다. 최경창은 "한 자가 천금이니 감히 비용을 아끼랴."라고 하면서 넉넉히 옷값을 기생에게 주었다. 이달을 살짝 속인 기생은 자기가 위대한 분을 모신 사실을 알고 "한 글자에 천금이라는 말이 있다던데 정말 실감이 난다."며 기뻐 어쩔 줄을 몰라 했다.

이달이 벽계수에게 조언한 이야기를 직접 옮겨보면 다음과 같다. 황진이는 송도의 이름난 기생으로서 자색과 재주가 뛰어나 그 명성이 온 나라에 널리 퍼졌다. 종실에 벽계수라는 사람이 있었는데 마음속으로 황진이를 한 번 만나 보기를 원했으나 '성품이 높고 고결한 풍류명사'가 아니면 어렵다기에 이달에게 방법을 물었다. 이달이 "그대가 황진이를 한 번 만나려면 내 말대로 해야 하는데 따를 수 있겠소?"라고 물으니, 벽계수는 "당연히 그대의 말을 따르리다."라고 답했다. 이달이 말하기를 "그대가 어린 아이를 시켜 거문고를 가지고 뒤를 따르게 한 후 작은 나귀를 타고 황진이의 집을 지나가시오. 근처 누각에 올라 술을 마시고 거문고 한 곡조를 타고 있으면 필시 황진이가 나와서 그대 곁에 앉을 것이오. 그때 본 체 만 체 하고 일어나서 재빨리 나귀를 타고 가면 황진이가 뒤를 따를 것이오. 만일 취적교를 지날 때까지 뒤를 돌아보지 않는다면 일이 이루어지는 것이오. 그렇지 않는다면 반드시 성공하지 못할 것이오."라고 했다.

거문고의 명인인 벽계수는 이달의 말을 듣기로 했다. 그가 시키는 대로 작은 나귀를 타고 어린아이에게 거문고를 끼고 따르게 하여 그녀의 집 앞을 지나 누각에 올라 술을 마시고 거문고 한 곡을 탔다. 과연 소리를 듣고 나온 그녀를 못 본 체하고 일어나 나귀를 타고 가니 역시 황진이가 뒤를 쫓아왔다. 취적교에 이르러 황진이가 거문고를 든 아이에게 물어 그가 벽계수임을 알았다. 이에 도발적인 태도로 황진이가 아래와 같이 멋지게 노래를 부르게 되었다.

> 청산리(青山裏) 벽계수(碧溪水)야 수이 감을 자랑 마라
> 일도(一到) 창해(滄海)ᄒ면 도라오기 어려오니
> 명월(明月)이 만공산(滿空山)ᄒ니 쉬여 간들 엇더리[32]

벽계수는 이 노랫소리를 듣고 도저히 그냥 갈 수 없어 고개를 돌려 바라보려다가 그만 나귀에서 떨어지고 말았다. 황진이가 웃으며 "이 사람은

---

32 『악학습령』 539. 『진본 청구영언』 286.

명사가 아니라 단지 풍류랑일 뿐이다."라고 말하고는 가버렸고 벽계수는 매우 부끄러워하며 한스러워했다고 한다.

황진이는 노래를 통해 벽계수에게 훌륭한 품성을 가진 사람이 되라고 충고한 것이다. 사실 여러 기생들이나 섹스 스캔들로 극형에 처해진 어우동과 얽힌 사건에서 보듯 근엄한 종친 사대부들이 얼마나 위선적인 애정 행각으로 예의가 중시되던 조선을 경악케 하였는가.

소심한 데다가 초조해하던 벽계수는 이미 황진이의 뛰어난 미색과 재능에 넋을 빼앗기고 있었다. 황진이의 자신감과 초연함에 굴복당하고 있는 처지에 느닷없이 자신의 이름까지 넣어 부르는 청아하고 격조 있는 노랫소리는 벽계수를 돌아보지 않을 재간이 없게 했다. 얼마나 만나보고 싶었던 황진이인가. 벽계수는 무한히 참을 수 있는 배포와 커다란 그릇을 가지지 못했다. 그녀가 지닌 드높은 자존감과 활달한 기상 앞에 벽계수는 왕족으로서의 명분이나 권세를 벗어 던져야 했다. 황진이가 벽계수의 거문고 연주가 썩 마음에 들어 그의 뒤를 따라갔던 만큼 벽계수는 음악의 명인이요 풍류객이라 할 수 있다. 그러나 벽계수는 압도적인 신분적 우위에도 불구하고 품격을 갖춘 대범한 인물이 될 수 없었다. 여기서도 분명히 황진이가 추구했던 두 가지의 덕목을 읽을 수 있다. 그녀는 풍류로 언급되는 '예술적 자유'만이 아니라 명사로 상징되는 '숭고한 인격'을 겸비해야 한다는 생각이었다.

물론 『이순록』에 나오는 내용은 이와 좀 다르다. 종실 벽계수가 평소에 결코 황진이의 유혹에 넘어가지 않는다고 말해왔는데 이 이야기를 들은 황진이가 사람을 시켜 벽계수를 개성으로 유인해왔다. 어느 달이 뜬 저녁 나귀를 탄 벽계수가 경치에 취해 있을 때 황진이가 나타나 위와 같이 "청산리 벽계수야 수이 감을 자랑 마라……"라고 읊었다. 세상 남자들의 약한 의지를 비웃던 벽계수는 밝은 달빛 속의 고운 음성과 아름다운 자태에 놀라 나귀에서 떨어졌다는 것이다.

『조선해어화사』(30장)에 따르면 왕족인 벽계수가 지조가 있고 행실이 바른 체하며 항상 말하기를 "사람들이 한번 황진이를 보면 모두 정신을 잃는데, 내가 만일 그녀를 보면 현혹되지 않을 뿐만 아니라 반드시 쫓아버릴 것이다"라고 호언장담하였다. 황진이가 이 말을 듣고 그를 유혹하여 "청산리 벽계수야 수이 감을 자랑 마라……"라고 읊었다. 그러자 벽계수는 자기도 모르는 사이에 심취하여 나귀 등에서 내렸고, 황진이가 "왜 나를 쫓아버리지 않으세요?" 하니 그가 부끄러워하며 도망쳤다고 한다. 이 이야기가 세상에 널리 퍼지면서 과거시험에 "노랫소리를 듣고 나귀에서 떨어지다(聞歌墮驢)"라는 제목이 출제되었다고 할 정도다.

지속적 가치의 추구

『어우야담』(인륜편)을 지은 유몽인(1559~1623)이 일찍이 늙은 원주기생 노응향을 만나서 다음과 같은 이야기를 들었다고 하는데 일리가 있다. "기생을 보고 웃으면서 가까이하는 남자는 꾀어서 제압하기가 어렵지만, 기생에게 냉담하게 대하는 근엄한 남자는 다루기가 매우 쉽다. 기생들은 이 점을 노려 남자를 유혹하게 된다." 강직하다는 선비들조차 기생의 자색과 행동에 무릎을 꿇어야 했고 기생에 매료되어 첩으로 삼고 자식까지 낳았음을 볼 때 인간이 얼마나 성에 취약한가를 새삼 느낄 수 있다.

황진이는 벽계수의 가볍고 거짓된 태도에 비판적 관심을 보였다. 처음부터 큰소리치는 벽계수에 믿음이 가지 않았고 실제 만나보니 과연 그는 신실함이 없는 사람이었다. 도도한 인격을 갖춘 황진이에게 벽계수는 왕족이요 명사가 아니었다. 황진이는 명성과 권세를 뽐내는 사대부들을 희롱하고 조선의 군자로 불린 벽계수를 조소했다. 근엄함보다 더 가치 있는 것은 소박함이요, 순수와 정직 앞에서 권력과 오만은 무의미함을 품격 있는 시를 통해 보여주었다. 인생에서 절제되지 않는 감정은 공허한 결과를 초래하고 후회를 남기기 일쑤다. '소걸음으로 천 리를 간다(牛步千里)'고 하며 '돌아가는 것이 곧장 가는 것보다 빠르다(以迂爲直)'(『손자병법』군쟁편)고 하듯이 황진이는 빠르게 가려는 것보다는 바르게 가는 것이 오히려 빠름을 터득하고 있었다. 그래서 속도가 문제가 아니라 방향이 중요하다는 것이다. 궤도를 이탈한 비행기는 다시 돌아와야 한다. 그녀는 손상된 가치와 왜곡된 질서를 원상태로 복귀하는 길이 험난함을 알기에 벽계수에게도 '수이 감을 자랑하지 말라'고 경고했던 것이다.

황진이가 집요하게 드러내고자 하는 메시지는 지속적 가치의 소중함이다. 자유롭고 발랄함도 중요하지만 더 의미 있는 것은 충실하고 변함없는 그 자체이다. 이별을 제재로 한 앞의 시에서 그리움의 통한이나 유혹의 천박성이 아닌, 탈속적 심상과 풍족의 미감을 느낄 수 있는 것도 작자의 그러한 가치관에서 연유한다고 할 수 있다. 황진이와 벽계수는 잠시 만나기는 했어도 순수한 동기로 만난 것이 아니기에 서로 좋아하기도 어려웠고 그냥 헤어지고 만 꼴이 되었다. 더구나 황진이는 권력과 재물에 욕심을 갖지 않았으므로 왕족인 벽계수에게 애써서 접근해야 할 이유도 없거니와 벽계수도 워낙 콧대가 세고 성향이 다른 황진이에게 지속적으로 매력을 느끼기에는 인내가 따르지 않았을 것이다. 백성들에게 의와 예를 강조하던 종친이나 사대부들이 그러하듯이 벽계수의 내면은 의젓함과는 거리가 멀었다.

『어우야담』(인륜편)에 따르면 기생 황진이는 여자들 중에 뜻이 크고 협기가 있는 사람이었다. 장부다운 기개를 지닌 황진이가 지은 이 작품은 자연물을 통해 인간의 성정을 드러내는 중의적인 표현이 두드러진다. 그녀는 "창랑의 물이 맑으면 내 갓끈을 씻고, 창랑의 물이 흐리면 내 발을 씻으리(滄浪之水淸兮 可以濯吾纓 滄浪之水濁兮 可以濯吾足)"(「漁父辭」)라고 했던 초나라 굴원(BC343?~BC278?)을 떠올리며 '역사는 무엇인가'를 생각하였을 것이다. 세상 모든 일은 자연에 맡기고 이 세상과 거슬리지 않음이 좋다는 뜻으로 말이다. 얼핏 임에게 매달리며 사랑을 호소하는 듯도 하지만 이는 작

기생, 노래를 발기어정 몸은 발지 마라

품을 피상적으로 이해하는 것이다. 오고 가는 것은 변화무쌍한 감정의 소관인데 감정의 자유로움은 회한을 남기기 십상이다. 그러므로 책임 있는 태도를 상실한 행동의 민첩함을 과시할 필요가 없다. "질러가는 길이 돌아가는 길이다."라는 속담도 있듯이 빨리 가는 것보다 느리게 가는 것이 더 힘들다는 것을 깨닫는 데는 많은 경험과 시간이 요구된다. 벽계수가 시간이 촉박하여 빨리 떠나야 하겠다고 한다면 황진이는 제한된 시간을 연장해서 쓸 수 있는 여유와 기개를 지니고 있다. 결렬되고 훼손된 인간관계의 회복이 얼마나 어려운가를 체득한 황진이는 자제력과 신중함의 덕목을 '쉬어 가길' 바라는 표현으로 권고하고 있다. 황진이는 성취하기 쉽지 않은 참된 인간의 삶에 깊은 갈등과 고민을 내보이고 있다.

무엇보다 인간관계에서 불편함과 괴로움이 따를지라도 궁극적 삶이 도달해야 하는 지점은 순수와 진실이어야 한다. 그리고 이러한 가치를 성취하기 위해서는 치열한 자아의 반성과 투쟁이 요구된다. 여기서 필연적으로 인간의 강인한 의지가 중요함은 말할 나위 없다. 종장의 '명월이 만공산하니'에서 볼 수 있듯이, 명월로 형상화된 작자 자신이 변하지 않는 산[33]과 일체가 되는 진술에서 황진이의 '불변적 의지'에 대한 집착이 역력하다. 또한 이어지는 표현 '쉬어간들 어떠리'에서 알 수 있듯이, 이별, 상실, 파탄 등 부정적인 인간현실을 긍정적인 상황으로 전환시키려는 능동적 자세가 여실히 그려진다. 인간 본연의 삶을 위해 방만한 욕구와 충동적인 감정을 통제해야 한다는 심리가 핍진하게 드러나고 있다. 황진이가 의지했던 스

33　황진이는 기본적으로 불변성을 지닌 산을 좋아했다. 물을 배척한 이유는 물이 지닌 가변성 때문이지 무욕적 측면까지 부정한 것은 결코 아니다. 오히려 위로 올라가고자 하며 채우는 의미로서의 산은 유교적인 것이요, 아래로 내려가고자 하며 비우는 의미로서의 물은 도교적인 것이라 할 때 산과 물은 공존해야 한다. 마치 우리에게 낮과 밤이 모두 필요한 것과 흡사하다. 황진이는 장애물이 앞을 막으면 물처럼 돌아가고, 옳은 게 있으면 산처럼 바꾸지 말고 지켜나가야 함을 숙지하고 있었다.

승 서경덕은 "배우고도 멈춤을 알지 못한다면 배우지 않은 것과 무엇이 다르겠느냐"(서경덕,『화담집』권하)고 했다.

이상의 시의 분석을 통해서도 확인되는 바와 같이 황진이는 임과의 애정관계를 시적 틀로 삼고, 사랑의 갈등을 수단으로 하여 본질적으로 인간의 고귀한 가치가 무엇인지를 일깨워주려 했다. 황진이의 끈질긴 문학적 주제이자 삶의 과제는 남녀의 애정에 국한하지 않았다. 그녀는 애정적 정감의 충만함보다도 오히려 정당하고 아름다운 인생을 위한 신뢰와 의지를 작품의 이면에 충실히 담으려고 했다. 우리로 하여금 경박한 태도 속에 직면하게 되는 공허감을 인식하도록 하는 것도 이 때문이다. 인간사의 모순과 괴리에 맞서 발로되는 황진이의 달관과 절제의 미덕이 적잖이 암시되고 있다.

5. 이사종과 계약 동거, 사랑을 알게 되다

이름 있는 학자나 선비라도 기생을 사랑한 나머지 명예를 잃고 몸을 망치며 죽음에 이르기까지도 하였으나 많은 사대부들은 기생을 진실로 사랑하기보다 몸을 탐냈다고 할 것이다. 기생도 마찬가지여서 한 남자와의 인연을 평생 지키려 하기도 했지만 많은 기생들은 남자와의 관계를 일시적인 것으로 간주하기 일쑤였다. 재물을 탐하거나 용모에 이끌리어 잠자리를 같이했고 위압에 굴복하여 몸을 허락해야 하는 경우도 있었을 것이다. 더구나 시대가 만들어놓은 제도적 한계 속에서 기생들은 불만이 있어도 반발하기 힘들었다.

그러나 조선 중기의 기생 황진이의 인식과 태도는 달랐다. 소세양은 학식과 벼슬이 높고 율시에 뛰어나며, 벽계수 또한 신분상 명성이 있고 거문고 솜씨가 빼어난 인물이었다. 이렇듯 풍류가 있는 사대부들임에도 그녀가 진정으로 마음을 열지 않았던 것은 재주만 믿고 대드는 안일과 음흉이 목격되었기 때문이다. 사특과 오염의 기운은 풍류객의 한계를 벗어나지 못한 채 예리한 황진이의 검증을 통과하지 못하였다. 시와 음악에 출중한 풍류인들에게 순수와 진실이 있었다면 황진이가 그토록 허탈하지는 않았을 것이다.

한양 제일 소리꾼과의 만남

풍류를 원하고 명사를 찾아 세속에서 맴돌다 황진이가 만난 사람이 이사종이다. 그는 당시 한양 제일의 소리꾼으로 선전관[34]이었다. 『어우야담』(인륜편)을 보면 이사종이 27세에 공무를 띠고 중국 사신으로 떠나던 중에 개성을 지나다가 천수원이라는 냇가에서 말을 매어놓은 뒤 관을 벗어 배 위에 올려놓고 잠시 누워서 노래를 부르고 있었다. 그런데 그 노랫소리가 너무나 출중한 나머지 지나가던 황진이가 그 노래에 빠져들었다. 황진이가 "이 노래의 가락은 매우 기이하니 필시 보통 시골 사람이 부르는 비루한 곡이 아니다. 내가 듣기에 한양에 풍류객 이사종이라는 사람이 절창이라고 하던데 그 사람의 것임이 분명하다!"라고 말했다. 그리고 사람을 시켜 사실 여부를 알아보게 하였는데 노래를 부른 이가 정말 이사종이었다. 그 후 황진이는 이사종을 찾아가 마음속의 이야기를 나누며 서로 친해지게 되었다. 그녀는 정성을 다해 이사종을 자기 집으로 초대하여 여러 밤을 함께 지냈다.

며칠이 지난 뒤 황진이는 당돌하게 "그대와 6년을 함께 살고 싶습니다."라고 말했다. 만나고 헤어지며 선택하고 버림에 있어 황진이는 자기 의지가 분명했다. 이튿날부터 개성을 떠나 이사종의 집에서 살림을 시작했다. 3년 동안 그녀는 이사종은 물론 그의 부모와 처자까지 먹여살렸으며, 그

34　왕을 가까이 모시는 무관직이다.

렇게 3년이 지나고 나서 이사종은 은혜를 갚기 위해 3년 동안 황진이 일가를 책임졌다. 둘은 비로소 자신의 짝을 찾은 듯이 거칠 것 없이 아름다운 인연을 한껏 키워나갈 수 있었다. 이렇게 황진이는 당대 명창이었던 이사종을 만나 자신의 뜻대로 6년간 함께 살았다. 그들의 계약 동거를 오늘날의 예술가들은 프랑스의 사르트르(1905~1980)와 보부아르(1908~1986)의 계약 결혼보다 400여 년이나 앞선 경이로운 일이라며 황진이의 위상을 세계적인 대열에 올려놓기도 한다.

황진이는 권력을 가진 지배층의 비위나 맞추는 꼭두각시가 아니었다. 그렇다고 사대부들의 얄팍한 구애에 휘둘리는 노리개도 아니었다. 더구나 그녀는 몰지각한 무리들과 마구 섞여 놀지 않았다. 그녀는 지적 수준과 인간적 품위가 있는 사람들과 교류하면서 즐거움도 찾고 때로는 위로도 받았다. 물론 계층을 구분하지는 않았고 다양한 사람들과 만났다. 그런 가운데 신분과 관습 등을 뛰어넘는 이사종과의 계약 동거라는 파격적이며 순수한 사랑은 온 세상을 충격 속에 빠뜨렸다. 기생이란 사대부들의 성적 희롱의 대상이 되던 양반사회에서 황진이는 주체적으로 자신이 원하는 사람과 만나고 자신이 선택한 인생을 살았다. 황진이가 이사종을 만난 것은 관기를 그만 둔 뒤였다고 한다. 황진이는 이사종을 만나 뜨거운 정념을 불태워가는 6년 동안 조선 팔도를 유람하고 다녔다. 한양 제일의 소리꾼이라는 이사종과 조선의 명창 황진이와의 만남은 운명적이었다. 두 사람은 안이하게 개성에 머물지 않고 전국 방방곡곡을 돌아다니며 의미 있는 여정을 보냈다. 단순히 예술적 동지일 뿐만 아니라 속박에서 벗어난 영혼의 순수와 육체의 자유를 만끽하며 인생을 함께 했다.

그리고 마침내 약속된 6년이 되어 황진이는 깨끗하게 헤어졌다. 이사종 또한 다른 사대부들과 달리 약속을 받아들이고 깔끔하게 떠나는 도량을 보였다. 동거가 끝나던 해 겨울이 오기 전 남녀 이별의 상징적 장소인 남포에서 둘은 헤어졌다. 마침 그 무렵 황진이의 어머니가 매독에 걸려 **뼈**

와 살점이 떨어져 나가 썩어 문드러지는 고통 속에서 생을 마감했는데, 이때 황진이는 어머니의 치료비를 대느라 이사종에게 큰 신세를 져야 했다고 한다.

진실한 사랑을 구가

성장 및 창조의 아픔은 필수적이다. 특히 삶에서 사랑은 물론 예술이나 학문의 경우 고통이 훨씬 크다. 황진이와 이사종은 진심으로 사랑했기에 호된 아픔을 겪으며 헤어져야 했다. 그리고 홀연히 떠났던 황진이가 다시 그리움에 싸여 아래와 같은 시를 지었다고 하니 이는 가볍게 볼 수 있는 일이 아니다. 권위를 앞세우는 사대부들과 달리 솔직한 태도를 지닌 이사종에게 황진이는 쉽게 마음을 열 수 있었고, 떨어져서도 잊혀지는 것이 아니라 시간이 흐를수록 그리움이 더해졌던 것이다. 비로소 사랑이란 이성적 판단을 넘어서는 열렬한 감성적 세계임을 체험하게 되었다.

감정의 동요 때문에 겪어야 하는 회한은 황진이가 극복해야 할 최대의 과제가 아니었을까? 헤어져야 했던 일시적 감정을 극복하고 불변적 진실의 구현을 염원하는 의지적 측면이 포착되기 때문에 그녀의 삶에 더욱 새롭고 신중한 접근이 요구된다. 오랜 시간 쌓아온 애정을 갈무리하는 차분함과 인간 본연의 다정스러움이 집약되는 국면이다. 고통을 넘으면 힘이 생기듯이 곤혹스러운 시간을 견딘 끝에 비로소 갖게 된 큰 기쁨을 발견하게 된다. 애정의 진솔함과 함께 진지한 삶에 대한 추구가 내면화되고 있는 황진이의 깊은 심리를 엿볼 수 있다.

인연을 만나 사랑을 이루고 사랑을 바탕으로 연시를 지으면서 황진이는 조선 최고의 시인이 되었다. 그녀가 이사종과의 사랑을 솔직하면서도 열정적으로 노래한 아래의 "동짓날 기나긴 밤……"은 오늘날까지도 애송되는 걸작이다. 흔히 시의 표현 기교를 설명하면서, 객관적으로 묘사된 소재가 서정적으로 주관화되었을 때에 그 주제의 상징성을 뚜렷이 이해할 수 있다고 하면서 이 작품을 예로 들기도 한다.

> 동지(冬至)ㅅ달 기나긴 밤을 한 허리를 둘헤내여
> 춘풍(春風) 니불 아래 서리서리 너헛다가
> 어론 님 오신 날 밤이여든 구뷔구뷔 펴리라[35]

　오만한 남성들에게 잔인하게 조소를 보낸 황진이였지만 순수한 사람에게는 그리움에 눈물로 베갯잇을 적신 애틋한 여인이기도 했다. 더구나 황진이의 그리움과 기다림은 초조하고 경박하지 않으며 오히려 진중하기 그지없다. 기나긴 겨울밤을 비축해놓았다가 임이 오시면 쓰겠다고 하는 은근하면서도 절제된 어조가 그녀의 마음을 잘 전달하고 있다. 다행스럽게도 자하 신위(1769~1845)는 이 작품을 한문으로 번역하고, 평하기를 '절묘하다'고 한 바 있다(『조선해어화사』 30장). 자하는 조선 500년 문예를 집대성한 대가요 19세기 시단에서 가장 큰 영향력을 발휘한 것으로 평가받는 인물이다.

　겨울밤의 한 중간을 잘라내 두었다가 임이 오시는 짧은 봄밤에 이어붙이겠다는 생각은 우리를 가슴 설레게 한다. 남녀의 사랑이 감각적으로 묘사됨에도 불구하고 저속하게 느껴지지 않는 것은 바로 황진이의 청정하고 고매한 정신세계가 육화되어 표출되기 때문이다. 공간 감각과 관련되는 어휘들의 사용도 신선하다. "허리", "춘풍", "니불", "서리서리", "구뷔구뷔" 등의 어휘들이 포근하고 넉넉한 이미지를 자아내기 때문이다. "밤", "허리", "니불", "어론 님" 등 잠자리와 관련된 어휘들의 사용도 자칫 음심을 유발할 수 있지만 전혀 그러한 분위기를 느낄 수 없는 것은 탈속적 인생관이 작용한 결과이다. 또한 "기나긴 밤", "서리서리", "구뷔구뷔" 등의 어휘들이

35　『진본 청구영언』 442 ; 『일석본 해동가요』 451.

갖는 지속적 가치의 표상은 매우 적절하다. 아름다운 만남, 사랑의 실천을 구가하는 이 작품의 통사적인 맥락 속에 순수와 진실, 그리고 원만함과 진지함 등이 농밀하게 배어 있다.

그러나 무엇보다 황진이의 이 작품에서 내용에 대한 합리적인 접근을 위해서는 "오신 날"에 해석의 초점이 놓여야 할 것이다. 이별과 상실의 "기나긴 날"과 상치되는 만남과 사랑의 "오신 날"이야말로 화자가 지키고 있어야할 위치이기 때문이다. 일찍이 "어론 님 오신 날 밤이여든"이라는 말에는 기다려지는 마음과 함께 임이 오시게 되어 있다는 전제가 내포되어 있다고 지적되기도 했다. 그만큼 '정든 님 오신 날 밤이거든'이라는 말에서는 표면적으로 '임이 오신다는 것'이 가정의 정황인 것처럼 느껴지지만 실제로 황진이의 심층적인 의도는 그렇지 않았다.

그녀의 간절한 마음이 시사하듯이 오직 사랑하는 임과 기쁨을 함께하며 행복한 인생을 가꾸겠다는 의지적인 발상이 엿보인다. 길고 지루한 부정적인 상황조차 애틋하고 푸근한 시간으로 전환시킬 수 있는 인식이 드러난다. 가거나 말거나 하는 식의 방관자적 태도는 물론, 돌아오지 않을 임을 막연히 기다리면서 눈물짓는 행위는 상상하기 어렵다. 더욱이 강렬한 소신과 의지는 여성의 애처로운 처지와는 거리가 있다. 임이 온다는 사실에 대해 의심하지 않고 임을 맞이하기 위한 정성 어린 마음과 기대에 부푼 환희가 유로될 뿐이다. 임과의 관계를 주도하는 적극적인 면모가 확연하다.

황진이의 성격은 우유부단하지 않았다. 오히려 그녀에겐 자기 생각에 충실할 정도로 활달한 면이 있었다. 그리하여 예정된 동거를 끝내고 약속대로 과감하게 떠날 수 있었다. 그런데 이러한 단호한 태도만큼이나 그녀에게서 감정을 극복하고 진실에 다가가려는 노력과 의지가 엿보이기 때문에 황진이를 이해하기 위한 참신한 시각이 필요하다. '동짓달 기나긴 밤'의 '밤'이라는 시간을 제시하면서 작자가 피동적으로 부여받은 시간을 능동적으로 확장함으로써 고독을 이겨내려 했던 것도 의지의 발로다. 이 시가 창작되기에 이르는 과정을 감안할 때 더욱 황진이의 심리적 갈등을 짐작할 수 있고, 또한 감정의 일탈을 제어하려는 그녀의 집념도 쉽게 이해할 수 있다.

이사종과의 진정한 사랑을 읊은 위 작품은 황진이의 시 가운데서도 가장 매력적인 것으로 애창되고 있다. 소세양을 위해 지은 것이라든가, 심지어 어느 누구를 사모하여 지은 것이라고도 한다. 그러나 중요한 것은 황진이가 이사종과 맺은 인연은 그녀의 생애에서 시간적으로나 심리적으로 가장 오랫동안 안정적인 관계로 이어졌다는 사실이다. 황진이가 한 남성과 깊이 사랑을 했고 헤어졌다가 그 뒤에도 오랫동안 그리워했다고 하는 것은 예사로운 일이 아니다. 헤어지고 나서도 잊지 못하는 것을 보면 황진이가 얼마나 이사종을 절실히 사랑했는지 알 수 있다. 음악과 풍류로 이사종과 만남을 시작했던 황진이는 인품과 기개가 있는 그와 속 깊은 정을 나누면서 참된 사랑을 깨닫게 되었다. 황진이의 선택은 이렇듯 주체적이며 독실한 것이었다.

성별이나 신분의 높고 낮음이 문제가 되어서는 안 되며, 재주가 있다는 것만으로 인간이 존중받을 수는 없다. 어느 자리에 놓이건 참다운 삶을 이룰 수 있는 태도와 양심이 문제이다. 황진이는 스스로 선택한 기생의 자리에서 바르게 살려고 애썼을 뿐이다. 기생이면서도 완강히 부정한다고 달라지는 것도 없고 아닌 척 피하려고 하는 것은 오히려 허약한 모습만을 부각시키는 것임을 그녀는 잘 알고 있었다. 그런 가운데 황진이는 이사종을 만나 따뜻한 사랑을 했고 행복을 느꼈다. 이사종은 단순한 애정의 대상이 아니라 순수한 인간이었다.

6. 이생과 동행, 자유를 만끽하다

황진이가 비록 기생이었고 남성들과 빈번히 교류할 수밖에 없었지만 그녀의 삶을 남녀 관계나 애정 문제에 국한시켜서는 안 된다. 그녀는 제도와 인간에 구속되고 의존하는 자아 박탈과 정체성 상실의 어리석음을 배척하였다. 비록 한계를 지닌 인간이지만 자신의 의지와 능력에 의해 주체적으로 살아야 한다고 생각했다. 그녀에게는 자유로운 기질과 고상한 성품이 내면에 차고 넘쳤다. 무엇보다 황진이는 늘 사회적 존재로서의 강직한 삶을 지향하며 동경했다. 그리고 그러한 관점을 공유할 수 있는 보편적 인간에 대해 깊이 성찰하고 고민하였다.

자유정신의 분출

일찍이 황진이는 타고난 신분의 질곡에서 벗어날 수 없음을 깨닫고 스스로 기생의 길을 가기로 작정했다. 게다가 처녀의 몸으로 모르는 사내의 시신에 옷을 덮어주면서 평탄할 수 없는 운명을 예견하고 확고하게 기생의 노정으로 접어들었다. 황진이처럼 양민이 자발적으로 기생이 되는 경우는 거의 없는 일이다. 많은 남성들과 교류하는 기생의 분주한 생활 속에서 그녀는 고단하지 않을 수 없었다. 가무와 음률만으로 자신이 사는 암울한 세태를 감내하기에는 부족함이 있었다. 때로는 허무한 현실에 놓인 자신의 처지를 발견하면서 극도로 우울해지기도 했다. 이럴 때면 탈속의 경지를 동경하는 타고난 자유정신이 끓어오르기도 했고, 한편으로 인생의 새로운 변화에 빠져들 수 있는 기회가 되기도 했다.

황진이는 비록 화류계에 몸을 담고 있었지만 품성이 고결하여 화려하게 꾸미는 것을 좋아하지 아니했다. 관아의 술자리에 나갈 때도 머리를 빗으로 다듬고 세수만 하였을 뿐 얼굴에 분도 바르지 않고 옷을 갈아입지도 않았다. 또한 질탕한 것을 싫어하여 시정잡배들이 천금을 준다 해도 돌아보지 않았다(이덕형, 『송도기이』).

그녀는 맑은 영혼의 선비들과 교유하는 것을 좋아하였고 음률에 있어 재능을 발휘하며 당시(唐詩)를 감상하는 것을 즐겼다. 당시는 운치가 뛰어나기 때문에 우아하고 온화한 느낌이 들며 공허하고 신령스러운 기상도 있다. 분명 황진이는 천한 기생이지만 오히려 일반 여성들보다 더 순수하게 자기만의 개성을 가지고 강인한 의지대로 살고자 노력했던 인물이다.

허균이 "황진이는 성품이 쾌활하여 남자와 같았으며 거문고를 잘 타고 노래를 잘하며 일찍이 산수 간에 놀기를 좋아하였다."(『성옹지소록』 하)고 말한 바와 같이 그녀에겐 활달한 기개가 돋보였다. 당시 뭇 여인들이 지켜야 하는 인종의 미와는 거리가 있었다. 황진이는 일찍부터 '맹자'를 숭앙하며 호연지기를 길러 세상에 나아가야 한다는 생각을 지니고 있었다. 드디어 그녀가 바라던 좋은 기회가 왔다. 원하는 목표대로 살기 위해서는 그에 맞는 적절한 방법이 필요하다. 득도, 즉 도를 깨닫기 위해서는 길을 나서야 했다.

금강산 여행

광활한 대자연의 기운을 마시며 산수 간의 풍광을 즐기고 싶어 하던 황진이는 나이가 들어가는 서른 이후 금강산을 비롯하여 태백산, 지리산을 거쳐 금성(전라남도 나주의 옛 지명)으로 돌아오는 유랑, 즉 무전여행을 떠나기로 결심하였다. 풍광 좋은 산천에서 시를 읊조리며 놀고 싶다는 제자 증점을 부러워한 성인, 공자를 떠올리기도 했을 것이다. 아마도 이 여정은 전국의 명산을 돌아다녔던 스승 서경덕이 갔던 길인지도 모른다. 황진이는 화담 서경덕의 발이 닿았던 금강산, 속리산, 지리산 등을 찾아다녔다.

이번에 떠나는 여행과 관련하여 유몽인의 『어우야담』(인륜편)에 상세히 기록되어 전하고 있다. "진이는 금강산이 천하의 제일 명산이라는 말을 듣고 한 번 두루 속세를 떠나 놀고자 하였으나 같이 갈 사람이 없었다. 이때 이생(이생원)이라는 사람이 있었는데 그는 재상의 아들이었다. 그는 호탕하고 소탈하여서 함께 세상 밖을 유람할 만하였다." 황진이는 생각과 행동에 속기가 없다고 알려진 이생을 불러 동행하기로 마음먹은 것이다. 이생은 원래 양반집 아들이지만 아버지에게 크게 실망한 후 집을 나와 자신의 의지대로 떠돌며 살았다고 할 수 있다. 김탁환에 의하면 기묘년에 이생의 아버지는 정암 조광조(1482~1519)의 당으로 몰려 벼슬을 잃고 목숨이 위태로울 것을 염려하여 조광조가 당을 지어 나라를 어지럽히고 왕이 되려 한다는 거짓 상소를 가장 먼저 올렸다고 한다.[36]

방랑기가 좀 있어 보이는 부잣집 건달 같은 이생에게 황진이는 점잖게 요청을 했다. "내가 들으니 중국 사람들도 우리나라에서 태어나 한번 금강산 보기를 소원으로 여긴다고 합니다. 하물며 우리들은 본토에서 나고 자라서 신선이 머문다는 산을 지척에 두고도 그 참모습을 보지 못한다면 사람으로서 면목이 서겠습니까? 이제 내가 우연히 신선 같은 도령을 만나게 되었으니 함께 산을 유람하는 것이 정말 좋을 듯합니다. 갈건야복 차림으로 뛰어난 경치를 샅샅이 둘러보고 오면 즐겁지 않겠습니까?" 신선을 숭모하는 마음으로 산에 들어가고자 했던 그녀의 태도에서 도교적 취향을 느끼게 된다. 도교적 자연관에서 자연은 자체의 오묘한 질서가 유지되는 곳이다. 이 관점으로 볼 때는 물아일체가 되고, 인간이 자연에 순응 또는 몰입하게 된다.

하인을 대동하려는 이생을 말리면서 황진이는 조촐한 차림으로 여행의 참맛을 느끼고자 했다. 이생은 삿갓을 쓰고 거친 베 옷을 입고 양식 보따리를 등에 졌으며, 황진이는 베 적삼에 무명 치마를 입고 여승이 쓰는 송라를 썼으며 짚신을 신고 대나무 지팡이를 짚었다. 그렇게 검소하고 간편한 복장을 하고 두 사람은 산으로 들어가 속속들이 이르지 않은 곳이 없었

---

36   김탁환, 앞의 책, 212쪽.

다. 떠날 때는 이생이 먹을 것을 적잖이 짊어지고 갔으나 여행 도중 양식이 그만 다 떨어지고 말았으며 옷과 신발이 해지면서 두 사람의 행색은 거지 꼴에 가까웠다. 그러나 그들은 개의치 않고 산의 곳곳을 하나도 남김없이 보고자 산행에 열정을 쏟으며 유람 생활을 이어갔다. 며칠씩 굶고 돌아다니다 마을이 나타나면 이생은 구걸을 했고 황진이는 끼니를 위해 절에 들어가서 몸을 팔아야 했다. 굶주림에 지치면서도 금강산 유람을 끝까지 강행하는 의지적 모습이 영웅호걸답다.

가다가 한 곳에 이르니 시골 선비들 10여 명이 마침 시냇가 소나무 숲에서 잔치를 벌이고 있었다. 황진이가 다가가서 큰절을 하니 선비 하나가 술을 권하였다. 사양치 않고 술을 한 잔 얻어 마신 황진이는 노래로 답했다. 소리가 깨끗하고 가락이 높아 숲을 진동시켰다. 노랫소리가 맑고 커서 깊은 숲 속까지 울렸다고 하니 여기서도 그녀가 얼마나 노래를 잘 불렀는지 확인할 수 있다. 두 사람은 선비들이 권하는 음식을 얻어먹으며 산을 마음껏 돌아다녔다. 아무런 욕심 없이 발길 닿는 대로 유랑하는 가운데 진정한 평안을 느끼며 신선한 자유를 구가했다. 이때 양쪽 집안에서는 이들이 간 곳을 모른 채 자취도 찾지 못하고 있었다. 일 년 남짓 그렇게 돌아다니다가 다 해진 옷에 시커먼 얼굴로 이들이 돌아오니 이웃에서 보고 크게 놀랐다고 한다.

구도자의 길

황진이의 의식과 행동은 일상을 해체하고 세속을 부정하는 꿈의 연장이었다. 기행에 가까울 정도로 현실에 얽매이지 않고 참신하게 자기 식대로 삶을 결정하고자 하는 태도가 강렬했다. 때로는 위험에 직면하고 회한을 낳기도 했으나 황진이는 일반 여성들이나 다른 기생들과는 분명 차별화되는 모습을 보였다. 여자로서 기생으로서 얼굴만 예쁘게 가꾸고 순종의 미덕이나 발휘하며 사는 생활을 팽개치고, 인생의 의미에 대한 진지한 물음을 안고 길을 떠나는 선각자요 구도자였다. 참된 자아를 깨닫기 위한 구도의 과정은 고행의 연속이었다. 그녀에게는 삶을 역동적으로 변화시켜가는 용기가 있었고 생활 패턴을 파격적으로 전환시킬 수 있는 지혜가 있었다. 타고난 성향을 기반으로 구축해온 자기 삶에 대한 선택과 책임은 그녀에게 닥치는 많은 고행을 당당하게 자기 방식으로 헤쳐 나갈 수 있었다.

명산대천을 두루 살피며 호기를 느끼고 싶어 하던 황진이는 남쪽으로 내려오면서 태백산과 지리산을 찾아서도 자신이 원하는 감회를 얻을 수 있었다. 황진이는 지리산을 신선들이 머무는 곳이자 선비의 기상이 서린 곳이라 보았다. 단순히 높고 클 뿐만 아니라 층층이 일어나는 구름에 마음이 깨끗하게 씻긴다는 생각에서 산을 중하게 여겼다. 자유로운 행동만큼이나 불안한 상황에 부딪치기도 했으나 내면에서는 깊은 감동이 일어났다. 물론 이생도 황진이와 함께 지리산까지 동행하였으나, 그다음 산을 내려온 후 자유로운 유람과 방랑의 고단함을 견디지 못하고 다시 지긋지긋한 속세로 도망치고 말았다고 한다. 여행이 끝나고 아무 미련도 없이 서로 헤어졌다고 말하기도 하나 미련이 쉽게 사라지지는 않았다.

한편으로는 이생이 황진이에게 같이 살자고 하자 황진이가 나이 40이 되었을 때도 나랑 살고 싶으면 그리 하겠다고 했고 이생은 정말로 기다렸다고 한다. 그리하여 황진이는 이생이랑 같이 살려고 했는데 그만 황진이가 병에 걸리고 말았으며, 죽기 전에 자신 때문에 이생을 사랑하지 못한 사람이 있었을 것에 대해 안타깝다고 하면서 생을 마감했다고 한다.

호방한 성격에 자연을 좋아했기에 그녀의 발길이 닿지 않은 데가 거의 없다. 황진이는 애초의 계획대로 꿋꿋하게 지리산까지의 산행을 마치고 나주로 돌아왔다. 그녀의 생애에서 가장 매혹적인 이야기는 이 나주를 무대로 삼고 있다고도 한다. 『성옹지소록』(하)에서는 이 시기에 있었던 일을 다음과 같이 기록하고 있다.

황진이가 일찍이 산수 사이를 노닐 적에 풍악산[37](금강산)으로부터 태백산과 지리산을 거쳐 나주에까지 이르렀다. 고을 수령이 사신을 위해 연회를 베푼 자리에 많은 기생들이 줄을 지어 앉아 있었다. 그 속에 황진이는 해진 옷과 때 낀 얼굴로 끼어 앉아 이를 잡으며 태연자약하게 있었다. 그녀가 주연의 자리 앞에 나와서 거문고 연주를 하면서 노래를 부를 적에 조금도 부끄러워하는 빛이 없으니 뭇 기생들이 기가 죽었다.

관에 매여 있는 기생의 처지로 수령이 베푼 잔치에 화장도 않고 다 떨어진 옷을 입고 나갔다는 것은 생각하기 어려운 태도이다. 그러나 처음엔 잔뜩 못마땅한 표정들을 보이던 좌중의 사람들이 "들어보지 못하던 거문고 소리요, 절창이로다."라고 감동하지 않을 수 없었다. 동료 기생들의 입은 벌어지고, 사대부들은 호기심을 갖고 몰려들었다. 관아에서 거지 꼴로 거문고를 연주하고 노래를 부른 것도 집에 돌아올 여비를 마련하기 위한 것이었다고 한다. 기생 황진이는 세상이 말하는 일상적인 안녕과 행복을 누리지는 않았지만, 조선에서 가장 자유롭고 멋진 여자였는지도 모른다.

금강산 여행을 마치고 얼마 지나지 않아 죽게 된 그녀는 외롭게 태어나 외롭게 살다 죽은 고독한 여인이었다. 그러나 태어난 이후의 고독한 삶은 전적으로 그녀의 선택이었다. 그만큼 자존감이 강했고 그를 뒷받침할 만한 능력과 용기가 있었다. 그녀는 자유를 위해 모든 세력과 맞서 대결하고 극복해 갔던 진정한 자유인이었다. 그녀에게는 늘 새로운 인간세상을 그리워하는 자유가 꿈틀거렸고 그만큼 고독했다. 그러나 '덕이 있으면 외롭지 않으며 반드시 이웃이 있다.'[38] 그녀는 순수한 이성과 풍류가 있다면 그

---

37 금강산은 사계절의 변화에 따라 그 풍광이 달라져 판이한 정취를 주기 때문에 계절에 따른 명칭이 있다. 봄에는 산 전체가 새싹과 꽃에 뒤덮이므로 금강이라 하고, 여름에는 봉우리와 계곡에 녹음이 깔리므로 봉래(蓬萊)라 하고, 가을에는 온 산이 단풍으로 곱게 물이 드므로 풍악이라 하고, 겨울이 되어 나뭇잎이 지고 나면 암석만이 앙상한 뼈처럼 드러나므로 개골이라고 한다.

38 德不孤必有隣, 『論語』里仁篇.

누구와도 함께 했다. 그녀는 남사당패와도 오래 가까이 지냈다.

황진이는 여행을 비롯하여 사랑과 예술과 삶을 통해 자유와 풍류를 실천하고자 했다. 무엇보다 그녀는 사회적 신분과 인간적 모순의 벽을 넘어 아름다운 세상을 꿈꾸었을 것이다. 이 새롭고 아름다운 인간세계가 그녀가 가고자 했던 자유와 풍류 지향의 길이었다.

7. 지족선사의 파계, 인간을 돌아보다

황진이는 주로 학자나 문인들과 교유하며 개방적인 도량과 의기를 비롯하여 드높은 식견과 빼어난 재능으로 그들을 매혹시켰다. 더구나 중종 시절 '살아 있는 부처'라 소리를 듣던 천마산 지족암의 지족선사[39]의 도심을 시험하기에 이르렀고 그녀의 뜻대로 지족선사는 황진이의 미모에 넘어가고 말았다. 선사를 유혹하려 간 것이 아니라 허약한 심신을 위로받기 위해 찾아갔다는 설도 있다.

고승 및 불교계에 대한 비판

지족선사와 관련된 일화가 기록으로는 남아 있지 않은 편이다. 다행히 허균의 『성옹지소록』(하)에는 황진이가 입버릇처럼 말했다는 짧은 인용문 하나가 있어 눈길을 끈다. "지족 노선사가 30년 동안 면벽했지만 내게 짓밟힌 바 되었다. 오직 화담선생만은 접근하기를 여러 해에 걸쳤지만 종시 어지럽지 않았으니 이는 참으로 성인이다."가 바로 그것이다.

30년 동안 벽만 바라보며 수행을 해왔던 저명한 고승이 한순간에 파계를 했다고 하면 그에게 접근했던 황진이의 용모와 미색이 얼마나 매력적

39　지족암에 있던 만석선사를 세상에서는 지족선사라 일컬었다고도 한다.

이었는지 짐작이 간다. 속설에 의하면 지족선사의 소문을 들은 황진이는 장난기가 발동하여 자기 혼자서 스님이 기거하는 산에 올라갔는데, 그날 마침 비가 많이 내려 옷이 흠뻑 젖어 찾아갔다고 한다.

　지족선사가 독경하고 있는데 소복한 여인이 법당 앞을 지나갔다. 첫날은 거들떠보지 않았던 선사가 다음 날에는 사뿐사뿐 걷는 여인의 뒤태를 힐끗 쳐다봤고 다음 날에는 살짝 눈에 비친 여인의 옆모습에 놀라 크게 헛기침을 하고는 나무아미타불을 외웠다. 그다음 날부터는 자꾸만 그녀 생각이 떠올라 머리를 내저으며 목탁을 두들겨댔다. 그런데 선녀처럼 어여쁜 그 여인이 다가와 말했다. "소녀는 장원급제한 남편이 결혼 1년 만에 죽어 49재를 드리러 왔습니다. 도력이 높으신 선사님을 흠모하여 이 절을 찾아 왔사오니 불도로 이끌어주옵소서." 선사는 매일 그녀에게 불경을 가르치지만 잿밥 생각에 괴로웠다. 며칠 후 다시 소나기가 퍼붓는데 그녀가 마당을 걸어가고 있었다. 비에 젖은 소복이 착 달라붙어 속살이 다 들여다보이는 듯 황홀했다. 어둠이 내리기 무섭게 선사는 참지 못하고 그녀를 찾아가 사랑을 고백했다. 그녀는 기다렸다는 듯이 받아주었다. 선사는 옷을 벗고 달려들었다. 그러자 그녀는 나긋이 몸을 비틀면서 사정하였다. "스님, 소녀도 스님을 향한 정념으로 잠을 이루지 못한 채 밤을 밝혀오고 있습니다. 부디 하룻밤만 참아주세요. 오늘이 죽은 지아비의 49재가 끝나는 날이옵니다. 기다리고 있을 테니 내일 밤 제 침소로 오세요." 하루를 천년같이 기다린 선사가 다음 날 밤 달려갔다. 그러나 그녀는 보이지 않고 속옷만 덩그러니 남아 있었다. 그 후 개성 저잣거리에는 벌거숭이 중이 미친 듯이 ○○이의 이름을 부르면서 헤매고 다녔다. 그녀는 물론 황진이였다는 것이다.

　도덕성 회복을 강조했던 조선 후기 실학자 형암 이덕무(1741~1793)의 『청비록』(『청장관전서』 32권)에도 해가 질 무렵 황진이가 비를 피하기 위해 선비의 집을 찾아 들었던 이야기가 실려 있다. 이런 것을 보면 그녀가 사

기생, 노래를 팔지언정 몸은 팔지 마라

228

회 명사들을 시험하고 조롱하는 것들이 완전히 근거 없는 일이 아님을 짐작게 된다.

김탁환의 주석 있는 소설(『나, 황진이』, 248~250쪽)을 보면 약간 다른 느낌이 든다.

> 지족선사는 30년 면벽수행의 고집이 보이지 않을 만큼 부드럽고 친절한 분이었지요. …… 사흘을 그곳에서 묵었지요. 지족선사와 나눈 말들을 일일이 기억할 수는 없지만 떠오르는 풍경은 하나 있습니다. 둘째 날 오후부터 가랑비가 내렸습니다. 지족선사는 손수 푸르게 피어나는 안개와도 같은 차를 끓였지요. 솔잎차를 앞에 놓고 빗방울에 빗대어 서로의 마음을 떠보았답니다. 불제자는 빗방울로부터 벗어나려 했고 나는 그 빗방울을 온몸으로 맞으려 들었지요. 빗방울에 사로잡히면 모든 것에 사로잡힌다고 하기에 빗방울 하나도 잡지 못하는 이가 어찌 억겁의 연을 끊을 수 있겠느냐고 따졌답니다. …… 소승이 억겁의 악연을 홀로 마음에 묻는 법을 가르쳐드리겠소이다. 누추하지만 이곳에 머물러 정진하시지요. 지족선사는 진심으로 나를 걱정하였습니다만 나는 오히려 그가 염려스러웠습니다. 심하게 흔들리는 것도 문제지만 미동도 없이 송장처럼 꼿꼿한 것도 위험하니까요. …… 비가 그치자 찻잔을 내려놓으며 작별의 인사를 건넸지요. …… 몇 달 후 지족선사의 파계 소식을 들었답니다. 그것이 과연 풍문대로 황모 때문인지 속세에 들지 않고는 풀지 못할 화두가 있었는지 모르겠네요.

남자들 사이에서도 한 여자를 놓고 누가 먼저 유혹할 수 있느냐 하는 내기를 할 수 있듯이 당시 기생들 사이에선 누가 과연 지족선사를 꺾을 수 있느냐 하는 내기를 한 것으로 보인다. 도력이 높다고 알려진 스님이 있다면 여인들은 가만 내버려두지 않는다는 속설이 있었기 때문이다. 세간의 추앙을 받으면서 교만에 길들여져 있던 지족선사가 황진이를 만난 후 번뇌의 껍데기를 벗고 깨달음을 얻었다고도 한다.

물론 황진이의 개별적인 행동으로서 그녀가 지족선사 개인을 파계시켰다고 할 수 있다. 그러나 특정한 인물의 한계와 그에 대한 접근보다는 지족선사로 대표되는 불교와 수행자들의 문제로도 볼 수 있다. 본질적인 구도의 역할을 다하지 못하고 인간의 욕망을 제어하도록 이끌지 못하는 데 따르는 사회적 불만이 숨어 있다고 본다. 선사의 '지족(知足)'이라는 법명도 의미 있는 말이다. '족함을 안다'는 것은 욕심을 절제하는 것이요 그런 과정을 통해서만이 원하는 좋은 결과를 얻을 수 있음은 당연하다. 이름과 다른 실체에 비난은 따르기 마련이다. '십 년 공부 도로아미타불'이라는 말도 여기서 나왔다는 것이 아닌가.

가령, 조선 순조 때 횡성에 살던 이선략이 평양기생과 함께 금강산 입구에 기방을 차리자, 금강산 안에 있는 3대 사찰인 유점사, 장안사, 정양사 등의 승려들 중 돈이 많고 바람기 있는 스님들이 그 기방에 돈을 다 털어 넣었다고 한다. 실학자 이덕무가 전하는 음란한 '만석놀이'도 개성에 있는 대흥사의 중이 황진이의 계략에 넘어가 파계된 사실을 희롱하는 내용(『사소절』권7)이다. 이를 보면 황진이가 당시 품고 있던 양반이나 승려 같은 명사들의 허위의식에 대한 비판적 감성을 쉽게 엿볼 수 있다.

황진이는 자신의 처지와 상대의 입장을 "청산"과 "녹수"에 비유하고 싶었을 것이다. 청산이 자신이라면 녹수는 지족선사를 가리킨다.[40]

> 청산(靑山)은 내 뜻이오 녹수(綠水)는 님의 정(情)이
> 녹수 흘러간들 청산이야 변(變)홀손가
> 녹수도 청산을 못 니져 우러 예어 가는고[41]

오랫동안 수도에만 전념해온 고승을 몰락시키고 이별한 후에 지은 것

40 이화형, 「황진이의 시적 진실」, 『외대어문논총』 제8호, 경희대학교 외국어대학, 1997, 420쪽.
41 『대동풍아』 128, ; 『근화악부』 251.

으로 알려진 만큼 그리움과 슬픔이 곡진하게 나타났다. 물론 위 작품에 대해 더러는 황진이가 서경덕을 위해 지은 것이라고도 하며, 뿐만 아니라 작가가 분명하지 않다고도 한다. 그러나 큰 문제는 청산과 녹수의 성격에 어떠한 차이가 있는가 하는 것이다. 황진이는 자신을 직접 청산에 비유하고, 임을 단순히 녹수에 비유하지 않았다. 나의 뜻이 청산이요, 임의 정이 녹수라 한 사실에 주의를 기울이지 않을 수 없다. 이에 따라 시의 해석에 있어서도 뜻과 정의 대립에 초점을 두지 않으면 안 될 것이다. 그녀가 단순히 산과 물의 우열이 아니라 산의 불변성과 물의 가변성을 문제 삼았음을 다시 확인할 수 있다.

뜻은 상황을 극복하는 의지적인 것인 데 비하여 정은 상황에 따라 변하는 감성적인 것이다. 다시 말해 뜻이란 이성의 영역으로서 황진이에게 있어서는 삶의 목표를 이룩하는 가늠자와 같은 것이었다. 냉정한 이타주의자라는 말이 있듯이 남을 돕고 좋은 일을 하는 것도 선의나 열정이 아니라 이성과 과학으로 가능케 된다는 주장을 환기시킨다. 황진이는 선의를 올바른 방향으로 이끄는 것은 냉정한 이성임을 깨닫고 있었다. 아니다 싶으면 포기하는 것도 용기라고 하나 포기를 자주 하면 습관이 되어버린다. "여우 피하다 호랑이 만난다"고 하듯이 나약한 정신으로는 아무것도 할 수 없다. 황진이는 강인한 의지의 발현을 인간 본질을 구현하는 수단으로 인식하였다.

사실 인간의 강력하고 견실한 의지는 감성으로서의 정을 극복할 수 있다. 뿐만 아니라, 인간적 정리조차도 의지의 뒷받침을 통해서 생명력을 발휘하게 된다. 흔히 이별시의 경우 여성은 슬픔과 아픔이 증폭되는 가운데, 좌절감에 시달릴 수도 있다. 그러나 위 시에서 좌절과 체념의 애상적이며 소극적인 면모는 거의 찾아보기 어렵다. 오히려 결의와 신념이 의연히 표백됨으로써 한순간의 변화와 배신을 되돌릴 만한 자신감이 심층적으로 유로되고 있다.

기생이 사물로까지 인식되던 시기에 천한 기생일 뿐인 황진이가 이토록 열정적으로 개성 있게 자신을 표출한다는 것은 놀라운 일이다. 산을 사랑했던 황진이의 입장과 지향하는 뜻을 분명히 알 만하다. 그리고 산을 사랑하는 만큼 황진이는 도도하고 올올하다. 그러나 어쩌면 이는 청산처럼 변하지 않고, 변화무쌍한 녹수마저 자기 의지대로 바꿔놓겠다는 자신감보다도 청산과 같이 꿋꿋한 인간의 마음과 진실을 갈망하면서 변화에 익숙한 자들에 대한 분노와 경멸의 우회적인 표현일 수도 있다.

시에서 노래하듯 변하지 말아야 할 것이 변하고 말았다는 것은 심각한 문제다. 즉 수십 년 동안 면벽송경했다는 지족선사가 한낱 기생의 꼬임에 넘어가 파계한 것은 방만함과 경솔함에 기인한다. 성실한 태도와 강인한 의지만 있다면 인간의 한계는 얼마든지 극복할 수 있다는 황진이의 깊은 의도가 포착된다. 종장에 이르러 황진이는 '변덕스러운 정마저도 불변의 가치를 부러워한다'는 내면의 고백으로 강력한 의지의 승리를 선언하게 되었다. 어쩌면 애써 수도하는 고승이 범속적 인간으로 전락되는 허망하고 쓸쓸한 심정에 인간 본연의 모습을 그리워하고 있는지도 모른다.

자아의 성찰과 참회

그러나 그녀가 더 심각하게 느꼈던 것은 인간의 약점을 파고드는 자신의 어쭙잖은 행동이었다. 자존감이 남달랐던 황진이는 시간이 지난 후 이러한 인간사회에서 성행했던 경쟁 심리와 충동적 욕구에 따른 자신의 가벼운 행위에 참회하는 마음이 컸을 것이다. 인생의 궁극적 가치의 모색과 그 실현을 위한 치열한 성찰과 달리 자신이 보인 얕은 대중심리는 물론 남의 실수를 이끌어내는 잔인함에 스스로 몸서리치지 않을 수 없었을 것이다. 지존의 승려를 무릎 꿇게 한 데서 오는 정복감보다 "도끼가 제 자루 못 찍는다"는 속담처럼 오히려 자신의 경박함에서 오는 허무감이 더 컸을 것이다. 결과적으로 진실로 마음속에 믿고 싶었던 수도자의 고고함이 황진이에게 안타까움으로 돌아왔을 것이다. 아울러 뛰어난 장점에 맞먹는 결점을 갖지 않은 사람은 없다고 하듯이 고승을 농락해보려 했던 교활하고 오만한 태도 또한 부끄러운 일로 생각되었을 것이다. 황진이는 근원적인 인간에 대한 탐색과 더불어 신뢰가 사라진 현실에 직면하여 늘 괴로워했다.

음모와 계략이 난무하고 변덕이 들끓는 천박한 현실에서 찾고자 하는 삶의 진정성과 지고한 가치의 문제가 새롭게 대두된다. 인간의 위선과 불신을 경멸하는 황진이의 생각과 함께 신뢰 구현의 미래지향적 소망이 앞 작품 전체에 확산되고 있다. 가변적 감정과 세속적 욕심을 극복하기 위한 이성적 의지와 그를 통한 인간성 회복은 황진이가 의도했던 영원한 주제였다.

이렇듯 황진이는 애정을 찾기 위해 임의 감정에 호소하려는 감상적인 시도보다는 인간적 진실을 구원하기 위한 의지를 강조하려고 노력하였다. 물론 황진이에게서 인간의 감정을 도외시하는 태도를 발견할 수 없다. 오히려 그녀의 이성과 의지적 관심이 인간적 감성과의 상보적 관계로서 발로되고 있음을 깨달을 수 있다. 애정의 갈등을 문제시하면서 신뢰 구현의 의지적 가치를 모색하는 시적 구조가 그러하다. 이와 같이 황진이는 진실 회복의 의지적 관점을 살아 있는 인간적 감성을 보완하는 대안으로 인식했다.

8. 서경덕의 인품, 존재의 이치를 밝혀주다

화담 서경덕(1489~1546)은 조선 중기를 대표하는 훌륭한 선비이자 학자이다. 대학자라는 명성에 걸맞게 서경덕은 20세 때에는 잠자는 것도 먹는 것도 자주 잊은 채 사색에만 잠기는 습관이 생겨 3년이나 그렇게 지냈다는 일화도 있다. 그는 이념적 이(理)보다는 구체적 기(氣)를 중시하는 주기론(主氣論)의 선구자였다. 주기론자답게 그는 1506년 『대학』의 '치지재격물(致知在格物)' 조를 읽다가 "학문을 하면서 먼저 격물을 하지 않으면 글을 읽어서 어디에 쓰리오."라고 감탄하면서 천지만물의 이름을 벽에다 써 붙여두고는 날마다 힘써 탐구했다고 한다. 다시 말해 그의 학문은 일관되게 사물의 이치를 파고드는 것이었다. 만약 하늘의 이치를 궁구해야겠다는 생각이 들면 하늘 '천(天)' 자를 벽에다 써놓고 깨달음이 있을 때까지 정밀히 사색하고 힘써 탐구하였다. 그리하여 사물의 이치를 알아낸 연후에야 (남의) 책을 읽어 자신의 생각을 증명해내었다.

서경덕은 1519년 개혁정치의 선구자인 정암 조광조(1482~1519)에 의해 채택된 현량과(과거가 아닌 천거를 통한 인재 등용)에 수석으로 추천을 받았으나 사양하고 학문과 교육에 전념했다. 34세가 되던 해 그는 남쪽 지방의 수려한 곳을 유람하기 위해 길을 떠났다. 제자이자 기인인 토정 이지함(1517~1578)과 함께 지리산을 찾아갔다가 선비인 남명 조식(1501~1572)을 만나기도 했다. 1531년 43세에 생원시에 합격하고 성균관에서 수습을 하던 중에 개성으로 돌아와 송악산 자락의 화담[42] 옆에 초막을 짓고 일생을 학문에 집중했다. 서경덕의 호인 화담은 바로 이곳 지명에서 따온 것이다.

서경덕은 과거시험에 붙고서도 부패한 조정에 염증을 느껴 벼슬을 멀리하고 일생을 학문에만 몰두했던 큰 학자였다. 집이 극히 가난하여 며칠 동안 굶주려도 태연하게 도학에만 전념했고 제자들의 학문이 일취월장하는 것을 큰 즐거움으로 여겼다. 평생을 산속에 은거하고 살았지만 정치가 잘못되면 개탄을 금치 못하고 임금께 상소를 올려 비판하곤 했다.

서경덕에 대한 원망과 탄식

서경덕이 개성 부근의 성거산에 은둔하고 있을 때였다. 자연히 그의 인

---

42 화담(花潭)은 꽃 피는 연못이라는 뜻이다.

품과 학식이 인근에 자자하게 알려졌고 그 소문을 황진이도 듣게 되었다. 지족선사 등 내로라하는 남성들을 무너뜨린 기세를 몰아 황진이는 30세쯤 연상인 서경덕에게도 도전하기로 마음을 먹었다. 그리고 기생으로서 다른 선비들에게 썼던 수법으로 서경덕에게 접근을 시도했다.

유몽인은 자신이 지은 『어우야담』(인륜편)에서 다음과 같이 말한 바 있다.

> 송도의 이름난 기생 진이라는 사람은 여자 중에서 사소한 데 속박됨이 없고 책임감과 의리가 있었다. 황진이는 화담 서경덕이 처사로서 행실이 고상하고 벼슬에 나아가지 않았으며 학문이 정밀하다는 소문을 들었다. 그래서 그를 시험해보려고 여자로서 허리에 실띠를 두르고 『대학』을 옆에 끼고 찾아가 절을 한 뒤 말했다. "제가 듣기로는 『예기』에 이르기를 남자는 가죽띠를 매고 여자는 실띠를 맨다고 했습니다. 저도 학문에 뜻을 품고 허리에 실띠를 띠고 왔습니다." 화담은 웃으면서 그녀에게 글을 가르쳐주겠다고 약속했다. 황진이는 밤을 틈타 선생 곁에서 친근하게 굴며 마등가가 아난존자를 연모하여 붙어 다닌 것처럼 음란한 자태로 유혹했다. 여러 날 그렇게 하였지만 화담은 끝내 조금도 흔들리지 않았다.

황진이는 부끄러움과 원망을 이기지 못해 결국 서경덕에게 사죄하고 금강산으로 떠나버렸다고 한다. 그러나 서경덕을 향한 그녀의 관심은 쉬 사라지지 않았다. 황진이가 원망과 탄식을 통해 서경덕을 그리워하고 사모하는 마음을 들어보자.

　　내 언제 무신(無信)ᄒ여 임을 언지 속엿관디
　　월침(月沈) 삼경(三更)에 온 뜻이 전혀 업니
　　추풍(秋風)에 지ᄂᆞᆫ 닙 소ᄅᆡ야 낸들 어이ᄒ리오[43]

43　『악학습령』 540 ; 『진본 청구영언』 288.

자신과 상대방의 관계 속에서 일어나는 심적 갈등을 문제 삼고 있는 황진이의 입장이 목격된다. 황진이와 서경덕의 관계는 안타깝게 단절되어 있는데, 그 이유는 진실과 믿음의 결핍 때문이다. 초장에 나오는 '불신'과 '기만'의 어휘야말로 황진이의 의도를 적절히 드러낸다. 인간의 거짓과 불신을 증오하며 신뢰와 정직을 지향하는 황진이의 내면이 처음부터 격렬하게 분출되고 있다. 착한 본성과 올바른 삶을 회복코자 하는 황진이의 인본주의적 관점은 현실적 안타까움을 가중시켰다. 믿음과 사랑이 망각되고 실종된 상황 속에 자신의 진실과 신의가 굳건함을 선언할 수밖에 없었다.

중장에서도 '월침삼경'의 시어가 야기하는 고독과 공허의 상황을 배경으로 임이 돌아올 조짐이 없음을 탄식함으로써 애정 노래의 일반적인 속성을 유지하는 듯하다. 그러나 달도 없는 어두운 밤에 작자는 홀로 고독에 사로잡혀 있다. 그리하여 상대 즉 세상엔 가치 실현을 위한 의지로서의 '뜻'이 부족함을 성토하기에 이른다. 자신에게는 진정으로 상대방을 사랑하고 존경하는 마음이 있으나, 임에게는 그러한 신뢰와 정직의 덕목을 구현하려는 의지가 결여되어 있다. 부사어 '전혀'가 시사하는 바, 황진이가 어느 정도로 상대방의 진실하지 못한 태도를 못마땅하게 여기고 있는지도 쉽게 느낄 수 있다.

다시 생각해보면 황진이가 임으로 대표되는 현실의 인간성 상실을 마음 아파하고 있음이 뚜렷하다. 자연과 달리 인간은 말만 많지 할 일을 다하지 못할 뿐만 아니라 약속도 어겨가며 남에게 상처를 주곤 한다. 세상 사람들에게는 결과를 중시하고 소유하려는 욕구는 강한 데 비해 진실에 도달하려는 믿음이 잘 보이지 않는다. 결국 자기의 행복과 사랑만을 문제 삼지 않고 인간의 보편적 도덕성과 삶의 진실을 촉구하는 황진이의 담대하고 참신한 안목이 드러난다.

마침내 황진이는 자연의 이치에 거역하고 있는 인간의 위선을 질타하기에 이르렀다. 종장에서처럼 자연의 현상은 인간의 개입 없이 그 나름대로 엄격한 질서와 일정한 법칙에 의해 순행되는 만큼 스스로 작동하는 원리와 동력이 상존한다. 인도 설화라고 하는데, 어떤 사람이 호두나무 그늘 밑에 앉아 호박 넝쿨을 바라보면서 문득 생각에 잠겼다고 한다. "하나님은 참 이상하셔! 땅 위를 기는 것밖에 아무것도 할 줄 모르는 저 가냘픈 덩굴에다 어찌 저렇게 큰 호박을 달아놓으셨을까? 게다가 어찌 저 작은 호두 열매는 큰 어른이 매달려도 부러지지 않는 튼튼한 나뭇가지에 매달아놓으셨을까?' 바로 그때 갑자기 세찬 바람이 불더니 잘 익은 호두 열매 하나가 떨어져 공교롭게도 명상에 잠겨 있던 바로 그 사람의 머리 위에 '딱!' 하고 떨어졌다고 한다. 인간이 따라갈 수 없는 자연의 섭리가 있다.

더욱 중요한 것은 '낸들 어이하리오'가 주는 뉘앙스와 의미의 함축성이라 하겠다. 자연의 문제는 자기가 감히 관여할 수 없다고 함으로써 인간 문제의 해결 가능성을 내포하기 때문이다. 인간 본연의 삶에 대한 황진이의 성찰과 인식의 충만함을 거듭 확인하게 된다. 이 작품을 심도 있게 살펴볼 때 신의와 기만의 대립적 길항을 통해서 인간성의 미적 본질을 문제 삼는 황진이의 심오한 태도와 의지를 간파할 수 있다.

제자로서의 자부와 송도삼절

『어우야담』, 『성옹지소록』 등에 기반하여 황진이와 서경덕의 미묘한 관계는 대체로 다음과 같이 가공되어 전하고 있다. 황진이는 비가 세차게 내리는 어느 날 가벼운 옷차림으로 빗속을 걸었다. 많은 비에 옷이 달라붙어 육감적인 몸매를 적나라하게 드러냈다. 요염한 자태로 그녀는 서경덕이 홀로 은거하고 있는 초당으로 들어갔다. 조용히 글을 읽고 있던 그는 아리따운 여인을 보고 스스럼없이 반겨주었다. 비에 젖은 여인의 옷을 벗기고 물기를 닦아준 그는 마른 이부자리까지 펴주며 몸을 말리도록 권유했다. 그는 눈도 깜짝 안 하며 옆에 꼿꼿한 자세로 앉아 밤이 깊도록 책만 읽고 있었다. 삼경쯤 되자 서경덕은 옷을 벗고 황진이의 곁에 누웠고 그는 눕자

마자 꿈나라로 가버렸다. 역시 서경덕은 그녀의 어떤 시도에도 넘어오질 않았다. 밤새 뒤척이다 새벽녘에 잠이 들었던 그녀가 눈을 떴을 때 그는 벌써 일어나 아침밥까지 차려놓고 있었다. 황진이는 빨리 그곳을 벗어나고 싶었다. 함께 오래 지내며 여러 수를 써봐도 소용없었다. 서경덕은 듣던 대로 의연하기 그지없었다. 그 도도하고 교만하던 황진이는 감탄할 수밖에 없었다.

그 뒤로 황진이는 성거산 암자를 다시 찾았다. 조촐하고 단정한 옷차림으로 정성껏 음식을 장만하여 서경덕에게 갔다. 역시 글을 읽고 있던 서경덕이 이번에도 반갑게 맞았다. 방 안에 들어선 황진이는 그에게 큰절을 올리며 제자로 삼아줄 것을 간곡히 부탁했고 서경덕은 빙그레 웃었다. 개방적인 풍모를 지닌 서경덕은 천한 기생을 받아주었고, 그녀는 제자가 될 수 있었다.[44]

황진이는 비로소 큰 스승을 만나는 행운을 얻게 되었다. 황진이는 그후 화담학파를 이끄는 대모 겸 10년간 서경덕의 문하를 지킨 지식인으로 자리 잡았다. 그리고 이렇게 해서 두 사람은 스승과 제자이자 사랑하는 연인으로 발전할 수 있었다. 황진이의 로맨스는 결코 일반 남녀의 염문에 비할 바가 아니다. 그들 사이의 사랑에는 숭고함이 서려 있었다. 어느 야사에도 서경덕과 황진이가 깊은 정을 나누거나 쾌락을 누렸다는 기록은 찾아보기 힘들다. 황진이는 서경덕을 흠모하였다.

화담 서경덕은 황진이가 선택한 마지막 남자이자 참으로 그녀가 존경했던 고결한 인간이라 할 수 있다. 그녀 주위의 남자들 대부분이 단순히

---

44 서경덕은 평생 벼슬길에 나서지 않는 처사적 삶을 선택하고 노장으로 대표되는 도가사상에도 심취해 있었다. 도가들의 행적을 기록한 홍만종(1643~1725)의 『해동이적』을 비롯하여 서경덕의 문집인 『화담집』, 그리고 『대동야승』 등 여러 자료에서 이는 확인되고 있다. 여러모로 서경덕은 황진이에게 흠모의 대상이 되었다.

풍류객이었다면 서경덕은 훌륭한 인품을 지닌 대학자였다. 무엇보다 지적 욕구가 강하고 진실한 인생을 바라던 황진이였기에 많은 남자들이 그녀의 그러한 갈증을 풀어주기에는 역부족이었다. 그러기에 당대에 학덕이 뛰어나다는 서경덕의 존재는 그녀에게 희망이 되었다.

세상 남자들은 황진이의 수려한 미모와 아름다운 자태에 반해 넋을 잃고 오금을 못 폈다고 하는데 오직 서경덕만은 한밤중 동침을 하면서도 지조를 지켰다고 하니 경이로운 일이다. 그러나 서경덕이 아무리 뛰어난 철학자요 훌륭한 선비라고 할지라도 그도 역시 사내로서 여자를 모를 리 없었는지 그에게 첩까지 있었다. 그럼에도 불구하고 황진이와의 관계가 그토록 아름답고 순수했음을 두고 세상 사람들은 유유상종이라는 말들을 하곤 한다. 둘은 참으로 신실한 관계였음을 보여준다.

여러 문헌에 전하고 있듯이 황진이는 그녀 나름의 깊은 자존감 속에 살았다. 황진이는 평소에 서경덕에게 말하기를 "송도에는 세 가지 뛰어난 것이 있사옵니다."라고 했다. 서경덕이 황진이를 쳐다보며 무엇인지를 묻자 "첫째가 박연폭포[45]요 둘째가 선생님이십니다."라고 답했다. 서경덕이 웃으며 셋째를 묻자 "세 번째는 바로 소녀이옵니다."라고 웃으며 답을 하였다. 서경덕도 공감이나 하듯이 소리 없이 미소를 지었다고 한다. 이렇게 황진이에 의해, 송도의 가장 뛰어난 세 가지를 일컫는 '송도삼절(松都三絶)'

---

45 김이재(1767~1847)의 『중경지』(권10)에도 송도삼절 이야기가 나오며 황진이가 「박연폭포」 시를 지은 사실과 더불어 시도 소개하였고, 박연폭포 아래 바위 위에는 이백의 시 「망여산폭포(望廬山瀑布)」 두 구절이 새겨 있는데 혹자는 황진이가 쓴 것이라고 한다는 사실까지 적고 있다. 실제로 폭포수가 떨어지는 못 옆에 수십 명이 앉을 수 있는 넓은 바위가 있는데 이곳에 '삼천 척을 곧장 날아 아래로 떨어지니/은하수가 하늘에서 떨어진 게 아닌지(飛流直下三千尺 疑是銀河落九天)'라는 이백의 싯구가 새겨져 있다. 전하는 말에는 황진이가 머리를 풀어 이 시구를 썼다는 것이다.

이 회자되었다(허균의 『성옹지소록』, 이긍익의 『연려실기술』 등에 전해진다). 허균은 다시 "그녀의 말이 비록 우스갯소리이긴 하나 또한 일리가 있다."(『성옹지소록』 하)고 하였다.

　유럽 최고의 도시인 베네치아의 인구가 겨우 10만 명에 이르던 시절 개성의 인구는 무려 20만 명이나 되었다. 개성에는 많은 기와집 사이로 유리같이 맑은 시냇물이 흐르고 여기저기 희고 깨끗한 너른 바위가 널려 있었다. 개성은 고려의 충신 정몽주(1337~1392)가 쓰러진 유적 선죽교가 있고 버려진 고려 왕실의 만월대가 남아 있는 곳이다. 개성의 숭양서원은 포은 정몽주를 모시는 서원으로 유림의 상징적인 처소였으며 정몽주가 피살된 선죽교는 전국의 모든 선비들이 찾는 명소였다. 그리고 개성에는 선비들이 학문을 다지던 성균관이 있다. 개성은 조선 사대부의 성리학이 본격적으로 유입되고 꽃을 피면서 유학이 널리 퍼지고 있었던 곳이다. 그리하여 개성에는 우후죽순 실력 있는 성리학자들이 등장하고 유교적 전통이 확립되고 있었다.

　누구보다 고향을 좋아했던 황진이에게 이 유서 깊은 개성은 그녀의 인생과 학문의 토대가 되었다. 마침내 황진이는 개성 성리학의 신화라 할 수 있는 서경덕을 만나 삶의 이치를 터득하는 행복을 누리게 되었다. 아마 황진이는 개성을 대표하는 서경덕의 후학으로서 퇴계 이황(1501~1570)에 뒤지지 않는, 아니 스승과 맞먹는 기백을 뽐내고 싶었을 것이다. 더구나 개성은 고려시대부터 상업이 발달한 지역이고 중국 문화가 들어오는 통로이기 때문에 이쪽 사람들은 대단히 개방적이었으므로 조선의 정통 성리학에서 이단으로 여기던 양명학과 도교 등도 받아들이는 분위기였다.

존중하고 사랑한 남여

　전통적으로 여성들은 남녀의 애정관계가 원만치 못할 때 남성을 원망하기보다는 자신을 탓하고 스스로 책임을 지는 태도를 보인다. 그만큼 애정에 갇혀서 합리적인 생각을 할 겨를이 없다. 그러나 황진이는 용기있게 이별의 원인이 상대 남성에게 있음을 지적하고 자신의 결백을 천명한 바 있다. 더구나 황진이는 함부로 여길 수 없는 덕망이 높기로 소문난 서경덕에게도 입을 닫고 있지 않았었다. 자신의 진실과 믿음을 받아들이지 못하는 인간현실의 부당함에 대해 불만을 표출하고자 했던 것이다.

사실 세상을 향해 인간의 결핍과 모순을 지적하던 그였기에 세상과 다른 서경덕을 더욱 사랑하고 흠모할 수 있었다. 참된 사랑을 회복하고 본질적인 인간의 삶으로 나아가는 길에 더없이 소중한 것이 바로 순수와 이성, 믿음과 의지임을 황진이는 나이를 들고 특히 서경덕 같은 스승을 만나며 깊이 알게 되었다. 홀로 공부해가며 깨달을 수도 있으나 스승을 만나 배우고 익히며 더욱 성장해갈 수 있다. 융합적 주체로서의 교학상장(敎學相長)이 가능해지는 것이다.

서경덕과 황진이의 관계에 대해 허균은 "황진이는 평소 화담의 인물됨을 사모했다. 반드시 거문고를 옆에 끼고 술을 걸러 화담의 거처에 가서 즐거움을 다하고 갔다."고 말하고 있다(『성옹지소록』하). 그리고 이어서 "황진이는 언제나 말하기를 '지족선사가 30년 동안 벽만 바라보고 수도를 했지만 역시 내 술수에 넘어가고 말았는데 오직 화담선생만은 가까이한 지 몇 년이 지났으나 끝내 자신을 어지럽히지 않았으니 이분이야말로 참으로 성인이시다.'"라고 했던 것이다.

그렇게 서경덕은 그녀가 평생 사모했던 지고한 존재이기에 황진이는 그로부터 학문을 배우고 의심나는 것을 묻기도 하며 관심 있는 것을 갖고 토론도 했다. 또한 황진이는 그를 만나 술을 마시며 거문고 연주와 함께 마음껏 풍류를 즐기기도 했다. 존경하고 사랑하는 서경덕과의 사이에서 황진이가 얼마나 많은 느낌과 생각이 있었을지는 상상하기 어렵지 않다. 자신을 포함하는 인간에 대해 신의와 진실을 묻고 성찰하는 황진이의 고뇌는 서경덕을 만나 더욱 치열해졌다.

많은 작품에서 남녀의 애정관계를 시적 모티브로 하여 인간적 신뢰를 구축하는 데 따르는 순수와 의지의 중요성을 역설하고자 했던 황진이의 깊은 생각을 소홀히 다루어서는 안 된다. 흔히 인간관계에서 그러하듯이 떠나는 이유는 있겠으나 상당히 무심하고 경솔한 태도에서 이별이 이루어진다. 우리는 불행한 결과에 직면해서야 자신들의 경박함을 깨닫고 후회를 하기 일쑤다. 대개 시간과 경험을 통해서야 함부로 인간관계를 파기하는 어리석음을 확인하곤 한다.

『어우야담』(인륜편)에 따르면 사실 신뢰를 깨는 미욱한 인간으로서의 황진이도 서경덕의 고매한 인품을 감히 시험해보고자 유혹했었다. 여기서 계략과 허위가 무성한 인간세상의 온당치 못한 현상을 보게 되며 또한 황진이의 부끄럽고 회의적인 심리 또한 간파하기 어렵지 않다.

기만과 위선을 거부하면서 인간적 신의를 제고하고 승화시키려는 소망과 실천적 의도는 황진이의 삶 전체에서 나타나고 있다. 이러한 꿈과 노력은 인간 내면의 열렬한 감성만큼이나 냉철한 이성적 뒷받침에 의해 가능하다. 뜨거운 열정보다 오히려 강인한 의지를 소중하게 붙들고 있는 것이 황진이의 철학이라 할 수 있다.

그녀의 출중한 외모, 탁월한 재능, 활발한 성격 등은 주위의 시선을 집중시킬 만했다. 뭇 남성들의 수많은 접근은 황진이를 더욱 교만하게 만들었을 것이다. 실제로 자신을 당대 최고의 석학인 서경덕과 대등한 자리에 놓고 '송도삼절'이라 자칭할 만큼 황진이의 자의식은 대단했다. 그러나 못 가진 것에 대한 욕구나 불만도 만만치 않을 수 있다. 그것은 고통과 갈등의 주된 원인이 되기도 하며 진보적인 삶으로 나아가는 동력이 되기도 한다. 황진이는 진정 감성적 인간이면서도 지적이며 의지적인 면모를 보여주고 간 멋진 인물이다.

인간은 살아가는 동안 순수성과 진실성을 잃기 쉽다. 지족선사를 파계시켰던 황진이의 다음 목표가 화담 서경덕이었다니 참으로 어쭙잖은 일이다. 하지만 서경덕은 흔들리지 않았고 결국 황진이는 서경덕의 고매한 인품에 무릎을 꿇어야 했다. 이렇게 황진이로 하여금 존재의 이치를 터득하게 한 인물이 바로 서경덕이다.

　다만 자신의 감정을 내어주지 않던 인간 서경덕도 후회하는 마음을 지니고 있었던 것 같다. 즉 성거산에 은거하여 살던 서경덕이 황진이를 마음에 두고 애태워했음을 다음과 같은 데서 알 수 있다.

　　　　ᄆ 음이 어린 後니 ᄒᄂᆞᆫ 일이 다 어리다
　　　　萬重雲山에 어니 님 오리마ᄂᆞᆫ
　　　　지ᄂᆞᆫ 닙 부ᄂᆞᆫ ᄇᆞ람에 힝혀 건가 ᄒᆞ노라[46]

　『송도기이』에는 "황진이는 일찍이 화담선생을 경모하여 항상 그의 문하에 나가 뵈었는데, 선생도 또한 물리치지 않고 그녀와 더불어 담소하였으니, 그녀가 어찌 절세의 명기가 아니리오?"라고 기록되어 있다. 분명 서경덕은 황진이의 스승이었다. 하지만 연인이기도 했다. 학덕이 있는 지성인을 황진이는 사랑했고 이에 둘 사이에는 때로 긴장이 흘렀다. 사랑하기 때문에 오히려 서경덕은 원망의 대상이 될 수도 있었고 황진이 역시 서경덕을 애타게 하기는 마찬가지다. 잠시 바람만 불어도 그녀가 오지 않았는지 서경덕은 몇 번이나 문을 열어보았겠는가. 마당에 나가보기도 여러 차례였을 것이다.

　기생 필리스에게 대철학자 아리스토텔레스(BC 384~BC 322)가 무너졌듯이 황진이에게 결국 서경덕도 넘어갔다고도 한다. 황진이는 서경덕의 인품에 고개를 숙이면서도 늘 연정을 호소했고, 마침내 흔들림이 없던 스승 서경덕도 자신의 어리석음을 토로하며 그리움을 읊었던 것이다.

　황진이의 서경덕에 대한 존경과 신뢰는 변함이 없었고, 서경덕 또한 황

46　『악학습령』96 ;『진본 청구연언』23.

진이에 대한 믿음과 그리움이 이만저만이 아니었다. 수십 년의 나이 차이에도 둘은 서로 존중하고 사랑했다. 서경덕의 문집에는 황진이에 관한 어떠한 기록도 남아 있지 않으나 그만큼 그들의 마음속에 연모가 절절히 배어 있었을 것이다.

서경덕의 죽음과 허무의 자각

황진이는 항상 변하는 것(감성적)과 변하지 않는 것(이성적)의 대립을 통해 변하는 것으로서의 인간존재가 지닌 한계를 안타까워했다. 황진이는 "신성한 송악산이 번화롭던 날을 생각하니/어쩌다 이 봄이 가을인 양 쓸쓸한가(神松憶得繁華日 豈意如今春似秋)."(「만월대회고[滿月臺懷古]」)라고 읊은 것처럼 화창한 봄에도 가을과 같이 쓸쓸함을 느꼈다. 그녀는 늘 인생의 무상함을 탄식하고 허무함을 슬퍼했다. 애착을 느낄수록 더 허전해지는 건 어쩔 수 없는 일이고, 어떠한 인간의 노력도 세월을 이길 수는 없다. 그토록 존경하며 한없이 붙잡고 싶지만 스승은 58세에 자신의 서재에서 끝내 세상과 이별하고 말았다.

> 산은 녯 산(山)이로되 물은 녯 물이 아니로다
> 주야(晝夜)에 흐르니 녯 물이 이실쏘냐
> 인걸(人傑)도 물과 ᄀᆞᆮ야 가고 아니 오노매라[47]

황진이가 서경덕보다 먼저 죽었다는 일부 학계의 주장은 잘못이다. 역사학자 이이화(1937~)는 황진이가 서경덕의 제자임을 적극적으로 주장하면서 황진이가 스승의 학설인 기일원론을 터득할 무렵 서경덕이 세상을 떠났다고 한다. 위 작품을 보면 서경덕의 죽음 앞에서 일어나는 황진이의 인간적 애석함과 공허감이 간결한 구조로 상징화되었다. 초장에서 산과

---

47 『악학습령』541 ;『일석본 해동가요』133.

물의 등장은 순수성을 연상시키면서 자연스럽게 인간과의 비교를 유발한다. 그리고 자연에 대한 논의가 중장을 거쳐 종장에 이르러 인간의 존재성으로 집약되었다. 인간의 한계를 "산"이 아닌 "물"로 요약 제시하고 있음이 돋보인다. 앞에서도 언급했듯이 황진이는 단순히 물을 배척하고 산만 취하고자 한 것이 아니다. 원천적으로 산을 좋아하되 변하지 않는 속성 때문이요 물을 비판한 것은 변덕스러움 때문이었다.

자연과 인간을 비교하는 데 그치지 않고 같은 자연임에도 불구하고 순수성에 차이가 있음을 표명하는 것에 주목할 필요가 있다. 이러한 미시적 분석은 인간의 순수와 진실을 밝히는 과정으로서 의미가 크다. 아름다운 것은 시대와 상황에 관계없이 영원한 가치로 인정받을 수 있다. 변덕스러운 마음, 진지하지 못한 태도를 경멸하면서 순수와 진실을 지키려는 의지를 고귀하게 여기는 황진이의 입장이 선명하다. 동양에서 흔히 욕심 많은 인간의 속성을 언급하면서 순수한 물의 가치를 부각시키는 경향을 볼 때 황진이의 발상은 참신하지 않을 수 없다. 퇴계 이황(1501~1570)의 시조 "청산(靑山)은 엇뎨하야 만고(萬古)에 프르르며/유수(流水)는 엇뎨하야 주야(晝夜)에 긋디 아닛는고/우리도 긋디 마라 만고상청(萬古常靑)하리라"가 불변하는 것에 관심을 둔 것인 데 비하여, 황진이의 위 시조가 변하는 것에 발화의 초점을 맞추었다[48]고 한 바 있는 지적은 적절하다고 본다. 황진이는 물을 변덕스러운 것으로 보고 믿기 어려운 인간을 물에 비유하였다.

가고 싶으면 가고, 오고 싶으면 오는 감성적 태도는 그녀에게 있어 더 이상 의미를 지닐 수 없다. 물론 스승 서경덕은 존재하는 만물은 오고 감에 있어 끝이 없음을 들어 한 차원 달리 말하고 있지만 황진이에게는 현실을 사는 인생의 당위성에 대한 인식이 더 강렬했다. 황진이는 허무와 상실

---

48 조세형, 「〈동짓달 기나긴 밤…〉의 시공인식」, 『한국고전시가작품론2-백영 정병욱 선생 10주기 추모논문집』, 집문당, 1992, 498쪽.

의 공간을 무심코 방관하지 않았다. 오히려 현실의 상황에 직면하여 인간의 결핍과 모순을 냉철하게 지적하고 신뢰의 회복과 지속에 대한 염원을 드러낸다. 현재와 대응되는 "넷"의 시간개념이 두드러진 것도 바로 그러한 이유에서이다. 미래가 현재에서 출발하듯이 현재 또한 과거와 분리될 수 없을 것이다. 삶의 현실적 공간을 이렇듯 역사적 맥락에서 파악하려는 황진이의 인식은 명쾌하다. 복고적 성격으로서의 "넷"이 아닌 역동적 의미로의 "넷"을 강조하는 황진이의 관점은 "주야" 표현을 통한 시간적 단절성을 부각시키면서 부정적 인간현실을 강도 있게 비판하고 있다.

가변적 현실 속에서 긍정적 과거를 회복하려는 총체적 안목은 황진이의 철학적 깊이와 인생관의 폭을 웅변하는 셈이다. 그녀는 인간의 의미를 단순한 현상 속에서 구하지 않고 거시적인 차원에서 찾고자 했던 것이다. 작자 황진이가 꿈꾸었던 고도의 인간적 의의에 반하는 현실의 상황에 대한 개탄이 도사리고 있음을 엿보게 된다. 시적 자아가 감추어지는 시는 관념적 태도나 이데올로기의 표명을 목적으로 할 때 주로 나타나는 것이다.

여기서 특정한 대상의 등장이나 서정적 자아가 표면화되지 않고, 이별의 비통함도 절실히 표출되지 않으며, 사랑을 염원하는 애절한 노력도 찾아보기 어렵다. 이렇듯 황진이는 남녀의 문제를 넘어서 올바른 인간관계의 확립과 인간성의 회복을 촉구하고 있다. 그녀는 단순히 떠난 사람을 그리워하는 애련의 노래를 부르지 않았다. 그녀는 끊임없이 인생에 대한 철학적 사색과 관조 속에서 인간의 결핍과 인생의 무상을 드러내었다.

황진이는 금강산 여행을 비롯하여 마지막 의미 있는 유람을 끝내고 개성으로 돌아왔다. 온갖 사연과 감동을 안고 귀환한 정든 땅이건만 불현듯 어느 누구나 반겨줄 이 없는 슬픔이 밀려들었다. 많은 사내들을 거침없이 희롱하고 때로는 깊이 사랑도 하며 주야로 꿈을 찾아 노닐었던 일들이 스쳐 지나갔다. 마음만 먹으면 그 누구라도 자신의 사람으로 만들 수 있을 듯이 도도함이 넘치던 그녀는 무거운 외로움이 자신을 에워싸고 있는 처지가 되었다. 이미 자기의 시대는 지나간 것인가. 돌아온 고향 땅에 어색한 분위기가 역력하다. 물이 흘러가듯 세월과 함께 모두 다 사라진 스산함이 감돈다. 무엇보다 그토록 사랑하던 화담선생도 이 세상 사람이 아니니 그 허탈함은 이루 다 말할 수 없다. 지나온 자신의 생애를 한꺼번에 되돌아보면서 오히려 담담해지기도 하는 그녀의 앞에 자신의 죽음이 한 발짝 다가서고 있다는 느낌마저 일게 하였다.

황진이가 일생 동안 참으로 존경하면서 사랑한 사람은 서경덕이라고 한다. 그러한 서경덕의 존재가 사라진 다음 그녀는 인생의 덧없음을 달래기 위해 서경덕의 발걸음이 닿았던 흔적을 두루 찾아다니며 그의 체취를 느끼고 싶어 했다. 학덕의 향기가 소멸된 가운데 그녀의 삶의 의욕과 동력은 극도로 약화되고 몸도 지쳐가고 있었다. 결국 세속의 모든 인연을 끊고 사람들의 이목을 피해 떠돌아다녀야 했다.

그 후 개성의 서경덕은 조선시대 유물론의 선구라는 이름으로 북한에서 추앙받고 있으며, 황진이의 무덤은 김정일의 지시로 말끔하게 정비 되었고, 박연폭포는 천연기념물로 남아 있다.

9. 송겸과 이언방을 만나 소리로 교감하다

황진이는 어머니 진현금과 반대로 어린아이 때부터 배우고 익혀온 가야금을 놓고 열 살을 넘겨 음률에 눈을 뜬 후부터는 거문고를 끼고 살았다. 손가락으로 뜯어 여리고 부드러운 맛이 나는 가야금보다는 술대로 내리치는 거칠고 힘이 넘치는 거문고가 더 마음이 들었다. 사실 황진이의 악기 연주는 운명적으로 타고난 것이었다. 어머니의 이름이 맹인 악사인 '검은 거문고'라는 뜻의 '현금(玄琴)'이었던 것도 이와 무관하지 않다.

그녀의 거문고 연주 실력은 조선 후기까지도 명성이 끊이질 않았다. 앞서 말했듯이 허균은 『성옹지소록』(하)에서 "성품이 활달하여 남자와 같았으며 거문고를 잘 타고 노래를 잘 불렀다."고 평가했다. 황진이는 최고의 기생답게 시 창작은 물론이거니와 노래와 춤과 함께 악기 연주에 탁월했던 것이다.

개성을 대표하는 음악인

드디어 황진이에게 자신의 기량을 뽐낼 만한 적절한 기회가 다가오고 있었다. 아무래도 자신이 태어나고 자란 근거지는 떠나기가 힘들고 그만큼 삶에 영향을 미친다고 볼 수 있다. 황진이는 20대 중반 이사종과 한양에서 살림을 차리고 이생과 금강산 유람을 했던 시기 외에는 특별히 개성을 떠났다고 할 수 없을 정도로 개성은 단지 태어난 고향이 아니라 그녀에게 삶의 뿌리였다. 그녀는 당당히 개성을 대표하는 기생이 되었다. 자신을 스스로 '송도삼절'이라 칭하며 세상에 지명을 알린 것만으로도 고향을 위해 큰일을 했다고 본다.

황제를 칭하였던 자주 국가 고려의 수도 개성은 세계 최고의 도시였다. 그녀가 다음과 같이 개성을 회고하는 시 「송도(松都)」를 남긴 것도 우연은 아닐 것이다.

> 눈 내린 가운데 고려 왕조 형색이며　　　　　　雪中前朝色
> 차디찬 종소리도 옛 나라의 소리로다.　　　　　寒鐘故國聲
> 남루에 홀로 올라 시름 속에 젖어 보니　　　　　南樓愁獨立
> 허물어진 성곽에선 저녁 연기 이는구나.　　　　殘廓暮烟香

그녀만큼 개성을 사랑하고 깊이 이해하는 사람도 흔치 않을 듯하다. 그녀는 개성의 화려하고 장구한 역사를 생각하며 달빛도 종소리도 정겹고 남루와 성곽은 더욱 친근하게 느껴짐을 고백하고 있다. 개성은 조선 정부에서도 특별한 대우를 받는 유수부로서 황해도 관찰사의 지휘를 받지 않는 독자적인 지방의 형태를 유지했다. 비록 무상과 회한이 정제되어 표현되었지만 개성 사람이라면 이 시가를 들으며 마음이 아프지 않을 수 없을 것이다.

다음의 시를 그녀가 노래했다는 것도 마찬가지다. 유몽인은 이 시조 작품 "오백 년 도읍지를 필마로 돌아드니……"만은 작품의 기상으로 볼 때 송도 사람들의 이야기와 달리 황진이의 작품이 아니라(『어우야담』 학예편)고 말했다. 유몽인의 말대로 이 시는 비장하여 여인네가 지을 수 없음에도 불구하고 황진이의 작품으로 와전되었을 정도이니 그녀에게 개성은 단순히 그리움이 일렁이는 고향이 아니라 자신의 삶의 전부이자 도달하고자 했던 꿈의 세계가 아닌가 한다.

> 오백년 도읍지를 필마로 돌아드니
> 산천은 의구한데 인걸은 간 데 없네
> 두어라! 고국의 흥망을 물어 본들 어쩌리.

유몽인에 의하면 황진이가 어느 날 밤 개성에 있는 옛 군사 훈련장(활터) 근처에서 잠이 들었다고 한다. 달빛이 은은히 비치고 행인도 없이 고요했다. 순간 희미한 달빛 아래 백마를 탄 장군 하나가 말을 멈추고 머뭇거리면서 소매로 눈물을 닦더니 위와 같이 노래를 부른 뒤 채찍을 휘두르며 어디론가 사라졌다. 비로소 그가 사람이 아님을 알았다고 하는데, 그 장군은 폐허로 변한 개성의 찬란했던 과거를 회상하며 착잡한 심정을 가누기 어려운 듯 이같이 애조 띤 시를 읊고는 슬그머니 가버린 것이다.

개성유수 송겸과 악공 엄수를 만남

스승 서경덕이 개성유수로 부임하는 사람들과 깊이 교분을 나누었던 덕에 황진이가 쉽게 만날 수 있었던 남자가 개성유수 송공(宋公)이다. 송공은 송렴이라고도 하고 혹은 송순(1493~1582)이라고도 하는데 어느 말이 옳은지는 알 수 없다(이덕형, 『송도기이』)고 할 수도 있다. 하지만 작가 김탁환은 자신의 소설『나, 황진이』에서 이 송공을 1538~1542년 개성유수로 있던 송겸으로 보고, 서경덕의 제자로 들어간 황진이가 송겸을 만난 것도 이 시기라 했다.[49]

『송도기이』에 의하면 송공이 처음으로 부임해 왔을 때 마침 명절을 맞이하여 동료들이 관청에서 작은 술자리를 베풀었다. 이때 황진이가 그곳에 참여하여 만날 수 있었는데 태도가 정숙하고 나긋나긋하였으며 행동거지가 여유롭고 우아했다. 송공은 풍류를 아는 사람으로 기생집에서 늙다시피 했기 때문에 황진이를 한 번 보고 그녀가 범상치 않은 여자임을 알고 좌우를 돌아보며 말하기를 "이름을 헛되이 얻지 않았구나."라 하고 혼연히 정답게 대했다. 송공의 첩도 관서지방에서 이름난 미인이었다. 문틈으로 황진이를 엿보고 말하기를 "과연 절색이구나. 나의 자리를 빼앗길지 모르겠다."라며 드디어 문을 박차고 크게 소리를 지르며 머리를 푼 채 맨발로 뛰쳐나오기를 여러 번 하였다. 여러 계집종들이 그녀를 잡고 끌어안았으나 그 기세를 멈추게 할 수는 없었다. 이에 송공은 놀라 일어나고 좌객들이 다 물러갔다.

이어지는『송도기이』의 기록을 보면 다음과 같다. 송공이 어머니를 위하여 회갑연을 베풀었는데 한양의 아리따운 기생과 노래하는 계집들이 다 불려오게 되었다. 이웃 고을의 수령과 고관들이 함께 자리하였고 붉은 분칠을 한 여인들이 자리를 가득 메웠으며 비단옷을 입은 사람들이 떨기를 이루었다. 황진이도 송공과 전부터 알고 지내온 사이였으므로 회갑잔치에 또다시 불려왔다. 그러나 잔치에 초대된 황진이는 분칠을 하지 않고 담담한 차림으로 참석했는데 '천연스러운 모습'이 국색이라 할 만큼 그 광채가 사람의 마음을 움직였다. 황진이가 저녁이 되도록 잔치 자리에 있으니 뭇 손님 가운데 칭찬하지 않는 이가 없었다. 그러나 송공은 황진이를 의도적

---

49 김탁환, 앞의 책, 324쪽.

으로 보려 하지 않았다. 이는 첩이 방 안에서 엿보는 것을 생각해서였으니 예전의 변고가 있을까 두려워했기 때문이었다.

술자리가 무르익자 비로소 계집종을 시켜 잔에 술을 가득 부어 황진이에게 마시기를 권하며 가까이 앉혀놓고는 노래를 부르도록 했다. 황진이가 용모를 가다듬고 노래를 부르는데 노랫소리가 그윽하고 청아하며 그 소리가 끊어질 듯 이어지면서 위로 하늘에 통하고 음의 높낮이가 맑고 순하여 보통 곡조와는 사뭇 달랐다. 송공이 무릎을 치며 칭찬하여 이르기를 "천재로구나!"라고 그윽이 감동하였다. 한편 악공 엄수는 나이 칠십으로서 가야금 솜씨가 온 나라의 명수였고 또 음률도 잘 알고 있었다. 엄수는 처음으로 황진이를 보고 감탄하며 "선녀로구나!"라고 외쳤다. 노랫소리를 듣고 자기도 모르게 놀라 일어나며 말하기를 "이것은 동부[50]의 여운이로다. 세상에 어찌 이런 곡조가 있으리오?"라고 하였다. 깃털이 아름다운 공작새는 음성이 아름답지 못하다 하나 황진이는 그렇지 않다.

위 『송도기이』에 전하는 개성유수 송공과 황진이에 관한 두 가지 일화에서 확인할 수 있듯이 소리에 대한 관심과 더불어 뛰어난 음률 속에서 살아온 황진이로서 명창을 찾아 나서는 것은 매우 자연스러운 일이다. 그런데 송공이 처음 부임했을 때 환영잔치에 참석하고 또 시일이 흐른 뒤 송공의 어머니를 위한 회갑연에 간 바와 같이 두 번이나 거듭 송공의 부름에 참석한 것을 보면 그녀의 송공에 대한 신뢰가 어느 정도였는지 짐작할 수 있다. 만일 세속적이거나 지극히 평범한 유수가 불렀다면 그녀가 가지 않았을 것이요 맑은 기운과 강직한 심성을 지닌 송공을 믿고 돕고자 하는 마음에 스스로 갔을 것이다.

다투어 화려한 복식에 짙은 화장으로 자색을 뽐내며 잔치에 참석했던 많은 여인들과 달리 수수한 옷차림에 화장도 하는 둥 마는 둥 자리에 나타

---

50 신선이 사는 곳이다.

낳던 황진이의 대비는 놀랍기 그지없다. 더구나 황진이의 출중한 미모에 반하지 않을 수 없었을 만큼 모두가 감탄했다고 하는 것은 그녀의 타고난 자질이요 자긍심을 부추기는 요소라 아니할 수 없다. 황진이가 노래를 부르자 갑자기 좌중이 물을 끼얹은 듯 조용해졌을 정도로 그녀의 목소리가 기막히게 곱고 노래 솜씨 또한 형언하기 힘들 만큼 빼어났다. 노래가 끝나자 악사와 악공들은 서로를 돌아보며 제각각 입을 모아 인간의 노래가 아닌 신의 소리라고 감탄했고, 송유수를 비롯한 하객 모두가 한동안 넋이 나간 표정으로 멍하니 앉아 있다가 일시에 떠나갈 듯 환호하며 갈채를 보냈을 것이다.

그렇게 해서 혜성처럼 등장한 새로운 명기 황진이의 이름이 그때부터 원근에 널리 퍼지기 시작했다고 한다. 특히 개성유수 송겸과 악공 엄수가 배석한 회갑연의 자리는 황진이가 절창으로서 명성을 얻는 계기가 되었다.

명창 이언방을 탐방

황진이는 학문에 깊이가 있었고 시에도 능력이 두드러졌으며 노래를 잘하는 등 두루 재능을 갖춘 여성이었다. 그러한 황진이는 많은 남성들 가운데서 특별히 소리 명창을 포함하여 음악에 안목이 있는 사람들을 좋아했다. 그녀 자신부터 어머니를 닮아 거문고 연주 솜씨가 뛰어났을 뿐만 아니라 그녀의 노래가 천상의 음성이요 선계의 곡조였다고 평가될 만큼 음악에 대한 조예가 깊었기 때문이다. 아름다운 음색과 독창적인 선율을 지닌 황진이가 좋아했던 명창 중의 한 사람이 바로 이언방(李彦邦)이다. 조선 명종(재위 1545~1567) 때의 명창이었던 그는 청아한 목소리를 지닌 황진이만큼이나 여자 목소리를 잘 냈다.

허균의 『성옹지소록』(하)가 전하는 말을 들어보면 선비 이언방이라는 사람이 노래를 잘했는데, 가락이 맑고 빼어나서 다른 사람들이 감히 그 재주를 따를 수가 없었다. 일찍이 〈최득비녀자가(崔得霏女子歌)〉를 부르면 그 자리에 함께 있던 모든 사람들이 감동해서 눈물을 흘리며 울었다. 황진이가 평양에 놀러 가보니 교방의 기생이 거의 200명이나 되었다. 관찰사가 그녀들을 열을 지어 앉혀놓았는데, 잘하고 못함을 따지지 않고 행수기생으로부터 어린 동기에 이르기까지 한 사람씩 선창할 때마다 이언방이 화답하여 읊었는데, 그 소리를 펴는 것이 모두 같고 흡사했으며 막히고 그침이 없었다.

계속하여 허균의 기록에 의하면, 황진이가 이언방이 노래를 잘한다는 소문을 듣고 어느 날 그 집을 찾아갔다. 자신이 뛰어난 소리꾼이었기 때문에 이름난 가객을 아끼고 사랑하는 것은 당연한 일이다. 황진이가 방문했을 때 마침 이언방은 옷을 풀어헤치고 미친 사람처럼 하고 있었는데 황진이는 사내의 비범함을 곧 알아차렸다. 절세의 미인이 불쑥 앞에 나타나자 수줍음을 잘 타는 이언방은 그만 본의 아니게 자신이 그의 아우인 양 행세하고 말았다. 송도기생 황진이라는 말을 듣고 이언방은 엉겁결에 "형님은 지금 집에 안 계십니다. 그러나 제가 형님의 노래를 흉내는 낼 수 있소."라고 말을 한 뒤 한 곡조 목청껏 소리를 읊었다. 어쩌면 소리만으로 자신을 알아볼 만한 능력이 있는지 없는지 시험해보겠다는 의도에서 짐짓 자신의 정체를 숨겼는지도 모른다. 노래가 끝나자마자 황진이는 손을 잡으며 "저를 속이지 마시오. 세상에 어찌 이 같은 소리가 있겠소. 제가 태어나 처음 들어보는 아름다운 소리요. 당신이 바로 이언방 맞소. 잘 알지는 못하지만 제나라의 명창 면구(綿駒)와 당나라의 명창 진청(秦靑)인들 당신보다 낫겠소?"라고 말했다.

이언방은 소리로 살아가는 몇백 명의 기생들을 제압했을 정도로 매우 뛰어난 명창이다. 사람 만나기를 꺼리며 자신의 길을 가던 이름난 소리꾼 이언방을 황진이가 만날 수 있었던 것이야말로 우연이 아니다. 황진이가 지닌 음률에 대한 자부와 더불어 진정 전문가를 그리워하는 열망에 의해 간신히 이루어진 오랜만의 행복한 순간이었다.

황진이가 명종 시절에 이언방을 찾아가 만났다는 것은 특별히 중요한 의미를 지닌다. 그녀의 생존 시기를 헤아릴 수 있기 때문이다. 황진이가 이언방을 만난 시점은 명종 즉위년인 1545년에서 서경덕이 세상을 떠난 1546년 사이로 추정된다.

황진이는 자유와 풍류를 갈망했다. 그리고 자유와 풍류는 무엇보다 예술 방면으로 빛을 발했다. 그녀는 천부적인 연주, 청아한 소리, 절품의 가무, 탁월한 문장력 등으로 일생을 활기차게 살았다.

10. 황진이, 인간세상 속에 묻히다

앞에서 나왔듯이 나주의 사또가 베푼 잔치에 관리들과 기생들로 가득했는데, 산에서 내려온 황진이는 해진 옷을 입고 때 묻은 얼굴로 앞자리에 앉아 이를 잡으며 태연자약하게 거문고를 타고 노래하면서도 부끄러워하는 기색이 없었다고 한다(허균, 『성옹지소록』하). 이것도 자신의 부족함을 숨기지 않으려는 자부와 소신의 발로이다. 실로 그녀는 인간의 삶에 있어 필수적 덕목이라 할 수 있는 성실함과 진지함이 현실에서 구현되기를 절실히 갈망했던 인물이다. 인간 외적인 대상이나 조건들에 구속되기를 거부했던 그녀의 천부적 자질과 경험적 안목에 의해 그녀는 스스로 기생의 길을 찾았고, 자의식의 소산인 양심과 윤리의 기초 위에서 자유롭게 자신의 생활을 가꾸어 나간 개성적인 인물이었다. 그리고 그러한 독특한 기질과 체험은 그대로 인생과 예술에 반영되었다.

일찍부터 황진이는 세상에 기인으로 인식될 만한 모습을 보였다. 이덕형의 『송도기이』를 보면 그런 점을 알 수 있다. 이덕형은 조선조 최연소 대제학(31세)으로 벼슬길에 올랐으며, 청백리로 이름을 날렸다. 이덕형은 갑진년(1604)에 암행어사가 되어 개성에 내려갔는데 난리를 거듭 겪으면서 관아가 없어져 남문 안에 있는 서리 진복의 집에 머물렀다. 진복의 아비 또한 늙은 아전이었는데 황진이와는 가까운 친척이었다. 당시 나이가 80여 세였는데 정신이 강건하여 항상 황진이의 일을 말할 적마다 마치 어제 일과 같이 또렷이 말했다. 이덕형이 묻기를 "황진이는 이술(異術)을 가졌습니까?"라고 하니 노인이 말하기를 "이술은 가졌는지 모르겠습니다만 방 안에서 때로 이상한 향기가 나서 며칠 동안 없어지지 않았습니다."라고 하였다. 이덕형이 관청의 일이 다 끝나지 않아 며칠을 더 머무르면서 노인에게서 황진이에 관한 전말을 자세히 들었으므로 그대로 기록하여 기이한 이야기를 더 넓힌다고 했다. 황진이의 친척이라는 아전 이야기는 『죽창야사』에도 나오는데, 죽창은 이덕형의 호이다. 진(陳)씨 성을 지닌 황진이의 외가는 개성에서 터를 잡고 살던 아전 및 기생 집안이었음을 알 수 있다.

곡하지 말고 큰길가에 묻어라

황진이는 말년에 모든 세속적인 것을 떨쳐버리고 산천을 비롯하여 전국 방방곡곡을 둘러보며 차분한 마음으로 자신의 생애를 되돌아보았다. 그리고 그녀는 죽기 전에 남다른 유언을 해야 했다. 허균의 『성옹지소록』(하)에 의하면 "황진이는 장차 죽음을 앞두고 집안 사람들에 명하기를 '삼가 곡을 하지 말고 장사지낼 때에는 북 치고 노래 부르면서 상여를 인도하라'라고 했다. 지금까지도 노래하는 사람들은 황진이가 지은 노래를 부르고 있으니 또한 이인이라 할 것이다."라고 하였다. 어느 날 아내가 죽자 물동이를 두드리며 노래를 부르고 있던 장자(BC 369~BC 289년경)에게 친구인 혜시(BC 370?~BC 309?)가 그 이유를 묻자, 장자는 "나의 아내는 본래 삶도 형체도 없었고 그림자조차 없었지 않은가?"라고 했다. 삶과 죽음에 대한 장자의 초탈과 달관을 연상케 한다. 인간이 이보다 더 죽음에 의연하기도 힘들 것이다. 황진이의 호탕한 기질과 대범한 성격을 다시 확인할 수 있는 대목이다.

　한 시대 한 세상을 풍미했던 황진이의 삶이 막을 내려야 할 순간이 다가올 때 아쉬움도 많고 슬픔도 컸을 것 같은데 죽음 앞에서도 그녀는 남다른 데가 있었다. 그녀는 화려하고도 기구한 인생살이를 끝냄에 원망과 회한도 없이 침착하게 죽음을 맞았다. 역시 호방한 기상과 달관의 태도가 있었기에 가능했다. 황진이는 끝까지 기생의 이름을 버리려 애쓰지 않고 인간 본연의 자세로 돌아가는 자존감을 보였다.

　유몽인은 『어우야담』(인륜편)에 다음과 같이 기록하고 있다.

　　　황진이가 병들어 죽게 되었을 때 집안 사람들에게 말하기를 '내가 살면서 성품이 분방하고 화려한 것을 좋아했소. 죽은 뒤에도 나를 깊은 산골짜기에 장사지내지 말고 큰 길가에 묻어주오'라고 하였다. 그래서 지금 송도의 큰길가에는 황진이의 무덤이 있다.

　산이 아닌 길가에 묻어달라는 말은 예사롭지 않다. 사람들 사이에서 분주하게 살다 다시 사람들 사이로 가겠다고 하는 내용은 의미하는 바가 크다.

　죽어서 속세를 떠나서 영원한 우주 속으로 가겠다는 것과는 사뭇 다른 방향이다. 죽음이 삶의 연장선에 있는 것이요, 다시 말해 죽음이 현실로 다시 이어지는 유교적 사생관이라 하겠다. 그녀의 삶과 사유는 철저하게 유교적이었다고 할 수 있으며, 비록 이루어지기 힘들지라도 그녀는 아름다운 인간세상을 염원했다. 통곡 대신 음악으로 죽음을 인도해달라는 유언처럼 그녀의 죽음은 세상과 이별이 아니라 세상 속으로 들어가 사람들과 어울리는 삶의 모습을 보이고 있다.

　김택영이 전하는 말에 의하면 황진이가 죽게 되었을 때 그 집안 사람들에게 부탁하기를 "나로 인하여 천하의 남자들이 스스로를 아끼지 못하고 여기에까지 이르렀다. 내가 죽거든 천금(天衾)으로 싸지도 관을 사용하지도 말고 시신을 동문 밖 모래와 물이 만나는 곳에 버려라. 그리하여 땅강아지, 개미, 여우, 삵괭이들이 내 살을 파먹게 하여 천하의 여자들로 하여금 나로써 경계를 삼게 하라."고 했다고 한다.(『숭양기구전』) 그리고 사람들이 그녀의 유언대로 대로변에 대충 묻었는데, 한 남자가 그녀의 시신을 거두어 다시 묻어주었다고 하며 현재 북한 지역의 장단(長湍) 입구 우물재(井峴) 남쪽에 황진이의 무덤이 있다고도 기록하고 있다. 그러나 일찍이 많은 시인 묵객들이 황진이의 묘가 있다는 장단 근처에 가서 그녀의 무덤을 찾으려 했으나 끝내 찾지 못하고 돌아왔다.

무덤의 봉분도 만들지 말고 사람의 왕래가 잦은 길에 묻어 자신을 밟고 지나가도록 유언했다는 이야기야말로 지독한 자존심의 발로가 아닐 수 없다. 좋은 곳을 가려가며 죽음 이후를 평안하게 살고 싶은 게 인지상정이다. 치열하게 살아온 자신의 소중한 삶을 헌신짝 버리듯 던져버리면서 '자신과 같은 길을 가는 사람이 없기를 바란다'는 것은 평범한 말이 아니다. 탈속의 순수 지향의 인생을 살아온 맑은 영혼들에게나 있을 수 있는 일이라 할 것이다. 적어도 속죄하려는 마음을 지닌 인간의 원초적인 부끄러움과 괴로움의 소산으로 읽히는 대목이다. 지금까지 우리가 황진이를 유달리 좋아하며 거론할 수 있는 가장 중요한 이유 가운데 하나는 그녀가 지닌 이런 고결한 정신 때문이라 하겠다.

황진이가 평생을 그 누구보다 교만하고 화려하게 산 것 같지만 그녀는 사실 겸손과 정직을 소중히 여기며 실제로 그렇게 살았다고 볼 수 있다. 혁신적 사고로 세상의 불의와 맞서면서도 자아성찰이라는 인간 정신을 가장 잘 실천해 보였다는 점에서 더욱 그러하다. 그녀는 왜곡된 인간 질서에 비난을 가하면서도 자아를 부정할 만큼 철저한 반성을 통해 아름다운 인간세계의 도래를 꿈꿔 왔다.

실의에 빠져 지내던 말년의 황진이는 마침내 1560년 무렵 30대에 병이 들어 세상을 떠나게 되었다. 물론 인생이 무르익을 나이인 40 이전에 죽었으니 그녀의 생애는 짧았다고 볼 수 있다. 그러나 그녀의 이른 죽음은 진정 자신을 위해 다행스런 일이다. '좋을 때 물러나야 한다'고 하듯이 그녀의 자부심의 근원이기도 했던 역동과 순수의 젊음이 가시자마자 죽었기 때문이다. 늙고 추한 꼴을 보이는 것은 그녀의 고고한 자존감이 용납할 수 없다. 그녀의 죽음은 스스로 선택한 죽음이요 자신이 원했던 죽음이라 할 수 있다. 그토록 원하던 자유를 비로소 찾은 것이요, 자유를 찾아 다시 세상 속으로 갔다. 아름다운 세상을 염원하면서.

이어지는 추모

2011년 북한 조선중앙TV는 북한에서 복원했다는 황진이의 무덤이 개성시 선정리에 있다고 홍보했는데 가묘일 가능성이 크다. 황진이는 그렇게 홀연히 사라졌지만 지금껏 생생하게 살아남아 우리들의 마음을 사로잡고 있으며 오늘도 어디선가 기림을 받고 있을 것임이 분명하다.

천재시인 백호 임제(1549~1587)[51]는 평소에 황진이를 만나고 싶어 했던 호쾌한 남성이었다. 그러나 기회가 없어 일찍이 개성에 가보지 못하고 있다가 세월이 흐른 후 겨우 기회를 얻어 찾아갔는데 황진이는 이미 타계하고 없었다. 황진이를 동경하던 임제는 개성 근처의 장단에 있는 황진이의 무덤을 찾아 그녀의 부재를 슬퍼하며 다음과 같이 시 한 수를 읊었다.

> 靑草 우거진 골에 잔다 누엇는다
> 紅顏은 어듸 두고 白骨만 무쳤느니

---

51 임제는 원래 무인 계열에서 태어나 문과에 급제했으나 출사를 단념하고 산림에서 주로 문학 활동을 하면서 생을 마쳤다. 기개가 호방하고 활달하여 독서하는 가운데도 검술을 익힐 정도였다. 혹자는 "임제의 기풍에서 항상 칼과 惺惺子(쇠방울)를 차고 다닌 남명 조식과 비슷한 면모를 볼 수 있다."(신병주, 『조선 후기 지성사 연구』, 새문사, 2007, 242~243쪽)고 했다.

蓋 자바 勸ᄒ리 업스니 그를 슬허ᄒ노라[52]

유몽인의 야담집『어우야담』(인륜편)에서는 "자순 임제가 평안도사가 되어 송도를 지나다가 글을 짓고 황진이의 묘에 제사를 지냈는데 마침내 조정의 비난을 입게 되었다."고 적고 있다. 임제는 평양을 가는 길에 개성을 통과하면서 황진이의 무덤에 가서 제사 지내는 바람에 임지에 도착도 하기 전에 관직에서 쫓겨나고 말았다. 파직까지 당한 걸 보면 황진이보다 30세 쯤 연하일 임백호는 참으로 그녀의 인간상을 사랑했던 것 같다. 임제는 자신의 신변을 생각지 않고 순수한 마음으로 예의를 표했을 것이다. 39세에 죽은 임제는 자식들에게 "제왕이라 일컫지도 못하는 못난 나라에서 태어나 죽는데 슬퍼할 까닭이 없다. 내가 죽거든 곡을 하지 말라."는 유언을 남겼다고 한다. 마치 황진이의 유언을 떠올리게 되며, 진실로 황진이를 알아본 임제의 추모가 그녀에게 위로가 되었을 것이라 믿고 싶다.

황진이는 죽어서 수많은 사대부 남성들로 하여금 애도하게 하였고, 지금까지도 뜻있는 사람들의 가슴을 애잔하게 하고 있다.

11. 황진이, 중국의 설도와 비견되다[53]

홍만종(1643~1725)은『소화시평』에서 "옛날 재주 있고 시에 능한 기생으로 설도·취요 같은 무리가 상당히 많았다. 근자에 송도의 황진이와 부안의 계생은 그 글이 문사들과 겨룰 만하다."고 했다. 이능화도 "기생으로 조

---

52 『악학습령』196 ;『진본청구영언』107.
53 이 글은 이미 출간된 필자의 논문(이화형,「황진이와 薛濤의 한시에 나타난 세계인식의 변별성」,『우리문학연구』52집, 우리문학회, 2016, 7~32쪽)을 전폭 수정한 것이다.

선조에 들어와서는 황진이 · 복개 · 난향 · 계생 등의 시가 맑고 뛰어나서 설도 · 홍불에게 별로 뒤지지 않을 정도다."(『조선해어화사』 30장)라고 했다.

조선에 황진이가 있다면 당에는 설도(薛濤, 770~832)가 있었다고 할 만하다. 시대와 국가를 넘어 두 여성은 너무나도 닮아 있다. 그녀들은 기생이었고 활달했으며 최고의 시인으로서 지금까지도 사랑받는 많은 시들을 남기고 있다. 근래에 두 여성을 비교하는 논문[54]이 나왔으나 두 시인의 의식의 차이를 정확히 드러내지 못한 아쉬움이 남는다. 그러므로 필자는 새롭게 황진이와 설도의 한시에 나타나는 세계인식을 인간과 자연을 대하는 태도로 제한하여 비교해보고자 한다. 황진이 작품에 나타난 인간적 갈등과 극복의 의지, 설도 작품에 나타난 백성과 나라에 대한 사랑을 살펴보고, 자연을 대하는 황진이의 유교적 · 윤리적인 태도와 설도의 도교적[55] · 관조적 태도의 차이에 주목하고자 한다. 두 시인의 작품에 내재된 인식적 차이가 양국의 여성문화를 이해하는 데 조금이나마 도움이 되었으면 한다.

이 책에서 대상으로 삼고자 하는 시 전반의 상황은 다음과 같다. 현재 전하는 황진이의 한시들은 홍중인 편의 『동국시화휘성』, 장지연 편의 『대동시선』, 이규용 편의 『해동시선』, 김지용 편의 『한국역대여류한시문선』 등 한시선집에 8편이 수록되어 있다. 한편 설도의 시문집 『금강집(錦江集)』(5권, 500여 편)이 소실되어 지금은 전해지지 않고 명본(明本) 『설도시(薛濤詩)』 1권, 『만수당인절(萬首唐人絕)』, 『명원시귀(名媛詩歸)』, 『전당시(全唐詩)』,

---

54 김준영, 『唐代 薛濤와 朝鮮 黃眞伊의 詩歌 比較 硏究』, 한국외국어대학교 석사학위 논문, 2008 ; 盧莎, 「한 · 중 기녀시인 비교 연구 : 황진이 설도의 작품을 중심으로」, 강남대학교 석사학위 논문, 2011 ; 허여형, 『황진이와 설도의 한시 비교 연구』, 중앙대학교 석사학위 논문, 2015.

55 설도의 사상을 유(儒) · 불(釋) · 도(道)로 나누어 분석한 연구(任靖宇, 「薛涛诗歌研究」, 河北大學 碩士學位論文, 2006)도 있고, 설도는 적극적인 성격을 가지고 자연을 진심으로 사랑했기 때문에 거기에 안도하는 모습을 보였다고 분석한 연구(李丽秋, 「中韓 妓女詩人 薛濤와 李梅窓의 비교연구」, 서울대학교 석사학위 논문, 2003)도 있다.

『홍도집(洪度集)』, 『설도이야시집(薛濤李冶詩集)』, 『당궁규시(唐宮閨詩)』 등에 설도의 작품이 전해지고 있다.[56] 그리고 장봉주의 『설도시전(薛濤詩箋)』에서 진위 문제를 제기한 시 「모란(牡丹)」을 빼고 『전당시』, 『홍도집』에 실린 88수와 누락되었던 「사우찬(四友贊)」, 「완화정(浣花亭)」, 「주근화(朱槿花)」 3수를 포함하면 설도의 작품은 총 91수이다.[57]

황진이의 인간관, 근원적

황진이가 『대학』을 끼고 서경덕을 찾아가 가르침을 요구했듯이 그녀가 얼마나 지적인 욕구가 강렬했는지 짐작할 수 있다. 인간의 본질에 대해 관심이 많던 황진이는 인간의 부정적 상황에 민감할 수밖에 없었다. 인간의 모순에 맞서 발로되는 갈등이 적잖이 암시되고 있는 것도 이 때문이다. 황진이가 임과 이별하며 읊은 아래의 시에서도 애상적인 태도보다는 삶의 진정성을 촉구하는 의도가 포착된다. 「김경원과 헤어지다(別金慶元)」[58]라는 시를 보자.

삼세의 굳은 인연 좋은 짝을 이루니	三世金緣成燕尾
이 중에서 생사는 두 마음만 알리로다.	此生死兩心知
양주의 꽃다운 약속 내 아니 어기려니와	楊州芳約吾無負
두려운 건 돌아왔을 때 두목지처럼 됨이라.	恐子還如杜牧之

인연, 마음, 약속 등은 지속적으로 가꾸어나가야 할 덕목이다. 황진이가 '삼세의 인연'이라고 할 만큼 좋아했던 사람이 얼마나 되었을까. 황진이

---

56 장봉주는 설도에 대한 자료를 정리하여 출판함으로서 후학 연구에 도움을 주었다.(張蓬舟, 『薛濤詩箋』, 人民文學出版社, 1983, 51~52쪽).

57 夏春豪, 『論薛濤詩』, 『河南大學學報』 6期, 1966, 52쪽. 설도의 『설도시집』(류창교 역해, 서울대학교 출판문화원, 2012, 264쪽)에서는 설도가 지은 시로 확증할 수 있는 시 88수와 논란의 여지가 있는 시 8수를 실어 모두 96수를 실었다.

58 김지용 편, 『한국역대여류한시문선』, 명문당, 2005.

가 김경원(1528~?)을 당의 두목(803~852)과 견준 것은 김경원도 그와 같이 시에 재주가 있고 외모가 수려했기 때문일 것이다. 김경원이야말로 황진이가 함께 살고 싶어 했던 첫 남자이자 마지막 남자가 아니었나 말하기도 한다. 그런 임을 떠나보내면서 불안해하는 것은 당연하다. 하지만 크게 초조해하지 않는 것은 믿음이 있기 때문이다. 또한 소신이 있기에 황진이는 영원히 약속을 지킬 것이다. 애정을 모티브로 '꽃다운 약속' 같은 신뢰의 의의를 드높이고자 했던 황진이의 윤리관을 읽어 낼 수 있다. 앞서 나왔듯이 황진이라도 자기 마음을 움직일 수 없다고 큰소리치던 소세양이 그녀가 읊은 다음과 같은 이별시를 듣고 무릎 꿇고 매달렸던「奉別蘇判書世讓」59)을 다시 보자.

달빛 어린 뜨락에 오동잎 다 지고	月下庭梧盡
서리 맞은 들국화는 노랗게 물들었네.	霜中野菊黃
누대는 높아 한 자만 더 오르면 하늘인데	樓高天一尺
사람은 취해서 천 잔의 술을 마셨네.	人醉酒千觴
물소리는 거문고에 차갑게 스며들고	流水和琴冷
매화의 높은 향기 피리 소리에 휘감기네.	梅花入笛香
내일 아침 우리 서로 헤어진 뒤에는	明朝相別後
사무치는 정 푸른 물결처럼 끝이 없으리.	情與碧波長

끝줄에 "사무치는 정 푸른 물결처럼 끝이 없으리"라고는 했지만 이별 후 예상되는 슬픔이나 아픔이 그다지 느껴지지 않는다. 오히려 감정의 방출보다 절제의 미덕을 촉구하는 황진이의 지적 태도에 공감하게 된다. '달빛', '서리', '누대', '매화', '정' 등이 시사하듯이 진지한 인간관계를 염원하는 열정이 부각된다. 그녀가 '인간도 물과 같아서 가고 아니 온다'고 개탄한 것도 예외는 아니다. 삶의 방향성을 찾고 인간의 현실을 성찰하는 노력

은 끊임없었다. 이별의 시에 자연만 존재할 뿐 인물이 등장하지도 않고, 강렬한 구애의 노력도 찾아보기 어렵다. 이렇듯 그녀의 작품들에서 남녀의 사랑을 넘어 올바른 인간상을 추구하는 의도를 어렵지 않게 간파할 수 있다. 「그리운 꿈(相思夢)」[60]이라는 시 하나를 더 살펴보도록 하자.

그리움과 만남이 다만 꿈길뿐이니　　　　　相思相見只憑夢
내 임을 찾아갈 때 임도 날 찾는다오.　　　儂訪歡時歡訪儂
바라건대 언젠가 다른 밤 꿈속에선　　　　願使遙遙他夜夢
한때에 길을 떠나 도중에서 만나요.　　　　一時同作路中逢

위 시는 황진이의 작품 가운데 가장 잘 알려진 것으로서, 김억(1895~?)이 번역하고 김성태(1910~2012)가 작곡한 가곡 〈꿈길〉은 전 국민이 즐겨 부른 바 있고, 영화 〈황진이〉(2007)에서도 인용되어 시청자들 가슴을 애절하게 만든 시이다. 현실에서 이루어지지 않는 사랑은 꿈으로 성사시킬 수밖에 없다. 황진이는 임과의 재회를 자신하고 있다. 이에 애타는 그리움이나 조바심보다 만난 후의 기쁨이 더 짙게 느껴진다. 특히 회문체 형식의 시적 표현에서 볼 수 있듯이 만남에 대한 자기(儂) 확신으로부터 임(歡)도 만남의 장으로 이끌어내는 점은 의미하는 바가 크다. 상호 간의 만남이 이루어질 수 있다는 믿음은 현실 전환의 가능성을 증폭시킨다. 더구나 '만남'의 목표를 향해 나아가는 결구의 인간적 화합의 덕목은 매우 설득적이다.

설도의 인간관, 사회적

성적 계급적 사각지대에 있는 기생들은 글로 자신들의 탄식을 담아냈으나 설도는 소외와 슬픔의 정한의식에 갇히지 않았다.[61] 설도가 체험한

60　홍중인 편, 『東國詩話彙成』.
61　李知薰, 「薛濤 詠物詩 試論」, 『中國語文論叢』 24권, 中國語文硏究會, 2007, 4쪽.

관료들과의 교류와 젊은 시절의 유배 사건은 나라와 백성에 대한 관심으로 이어졌다. 설도는 20세에 자신을 총애하던 위고에게 벌을 받아 사천성 송주로 귀양 갔고, 배소에서 깊이 반성도 하면서 세상의 냉정함을 깨닫게 되었다. 설도는 역사적 인물을 들어 자신의 정치적 관심을 표출하고 위인을 통해 우국애민의 생각을 잘 드러냈다.[62] 다음 「역적이 평정된 후 고상공께 올리다(賊平後上高相公)」라는 시를 살펴보자.

놀라서 천지를 쳐다보니 암담했는데	驚看天地白荒荒
언뜻 청산에 옛 석양이 보이네.	瞥見青山舊夕陽
비로소 큰 위세가 비출 수 있다고 믿노니	始信大威能照映
본디 해와 달 덕택으로 빛을 내네.	由來日月借生光

유벽의 반란을 평정하고 부임한 고숭문(746~809)에게 설도가 바친 시이다.[63] 설도는 고숭문의 업적을 세상의 어둠을 밝히는 일월에 비유하였다. 이미 16세의 설도를 기적[64]에 넣어주었던 위고는 치적이 탁월하여 제갈량(181~234)의 후예 소리를 들었고 유능한 관료들이 주위에 몰려들었다. 설도는 그들의 공과를 보고 들으며 정치적 안목을 확대해갔을 것이다. 또한 설도는 촉을 다스렸던 무원형(758~815)[65]과 관련된 시에서도 국가에 대한 남다른 소회를 풀어낼 수 있었다. 설도는 외침으로 국토가 유린되고 백성이 고통받는 상황을 예의 주시했다. 국경이 조속히 안정되기를 바라는 그녀의 마음이 「변경을 수비하는 망루(籌邊樓)」에 잘 나타나 있다.

---

62 설도의 시 「왕장관에게 올림(上王尚書)」을 살펴보더라도 위대한 인물의 칭송을 통하여 자신의 정치적 관심과 백성에 대한 배려를 잘 드러냈다.
63 吳丹, 「試論詩中女丈夫－薛濤」, 『凱里學院學報』, 5期, 2008, 127쪽.
64 長安의 양가 규수였던 설도는 부친 薛鄖을 따라 서천으로 갔다가 아버지가 병으로 죽은 뒤 16세 때 기생이 되었다.(章淵, 『槁簡贅筆』)
65 무원형은 연회를 베풀 때마다 38세나 된 설도를 불렀고 설도는 성도를 떠나기까지 7년 동안 그를 모시면서 자신의 재능을 인정해주는 무원형을 사랑했다.

구름 속의 새와 나란히 대하는 여덟 창의 가을　　　平臨雲鳥八窓秋
서천 사십 주를 씩씩하게 누르고 있네.　　　　　壯壓西川四十州
여러 장군들은 강족의 말일랑은 탐내지 말길　　諸將莫貪羌族馬
가장 높은 층에서 변방 끝이 보이네.　　　　　最高層處見邊頭

823년 절도사로 부임했던 두원영(769~832)의 실정의 틈을 타서 남조가 침략해 성도는 불에 타고 수천 명이 포로로 붙잡히는 참사가 일어났다.[66] 그 다음 해 이덕유(787~849)가 부임하여 전쟁의 참화를 수습할 수 있었다. 주변루는 이덕유가 토번(吐藩, 티베트)의 동향을 살피기 위해 세운 망루이다. 1~2구에서는 사방으로 나 있는 창과 높이 솟은 망루를 통해 절도사의 위엄을 보여주고, 3~4구에서는 장군들이 강족의 말을 탐했기에 전쟁이 일어나고 적들을 막아내지 못해 혼란에 빠졌음을 환기시켰다. 분별 없어 국난을 초래하고 능력조차 미비해 국토가 유린된 역사를 회상하는 설도의 충정이 잘 드러나 있다. 「무산사당을 방문하다(謁巫山廟)」라는 시를 살펴보자.

어지러운 원숭이 울음소리 속에 무산사당 찾으니　　亂猿啼處訪高唐
길이 우거진 숲으로 접어들자 초목이 향기롭네.　　　路入煙霞草木香
산의 빛깔은 아직도 송옥을 잊지 못하고　　　　　　山色未能忘宋玉
물소리는 여전히 양왕을 위해 울고 있네.　　　　　水聲猶是哭襄王
아침저녁마다 양대 아래에서　　　　　　　　　　　朝朝夜夜陽臺下
운우지정 나누다 초나라는 망했네.　　　　　　　　爲雨爲雲楚國亡
슬프도다! 사당 앞 많은 버들잎은　　　　　　　　　惆悵廟前多少柳
봄이 오면 헛되이 눈썹 길이 다투고 있네.　　　　　春來空鬪畵眉長

사천성 무산의 신녀봉에는 초나라 회왕이 세웠다는 무산사당이 있다. 무산사당을 찾게 된 설도는 이 사당에 얽힌 고사를 떠올렸다. 초나라 송옥

(BC 290?~BC 222?)이 지은「고당부」에 따르면 무산 남쪽의 높은 석산에 신녀(선녀)가 사는데 아침에는 오색구름이 되고 저녁에는 비가 된다. 회왕이 꿈속에서 선녀를 만나 '운우지정'을 느끼고 잠에서 깨어나 그 선녀를 그리워하며 사당을 세웠다는 것이다. 설도는 회왕이 여인의 아름다움에 반하여 국사를 망쳤던 점을 회고함으로서 자신의 사회의식을 적절히 드러냈다. 미인의 눈썹을 상징하는 버들잎을 통해 여색에 빠져 국정을 도외시했던 군주들을 부각시키는 설도의 재치 역시 돋보인다.

황진이의 자연관, 유교적

출중한 미모와 탁월한 재능을 갖춘 황진이를 향한 주위의 선망은 그녀로 하여금 들뜨게 했을 것이며, 한편 그녀는 인간으로서의 한계를 머금은 자신을 성찰하며 갈등하기도 했다. 그리고 그녀는 자신의 기질과 도량에 따라 인간에 대한 애정과 실망을 한 몸으로 받아내야 했다. 경치나 자연을 읊은 작품에서조차 인간현실을 크게 벗어나지 못하는 황진이의 입장에 주목하게 되는 것도 같은 맥락으로 이해할 수 있다. 먼저「박연폭포(朴淵)」[67]라는 시를 통해 그녀의 유교적 자연관을 확인하게 된다.

한 줄기 긴 시내가 골짜기에서 뿜어나와	一派長川噴壑礱
못으로 모이는 백 길이 넘는 물소리 우렁차네.	龍湫百仞水淙淙
나는 듯 거꾸로 솟아 은하수 같고	飛泉倒瀉疑銀漢
성난 폭포 가로 드리우니 흰 무지개 완연하네.	怒瀑橫垂宛白虹
어지러운 물방울이 골짜기에 가득하니	雹亂霆馳彌洞府
구슬 찧듯 옥을 부수듯 맑게 갠 하늘에 치솟네.	珠春玉碎澈晴空
나그네여 여산이 뛰어나다 말하지 말라	遊人莫道廬山勝
천마산이야말로 해동에서 으뜸임을 알아야 하네.	須識天磨冠海東

---

67 장지연 편, 『大東詩選』.

황진이는 마음이 답답할 때면 개성의 상징인 천마산 박연폭포를 찾아갔다. 위 시는 예리한 통찰력과 감각적 표현이 돋보이는 절창이다. 이와 같은 사실적 묘사는 박연폭포의 장엄한 실경과 함께 호탕한 기운을 느끼게 한다. 특히 다양한 수사법을 동원하고 폭포를 통해 자존감을 드러내고자 하는 데서는 황진이의 호쾌한 기상을 떠올릴 수 있다.[68] 『논어』에서 언급되는 '지혜로운 자가 좋아하는 물과 어진 자가 좋아하는 산'[69]의 위용이 확연히 다가온다. 아울러 흘러가버리고 마는 물이 아닌 '변함없는 산'을 칭송해왔던 황진이의 태도를 유교적 입장으로 이해하는 것은 무리가 없다. '폭포'가 단순히 미적 감탄의 대상이 아닌 한계적 인간 초월의 이미지로 여겨지는 것도 당연하다. 황진이는 다음과 같은 작품에서도 자연을 대상으로 미래지향의 의지를 표출했다. 「작은 잣나무 배(小栢舟)」[70]라는 시를 보자.

저 물결 한가운데 뜬 조그만 잣나무 배	汎彼中流小栢舟
몇 해나 저 푸른 물결 위에 한가로이 매였나.	幾年閑繫碧波頭
누가 먼저 건넜는지 뒷사람들이 묻는다면	後人若問誰先渡
문무를 모두 갖춘 만호의 후작이라 하리라.	文武兼全萬戶侯

황진이는 자신을 작은 나무배에 비유하고 있다. '한가로이 매여 있는 배'는 소탈하고 청아한 황진이의 삶을 잘 드러낸다. 자연 속의 한가로움은 인간적 초조감과 달리 무욕적 심성을 내포한다. 문무를 갖춘 풍류적 인물만이 배를 타고 강을 건널 수 있다. 유교적 성격의 자연은 삶의 지혜를 배우는 곳이자 심신 수양의 장소가 된다. 자연에 다가가는 배는 머지 않아

---

68 시 「朴淵」에 대해 "어조가 극히 맑고도 호쾌하니 화장한 여자가 미칠 수 있는 것이 아니다 調極淸快 非脂粉家可及"(『詩評補遺』 하)라는 평가도 있다.

69 "知者樂水 仁者樂山". 『論語』 雍也篇.

70 홍중인 편, 『東國詩話彙成』.

환희를 구가할 것이요 새롭게 변모된 임과 동행하려는 황진이의 의지적 태도가 선하다. 앞에서 언급된 소세양과 이별하는 시에서도 담담하게 미래를 준비하는 의지를 소홀히 할 수 없었다. 황진이는 「영반월」, 「만월대회고」 등 자연을 소재로 하거나 경치를 읊은 작품에서도 인간적 현실을 떠나지 못했다. 오언절구 「반달을 노래함(詠半月)」[71]이라는 시를 보자.

누가 곤륜산의 옥을 끊어내어	誰斷崑山玉
직녀의 빗을 만들어주었나.	裁成織女梳
견우와 헤어진 뒤에	牽牛離別後
시름 속 푸른 허공에 던져두었네.	愁擲碧空虛

황진이는 자신을 천상의 존재로 높이는 가운데, 기명을 '명월'이라고 했듯이 늘 자신을 달에 빗대어왔다. 그러나 견우와 떨어져 만나고 싶어 하는 안타까운 그녀의 마음을 쉽게 읽을 수 있다. 다만 까막까치가 다리를 만들어 만남을 성사시키듯 자신의 행위에 따라 상황을 변화시킬 수 있음을 은근히 암시한다. 인간은 근원적으로 허공에 던져진 외로운 존재이다. 그러한 인식 위에서 남과 여, 자아와 타자가 최선을 다해 직분을 수행해야 하는 설화적 교훈을 황진이는 음미했을 것이다. 공자의 정명사상이 떠오르기라도 했거나 전통적 기다림의 인고가 그리웠을지도 모른다. 변화의 반복 속에서 인간의 성숙을 기대하는 황진이의 속뜻이 전달된다. 이처럼 자연에 깃든 즐거움보다도 삶의 진정성을 복원하고자 하는 태도와 함께 자연의 속성을 통해 인간적 소망을 이루고자 하는 유교적 관점이 그녀의 작품을 지배한다.

---

71 김지용 편, 『韓國歷代女流漢詩文選』.

설도의 자연관, 도교적

설도는 관권의 탄압에 의해 추방되었으며, 변방에서 그녀가 겪은 고통은 상상할 수조차 없다. 돌아온 그녀는 인간의 행복이 자유에 있음을 깨닫고 기생 신분을 벗어나 자연에 다가갔다. 게다가 타고난 신선적 기질로부터 자연은 기꺼이 즐거움의 대상이 되었고 그녀는 여도사로서 관복을 입고 만년에는 완화계에 머물렀다.[72] 그녀는 많은 작품에서 속박과 거리가 먼 자연에 귀착하고 싶은 소망을 그려내고 있다. 설도의 영물시를 보면 그녀가 유난히 꽃을 좋아하고 붉은색을 좋아했음을 알 수 있다. 그녀가 지은 「해당화 계곡(海棠溪)」이라는 시를 보자.

봄은 풍경으로 신선 노을에 머물게 하는데	春教風景駐仙霞
수면의 물고기 몸은 온통 꽃을 둘렀네.	水面魚身總帶花
세상은 신령스런 꽃 기이함을 생각지 않는데	人世不思靈丹異
다투어 붉은 비단으로 얇은 모래땅 물들이네.	競將紅纈染輕沙

신이 계곡에 노을을 풀어놓았다고 여길 만큼 '꽃 중의 신선'이라 불려온 해당화가 붉게 핀 계곡의 봄을 생생하게 보여주는 시다. 1구에서 계곡 전체 풍경을 스케치한 다음, 2구에서 떨어진 꽃잎, 헤엄치는 물고기 등을 표현함으로써 풍요를 드러내고, 4구에서는 백성들이 비단 짜는 모습을 자연스럽게 제시했다. 위 시는 설도의 작품 가운데서도 자연미를 잘 그려냈다. 설도의 자연관을 보면 자연이 현실도피의 수단이기보다 진정으로 사랑하는 대상임을 알 수 있다. 그녀가 표현하는 경치와 사물의 색깔이 매우 밝고 묘사의 방법이 활기찬 것도 그와 무관하지 않다. 설도는 「연밥 따는 배(採蓮舟)」라는 시도 지었는데, 고요한 가을 계곡의 풍경을 생동감 있게 묘사하였다.

---

72   陳文華 校注, 『唐代女詩人三種』, 上海古籍出版社, 1981, 5쪽.

불어오는 바람이 연꽃을 잠재우고　　　　　　　　風前一葉壓荷蕖
가을이 되면 또 고기를 잡을 수 있네.　　　　　　解報新秋又得魚
시간은 흐르고 흘러 인적마저 그치고　　　　　　免走烏馳人語靜
붉게 단풍 든 계곡엔 노 젓는 소리 가득하네.　　滿溪紅袂棹歌初

　　위 시의 1~2구에서는 꽃을 압도할 만큼 고기가 뛰노는 장면을 연출한
다. 3구의 달에 사는 토끼와 해에 사는 까마귀는 시간의 변화를 나타내고,
4구는 붉은 계곡을 소매로 의인화시켜 역동성을 제고한다. 고기가 뛰노는
풍요와 말소리가 그친 고요가 대조를 이루며 그 가운데를 한 척의 배가 오
가는 장면은 한 폭의 산수화를 연상케 한다. 인공과 욕심이 끼어들 여지가
없는 무위자연일 뿐이다. 그녀의 시를 보노라면 분명 읽는 시가 아닌 관조
하는 시임을 느낄 만큼 도교적 자연의 이미지가 돋보인다. 강렬한 자연은
자신의 꿈에 다가갈 수 있는 안락의 공간이다. 설도는 기생의 삶을 청산하
고 도사가 되어 새로 직접 지은 도복을 입고 선계를 유람하는 기쁨을 노래
하기도 했다. 끝으로 설도가 지닌 자연에 대한 도교적 지향과 함께 신선의
경지에서 경치를 관조하는 「곡석산 서사(斛石山書事)」라는 시를 살펴보도
록 하자.

　　　　왕씨 집안의 산수 그림 속에는　　　　　　　王家山水畫圖中
　　　　정취가 온통 흰 가루와 검은 먹으로 꾸며졌네.　意思都廬粉墨容
　　　　오늘 문득 큰 언덕 경계에 올라 바라보니　　　今日忽登虛境望
　　　　머리 장식에 비취 보석을 붙인 일천봉이네.　　步搖冠翠一千峯

　　위 시는 화첩으로만 보던 산을 설도가 실제로 목격하고 지은 것이다.
송의 설화집 『태평광기』에서는 서촉의 유명한 화가 왕재를 일컬어 "산수와
나무와 돌을 그렸는데 형상 밖으로 벗어났다(畫山水樹石 出于象外)."[73]고 하

73　李昉 外 編, 『太平廣記』 권213 畵4 王宰傳.

였다. 왕재의 그림이 세속적 현실을 벗어나 고상한 아름다움이 있음을 전하는 것이다. 제목 '서사'가 말해주듯 왕재는 자연을 있는 그대로 그리려 했을 것이요, "흰 가루", "검은 먹", "큰 언덕", "머리 장식", "비취 보석", "일천봉" 등은 시인의 의도를 잘 살리고 있다. 설도가 왕재의 산수화를 각별히 좋아하는 이유는 그녀의 도교사상에서 비롯된 것이다.[74] 3~4구와 같이 설도는 직접 곡석산에 올라 자연을 바라보며 허경의 자유로운 분위기를 만끽하였다.

황진이와 설도는 국적이 다르고 살았던 시대도 다르지만 공통적으로 천한 계층의 삶 속에서도 훌륭한 업적을 쌓음으로써 각각 양국의 문학사에 뚜렷하게 자리 매김했다. 다시 말해 여성이자 기생이면서도 세상의 모순과 갈등을 넘어 자유와 평화를 지향하는 시인으로서의 자존감과 폭넓은 세계 인식을 드러냈다. 황진이와 설도 모두 불우한 처지 때문에 기생이 되었지만 활달한 성격에 타자가 아닌 주체로서의 능동적인 삶을 보여주었다

그러나 두 사람은 성장 과정 및 취향 등으로 인간에 대해 '근원적 윤리 문제'와 '사회적 현실 문제'라는 세계 인식에서 약간의 차이를 보였다. 황진이에게서는 인간 자체의 모순에 대해 문제 삼는 사고가 돋보이는데, 이는 풍류 정신과 윤리 의식에 따른 것이다. 설도에게서는 국가에 대한 관심이 집요하게 드러나는데, 이는 관료 집안, 유배 생활 등과 무관하지 않을 것이다.

황진이는 자연을 지혜를 얻기 위한 수단으로 인식하고 거기에 도달하고자 노력한 데 비해 설도는 자연 자체를 사랑하는 기질 때문에 능동적으로 자연에 다가갔다. 이같이 황진이의 자연관에는 윤리적 가치를 소망하

---

74 張遠秀, 「從三位女冠詩人看道敎對詩歌創作的影響」, 『連雲港職業技術學院學報』1期, 2009, 49쪽.

는 유교적 심성이 강하게 나타나는 반면 설도의 자연관에는 물아일체의 안락을 만끽하는 도교적 이미지가 잘 드러난다.

양국을 대표할 만한 두 기생 시인의 비교로 나타난 인식적 차이는 한중의 여성 문화 및 한중 문화 전반의 이해로 나갈 수 있는 확장성을 갖는다는 점에 의의를 둔다.

12. 나오며

우리 여성사에서 황진이만큼 대중적으로 많이 알려져 있으면서도 정보가 부족한 인물도 없을 것이다. 그러다 보니 기생 황진이에 대한 호감과 더불어 많은 입담들을 늘어놓지만 거기서 그치는 경향이 있어 안타깝다. 황진이의 실상을 제대로 이해하지 못한 채 관심과 애정만으로 돌아서는 것은 한국의 역사와 문화에 대한 진정한 예의가 아니다.

황진이의 일생은 그녀의 두드러진 개성으로 인해 잘 짜여진 한 편의 드라마와 같다. 역동적인 만큼 재미도 있지만 의미 또한 심오하여 감동을 주기에 충분하다. 그녀는 풍부하게 다양한 삶을 살았고 깊이 있는 철학 속에 인생을 짧게 마감하였다. 그녀에겐 열정과 감성이 뜨거웠지만 냉정할 정도로 진지함이 버티고 있었다.

조선 제일의 주체적 여성

무엇보다 황진이는 세상의 편견이나 관습에 휩쓸리지 않고 시공간을 관통하여 주체적인 삶을 동경하고 실천하고자 노력했다. 어느 시대에나 있어온 권력과 재물 등의 힘에 기대거나 굴복하지 않았고, 그녀의 자존감 앞에 천하의 남자들이 오금을 못 펴고 농락을 당할 만큼 남성 우위의 사회적 분위기에 개의치 않았다. 그녀는 정해진 제도와 관행을 거부하고 주도적으로 자기의 삶을 가꾸어 나간 선구적인 여성이었다.

　그녀는 스스로 기생의 길을 선택했고, 자발적으로 지적이고 정직한 남성을 만나고 사귀었다. 그리고 평생을 기생으로 살면서도 윤리적 가치를 귀하게 여기며 유학자로 살려 했다. 모든 것이 주체적 태도와 무관하지 않다. 한양으로 떠나고자 하는 뭇사람들과 달리 개성을 떠나지 않고 박연폭포와 서경덕에 당당하게 자신을 포함시켜 '송도삼절'이라 자칭했던 것도 주체적 자존심의 발로라 하겠다. 그녀는 봉건적 질서를 상징하는 왕족으로서의 벽계수의 권위, 여성 차별을 당연한 것인 양 호언하던 소세양의 허세를 꺾을 수 있었다. 때로는 자신의 방종을 문제 삼고 '보내고 나서 그리워 견디기 힘들다'고 솔직히 후회하고 반성도 해야 했다. 여성이고 기생이지만 전혀 기죽지 않고 세상 남자들을 마음대로 비판할 수 있는가 하면 끊임없이 스스로 자아를 되돌아보는 지성을 잃지 않았던 주체적인 인간, 황진이였기에 가능했다.

　그녀는 결코 허울뿐인 얼굴기생으로서 남자들과 난잡하게 교류하지 아니하였으며 오히려 지식과 예능과 풍류로서 시대를 압도했던 여성이었다. 타고난 외모에 시재가 뛰어나고 명창이었으므로 당시대는 물론 후대에까지 학자, 문인뿐만 아니라 남성들이라면 누구나 그녀를 흠모하고 그리워했다. 더구나 그녀의 인성과 품위가 더해져 명성이 조선을 떠들썩하게 할 만큼 황진이는 여성이자 기생으로서의 주체적 면모를 확실히 드러냈다.

융합적 인재

　이 주체적인 행동을 가능하게 했던 것은 그녀가 타고난 개방적인 의식과 진취적인 사고였다. 황진이에게는 천부적으로 속박과 억압이 따르는 현실에 안주하기에는 부적합한 호방한 기질이 있었다. 더구나 타고난 자질에 머물지 않는 끊임없는 사고의 확장과 경험의 축적은 그녀를 더욱 큰 인물로 만들었다. 구체적으로 그녀에게서 발견되는 강점이자 매력은 치우

치지 않고 한데 아우르는 융합과 중용의 덕목이다.

아무리 자유로이 살고 싶어도 자신을 무겁게 억누르는 운명의 질곡을 황진이는 벗어날 수도 없었다. 또한 그 고난 속에서도 결코 인간의 존엄성 회복을 위한 기대와 열정을 누그러뜨릴 수 없었다. 그렇기에 튄다고 할 정도로 기이하게 비치고 지나치게 변화무쌍한 듯이 느껴질지라도 그녀의 지향과 삶은 단순히 과장이나 거짓이 아니었다. 오히려 외적인 일탈과 분방에는 내적 진실과 질서가 균형을 이루고 있었다.

그녀는 국색이라 할 만큼 예뻤고 사내들과 애틋한 사랑도 구가했다. 그러나 오히려 그녀는 꾸미는 걸 싫어하고 사랑에만 집착하지 않았다. 누구보다 학문을 좋아하고 지식과 재능을 소유했다. 하지만 배우고 가진 자들의 위선과 명분을 경멸하며 자신의 결핍과 교만을 반성하기도 했다. 아름다운 세상과 진실한 세계에 도달하기 위해 그녀는 치열하게 자신을 비우면서 채워나가야 했고 자신을 우아하면서도 소박하게 만들어가지 않으면 안 되었다. 가능하면 구태에 안주하지 않으면서도 신뢰받을 수 있는 인간이 되어야 했다. 황진이는 항상 외로우면서도 도도했고, 감성적이면서도 이성적이었다. 그녀는 연약하면서도 강인한 여성이었다. 때문에 기쁨도 있었으나 슬픔이 있었고, 타인에 대한 분노만큼이나 자신에 대한 불만도 클 수밖에 없었다. 이 상반과 극단이 교차하는 공존의 지점에 그녀의 실체가 존재하고 특색과 장점이 있다는 점을 간과해서는 안 될 것이다.

풍류적 지성인

지금까지 황진이에 대한 평가는 너무나 극단적인 편이었다. 크게 보아 한 쪽에서는 기생으로서 시를 비롯해 악가무를 통해 남성들과 자유롭게 교류한 예능인이라는 점, 다른 한 쪽으로는 지적인 욕구가 강렬한 여성으로서 화담학파의 일원이었던 지식인이란 점을 부각시켰다고 본다. 어느 쪽으로든 한 방향으로 기우는 것은 바람직하지 않을 뿐만 아니라 실제로

기생, 노래를 왈자연정 묘은 왈자 마음

황진이는 두 방면을 한 데 아우르는 성향을 보였다. 그녀는 풍류적이면서 지성적인 여성이었다. 황진이는 진정한 멋과 자유를 가슴으로 원했을 뿐만 아니라 참된 인간의 구현을 위해 지적 긴장을 풀지 않고 지내왔다.

황진이는 신비롭게 나타났다 홀연히 사라져버린 바람과 같은 존재요, 이른바 풍류적 인물이었다. 그녀는 당대 최고의 예술가들과 교류했던 걸출한 여성으로서 타고난 미모에다가 재능이 뛰어나고 시문에 밝으며 노래 또한 절창이었다. 사람들 사이에서 천재나 선녀로까지 불린 풍류적인 인물이었다. 그러나 황진이는 거기에 그치지 않았다. 지성인으로서 고고한 품성을 지키려 부단히 정진하였다. 그러므로 풍류적인 인물들을 좋아하면서도 가식적이고 권위적인 경우 가차 없이 조롱했다. 또한 반사회적 비인간적 현실을 비난하면서도 자신을 성찰하고 괴로워하기도 했다. 이를테면 사대부들의 허위성이나 이중성을 꼬집는 반면 고승이나 대학자를 유혹했던 어쭙잖은 자신에 대해 부끄러워하기도 했다. 그녀는 제멋대로 마구 산 것이 아니라 오히려 삶의 전후와 본말을 분명히 아는 감성적이면서도 지적인 여성이었다.

황진이는 사대부 남성들과 교류하면서 그녀가 가진 탁월한 예술성과 풍류 정신은 물론 담대한 도량과 고결한 품성으로 그들과 당당하게 맞서 제압할 수 있었고 세상을 설득시킬 수 있었다. 현실의 속박을 벗어나고자 했던 신선적 사고는 윤리적 가치를 중시했던 유교적 정신과 만나는 융합의 지점에 그녀의 가치관이 떠받치고 있다. 그러한 역량을 기반으로 자신의 입지와 의지대로 끝내 숭고한 인품을 지닌 최정상의 예술가가 되었다. 이는 여성이나 기생으로서 이루기 힘든 것이며 사대부 남성들에게도 쉽지 않은 일이다. 특히 제도나 인식 면에서 자신의 운명을 스스로 정할 수 있는 독자적인 개인이 되기 힘든 기생의 입장에서는 더욱 기대하기 어려운 일이다.

황진이는 풍류적 지성인이다. 미모로 지족선사를 흔들어놨고 소리를 찾아 송겸과 이언방을 만났으며 자유를 구가하기 위해 이생과 금강산으로 떠났던 풍류적 인물이다. 한편 벽계수를 도량이 부족한 인물임을 지적하고 소세양의 교만함도 깨닫게 했으며 서경덕의 고매한 인품에 무릎을 꿇었던 지성인이다.

황진이는 풍류를 이해하지 못하는 경직된 권력자, 교양이 없는 저속한 풍류객 등을 만나면서 인간의 어리석음을 느끼지 않을 수 없었다. 더구나 자신이 지닌 재능과 미모, 그에 따른 쏟아지는 주위의 관심과 선망 등은 오히려 자아의 갈등을 부추길 수 있었다. 그녀는 봉건적 제도 아래 허세와 가식으로 가득 찬 뭇 남성들 때문에 불쾌해하면서도 한편으로 자신의 부끄러운 삶의 궤적 속에서 자조적인 태도를 보였던 외로운 존재였다. 그녀는 신뢰와 진실이 결핍된 인간적 모순을 극복해 보려는 노력을 예술적으로 승화시킴으로서 설득력을 확보할 수 있었다.

이렇듯, 이념성을 배제하지 않으면서 예술성을 최고조로 끌어올리는 균형 있는 창작적 성과와 더불어 그녀가 가진 총체적 역량을 극대화시키는 것은 인간의 신뢰에 대한 집요한 관심과 실현 의지의 표명이라 하겠다. 기생 황진이는 예인으로서의 자유롭고 아름다운 삶을 그리워하면서 완고한 사회질서와 도덕률을 조소하고 양심과 의리를 온전히 가꾸어 가고자 했던 풍류적 지성인이었다.

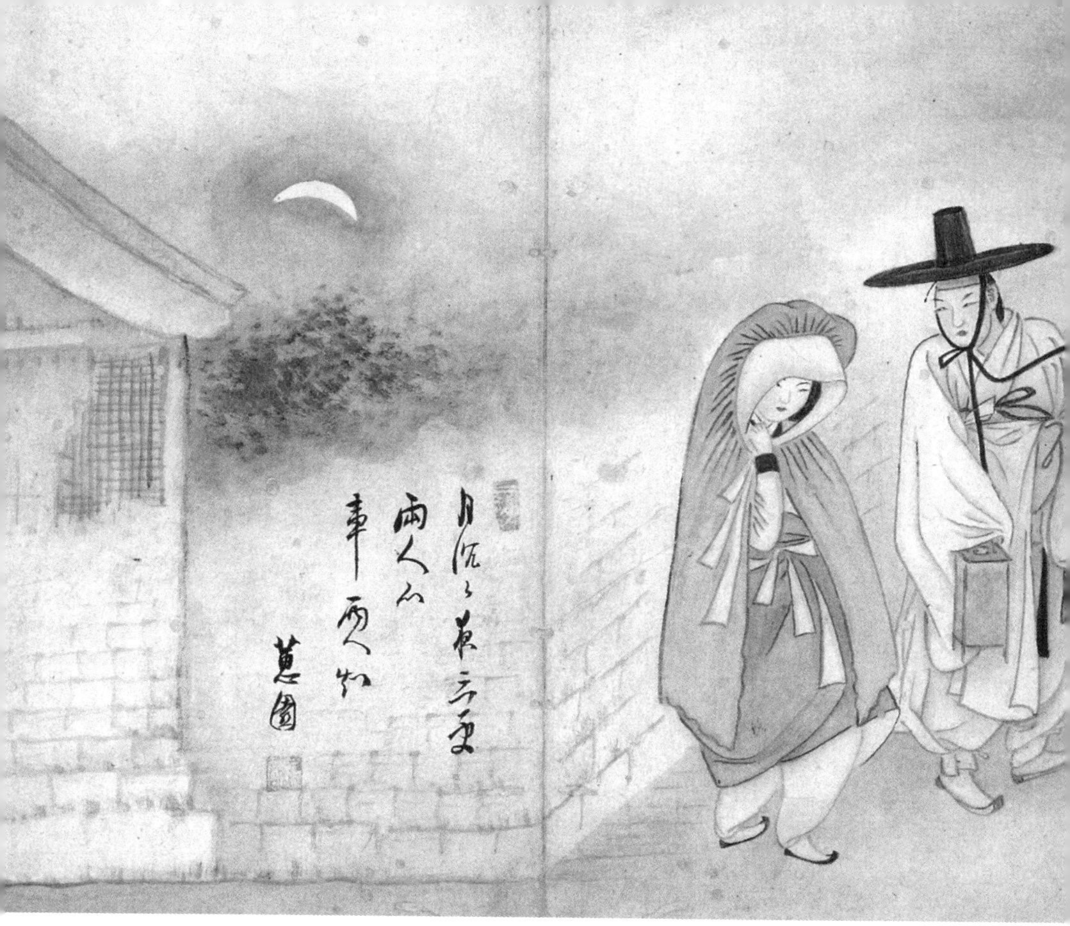

제3부

순수의 시인, 이매창

순수의 시인, 이매창

1. 들어가며

지금은 우리 모두가 자유와 평등 속에 살면서 민주주의를 만끽하고 있지만 조선사회 이매창(1573~1610)의 경우 기생으로서 신분적 질곡 속에 눈물로 살았던 것을 생각하면 안타깝기 그지없다. 그럼에도 불구하고 그녀가 위대하다고 생각되는 것은 오늘날 우리에게 그만큼 순수한 마음도 부족하고 아름다운 시도 쓰지 못하고 있기 때문일 것이다. 매창은 비록 비천하게 태어나 가혹한 운명으로 살았지만 오히려 그녀가 남긴 고고한 정신과 뛰어난 시편은 우리들로 하여금 분주한 삶 속에 허덕이는 자신들을 돌아보게 한다.

더구나 당대 최고의 명성을 얻고 있던 기생이 진정으로 사랑했던 남자가 화려한 벼슬이나 직책을 가진 사대부가 아니라 내세울 것 하나 없는 천민[1]이었다는 사실은 예사롭지 않다. 그리고 기생을 끼고 살았을 정도로 자유분방하기 그지없던 천하의 기인과 10년간 정신적 교류만을 했음도 특

---

1 매창이 위대한 여류시인으로 자리매김하게 된 것은 인간 매창이 지닌 자의식에서 비롯한다면서 유희경도 매창이 사랑한 많은 사람들 중의 한 명이었을 뿐이라고 본 경우도 있다(김준형, 『이매창평전』, 한겨레출판, 2013, 93쪽).

기할 만하다. 더욱 우리를 놀라게 하는 것은 그녀가 양반들의 전유물처럼 여겨지는 한시에 능통했다는 사실이다. 그녀에게서 새삼 품격과 능력을 느끼게 된다.

400여 년 전 신분이나 성의 차별이 심했고 빈곤한 생활을 해야 했던 인간의 삶과 사회 상황이 자유와 풍요를 구가하고 있는 오늘날에 비추어 우리에게 순진하면서도 낭만적으로 느껴지는 것은 왜일까. 단순히 감상의 차원을 넘어서는 합당한 이유는 무엇일까 생각해본다. 의외로 지금보다 모든 면에서 부족한 가운데 '인간'이 살아 있었기 때문이라는 판단이 든다. 시인은 집이 없어 '시가(詩家)'라는 말이 없다고 하듯이 오늘도 우리는 깨끗한 시인을 바라고 있을지 모른다. 참된 예술가라면 고통스럽고 외로울 수밖에 없을 것이다. 우리 역사에 보기 드물게 맑은 영혼을 지닌 매창은 눈물로 현실을 살아내야 했던 '순수한 시인'이다.

한국 최고의 여류시인

전라북도 부안군청에서 세운 매창의 무덤 앞에는 "이매창은 시와 가무에 뛰어나 개성의 황진이와 더불어 조선 명기의 쌍벽을 이루었다."고 적혀 있다. 일찍이 홍만종(1643~1725)은 『소화시평』에서 "근자에 송도 진랑(황진이)과 부안의 계생(이매창)이 글솜씨로써 문사들과 서로 겨룰 만하다(頃世松都眞娘扶安桂生 其詞藻與文士頡頏)."고 했다. 흔히 북에는 황진이요, 남에는 이매창이라고도 한다. 두 기생은 조선의 여류시인으로 명성을 떨친 대표주자이다. 그렇지만 황진이에 비해 이매창은 훨씬 많은 작품을 남겼다.

한국문학사를 보면 대체로 글을 짓는 것이 여성의 본분이 아니라는 사회적 통념에 따라 여성들은 작품을 남기기 꺼렸다. 조선 말 적극적으로 작품 활동을 했던 기생 출신의 운초 김부용(1820~1869)까지도 "시 읊조림 여인의 일이 아니지만/단지 명공(남편)께서 시를 사랑하시기 때문이라오(吟哦不是閨人職 祇爲明公雅愛詩)."(「운초당」, 『운초집』)라고 변명한 바 있다. 그러나 매창은 시집을 낼 수 있을 만큼 많은 시를 썼다. 개인의 시집이 나온다는 것은 당시로서는 세계적으로 보기 드문 일이었다. 현재 전하는 우리나라 기생 한시집은 대부분 19세기에 존재했던 기생들의 것이다. 비록 38년의 짧은 생애였지만 어렸을 때부터 미적 감각과 재능이 탁월했던 그녀에게 시는 존재 이유 같은 것이었다.

그녀의 문집 『매창집』 발문에 따르면 "매창은 시 읊기를 잘하여 당시 수백 편이 사람들의 입에 오르내렸지만 지금은 거의 흩어져 사라졌다(平生善吟咏 有詩累百餘首 膾炙一時)."고 한다. 그리하여 『매창집』에 실제로 수록되어 전하는 작품은 58편이며, 그중 허균(1569~1618)의 친구 이원형이 지은 「윤공비」라는 시 1편을 제외한 57편이 매창의 시이다. 그리고 매창의 임이라는 류도의 친구인 임서(1570~1624)의 문집 『석촌유고』에 실린 매창의 시 1편을 더하면 현재 전하는 이매창의 시는 모두 58편이 된다. 이 시들은 주로 매창이 죽기 10년 전인 1600년부터 써온 작품들로 보인다.

한국 근대 초기 시단을 이끌었던 김억(1895~?)은 조선 여류 한시선집인 『꽃다발』[2]을 편역하였다. 역대 여류 한시를 모아 엮은 것은 이 책이 처음이라고 할 수 있다. 이로써 65명의 조선의 여성시인들이 세상에 자신들의 작품을 선보이게 되었다. 그 가운데 이매창 한 사람의 시가 가장 많아 무려 24편이나 수록되었다.

작품의 양뿐만 아니라 질에 있어서도 우수한 평가를 받았다. 전라도 관찰사로 부임한 한준겸(1557~1627)은 매창을 위대한 여류시인으로 평가했고, 조선시대 제일의 시인으로 꼽히는 권필(1569~1612)도 그녀의 시 짓는 재주를 높이 평가하였다. 시인 임방(1640~1724)도 매창의 시에 재주와 정취를 볼 수 있다면서 『수촌만록』에서 "매창의 시권에 시를 지어 써주지 않은 사람이 없었다."고 할 정도로 그녀는 당시 문학계의 주목을 받고 있었

2　김억, 『꽃다발』, 박문서관, 1944.

다. 특히 학식이 풍부했던 한준겸이나 허균 등은 매창을 중국의 기생이자 여성시인으로 유명한 설도(薛濤, 770~832)[3])에 비견되는 우리나라 최고의 여류시인으로 평가했다.

한편 위에 나온 조선을 대표하는 두 기생 황진이와 이매창의 성격으로 볼 때 황진이가 남성적 · 개방적 · 의지적인 면이 두드러진 시인이라면 매창은 여성적 · 내향적 · 감성적 측면이 강한 시인이었다고 할 수 있다. 다시 말해 황진이가 미래지향의 의지적인 시인이었다면 이매창은 현실비애의 감성적 시인이었던 점은 간과할 수 없다.[4] 그런가 하면 삶의 태도에 있어 황진이가 기생의 길을 스스로 선택한 만큼 기생의 일상을 뛰어넘었던 것과 달리 이매창은 기생이기를 거부했던 만큼 오히려 기생의 운명을 떨쳐버리지 못한 서글픈 생애를 살았다고 본다.[5] 황진이가 기생의 삶을 훌쩍 뛰어넘었던 것과 달리 이매창은 기생의 운명을 고스란히 받아 안은 생애를 살았다[6]고 보는 것도 일리가 있다.

강렬한 자아의식

그동안 매창의 생애나 시와 관련하여 최근에 이르기까지 주목할 만한 연구들이 있어왔다.[7] 무엇보다 매창 연구는 중국 시인들과의 비교적 관점

3 　그 후 이매창과 설도를 비교한 논문으로는 李麗秋, 「한중 기녀시인 설도와 이매창의 비교연구」, 서울대학교 석사학위 논문, 2003 ; 왕쯔슈엔, 「李梅窓과 薛濤의 생애와 한시 비교 연구」, 경희대학교 석사학위 논문, 2014 ; 이화형, 「이매창과 설도의 한시에 나타난 세계인식의 차별성 고찰」, 『우리문학연구』 44집, 우리문학회, 2014 등이 있다.

4 　이화형, 「황진이와 이매창의 한시 비교 고찰」, 『우리문학연구』 41집, 우리문학회, 2014.

5 　황진이와 이매창의 비교(한시) 관련 연구로는 조창환, 「황진이 · 이매창의 시조와 한시」, 『인문논총』 6집, 아주대학교 인문과학연구소, 1995 ; 이현정, 「이매창과 황진이 문학의 비교 연구」, 건양대학교 교육대학원, 2006 등이 있는데, 두 시인의 차이점을 정확히 드러내지 못하는 아쉬움이 있다.

6 　홍인숙, 『누가 나의 슬픔을 놀아주랴』, 서해문집, 2007, 50쪽.

7 　2010년대 연구를 보면, 김준형, 『이매창평전』, 한겨레출판사, 2013 ; 김혜경,

에서 많이 논의되기도 했다. 다만 매창의 삶이나 시의 내용과 관련하여 매창이 임을 그리워하는 쪽으로 몰고 가는 점,[8] 그녀가 전통적 정한을 초월적 삶의 추구로 승화시켰다고 보는 점,[9] 매창에게서 비애 의식이 아닌 소망 의식을 밝히고자 한 점,[10] 특히 매창이 현실 극복의 강한 의지를 지닌 것처럼 논의하는 점[11] 등은 아쉬움 또는 의구심으로 남는다.

이매창은 자존감이 강했으므로 결핍과 모순이 가득한 현실에 부딪쳐 크게 개탄해야 했다. 임의 부재는 세상에 따라 붙는 아픔으로 비화되었으며 상황이 악화될수록 그녀는 인간현실을 벗어나고 싶어 했다. 그리고 자유를 갈망할수록 고착된 신분, 운명적 비애에 빠져들었다. 매창에게서 감성이 주체할 수 없을 정도로 강렬했음을 발견하는 시각이 자연스러울 뿐만 아니라 매창을 이해함에 있어 빼놓을 수 없는 중요한 요소도 여기서 찾아야 할 것이다. 또한 기생을 포함하여 여성들이 지은 작품은 부덕(婦德)이나 남녀 관계에 편중되는 경향이 있으나 매창이 지은 작품의 내용은 애정을 넘어 존재론적 갈등이 주조를 이루었다.

그녀는 정신과 물질, 자아와 타인, 현실과 꿈 등 인간 주체로서의 갈등을 심하게 겪었다. 그녀가 자아의식이 얼마나 강했는지는 '아(我)', '여(余)'

「李梅窓과 柳如是의 한시 비교 연구」, 경희대학교 석사학위 논문, 2016 ; 양새군, 「한 · 중 기녀문학 비교 연구 : 이매창과 류여시의 작품을 중심으로」, 울산대학교, 2012 ; 제민, 「이매창과 어현기의 애정시 비교 연구」, 『문명연지』 14권 1호, 한국문명학회, 2013 등이 있다.

8 예컨대, 유육례는 "매창이 임에 대한 사랑과 보고픔을 다층적 공간으로 만들어 독자들을 매료시키는 시인만의 독특한 연정시를 창안하였다."고 주장한 바 있다(유육례, 「이매창의 연정시 연구」, 『한국시가문화연구』 32호, 한국시가문화학회, 2013).

9 예를 들면, 이현정, 「이매창과 황진이 문학의 비교 연구」, 건양대학교 교육대학원, 2006, 45~61쪽 등이다.

10 김명희, 「허균과 매창의 시조」, 『시조학논총』 22호, 한국시조학회, 2005.

11 비록 상상이 가미되기는 하나 윤지강에 의해 매창은 비극적인 운명에서 벗어나 자유로운 의지로 자신의 생을 뛰어넘기도 한다(윤지강, 『기생 매창』, 예담, 2013).

를 제외하고 나서 대충 '자(自)'나 '독(獨)'이나 '고(孤)'가 쓰인 어휘만을 발췌해보더라도 알 수 있다. 제목에 해당하는 「스스로 탄식하다(自恨)」, 「스스로 깨닫다(自得)」를 비롯한 「홀로 오르다(獨登)」, 「홀로 살다(獨處)」, 「외로운 난새(孤鸞)」, 「외로운 학(孤鶴)」 등이 그 예이다. 「스스로 탄식하다」의 경우는 동일한 제목 아래 여러 수의 작품이 있고, 같은 제목의 시도 여러 편 된다. 일반 여성이나 다른 기생들도 상당수 고독과 성찰의 시를 남겼으나 이 정도로 자아에 관심을 집중하며 정신적 삶을 열망하는 갈등 현상을 보이지는 않는다. 더러 역사적 · 현실적 문제를 다루기도 한 기생 시인들, 예컨대 고려를 회고하는 작품(「만월대회고」)의 황진이, 병자호란의 한을 읊은 시(「남한산성」)의 광주(廣州)기생, 고향을 그리워하는 시(「滯雨北營」)를 지었던 정평 명기 취련, 가을걷이를 위해 봄에 열심히 일할 것을 강조했던 일지홍, 농사가 벼슬보다 낫다고 한(「荊湖表從氏別業」) 김부용 등과도 달리 자아에 관심을 집중한다는 점에서도 그녀의 시가 존재론적 성격이 매우 강함을 알 수 있다.

그녀의 시세계를 지배하는 삶의 태도를 살피기 위해 기생의 행적에 따른 인물형으로 본다면, 매화를 절호했던 그녀는 국가를 구원하는 사회적 충절형이기보다는 정신적 순결을 강조하는 인간적 절의형에 가깝다. 그리고 자유 지향의 풍류형에 속하기는 하나 그녀의 풍류적 기질은 기생으로서의 운명과 여성적 정감에 의해 축소 지향되었다. 다시 말해 그녀의 자유 지향의 열망은 성적, 신분적 한계로 인해 현실의 장벽을 넘지 못한 채 좌절되고 만다. 매창은 죽기 얼마 전 "인생을 살아야 얼마나 산다고/가슴속에 시름 맺혀 옷 적시지 않은 날 없네(借問人生能許 胸懷無日不沾巾)."(「병중에 근심하다(病中愁思)」)라고 술회한 바 있다.

매창은 기생으로서 많은 사대부들과 만날 수밖에 없었고 그들과 재주를 겨루고 정을 나누면서 살아갔다. 14세 때 한양에서 자신을 찾아온 문인 유희경을 만나 시로 사귀었다. 그 후 진사 서우관의 눈에 들어 잠시 부안을 떠나 한양으로 올라가 귀족 자제들과 시를 겨룬 바 있다. 20대 후반에 김제군수로 내려온 이귀의 정인이 되었다가, 29세 되던 해 부안에 내려왔던 허균과 시와 거문고로 사귀었다. 이후 허균의 도움으로 자신을 찾아온 많은 문인들과 시적 교류를 하였다. 35세에 유희경을 다시 만났다가 헤어졌고, 37세에 공주목사에서 파직되고 부안에 은둔하려던 허균을 다시 만나 의식 세계를 넓혀갔다. 그 후 매창은 〈자고사〉를 부르며 부안현감을 지냈던 윤선(1559~1637)을 회고했다. 38세가 되던 해 여름에 매창은 숨을 거두고 부안 봉덕리에 거문고와 함께 묻혔다.

매창의 삶과 시들은 유희경과 허균의 기록 말고도 한준겸(1557~1627)의 『유천유고』, 이수광(1563~1628)의 『지봉유설』, 권필(1569~1612)의 『석주집』, 심광세(1577~1624)의 『휴옹집』, 임방(1640~1724)의 『수촌만록』, 이규경(1788~1856)의 『오주연문장전산고』, 안왕거(1858~1929)의 『열상규조』, 박효관(1863~1907)의 『가곡원류』, 장지연(1864~1921)의 『대동시선』, 이능화(1869~1943)의 『조선해어화사』 등에 수록되어 전한다. 매창에 대한 깊이 있는 연구서[12]가 나와 있어 이 책을 쓰는 데 많은 도움을 받았다.

2. 숙명적으로 기생이 되다

1668년 전라북도 변산의 개암사에서 출간된 『매창집』의 발문을 통해, 매창의 출생과 사망에 관한 정보를 얻을 수 있다. 그녀 자신의 이름은 물론 부친의 이름과 함께 그녀의 탄생을 밝히고 있는 유일한 기록이다.

계생(桂生)의 자는 천향(天香)이다. 스스로 매창이라고 했다. 부안현의

---

12 김준형, 앞의 책.

아전 이탕종의 딸이다. 만력 계유년(1573)에 나서 경술년(1610)에 죽었으니, 사망 당시 나이가 서른여덟이었다. 평생토록 노래를 잘했다.

매창의 아버지인 이탕종은 아전이었다고 한다. 아전은 조선시대 중앙과 지방의 각 관청에 근무하던 하급 관리를 말한다. 이탕종은 육방, 사령, 서원, 형리 등 다양한 직종의 아전 가운데 육방[13]의 우두머리인 호장(戶長)이었을 것으로 본다. 조선시대의 호장은 지방 관청에 소속된 관비를 관리하며 그녀들을 첩으로 삼고 거기서 낳은 자식들을 다시 관노비로 충당하는 경우가 많았기 때문이다. 이는 매창이 기생으로 살아간 것으로 보아, 그녀의 어머니가 부안현의 관아에 소속된 노비였으리라 전제하는 데 따른 것이다. 대개 관기는 관비 출신 중에서 충원되었음을 감안하면 매창의 어머니는 관비 출신의 기생이었을 가능성이 크다.

결국 매창은 선조 6년(1573)에 부안현에서 호장을 지냈던 중인계층의 아버지와 그의 첩으로 관비(관기)였을 천민계층의 어머니 사이에서 서녀로 태어났다. 그리고 매창은 태어난 지 석 달 만에 어머니와 사별하고 홀아버지 슬하에서 귀여움을 받다 12세 되던 해 아버지마저 세상을 떠나면서 삽시간에 의지할 곳을 잃고 말았다. 그리하여 부안현감이던 진사 서우관의 배려로 관아에 들어가 선화당에서 잔심부름을 하게 되었다.

관비 어머니의 신분 세습

이렇듯 어머니가 관비였기에 매창에게 닥친 기생으로의 타고난 신분과 역할은 피할 수 없었다. 그리고 그 후 부모를 잃은 고아로서 자연스럽게 기생의 길로 들어서게 되었을 것이다. 그런가 하면, 부안의 태수가 범하고 버린 탓에 그녀의 부친이 기적에 올렸다고도 하고, 의지까지 부족한 그녀

---

13 조선시대 중앙의 육조를 모방하여 설치한 지방의 행정부서로서 수령을 보좌하던 조직편제이다. 다시 말해 이방·호방·예방·병방·형방·공방의 총칭이다.

가 먹고살 수 있도록 부친이 죽으면서 그녀를 기방에 넣었다고도 하는 등 그녀가 기생이 된 과정과 배경에 대해서는 설왕설래하는 편이다.

매창이 기생이 된 이유에 대해서는 자세히 기록돼 있지 않으나 위에서 살핀 바와 같이 어머니가 기생이었을 가능성이 높기 때문에 그녀도 당시 천자수모법에 따라 기생이 되었을 것이다. 기생이 된 시기에 대해서는 위에서 말한 것처럼 어머니에 이어 아버지까지 일찍 세상을 뜨면서 의지할 곳이 없었던 매창 나이 12세 무렵으로 잡을 수 있다.

다만 실제적으로 세습적 기생의 경우 기생 수업이 아주 어렸을 때부터 이루어졌듯이 매창도 7~8세 무렵에 '계생'이라는 이름을 받고 기생의 역할을 시작했을 것으로 보기도 한다. 이때는 본격적으로 예능 활동이나 교습보다는 수령(사또) 주변에서 잔심부름을 많이 했을 것이다. 7세 때 부안현감은 이세준이었고, 8세 때 부안현감은 양대수(?~1592)였다. 이세준은 1년 남짓 재임하다 파직되었으나 무과 출신의 양대수는 1580년 부임하여 4년 넘게 재임하며 매창에게 영향을 미쳤을 것이다. 8세의 매창은 12세가 될 때까지 양대수가 지켜보는 가운데 기생으로 성장해갔을 것으로 본다.[14]

스스로 이름을 지음

관아에 속한 기생은 기안(妓案) 또는 기적(妓籍)이라는 기생 명부에 올라 관리의 통제를 받았다. 기생들의 이름은 호방에서 출석을 점검할 때 부르기 편하도록 지어졌는데, 이는 기생이 되면서 새로운 이름을 얻게 된다는 뜻이다. 지금의 예술가들이 예명을 짓는 것이나 심지어 직업여성들이 새로운 이름을 만들어 쓰는 것도 여기서 유래하였다고 볼 수 있다. 본명, 즉 어릴 때 이름이 '향금(香今)'이었던 매창은 계유(癸酉)년에 태어났다고 해

---

14 김준형, 앞의 책, 73쪽.

서 '계생(癸生)'·'계랑(癸娘)'으로도 불렸다. 기생이 되면서 호방에서 점고할 때는 '계생(桂生)'·'계랑(桂娘)'이라고 불렀는데, 기명인 이 이름은 계수나무 위로 달이 처음 떠오르는 모습에 빗대어 지었다고 한다. 분명 계수나무가 있다는 달 속의 선녀를 연상시켜 작명했을 것이다. 실제로 이 이름이 가장 많이 알려졌다.

매창은 다른 사람들이 지어준 위에서 언급된 이름들이 마음에 들지 않았다. 그리하여 『매창집』에 적혀 있듯이 성인이 되어서는 당돌할 정도로 '천향(天香)'이라는 자를 받았고 또 기생이 된 후에 스스로 '매창(梅窓)'이라는 호를 짓기까지 했다. 보통 여성들로서는 이름조차 갖기 어려웠던 조선시대에 이매창은 '하늘의 향기'라는 의미의 천향이란 아름다운 자(字)와 추위를 이기고 맨 먼저 고아한 자태를 뽐내는 '창밖으로 은은히 비치는 매화'를 떠올리는 매창이란 호를 지어 부른 것이다.

이능화(1869~1943)의 『조선해어화사』(30장)에 의하면 "계생은 부안기생으로 호는 섬초"라 하였는데, 섬초란 달을 뜻하는 섬(蟾) 자와 처음을 뜻하는 초(初) 자가 어우러진 호이다. 이름이 계생이었던 것이나 호가 섬초였던 것을 보면 모두 '처음 떠오르는 달'과 관련 있는 것으로 우연한 것은 아니라고 본다. 아마도 둥근 보름달을 향해 점점 커져가는 새로운 꿈과 희망을 담아 만든 말이 아닐까 한다. 그런데 매창이 이 달과 연관된 이름을 좋아하지 않았던 것을 보면 황진이가 여유롭고 너그러운 이미지를 지닌 달을 좋아하여 자신의 호를 '명월'이라 했던 것과는 대조를 이룬다.

여성의 존재를 자유롭게 드러내기 힘들던 시대에 기생으로서 별도의 이름인 자와 호까지 지니며 살았던 매창은 역시 주체의식[15]이 뚜렷하며

---

15 매창이 한양에 올라갔을 때 귀한 집 자제들 세 사람이 다투어 그녀에게 접근하자 웃으면서 "만약 제가 예전에 들어보지 못했던 시를 들려주시어 제 마음에 들어맞는다면 그런 분과 하룻밤을 즐기겠습니다."라고 했던 태도(『조선해어화사』 29장) 또한 함부로 넘볼 수 없는 여유와 자부를 느끼게 하는 대목이다.

자존감이 강했던 여성이었음에는 틀림없다. 이매창은 서녀로 태어나 기생이 되었지만 얼굴은 그다지 예쁜 편이 아니었으나 남달리 많은 능력을 갖추었다. 타고난 시적 자질이 있는 데다 아버지에게서 한문도 배웠다. 시와 글을 비롯하여 노래와 거문고 등에 능하여 많은 사람들의 심금을 울렸다.

끊임없는 시적 연찬

조선시대의 기생들은 궁중이나 관아의 행사에서 음악을 담당하면서 흥을 돋우는 역할을 담당하여, '여악(女樂)'이라고도 불렸다. 한양의 기생들은 장악원에서 각종 악기와 가무를 배웠고, 지방기생들은 교방을 통해 악가무의 기예를 습득했다. 또한 기생들은 주로 지배계층의 사대부들과 어울렸기 때문에 서화나 문장 학습뿐만 아니라 예절과 교양에도 깊은 관심을 가졌다. 그녀들은 철저한 학습 속에 갈고 닦은 실력으로 양반들과 함께 주로 시와 창을 주고받기도 했다.

매창은 부안에서 기생인 어머니를 비롯하여 선배들로부터 가르침도 받았겠으나 부안보다 큰 고을인 전주의 교방에 가서 본격적인 기생 수업을 받았을 것이다. 당시 전주 교방의 기생 수는 30~40명 정도였던 것으로 추정하는데, 이들과 함께 매창은 기생으로서의 자질을 키워갔을 것이다. 차분한 성격을 지닌 매창은 기생에게 요구되는 기량을 온전히 갖춰 전문가적 능력을 인정받을 만큼 최선을 다해 악기, 춤, 노래, 시문, 서예, 예법 등을 배우고 익혔음에 틀림없다. 재주를 타고난 데다 성실한 노력으로 매창은 점점 발군의 실력을 발휘하며 한양에까지 이름을 날릴 수 있었다.

19세기 박학다식하기로 유명한 실학자 이규경(788~1856)은 고려에서 조선에 이르기까지 시를 잘 지은 '시기(詩妓)'를 아래와 같이 기록하면서 매창을 언급하였다.

조선 중기의 문인 권응인의 『송계만록』에, "우리나라 여자들의 시로 말하면, 삼국시대에는 알려진 것이 없고, 고려시대에 이르러 용성의 창기 우돌, 팽원의 창기 동인홍만이 시를 지을 줄 알았다고 하나 전하는 것은 없다. 그리고 송도의 삼절로 유명했던 황진이, 부안기생 매창·추향, 호서기생 설죽·취선, 진주기생 승이교, 부안기생 복랑, 성천기생 일지홍 등은 모두 시에 능하기로 유명하다." 하였다. 기생으로서 시에 능하다는 것은 대단히 뛰어난 일이기 때문에 대략 말한 바이다.[16]

위에서 말한 이매창, 황진이, 승이교, 일지홍 등만이 아니라 많은 기생들은 웬만한 남성 시인이나 가객 못지않게 뛰어난 글재주를 보여주었다. 특히 소세양, 서경덕 등과 교유한 황진이나 유희경, 허균 등과 친교를 가졌던 이매창의 경우처럼 당대 최고의 학식 있는 인물들과 교유하며 스캔들의 주인공이 되는 경우도 있었다. 그만큼 그녀들의 기예 및 문학적 소양이 뛰어났음을 짐작할 수 있게 하는 대목이다. 비록 신분은 천했지만 이매창을 비롯한 시기들은 뛰어난 재능을 갖추고 양반들과 풍류를 나누었고, 서로의 독특한 감각과 다채로운 감성으로 시를 주고받았다.

매창은 노류장화의 몸이었지만 고귀한 천성은 그녀를 조금도 방탕하지 않게 하였고 타고난 시인으로서의 재능은 그녀를 끊임없이 성찰하게 했다.

3. 유희경과 사랑하다

일찍이 기생으로서 고달픔과 외로움으로 나날을 보내던 매창에게 운명 같은 연인이 나타났다. 한양에서 이름을 날리던 42세의 문인 유희경(1545~1636)이 부안에 내려왔다가 14세의 어린 매창을 만나게 된 것이다. 매창이 유희경을 만난 시기를 학계에서는 대개 1590~1591년, 매창의 나

---

16 이규경, 『오주연문장전산고』 경사편 5.

이 18~19세로 추정하지만 나는 위와 같이 14세로 보는데, 이는 김준형 교수의 견해[17]와 같다. 유희경은 14세의 매창을 보고 한눈에 반하게 되어 자신의 시문집(『촌은집』권1)에 매창에게 주는 시 7편을 남겼다. 당시 한 기생에게 이렇게 많은 시를 지어주고 자기 문집에까지 넣는 일은 없었다.

인품과 문장이 뛰어났던 천민 유희경

유희경은 강화 사람으로 호는 촌은이다. 아버지 유업동은 종7품인 계공랑이었다고 전할 뿐 가계를 자세히 알 수는 없다. 유희경은 천민 신분이었으나 성품이 선량하고 소박하여 많은 사람들이 그에 대해 높이 평가했다는 기록이 『동국시화휘성』, 『지봉유설』 등 여러 곳에 남아 있다. 무엇보다 신분 상승 이후에도 겸손함을 잃지 않았을 만큼 그의 인품이 훌륭했기 때문에 사람들로부터 존경을 받았다. 허균은 『성수시화』에서 유희경을 다음과 같이 말한 바 있다. "유희경이란 자는 천민 노예이다. 그러나 사람됨이 청수하고 신중하며 충심으로 주인을 섬기고 효성으로 어버이를 섬기니 사대부들이 그를 사랑하는 이가 많았다." 유희경은 허균의 형 허봉(1551~1588)과 친분이 있었고, 허균의 손윗동서이며 『지봉유설』의 저자인 이수광(1563~1628)과도 친한 사이였다.

유희경보다 14세 아래인 유몽인은 「유희경전」(『촌은집』권2)에서 "유생의 사람됨이 단아하고 공손하다."고 했다. 그리고 유희경보다 39세 아래인 이식(1584~1647)은 유희경의 시문집 『촌은집』의 발문에서 "청허하고 욕심이 적어 가슴 속에 더러운 찌꺼기가 남아 있지 않다."고 했다. 그를 아는 모두가 한결같이 유희경의 인격이 훌륭함을 피력하였다.

유희경은 남언경(1528~1594)으로부터 가례 특히 상례를 배웠는데, 남언경은 서경덕(1489~1546)의 제자로서 조광조(1482~1519)를 기리는 도봉서원

---

17 김준형, 앞의 책, 94쪽.

을 건립하고 사액을 받았을 뿐만 아니라 조선시대 최초의 양명학자라고도 불린다. 유희경과 남언경의 만남은 종의 집안에 그것도 어린아이가 아버지의 3년상을 치르면서 극도로 애통해한다는 사실을 남언경이 알게 되면서부터 시작되었다. 『촌은집』에 따르면 유희경이 열세 살 되던 해 아버지를 여의고 혼자 무덤 옆에 초막을 짓고 매일 단정히 앉아 곡을 하며 3년간 시묘살이를 했는데, 이것이 이름난 학자였던 남언경의 귀에까지 들어가게 되었다. 남언경으로부터 정통 예법을 배운 유희경은 천민의 신분으로는 드물게 당대 손꼽히는 상례 전문가로 성장하게 되었다. 그리하여 유희경은 사대부가의 초상은 물론 국상까지 도맡아 자문을 하면서 이름을 떨쳤다. 소박한 선비이던 조우인(1561~1625)이 "당시 사대부들조차 예법에 관한 한, 그를 따라잡을 자가 드물었다."(『촌은집』권2)고 했을 만큼 유희경은 예법에 아주 밝았던 인물이다.

유희경은 상갓집에 불려 다니는 틈틈이 시를 공부하고 시 짓기를 즐겨했다. 그리고 독서당을 드나들면서 젊은 학자들과 시를 주고받는 가운데 영의정을 지낸 박순(1523~1589)의 눈에 띄어 그로부터 당시(唐詩)를 배웠다. 서경덕의 제자로 늙을수록 청렴했던 박순은 당대의 화려한 시적 경향을 비판하고 담백한 시를 추구한 최고의 시인이었다.

나이 아흔이 넘도록 살았던 유희경은 한마디로 조선 중기의 풍류시인으로 한시를 잘 지었다. 시풍이 여유롭고 담담하여 사대부들로부터 당시(唐詩)에 가깝다는 평을 들었다. 홍만종(1643~1725)이 그의 시를 두고 '청절하다'고 하는 등 많은 사람들은 그의 인격에 따라 시도 '깨끗하다'고 보았다. 허균은 『성수시화』에서 유희경에 대하여 이렇게 말했다.

시 창작에 매우 완숙함을 보였는데, 젊었을 때 갈천 임훈(1500~1584)을 따라 광주에 있으면서 석천 임억령(1496~1568)의 별장에 올라 그 누각에 이전 사람이 써놓은 '성(星)' 자 운에 한하여 '댓잎은 아침에 이슬 따르고 솔가지엔 새벽에 별이 걸렸네.' 라 하니, 송천 양응정(1519~1581)이

이를 보고 극찬하였다."

일찍이 유희경은 사대부들과 활발하게 시적 만남을 이어가면서 그들과 함께 교유할 만한 '침류대(枕流臺)'라는 자신의 처소를 갖추고 있었다. 조선 정조 때 한양의 역사를 간략히 적은 『한경지략』에 보면 다음과 같은 내용이 실려 있다.

> 창덕궁 요금문 밖에 촌은 유희경의 옛집이 있었다. 그 뜰이 후에 창덕궁의 담장 안으로 편입되어서 지금 창덕궁의 내각(규장각) 뒤뜰에 있는 오래된 전나무가 바로 유희경이 심은 것이라고 한다.

당시 장안의 명소였던 이 침류대의 정경이 유희경의 시문집에 그대로 실려 있다. 유희경은 북촌의 정업원[18] 아래 창덕궁 옆을 흐르는 계곡, 즉 궁궐 입구의 금천교가 있는 물줄기 상류에 작은 집을 짓고 이곳을 '침류대'라 한 것이다. 이 침류대는 『촌은집』 권3에서 알 수 있듯이 후대 효종(재위 1649~1659) 시절 궁궐 확장 공사에 의해 궐 안으로 들어가게 되었다. 이수광은 「침류대기」에서 침류대의 풍경을 무릉도원에 비유하여, "너른 바위 주위에는 복숭아나무 여러 그루가 둘러있고, 시냇물 양쪽으로는 꽃비가 흩뿌리니 비단물결이 춤추는 것 같다. 옛날의 도원이 이보다 더 좋지는 못했을 것이다."라고까지 말했다.

---

18 고려시대부터 존속했던 정업원(현 청룡사)은 조선시대 왕실에 속했던 비구니들의 사찰이다. 본래 궁 안에 있던 내불당을 신하들의 반대로 창덕궁 서쪽 지금의 자리로 옮겼으며 순종 때 청룡사로 이름을 바꿔 오늘에 이르고 있다. 영조 47년(1771)에 왕이 절 내에 '정업원 옛터'라는 비석을 세우고 '동망봉'이라는 친필 표석을 세워 단종을 애도했다. 단종의 비인 정순왕후 송씨가 여기서 한을 삭이며 80평생을 살았다. 일제강점기에도 불사를 진행했으며 1954년 비구니 윤호가 건물 대부분을 새로 지었다. 현재는 비구니 수행도량으로 유명하다. 지금 낙산에서 숭인동 쪽으로 내려오는 산길에는 청룡사 바로 옆에 정업원 옛터(현 서울시 종로구 숭인동 산3번지)를 알리는 비각이 있다.

유희경은 이 침류대에서 시 짓기를 좋아했는데 나중에는 이곳에서 이름 있는 문사들과 학문을 토론하고 시를 읊고 풍류를 즐겼다. 임진왜란 이후 이곳에는 내로라하는 문인 학자들과 고관대작들이 제집 드나들 듯 출입하게 되었다. 이 아름다운 침류대를 일컬어 17세기 후반 조선의 '문화사랑방'이었다고 평가하기도 한다. 당시 이곳을 찾던 사람들은 왕실 자손이었던 이원익을 비롯해 박순·이식·허균·유몽인·장유·김상헌·이안눌·이수광·신흠·권필·임숙영·이정구·차천로·전현성·홍경민·조우인·성여학 등이다. 이들은 대체로 화담 서경덕의 학풍의 영향을 받아 개방적인 편이었다. 유희경은 침류대 주위의 북악단풍 등 20경(景)을 시로 지어 읊기도 했으며, 선조·광해군·인조 대의 수많은 문인들과 교류한 시집『침류대시첩』을 엮었다.

유희경은 강옥서·공억건·권천동·박계강·박인수·박지화·백대붕·최기남·최대립 등 하층민들과 이곳 침류대에서 자주 시 모임을 가졌다. 그는 임진왜란 전에 백대붕(?~1592)과 함께 '풍월향도'라는 시 모임을 만들어 주도하였다. 젊은 시절부터 유희경과 친하게 지낸 백대붕은 배를 만들고 수리하는 전함사의 노비였는데 그 역시 시를 잘 지었을 뿐만 아니라 술도 좋아하고 재주가 뛰어나며 협객의 풍모가 있었다. 풍월향도에는 이름 있는 사대부들도 참가하여 일대 장관을 이루었다. 당시의 정황이『촌은집』3권에 자세히 기록되어 있다. 유희경과 백대붕을 리더로 만들어진 풍월향도는 평민 문학 모임의 표본이었다. 양반 중심의 조선사회에서 미천한 신분으로 시를 짓는다는 것은 상식을 넘어서는 일이었다.

이 시회는 백대붕이 임진왜란 중에 사망하고 유희경이 전란 이후 신분이 격상되면서 그 활동이 중지되었다. 그 후 풍월향도는 삼청동에 모여 시적 교류를 하던 '삼청시사'에 그 임무를 넘겨주었다. 삼청시사는 유희경의 제자인 최기남(1586~1619)을 중심으로 아전, 서리, 역관 등 중인 이하 계층의 사람들이 모여서 자신들 특유의 문학세계를 이루어가던 살롱이었다.

이들은 주고받은 시들을 모아 1660년 마침내 위항문학 최초의『육가잡영』이란 시집을 발간하게 되었다. 풍월향도에서 시작된 위항 문학인들의 모임은 '옥계시사'를 거쳐 점점 확대 발전해갔다. 유희경은 침류대 정자에서 시인 묵객과 어울리며 후진을 가르치다 말년에는 스승 남언경을 도와 도봉산에 도봉서원을 짓고 그곳에서 유유자적하며 여생을 보내다 92세로 생을 마감했다.

시로 맺은 인연

매창은 어릴 때 아버지에게 한문을 배웠고 워낙 재주가 많아 시도 잘 지었다. 또한 매창은 거문고에 뛰어나 한양까지 이름을 떨치고 있었다. 유명한 시인이 된 유희경이 소문을 듣고 어느 날 매창을 찾아가기에 이르렀다. 유희경은 예학의 스승이었던 남언경에게 자문을 구하고자 전주에 내려갔다가 잠깐 시간을 내서 부안에 있는 매창을 만났을 것이다. 당시 남언경은 전라도 관찰사로 전주에 살고 있었는데 거기서 유희경은 스승과 이야기하며 10여 일 머물렀다고 한다. 한편 유희경이 이매창을 만난 것은 고경명 (1533~1592)이 궐기한 의병에 참여하기 위해 광주로 내려가던 길이었다고도 한다. 어쨌든 그때 유희경의 나이 이미 사십을 넘었고, 이매창은 스물도 안 된 꽃다운 나이였다.『촌은집』권2에서는 유희경이 젊었을 때 남도를 여행하던 중 매창을 찾아갔는데 둘은 스물여덟 살의 나이 차이가 난다고 했다.

매창과 유희경이 처음 만난 것은 1586년 봄날이었다. 두 사람은 보자마자 익히 알고 지낸 사이처럼 반가워했고 뜻이 맞아 서로 깊이 사귀게 되었다. 유희경도 전부터 매창의 명성을 듣고 있었지만 매창도 시인으로 이름이 높던 유희경에 대해 이미 듣고 있었다.『촌은집』에 따르면 다음과 같은 기록이 있다.

젊은 시절 부안을 지날 때였다. 자기를 찾아온 유희경이 한양의 시인이라는 말을 듣고 이름난 기생 계생이 물었다. "유희경과 백대붕 가운데 누구신지요?" 대개 유희경과 백대붕의 이름이 먼 지역까지 알려졌기 때문이다. 유희경은 일찍이 기생을 가까이하지 않다가 이에 이르러 파계를 했다. 시와 풍류로써 통했기 때문이다.

앞에서 말했듯이 유희경은 서민 계층의 시인들과 어울려 놀기를 좋아했다. 특히 천민 출신의 시인 백대붕과 함께 '풍월향도'라는 시 모임을 만들어 주도했다. 이와 같이 서로 형제처럼 지내던 사이인 유희경과 백대붕은 함께 시를 잘 짓기로 소문이 퍼져 '유백(劉白)'이라 불리기도 했다. 매창도 이들의 명성을 알고 있었던 것이다.

위의 글은 조선 중기의 학자 남학명(1654~1722)이 지은 「행록」[19](『촌은집』권2) 중 일부이다. 유희경이 죽은 뒤 많은 사람들이 글을 써주었지만 매창과의 관계를 언급한 글로는 유일하다고 한다. 매창과 유희경의 첫 만남을 전하는 내용으로, 살아오는 동안 뭇 여성을 가까이하지 않았던 유희경이 처음으로 매창에게 큰 관심을 보였고 마침내 그녀의 매력에 푹 빠지고 말았음을 알 수 있다.

기생이면서도 다른 남자들에게 속정을 주지 않고 있던 매창 또한 유희경을 만난 일을 두고 '신선이 땅 위에 내려왔다'는 표현으로 감격을 술회한 적이 있다. 이렇듯 두 사람의 만남은 강렬하고 운명적이었다고 할 만하다. 매창과 유희경은 서로의 시적 재능과 순수한 인간성에 감화되어 쉽게 하나가 되었다. 다만 의아스러운 것은 매창의 문집인 『매창집』 속에 유희경과의 관계를 확인해주는 시가 없다는 점이다. 두 사람이 주고받은 7편의 애틋하고 은밀한 애정시는 모두 유희경의 『촌은집』에서만 볼 수 있다.

스물여덟 살이나 연상인 데다가 천민 출신 남성과의 사랑은 흔한 일이 아니다. 많은 양반들의 유혹과 사랑을 받으며 명성이 높았던 매창이기 때문이다. 매창은 남달리 순수한 여성이었다. 오히려 자기와 같이 신분이 낮은 유희경에게 강하게 끌렸고 시를 지어가며 풍류적으로 소통이 가능했기에 더욱 공감할 수 있었다. 유씨 성을 가진 선비 하나가 전주기생 이홍옥에게 기생이 사람을 가까이하는 데는 세 가지 이유가 있어서라 들었다면서 첫째는 돈 많은 부자이고 둘째는 얼굴이 잘생긴 젊은이이며 마지막으로 벼슬이 높은 유명인사라고 말한 이야기도 전한다. 어린 기생 매창과 중후한 남성 유희경과의 만남은 극적으로 이루어졌고 두 사람의 사랑은 시를 매개로 한층 더 공고해졌으며 그들의 애정에 의해 시세계 또한 한 차원 높은 곳으로 올라섰다. 이 무렵 그들이 주고받은 사랑의 시들이 많으며 그 일부가 전하고 있는 것이다.

매창이 유희경을 만나기 전부터 그의 존재를 알고 있었던 것처럼 유희경도 명성이 자자한 매창에 대해 익히 알고 있었음은 그가 매창을 처음 만난 날 그녀에게 주었다는 시「계랑에게 주다(贈癸娘)」[20]를 봐도 알 수 있다.

남쪽 지방 계랑의 이름을 일찍이 들었으니 　曾聞南國癸娘名
글재주 노래 솜씨가 도성에까지 울렸어라. 　詩韻歌詞動洛城
오늘에야 참모습을 대하고 보니 　　　　　今日相看眞面目
선녀가 하늘에서 내려온 듯하구나. 　　　却疑神女下三清

이 시에서도 확인되듯이 매창은 시를 짓고 노래하는 데 천부적인 재능을 가졌다. 유희경은 직접 부안에 내려와 매창을 보고 나서, 그녀에 대한 명성이 헛소문이 아님을 알았다. 그는 매창의 그윽한 매력에 흠뻑 빠져, 마치 "선녀가 하늘에서 내려온 듯"하다고 표현했다. 시와 더불어 순수한 영혼으로 살던 유희경과 매창은 만나면서부터 서로 '신선' 그리고 '선녀'라

20　유희경, 『촌은집』 권1.

감동하며 사랑을 키워갈 수 있었다.

우리는 이 모습을 통해 조선이 엄격한 신분 질서와 윤리적 테두리 속에서도 자유롭고 진솔한 사랑이 이루어질 수도 있는 사회였고, 양반이 아니어도 글을 배울 수 있고 시를 짓고 풍류를 즐길 수 있던 사회였음을 확인하게 된다. 조선 중기까지의 사회는 성별 또는 신분의 벽이 아직 강고해지지 않았음을 알 수 있다.

유희경은 어린 매창을 귀여운 연인으로 생각하고 무척이나 사랑했던 듯하다. 매창이 기분이 언짢아서인지 얼굴을 찡그렸을 때, 유희경은 세상에서 구할 수 없는 보약 하나가 자신에게 있음을 다행스럽게 여겼다. 위시와 제목이 같은 또 한 편의「계랑에게 주다(贈癸娘)」를 보자. "내게 선약 하나가 있으니/고운 얼굴의 찡그린 모습을 치료할 수 있지./비단 주머니 속에 깊이 간직해두었다가/사랑하는 사람에게만 주고 싶구나(我有一仙藥 能醫玉頰嚬 深藏錦囊裏 欲與有情人)." 간혹 보이는 우울한 표정 하나에도 신경을 쓰고 찡그린 얼굴까지도 예뻐하며, 그녀를 달래주고자 하는 유희경의 애틋한 마음을 엿볼 수 있다.

「장난삼아 계랑에게 주다(戲贈癸娘)」라는 시는 그들의 사랑을 더욱 구체적으로 드러냈다. 아마 유희경이 잠자리에 들기 전에 매창을 놀리는 장면 같다. "버들꽃 붉고 요염해도 봄은 한때일 뿐/고운 얼굴에 주름이 지면 펴기 어렵지./선녀인들 독수공방 쓸쓸함을 어이 견디리/무산의 운우나 자주자주 내려보세(柳花紅艶暫時春 瀨隨難醫玉頰嚬 神女不堪孤枕冷 巫山雲雨下來頻)." 화려한 꽃도 떨어지기 마련이고 고운 얼굴에도 주름이 늘어남은 당연하듯이 자연의 섭리를 따를 수밖에 없다. 생각할수록 인간은 더욱 외롭고 삶은 쓸쓸하다. 그러기에 인간관계도 음양의 이치를 벗어날 수 없고, 이에 무산의 운우지정도 자연스럽게 피어오른다. 초나라 회왕(재위 BC329~BC299)이 사천성 무산에 사는 선녀와 동침을 하며 황홀경에 이른 고사는 남녀 간의 은밀한 정사에 단골로 등장한다.

만나자 이별

그러나 유희경은 부안에 오래 머물지 못하고 한양으로 떠나야 했다. 물론 두 사람은 며칠 안 되는 기간이나마 깊은 정을 나누었을 것이다. 이렇게 회포를 풀 수 있는 날은 너무나 짧았고 그러기에 서로가 헤어지기 참으로 곤혹스러웠을 것이다. 매창은 유희경을 만난 행복감과 더불어 떠나보내야 하는 아쉬움을 「이별을 한탄하다(別恨)」라는 시로 대신했다.

임 떠난 내일 밤이야 짧고 짧아지더라도	明宵雖短短
임 모신 오늘 밤만은 길고 길어지소서.	今夜願長長
닭 울음소리 들리고 날은 곧 새려는데	鷄聲聽欲曉
두 눈에선 눈물이 하염없이 흐르네.	雙瞼淚千行

만남은 짧은 순간에 그치고 어느새 두 사람은 이별에 직면하여 초조해하고 있다. 주안상 앞에서 두 사람은 말을 잇지 못하고 속절없이 술잔만 비워야 했다. 헤어지는 슬픔과 흐르는 눈물만이 자리를 가득 채웠다. 아쉬움과 구슬픔이 복받쳐 올라 매창은 곁에 놓인 거문고조차 더 이상 연주하지 못했다. 그녀가 읊는 시에는 피울음이 섞인 듯 서글픔과 처절함이 묻어났다.

부안에서 잠깐 만나고 헤어졌기에 두 사람은 더욱 잊지 못하고 서로 애타게 그리워했을 것이다. 사나이긴 하지만 유희경 역시 매창을 잊지 못하기는 마찬가지였다. 만나지 못하면 못할수록 그리움은 커지기 마련이요 멀리 떨어져 있는 만큼 재회의 희망도 어렵다는 데 안타까움은 깊어갔다. 이에 유희경은 다음과 같이 매창의 시에 화답하는 「계랑을 그리워하다(懷癸娘)」[21]라는 시를 지어 보냈다.

---

21 유희경, 『촌은집』 권1.

그대 집은 부안에 있고	娘家在浪州
나의 집은 한양에 있도다.	我家住京口
그리워하면서 만나지 못하니	相思不相見
오동잎에 떨어지는 빗소리 애간장 끊네.	腸斷梧桐雨

즐거워하며 행복을 느끼던 시절은 한순간이었고 이별의 시간은 길어서 두 사람은 서로 슬프고도 괴로워하는 시를 남겨야 했다. 유희경도 매창을 향한 마음이 간절할 수밖에 없었다. 그는 매창을 한편으로는 위로하면서도 그리움을 격렬하게 표출하였다. 널따란 오동잎에 떨어지는 빗소리가 마치 자신의 창자를 끊어내듯이 느껴질 만큼 가슴 저미게 하는 이별의 아픔을 토로하고 있다. 불우한 환경 속에서 살아온 두 사람은 정서적 교감이 수월한 시를 매개로 서로의 사랑을 전했다.

유희경은 시도 때도 없이 매창을 그리워하며 시를 지었다. 그의 문집 (『촌은집』 권1)에 실린 「길을 가다 계랑을 생각하다(途中憶癸娘)」라는 시의 일부로 "청조도 날아오지 않아 소식조차 끊어지니/벽오동에 찬 비 내리는 소리 견딜 수 없어라(靑鳥不來音信斷 碧梧凉雨不堪聞)."를 들 수 있다. 사랑하는 사람을 자주 만나지도 못할 뿐만 아니라 한 번 만나고는 헤어져 그리워하는 심사가 잘 표현되었다. 여자와 헤어진 한 남자의 아픔이 이 정도로 클까 하는 느낌마저 드는 애절한 사랑가이다. 행복의 시간은 빠르게 흘러가고 기다리는 시간은 지루하기만 하다. 인적이 끊긴 곳엔 빗소리마저 원망스럽다.

유희경이 매창을 사랑했듯이 매창 또한 유희경을 사랑했다. 매창은 다음과 같이 간절하게 그리움을 호소했다. 이는 매창의 유일한 시조로서 사실 매창이라고 하면 바로 떠오르는 작품이기도 하다. 배꽃이 바람에 날리던 봄에 이별한 뒤 시간이 흘러 잎이 떨어지는 가을날 문득 임이 생각났다. 매창은 애타게 임을 기다리지만 임에게서는 소식이 없다. 특히 봄바람에 비처럼 흩날리는 꽃은 이별의 아픔을 적절히 나타낸다. 자신을 달래려는 마음보다 임을 미워하고 원망하는 심경이 더 세다. 매창은 그리던 임을 꿈에서나 만나야 했다.

> 이화우 흩날릴 제 울며 잡고 이별한 임
> 추풍낙엽에 저도 날 생각하는가
> 천 리에 외로운 꿈만 오락가락 하도다.

　매창이 지은 이 작품은 1876년 박효관(1781~1880)과 안민영(1816~1881?)이 편찬한 『가곡원류』에 실려 전하고 있는데, 여창가곡 중에서 가장 느린 속도인 이수대엽의 하나로 노래되고 있다. 『가곡원류』에 수록된 시조 아래의 주석에 "촌은이 한양으로 돌아간 뒤 소식이 없었다. 이에 이 노래를 지어 수절했다."고 기록되어 있다. 이로써 매창이 유희경을 그리워하며 지은 시조임을 알 수 있으며, 그녀는 유희경만 사랑하면서 평생 정절을 지킨 열부로 인식되게 되었다. 그러나 실제로 매창은 유희경이 떠난 후에도 관기 즉 공적 존재로서의 의무를 수행하며 지냈다고 해야 할 것이다. 기생의 정절이 정신적 순결을 의미함을 상기시키는 대목이기도 하다.

가혹한 전쟁

　무엇보다 임진년에 일어난 국난은 전례 없이 7년에 걸쳐 진행되었고, 전쟁은 사랑에 빠진 둘을 잔인하게 갈라놓았다. 임진왜란으로 풍전등화 속에 있는 조국을 지키기 위해 여념이 없었던 유희경은 매창에게 소식을 전하지 못했고 그사이 재회는 기약이 없을 만큼 멀어지고 말았다. 생이별을 하게 된 매창은 무작정 그가 돌아오기만을 기다려야 했다.

　매창의 「옛님을 그리워하다(故人)」라는 시를 보면 개인의 행복한 삶을 덮어버린 전쟁의 상황이지만 임에 대한 원망이 따르지 않을 수 없었을 매창의 입장을 느끼게 된다. 강렬한 자존심과 순정한 태도로 자신을 다스리고 있는 데서 오히려 외로움과 애석함이 짙게 묻어난다. 어느새 날씨는 추워지고 쌀쌀함이 어둠의 깊이를 더하며 한밤중에 매창은 많은 눈물을 흘려야 했다.

> 소나무 잣나무같이 굳게 맹서했던 날   松柏芳盟日
> 우리의 사랑은 바다처럼 깊기만 했어라.   恩情與海深
> 멀리 떠난 임게선 소식도 끊어졌으니   江南靑鳥斷
> 한밤중 아픈 마음을 나 홀로 어이할까나.   中夜獨傷心

이 시는 임진왜란 이후의 작품이라 여겨진다. 길을 가다가도 매창을 그리워하는 시(「途中憶癸娘」)를 짓기까지 했던 유희경[22]이지만 국가적 재난 속에 소식을 전할 겨를이 없었을 것이다. 전란에 허덕이는 임을 머릿속으로 이해 못 할 것은 아니었으나 매창의 마음으로는 유감스럽고 애통하다. 유희경이 매창을 늘 그리워했던 것처럼 그녀는 유희경을 진정으로 사랑했다. "소나무 잣나무"같이 변함없고 "바다"처럼 깊은 사랑을 염원했던 만큼 외로움에 처한 그녀는 속이 타는 듯한 아픔을 숨김없이 표현했다. 유희경이 매창을 정말로 연모했듯이 매창은 유희경을 청춘을 바쳐 사랑했다.

물론 유희경은 임진왜란 때 전공을 세워 천민에서 벗어나고 벼슬까지 얻었다. 「선조실록」에 따르면, 노비가 적군 하나를 참수하면 면천을 허락하고, 노비가 적을 둘 이상 참수하는 경우 그 수에 따라 수문장 등의 직위를 주었다. 유희경은 전란이 발발하자 의병을 모아 유성룡(1542~1607)을 도와 나라에 충성을 다해 싸웠다. 또한 1609년 그는 당시 조정의 고민거리였던 중국 사신들의 접대 비용 마련에 해결책을 제시하기도 했다. 그리하여 천민으로서 통정대부(정3품)라는 당상관 품계를 받는 유례 없는 인물이 되었다. 유희경은 생전에는 가의대부(종2품)까지 지냈고, 사후에는 한성부윤(정2품)으로까지 추증되었다. 신분사회인 조선시대에 천민이었던 유희

기생, 노래를 팔지언정 몸은 팔지 마라

---

22   유희경이 매창을 그리워하며 지은 한시는 『촌은집』 권1에 15수가 전한다.

경이 다섯 차례에 걸쳐 벼슬자리에 오르며, 한성부윤으로까지 추증될 수 있었던 것은 놀라운 일이다.

틀림없이 국란에 대처하는 분주한 생활로 유희경은 매창을 만나기 어려웠을 것이다. 또한 부안에 내려가기 힘들었던 다른 이유를 추정해본다면, 그는 일반 사대부들보다 훨씬 더 예학에 밝은 사람이기 때문이었을 것이다. 성리학적 가치관으로 볼 때, 뭇 여성을 가까이하거나 부적절한 관계를 갖는 것은 옳지 못하다. 더욱이 아내가 있는 몸으로 멀리까지 기생을 만나러 간다는 것은 도리에 어긋나는 일이다. 유희경으로서는 매창을 그리워하더라도 실천에 옮기는 것이 그리 쉬운 일은 아니었다.

매창은 유희경이 임진왜란 때 의병으로 활동하는 등 나라에 공을 많이 세워 당상관까지 올랐다는 소식을 들었다. 그가 궁궐 근처에 '문화사랑방'인 침류대를 짓고 당대의 저명인사들과 잘 지내고 있으며 시인으로 한양에서 높은 명성을 구가하고 있다는 소문도 함께 들었다. 임의 소식을 들으니 더욱더 보고 싶었을 것이다.

비록 짧은 기간이었지만 진실로 마음이 통했던 연인을 떠나보낸 매창은 마음속으로 깊은 상처를 받았다. 이후에 쓰인 그녀의 시들이 임에 대한 그리움을 넘어서 슬픔과 탄식을 드러내고 있는 것도 이 때문이다.

> 차가운 봄날이라 겨울옷 꿰매는데 春冷補寒衣
> 여인의 방에는 햇살이 비치네. 紗窓日照時
> 숙인 머리 손길 따라 맡기는데 低頭信手處
> 구슬 같은 눈물 바늘과 실에 떨어지네. 珠淚滴針絲

여자의 본업이라는 바느질조차 할 수 없을 정도로 피폐해진 마음이 느껴지는 매창의 「스스로 한탄하다(自恨)」라는 시이다. 이매창과 유희경 두 사람의 깊은 관계와 뜨거운 만남은 애석하게도 지속되지 못하였다. 서로 떨어져 있는 가운데 세월만 자꾸 흘러갔으니 자연스럽게 외로움과 서러움도 쌓여갔을 것이다.

뜻밖의 재회

두 사람은 헤어지고 한참 지난 뒤 선조 36년(1603)경에 한 번 해후했을 뿐이다. 임진왜란에서의 공훈으로 유희경이 사대부가 되고 당상관에 오른 후 잠깐 내려와 매창을 만날 수 있었다. 친분이 있던 한준겸이 전라관찰사로 재직하면서 생일잔치를 열었을 때 유희경은 참석했을 것이고 거기서 매창을 만났을 것이다. 그리고 두 사람은 부안에서 만나 열흘 정도 회포를 풀었다. 언제고 다시 만나 시를 지으며 열흘 동안 함께 보내자는 약속을 지켜야 했기 때문이기도 하다.

다시 만났을 때 59세나 된 유희경은 31세밖에 안 된 매창에게 다음과 같은 시를 지어주었다. 매창을 사랑하는 마음이 복합적으로 나타나 있는「다시 계랑을 만나다(重逢桂娘)」라는 시의 일부다. "내가 온 것은 꽃을 찾으려는 뜻이 아니라/시를 논하자는 열흘 기약이 있었기 때문이네(吾行不爲尋芳意 唯趁論詩十日期)." 유희경은 이 시 끝에 "내가 전주에 갔을 때 매창이 나에게 '열흘만 묵으면서 시를 논했으면 좋겠다'고 했기에 이렇게 쓴 것"[23]이라는 설명을 달아놓았다. 물론 유희경은 매창과의 약속 때문에 재회한다고 핑계를 대지만 속으로는 깊은 연정이 남아 있었을 것이다. 처자가 있는 유부남으로서 오래 머물 수 없었을 유희경의 처지를 느끼게 하는 대목이다.

오랜만에 유희경을 만났으나 섬세한 감성을 지닌 매창은 더할 수 없는 사랑을 그대로 간직하고 있었다. 그러나 그들은 18년 만에 만났다가 겨우 10일 만에 다시 헤어져야 했다. 밤새 시름으로 뒤척이다 보니 몸마저 온전치 못했다. 매창의「규방에서 원망하다(閨怨)」란 작품이다.

---

23 유희경,『촌은집』권1.

이별이 너무 서러워 중문 걸고 들어앉으니
비단 옷소매엔 향기 없고 눈물 흔적뿐이네.
홀로 있는 깊은 규방 외롭기만 한데
뜰에 내리는 보슬비는 황혼조차 가리네.
그리워도 말 못 하는 애타는 마음
하룻밤 시름으로 흰머리 반이로다.
저의 고통스러운 마음 알고 싶거든
금가락지 헐거워진 손가락 보세요.

離懷消消掩中門
羅袖無香滴淚痕
獨處深閨人寂寂
一庭微雨銷黃昏
相思都在不言裡
一夜心懷鬢半絲
欲知是妾相思苦
須試金環減舊圓

그리워하는 시간이 길면 길수록 만남의 기쁨은 부풀어 오르기 마련이나 두 사람의 재회는 처음 만났을 때만큼 설레고 절절하지는 않았던 것 같다. 세월이 너무 많이 흘렀기 때문이다. 그래도 여전히 서로 잊지 못해 애태우는가 하면 매창에겐 더욱 서러움이 북받쳐 오르고 뜨거운 눈물이 흘러내렸다. 오랜 세월이 지나 가까스로 다시 만났건만 그들에겐 너무나 짧은 시간밖에 허용되지 않았다. 함께 시를 논했던 유희경은 다시 한양으로 돌아갔고, 두 사람은 인연을 더 잇지 못한 채 이것이 마지막이 되었다. 매창은 얼마 지나지 않아 세상을 떠났기 때문이다.

유희경은 열흘을 만나고 헤어진 뒤로 다시 만날 기약이 없음을 안타까워 하면서 「계랑에게 부치다(寄桂娘)」라는 시도 보냈다. 전과 달리 비교적 담담하게 소회를 읊은 유희경에게 매창은 「봄날에 근심 일다(春愁)」라는 시를 지어 화답하였다. "지난해 오늘 저녁은 즐겁기만 해서/술상 앞에서 이 몸은 춤까지 추었지./선성의 옛 임은 지금 어디에 계신가/섬돌 위에 쌓인 꽃잎만 지난날에 봄이 있었음을 아는 듯(曾年此夕瑤池會 我是樽前歌舞人 宣城舊主今安在 一砌殘花昔日春)." 사랑이 예전 같지 않음을 아쉬워하는 모습이다.

기생과 노비의 사랑

도덕적 삶을 살고자 했던 유희경의 생애답게 그에게서 매창 이외의 다른 여인들에 대한 언급이 전혀 없는 점에 비춰볼 때 매창은 유희경에게 단한 사람의 연인이었던 셈이다. 유희경은 말년에 지은 시들을 통해서도 여전히 속으로 매창을 그리워했음을 보여주고 있다. 이 애틋한 연시들은 어느 것으로도 쉬 막지 못할 만큼 사랑의 힘이 세다는 점을 실증한다.

매창은 기생이면서도 매화로 호를 지을 정도로 절조를 중시했고, 유희경은 천민이면서도 예법을 최고의 가치로 여기며 살았다. 가장 낮은 신분에서 의기투합하며 두 사람은 열정으로 나이 차이를 극복하고 시와 풍류로써 자유로이 교감했으며 순수한 성품으로 진정 사랑할 수 있었다. 비록 만남은 짧았지만 그들의 가슴 속에 품은 사랑과 예술과 아름다운 정신은 지금도 빛나고 있다.

2016년에는 〈매창―꽃으로 피다〉라는 제목을 단 무용극이 전북도립국악원 무용단에 의해 성황리에 개최된 바 있다. 매창과 유희경의 사랑에 먹먹해졌다고들 할 정도로 관중들의 호응 속에 막을 내렸다. 부안을 고향으로 시작활동을 했던 시인 신석정(1907~1974)은 이매창·유희경·직소폭포를 가리켜 송도삼절에 견주어 '부안삼절'이라고 불렀다. 결국 매창과 유희경의 관계를 황진이와 서경덕의 관계에 비유한 것이다. 유희경과 이매창의 시비(詩碑)가 헤어진 두 사람의 깊은 슬픔을 나타내고자 세로로 길게 쪼갠 형태로 서울시 도봉구 도봉동 414 북한산 국립공원에 있다.

4. 한양 객지에서 떠돌다

기생이란 노류장화라 하여 돈만 주면 맘대로 취할 수 있는 하찮은 존재로 인식되기도 하던 시절에 자존심도 강하고 명기로 인정받던 매창이었다. 그러나 부안현감의 눈에 들어 순결을 바치게 되었을 것이고, 당시의 제도나 풍습에 따라 굳게 맺은 약속들은 물거품이 되듯이 자연스럽게 기생 매창은 홀대받는 처지였을 터이다. 철석같이 믿고 마음을 주었던 남성들에게 버림을 받자 그녀는 몹시 실망하고 괴로웠을 것이다.

앞서 말했듯이 매창은 태어난 지 석 달 만에 어머니와 사별하고 홀아버지 밑에서 그런대로 귀여움을 독차지하며 컸다. 그러나 12세가 됐을 때 아버지마저 돌연사함에 따라 그녀는 순식간에 의지할 곳이 사라지고 말았다. 그리하여 당시 부안현감이던 서우관의 도움으로 관아에 들어가게 되었다. 그런 가운데 매창은 운이 좋게 유희경을 만나 참된 사랑을 구가할 수 있었다. 그녀가 교류했던 사람 중에 가장 가까웠던 사람이 유희경이었으나 그와의 만남도 길지는 않았다.

서우관을 따라 상경

그 무렵 알고 지내던 서우관이 한양으로 전보되어 돌아가기 전에 그녀로 하여금 수청을 들게 하고는 떠나버렸다는 말도 있다. 그리고 그녀의 원망과 탄식이 이때부터 비롯되었으며 드디어 매창은 기생이라는 직업에 혐오감을 갖고 남성들의 횡포와 배신에 분노를 느끼기 시작했을 것이라고도 한다.

이능화(1869~1943)는 "계생은 부안기생으로 호는 섬초인데 진사 서우관의 사랑을 받아 한양으로 올라갔다."(『조선해어화사』 30장)고 말했다. 물론 이능화는 1927년 정초부터 『중외일보』에 연재되었던 안왕거(1858~1929)의 '열상규조'[24]를 발췌하여 수록한 것이다. 그런데 김준형 교수 지적대로 매창이 서우관을 따라 한양으로 갔다는 주장이 다른 곳에는 나타나지 않아[25] 의아스럽기도 하다.

무엇보다 매창이 서우관을 따라 한양으로 올라갔다고 하는 것은 주목 받기에 충분하다. 매창이 본격적으로 기생이 되어 활동하던 초기, 즉 1580년대 후반 남자를 따라 한양으로 올라갔다는 시절 보여준 그녀의 태도는

---

24 규방의 고금시가집을 가리킨다.
25 김준형, 앞의 책, 127쪽.

너무나 당돌하여 나이를 의심케 하기도 한다. 매창이 서우관에게 사랑을 받아서 한양까지 따라갈 정도가 되려면 그녀가 아직 다른 남자들을 만나기 전인 10대 초중반의 일일 것이라 추정하기[26]도 한다.

사실 매창은 유희경과 헤어지고 난 후 얼마 되지 않아 다른 사람을 만났고, 잠시 부안을 떠나 3년간 한양에서 떠돌이 생활을 해야 했다. 이는 매창이 지은 「홀로 마음 아파하다(自傷)」라는 시의 1~2구에서 "한양에서 보낸 꿈 같은 3년/호남에서 또다시 새봄을 맞네(京洛三年夢 湖南又一春)."라고 한 것으로 확실히 알 수 있다. 특히 부안현감이던 서우관에게 정조를 빼앗기고 매창은 그를 따라 한양으로 올라갔는데 서우관 부인의 질투가 심하여 그 집에서 빠져나와 고향인 부안으로 내려와서 관청에 소속되는 관기로 들어가지 아니하고 자유로이 기생 활동을 했다고 전한다. 서우관 부인의 질투가 아니라도 세상의 인심과 물정이 자기 뜻과 달리 고약하였음은 위 시 3~4구의 "황금 때문에 옛 마음을 버리고/한밤중에 홀로 마음 아파하네(黃金移古意 中夜獨傷神)."를 통해 가늠할 수 있다. 매화를 사랑했던 이매창에겐 지혜와 인내, 고결하고 정의로운 정신이 깃들어 있었다. 홍만종(1643~1725)도 매창이 부안을 떠났었음을 말했는데, 다만 매창이 한양에 머문 이유를 지방에 있다가 필요에 따라 중앙으로 발탁되는 선상기로서 올라간 것으로 보았다.

조선 후기 비평가였던 홍만종이 편찬했다는 『속고금소총』에는 매창이 한양에 있을 때 그녀와 시를 주고받은 인물들이 언급되고 있다. 그들은 대체로 김명원(1534~1602), 심희수(1548~1622), 류도(1604~1663) 등이다.[27] 물

---

26 허미자, 『한국여성문학연구』, 태학사, 1996, 105쪽.
27 이능화의 『조선해어화사』 29장에서는 "매창이 뽑혀서 도성으로 올라가니 귀한 집 자제들이 다투어 초청하여 함께 노닐었다. 하루는 류도(선조 때 사람)가 찾아갔는데 한량으로 자부하는 김가와 최가 두 사람이 자리에 먼저 와 있었다."

신윤복. 〈월하정인〉

론『속고금소총』에 쓰인 내용을 모두 사실로 받아들이기에는 어려운 편이나 상당 부분 참고할 만하다. 무엇보다 매창이 위의 김명원이나 류도 같은 사람들과 교유했을 가능성이 있기 때문이다. 근대 이전의 사회에서는 야담, 패설 등의 잡기(잡록)의 글쓰기에 대한 인식이 지금과 달랐음을 이해하면 내용이 사실과 다르다고만 할 수는 없다.[28]

김명원과 교유

실제로『속고금소총』에 실린 김명원의 한시가 매창에게 써준 것으로 널리 알려져 있으며 1855년에 편찬된 조재삼(1808~1866)의『송남잡지』에서도 김명원의 시를 소개하고 있는데, 그 시의 제목은 동일하게 「기생 계량에게

고 했다.

28 김준형, 앞의 책, 134쪽 참조.

주다(贈妓桂生詩)」이다. 김명원이 지은 이 시의 두 번째 구절인 "두 사람의 마음은 두 사람만이 알리라(兩人心事兩人知)"는 그 유명한 신윤복(1758~?)의 그림 〈월하정인〉의 화제로도 쓰였다. 〈월하정인〉은 눈썹달이 은은하게 내리 비치고 있는 한밤중에 등불을 비춰 든 선비 차림의 젊은이가 쓰개치마를 둘러쓴 기생과 담 모퉁이를 돌아가고 있는 모습이다. 애틋한 사랑을 나누는 이 그림에 "달빛이 침침한 한밤중에, 두 사람의 마음은 두 사람만이 알리라(月沈沈夜三更 兩人心事兩人知)."라는 발문이 붙어 있다. 다른 야담집인 『양은천미』에서는 이 시의 작자를 김명원이 아닌 심희수로 소개하기도 했으나 신빙성은 약하다.

　　『기문총화』나 『해동일화』에 의하면, 김명원은 경주 사람으로 젊은 시절에 호탕하여 화류계에서 놀기를 좋아하였다. 그가 사랑하던 기생이 종친의 첩이 되었으므로 밤에 몰래 담장을 넘어 만나곤 하였다. 어느 날 기생을 만나려 하다가 주인에게 붙잡혔다. 이때 장령(사헌부의 정4품 관직)으로 있는 형 김경원이 달려가서 자신의 아우가 죽을죄를 지었으나 앞으로 나라에 크게 쓰일 인재니 풀어달라고 하였다. 주인이 본래 호협했으므로 김명원을 풀어주고 과거에 합격하면 그 기생을 돌려주겠다고 한 뒤 보냈다. 김명원이 과연 장원급제하여 그 기생을 첩으로 맞이하였다. 그 후 김명원은 임진왜란 때 팔도도원수가 되어 적의 침략을 지연시키는 등 공을 세우고 나중에 좌의정에 올랐다.

류도와의 인연, 임서의 만남

　　매창과 사귀었을 것으로 추정되는 류도는 여러 고을의 수령을 지낸 바 있으며 아래 언급되는 임서의 친구로도 짐작된다. 류도는 행동이 거칠었을 뿐만 아니라 시에 뛰어난 재능이 있었고 젊었을 때부터 기생집에서 놀았다고 할 만큼 풍류적인 인물이었다. 명문가의 자손이긴 하나 자유로운 정신을 지닌 류도와 호흡이 잘 맞았을 매창은 그에게 진지하고 따뜻하게 다가갔을 것이다. 『속고금소총』에 나오는 바와 같이 매창이 한양에 올라갔을 때 류도가 매창을 찾아간 일이 있다. 매창은 먼저 와 있던 한량, 즉 김명원이나 심희수 등과 함께 술을 마시며 시를 읊기도 했다. 이미 두 사람의 시를 듣고 매창은 솜씨가 모두 졸렬하여 들을 만한 것이 못 된다고 하면서 류도에게 읊어보라고 권하였다.

그러자 류도는 자신은 외우는 글은 없고 다만 여자의 몸을 잘 다루는 재주가 있을 뿐이라 하여 매창으로 하여금 미소를 짓게 하였다. 다시 두 남성의 자만이 이어지자 참다 못한 류도는 그들이 외우는 시가 모두 진부함을 지적하면서 매창에게 운자를 부르게 하여 즉석에서 읊었다. 아쉽게도 이 시는 온전하게 남아 있지 못하고 2행만 전한다.

> 춘정을 찾는 호탕한 선비의 의기 드높아 深春豪士氣昂然
> 비취 비단 이불 속에 좋은 인연 맺는구나. 翡翠衾中結好緣

매창은 시가 끝나기 무섭게 감탄하여 말했다. "높으신 어른께서 이처럼 누추한 곳에 왕림하실 줄은 몰랐습니다. 사모한 지 오래되었는데 오늘에야 다행히 만나게 되었습니다."(『조선해어화사』 29장) 그리고 나서 매창은 류도에게 술을 가득 부어 올렸다. 그 후 매창은 류도의 첩이 되어 한양에서 3년을 보냈는지도 알 수 없다.

사퇴를 거듭하는 등 관직 생활이 깨끗했던 임서(1570~1624)는 무장[29] 현감으로 재직 중이던 1605년 자신의 생일잔치에 시까지 지어서 부안기생 매창을 초대하였다. 부안현감에게 한마디 부탁만 하면 될 만큼 한 고을의 수령이 기생을 불러오는 일은 그다지 어렵지 않았을 텐데도 그랬다. 매창이 자신과 인연을 맺었던 류도의 친구이자 강직한 선비였던 임서를 만나는

---

29 무장현은 무송현과 장사현이 합해진 지명이다.

순간이다. 임서는 1603년부터 1608년까지 무장현감을 지냈으며 천재시인이라는 백호 임제(1549~1587)의 사촌동생이다. 임서가 당시 33세나 되었을 매창을 초대한 시는 그의 문집『석촌유고』에 실려 있다.

봉래산 소식이 아득하여 전해지지 않으니	蓬萊消息杳難傳
홀로 향기로운 봄바람을 맞으며 멍하니 생각합니다.	獨香東風思惘然
아름다운 사람이여, 잘 지내시는가요	爲報佳人無恙否
못의 술자리에서 선녀가 돌아오기를 기다립니다.	瑤池席上待回仙

임서의 문집에 위 시가 수록되어 있고 그 아래 다음과 같은 주석이 붙어 있다. "낭자의 이름은 계생이다. 노래와 거문고를 잘했고 또한 시에도 능했다. 일찍이 내 친구의 첩이 되었다가 지금은 청루(기방)에 있다. 생일잔치에 오도록 하기 위해 이 시를 써서 초청했다." 분명 매창을 첩으로 삼은 사람이 임서의 친구였음을 알 수 있으며, 매창이 그와 만나 한양에서 3년간 동거했음을 헤아릴 수 있다. 그 무렵 첩살이를 한 것을 보면 기생 매창도 새로이 안정을 찾아 평안히 지내고 싶은 마음이 있었던 것 같다.

매창이 비록 천한 신분이기는 하지만 임서는 조심스럽게 안부를 물어가며 정중하게 초청하였다. 더구나 상대방을 향해 "향기로운", "아름다운", "선녀" 등의 언어를 사용함으로서 매창을 한껏 추켜세우는 의도가 강하게 읽힌다. 즉 존경하면서 그리워하는 심정이 적절히 드러나고 있다. 생일잔치에 초대하는 글로서는 더할 나위 없이 곡진함이 배어 있다. 임서는 매창의 재주를 사랑했고 매창과 시를 주고받고 싶었을 것이다. 나이도 든 매창의 입장에서도 자신의 재능을 알아주는 임의 친구에 감사할 뿐이요 다시 한번 만나 정담을 나누고자 했을 것이다.

매창도 임서의 초대에 대응하는 화답시를 적어 보냈다.『매창집』에는 실려 있지 않고『석촌유고』에만 실려 있다.

파랑새 날아와 소식을 전하니
병중에 근심이 도리어 처연하게 하네요.
거문고 연주를 마쳐도 알아주는 사람 없으니
이제 장사 땅에 신선을 찾아 떠나렵니다.

青鳥飛來尺素傳
病中愁思轉悽然
搖琴彈罷無人識
欲向長沙訪謫仙

　　임서가 먼저 매창을 "선녀"에 빗대어 칭찬했으니, 매창 역시 그를 "신
선"[30]에 견주었다. 장사는 임서가 현감으로 재직하고 있던 지금의 고창군
상하면을 가리킨다. '선녀가 신선을 찾아가겠다'고 하였으니 생일잔치에
참석하겠다는 의사를 전한 것이다. 무엇보다 3구에서 이전에 임서가 매창
의 연주를 듣고 그 의미를 알아주었음을 암시했다. 거문고의 달인이었던
초나라의 백아는 자신을 알아주는 이가 있어 세상 살 맛이 난다고 했다.
즉 나무꾼인 종자기가 자신의 연주에 매번 감탄하자 백아는 "자네가 곡조
를 알아듣는 것은 정말 훌륭한데 나의 마음을 알아내는 것 같다네."라고
한 바 있다. 또한 일찍이 제나라 관중(BC. 716~BC. 645?)은 포숙의 추천으
로 제 환공에게 발탁되어 제나라가 패업을 달성하는 데 결정적 구실을 했
다. "나를 낳아준 사람은 부모이지만, 나를 알아준 사람은 포숙이다(生我者
父母 知我者鮑子也)."(『史記』「관안열전」)라고 했던 관중이 떠오른다. 매창과 임
서가 서로 배려하고 존중하는 분위기로 보아 오랫동안 매우 친밀한 관계
를 유지해왔음을 짐작할 수 있다.

　　'파랑새가 날아와 소식을 전했다'는 것은 임서의 초대장이 당도했음을
말한다. 그런데 2구의 "병중의 근심이 도리어 처연하게 한다"는 의미는 무
엇일지 궁금하다. 아마도 몸이 아픈 것보다 여러 가지 혼란스런 마음이 더
슬프다는 뜻일 것이다. 초청장이 도착하기 전에 매창은 건강 상태가 좋지
않은 데다 뭔가 복잡한 일이 있어서 괴로웠던 모양이다. 그래서 음악을 통

30　적선은 당나라 시인 하지장이 이백을 처음 보고 표현한 말인데, 여기서는 물론
　　임서를 가리킨다.

해 모두 떨쳐버리려고 했지만, 소통되는 사람은 없고 거문고 연주는 그저 공허한 메아리로 돌아올 뿐이었던 것 같다. 그러므로 자신을 알아주는 임서가 있는 곳으로 기꺼이 가겠다고 통보를 했던 것으로 보인다.

매창이 기첩 생활을 했다는 사실을 위 임서의 시를 통해서 알 수 있음은 물론, 매창이 지녔던 근심은 옛 임과 관련된 것으로 유추해보기도 한다. 다시 말해 임서의 초대장을 받기 얼마 전에, 그녀의 옛 임이었던 류도가 공주판관으로 부임하였으므로 그 일과 관련된 걱정이었을지도 모른다는 해석도 하는 것이다.

부안으로의 귀향

매창은 유희경과 교제 이후 16세쯤 서우관의 첩, 또는 류도의 첩으로 한양에 올라가 3년 남짓 기첩 생활을 하다 임진왜란(1592)이 일어나기 직전인 19세쯤 다시 부안으로 돌아왔을 것이다. 누군가의 정에 이끌려 한양으로 따라갔다가 그가 배신하는 작태를 보이자 돌연 떠나왔다고 할 수 있다. 첩의 자리는 당시 기생이 꿈꾸는 가장 높은 위치라 할 수 있다. 기생으로서 가련한 생활을 벗어나 유력한 남자의 첩이 되고 싶어 떠났던 속사정과 다른 상황에 직면하여 극도의 상실감을 맛보았을 매창이 애처롭게 느껴진다.

이와 같이 매창은 16세 무렵에 서우관이나 류도나 어느 한 사람을 만나 첩살이를 시작했을 것이요 그 기간은 3년쯤 된다고 본다. 분명한 것은 매창이 아직 어디서 어떻게 살아야 할지 확고하게 정하지 못한 처지에서 유랑을 하다 고향으로 돌아왔으리라는 것이다. 결국 객지에서 방황한 기간은 그녀에게 별 도움을 주지 못하는 허송세월이었으며, 매창은 몸과 마음을 기댈 수 있는 정든 땅, 자기 자리로 돌아와 기생의 업을 이어갔다. 기생이 한 곳에 머무르기 쉽지 않으나 매창은 거의 부안을 떠나지 않은 셈이다. 그리고 얼마 되지 않아 스무 살의 매창은 임진왜란을 맞았다.

5. 허균과 우정을 나누다

매창은 1603년 유희경을 다시 만난 기록이 있지만 18년 전 그와 헤어진 뒤 특별히 마음의 정을 주는 사람이 없이 그를 그리워하며 살았는지도 모른다.

이귀와의 사랑

허균(1569~1618)이 남긴 기록을 보면 유희경만을 기다리던 매창에게 새로운 남성이 나타났다. 곧 그녀가 마음을 준 두 번째 남자라 할 수 있는 이는 이웃 고을 김제에 군수로 내려온 이귀(1557~1633)였다. 이귀가 1599년 김제군수로 부임하여 잔치를 열었을 때 부안기생 매창이 참석했다가 그의 눈에 띄었을 것이며 27세의 매창은 이후 몇 년간 이귀의 총애를 받게 되었다.

호는 묵재이며 본관이 연안인 이귀는 명문 집안 출신으로 글재주까지 뛰어났다. 묵재 이귀는 율곡 이이(1536~1584)의 제자로 글로서는 세상에 그와 견줄 사람이 없었다[31]고까지 한다. 매창이 이귀에게 마음이 끌렸음을 보여주는 허균의 기록이 있는데, 뒤에서도 언급되겠지만 허균은 자신의 문집에서 "매창은 이귀의 정인(情人)이었다."[32]고 적고 있다. 이귀가 김제군수로 부임하면서 매창과 유희경과는 사이가 멀어지기도 했을 것이다. 권세가 당당한 이귀 앞에 유희경의 입장은 초라했음이 자명하다. 이로부터 2~3년 정도 매창은 이귀와 서로 열렬히 사랑했던 것으로 보인다. 다만 매창과 이귀의 사귐은 시가를 매체로 하여 가까워지거나 순수한 마음을 서로 주고받으며 이루어지기보다는 시와 예술에 뛰어난 관기와 한 고을의

---

31 강효석, 『대동기문』 권3.
32 허균, 『성소부부고』 권18.

호걸스런 수령의 만남이라 해야 할 것이다. 호기와 권위를 지닌 이귀는 재임 기간 동안 매창을 귀여워하다가 떠난 뒤에는 자연스레 망각하였던 것으로 추정된다.

연안 이씨 가문은 조선 전기에는 조정에 큰 영향력을 미치는 권세가는 아니었다. 그러나 이귀가 인조반정의 최고 주역이 되고, 그의 두 아들 시백과 시방 역시 반정에 참여하여 부자가 함께 공신으로 책봉되면서 명문가로 자리를 잡게 되었다. 이귀는 두 살 때 아버지를 여의고 어머니와 함께 충청도 쪽으로 내려갔다가 열네 살이 되어서야 한양으로 올라왔다. 이후 이이·성혼(1535~1598)·윤우신 등에게 학문을 배웠으며, 이항복(1556~1618)·이덕형(1561~1613)과 절친했다. 그는 이이와 성혼의 제자라는 서인 학통을 배경으로 동인 공격의 선봉장이 되었다.

이귀는 선조 36년(1603) 47세의 나이에 이르러서야 문과에 합격하였다. 그 뒤 장성현감, 김제군수 및 이조와 병조의 판서를 거쳐 좌찬성에 이르렀다. 특히 김제군수 시절에는 부안의 명기 매창의 연인이었다는 소문이 나돌았으며, 위에서 언급한 바와 같이 허균의 말에 따르면 매창은 이귀와 정을 나누는 사이였다.

선조가 사망하고 광해군이 즉위하자 이귀는 집중적으로 수난의 대상이 되었다가 1619년 유배에서 풀려난 후 인조반정의 주도자가 되었다. 1623년 3월 13일 밤 이귀, 김류(1571~1648), 최명길(1586~1647), 김자점(1588~1651) 등이 중심이 되어 광해군을 폐위시키고 선조의 손자였던 능양군 종(이후 인조로 즉위)을 추대하는 반정을 일으켰다. 1622년 이귀는 마침 군사력을 보유한 평산부사로 임명되어 반정군이 대세를 장악하는 데 큰 힘이 되었다. 반정 후 정권의 안정을 위해 누구보다도 노력했고 인조(재위 1623~1649) 역시 자신만 바라보는 이귀에 대해 최고의 예우를 했다. 이귀의 비문에는 "그가 죽자 인조가 머리를 풀고 슬피 우는 소리가 외정에까지 들렸다."고 새겨져 있다.

유몽인(1559~1623)은 절구 시를 지어 이귀를 평한 적이 있다. 세상 사람 모두가 이귀를 어리석다고 하지만 사실은 그런 사람이 오히려 태평성대를 이끈다고 말한 것이다. 그러나 그 시 구절을 보고 류도는 이귀가 천하에 교활한 사람이라고 반박했는데, 3년 후 이귀는 인조반정의 주모자가 된 것이다. 이귀의 용모는 '쥐의 상'을 떠올리게 하는 추남형으로 알려져 있는 데다가 얼굴색도 거무튀튀했다고 한다.

매창과 이귀의 사랑도 오래가지는 않았다. 전라도 암행어사 이정험의 탄핵을 받고 이귀가 파직되어 1601년 3월 한양으로 다시 올라갔기 때문이다. 이때 매창 앞에 허균이 나타났는데 이귀가 이미 김제를 떠난 지 서너 달 뒤였다. 이귀는 부안과 김제를 오가며 매창과 가깝게 지내다가 상경한 뒤로는 바쁜 생활 속에 소식을 끊었을 것이다. 매창은 이귀 말고도 부안을 비롯한 인근 지역에 내려오는 문인들과 많은 만남을 가졌고, 각종 행사나 연회에 초청받으며 지냈다.

허균과의 정신적 교감

매창은 1600년을 전후하여 여러 인사들과 교류하며, 다른 사람들의 문헌에도 이름을 드러내기 시작했다. 이것은 허균과의 만남이 있었기에 가능했다. 물론 유희경과 이별 후 누군가의 기첩이 되어 3년간 한양 살이를 했다는 이야기도 있지만, 임진왜란이 터지면서 사실상 매창의 이름은 종적을 감춘다. 그녀의 삶이 다시 세상에 알려지게 된 것은 매창의 나이 29세가 되던 1601년 33세의 허균이 부안에 등장하면서부터였다. 당시 부안 현감은 민인길의 후임으로 1601년 7월 막 부임한 임정(1554~1636)이었다.

1601년 6월에 허균이 호남 지방의 전운판관[33]으로 임명되었다. 매창은 부안의 선비이자 어릴 때부터 같이 자란 고홍달(1575~1644)의 소개로 조운

---

33 삼창(의창, 상평창, 사창)의 양곡(세금)을 한양으로 운반하는 직책이다.

을 감독하기 위해 전라도에 내려왔다가 부안에 들른 전운판관 허균과 처음 만나 밤새 시를 주고받았다. 그 당시의 상황이 허균의 문집(『성소부부고』 권18)에 실려 전하고 있다.

> 7월 23일, 부안에 이르렀다. 비가 몹시 내렸으므로 객사에 머물렀다. 고홍달이 인사를 왔다. 기생 계랑은 이귀의 정인이었는데 거문고를 끼고 와서 시를 읊었다. 생김새는 비록 수려하지 않으나 재주와 정취가 있어서 함께 얘기를 나눌 만하였다. 종일토록 술잔을 놓고 서로 시를 주고받았다. 밤이 되자 자기의 조카딸을 나의 침실로 보내주었으니, 혐의를 피하기 위해서이다.

전운판관이 되어 내려온 허균 일행이 보령과 남포를 지나 전라도 만경에 이르렀고, 부안에 도착한 것은 7월 23일이었다. 마침, 비가 많이 내려 부안에 머물게 되었고, 이곳에서 매창은 허균을 만났다. 그때부터 이매창과 허균의 인연이 시작되었다. 위 글을 보면 허균이 만난 이매창은 얼굴보다 문학적 재능과 사람을 끄는 매력이 있던 여자였음을 알 수 있다.

매창은 기생으로서는 한창 때를 지나 이미 늦은 나이인 29세에 이르렀다. 허균은 매창을 이귀의 정인이라고 했는데, 이귀는 허균의 먼 인척이기도 하여 매창이 허균을 직접 모시지 못하고 조카딸을 들여보냈을지도 모른다.

매창의 삶에서 당대 최고의 문장가이자 개혁적 사상가였던 허균과의 교류에 주목할 필요가 있다. 매창과 허균은 만나자마자 대뜸 상대방의 가치와 본질을 알아봤다. 더불어 교유할 만한 지식인이요 예술가임을 서로 확인한 셈이다. 더구나 매창이 이귀를 마음에 두고 있음을 알고 허균은 평생의 벗으로 지내기로 결심하였다. 그리고 허균은 의연히 매창의 존재를 세상에 부각시키는 데 큰 역할을 했고 매창 역시 순수이 허균의 정서적 안정감을 보강하는 구실을 톡톡히 해냈다.

매창이 허균을 만난 것은 행운이었다. 허균은 가장 자신을 알아주는 사람이었기 때문이다. 천리마를 알아보는 백락이 있고 나서 천리마가 있다고 하듯이 인생에서 누가 자신을 알아준다는 것보다 더 값진 일은 없다. 매창은 허균을 만남으로써 의식의 확장과 새로운 행보가 이루어진다. 다시 말해 매창은 허균을 통해 또렷이 자신의 세계를 확립하고 존재 가치를 드러냈다고 할 수 있다. 매창에게 유희경이 연인이었다면 허균은 스승이자 친구였다.

허균은 9세 때 아버지를 여의고 나이 차이가 많은 형과 누나들의 귀여움만 받고 자라 일찍부터 제멋대로 방탕하게 굴며 경박한 데에 빠졌다고 자신의 편지에서 스스로 인정한 바 있다. 원만하지 못하고 정제되지 않은 성격의 허균은 여자관계에 있어서도 유교의 굴레를 벗어던진 사람이었다. 이식의 『택당집』이나 이규경의 『오주연문장산고』에 의하면, 허균은 일찍이 "남녀의 정욕은 본능이고, 예법에 따라 행하는 것은 성인이다. 나는 본능을 좇고 감히 성인을 따르지 아니하리라."라고 하였다. 여행할 때마다 잠자리를 같이한 기생들의 이름을 「조관기행」(『성소부부고』 권18)이라는 일기(기행문)에 버젓이 적어놓기도 하였다. 심지어 한 고을에서 잠자리를 같이한 기생이 12명이었음을 풍자하는 시를 짓기도 했다.[34] 부안에 내려오기 전인 1599년 지방 관리를 감시해야 하는 황해도사(종5품)로 있을 때만 해도 한양에서 기생들을 데려다 놀면서 물의를 일으켜 부임 6개월 만에 사헌부의 탄핵을 받아 파직되었던 것이다. 첫 파직 이후 허균은 20여 년 관직생활을 하면서 8번이나 벼슬에서 쫓겨났다. 어머니 장례를 치른 지 며칠 지나지 않아 상중임에도 불구하고 기생을 끼고 놀았다.

「선조실록」에 전하는 바와 같이 예의범절과 염치가 없었으며, 스스로 '불여세합(不與世合)'이라 말하며 세상과 화합하지 못하던 허균은 기생들과

---

34 허균, 『성소부부고』 권19.

함께 전국을 돌아다니는 난봉꾼이었다. 그토록 방약무인이었던 그가 매창을 만나서는 다르게 행동했다. 허균과 매창의 만남은 사대부와 기생 간의 정형화된 관계로 볼 수 없다. 허균은 매창의 정감이 넘치는 매혹적인 시문, 청아하고 감미로운 거문고 연주에 반해 10년 동안 정서적인 교분을 나눴다. 그는 매창의 재능을 사랑했고, 높은 인격을 존중해 오랫동안 변함없는 관계를 유지할 수 있었다. 윤리에 구속받지 않을 만큼 거침이 없던 그가 매창과 잠자리를 같이하지 않고 정신적인 교감만 가진 것은 놀라운 일이다. 비록 기생이지만 신분에 따라 차별하지 않고 똑같은 인간으로서 대우를 하였고 더구나 매창의 인품과 재주를 귀하게 여겼기 때문이었다. 나중에 허균은 매창의 죽음을 애도하며 「계랑의 죽음을 슬퍼하다(哀桂娘)」라는 제목의 글을 남겼다. 『성소부부고』(권2)에 실린 이 글에서 허균은 매창을 다음과 같이 말했다.

> 계생은 부안기생인데, 시에 밝고 글에 능했으며 또 노래와 거문고도 잘했다. 그러나 천성이 고고하고 정결하여 음탕한 것을 좋아하지 않았다. 나는 그 재주를 사랑하고 교분이 막역하여 비록 농담하고 가까이 지냈지만 어지러운 지경에는 미치지 않았으므로 오래도록 우정이 가시지 아니하였다.

허균은 매창의 재주를 사랑해 거리낌 없이 사귀고 비록 우스갯소리로 즐기긴 했으나 난잡한 지경에 이르지 않았으며 둘의 관계가 오래도록 변치 않았음은 중요한 사실이다. 그토록 아름다운 관계가 유지될 수 있었던 것은 매창의 타고난 성품이 고결했고 그녀가 음란한 짓을 즐기지 않았기 때문이라는 점에 수긍하게 된다. 시 못지않게 매창을 유명하게 만든 것은 단아한 행실이었다고 할 만하다. 그러므로 매창을 나는 '순수한 시인'으로 부르고자 하는 것이다. 허균이 매창과 육체적 관계를 갖지 않은 이유를 매창의 지조 때문이라고 사람들은 말한다. 허균도 위와 같이 매창이 정숙하여 색정을 꺼린다는 기록을 남겼으니 그렇게 생각할 수 있다. 게다가 허균이 매창을 만났을 때 그녀는 이미 이귀의 여자였다. 허균과 이귀는 먼 인척이면서도 가까운 친구 사이였으니 아무리 허균이 여색을 즐겼다 하더라도 그런 여자를 탐하는 파렴치한은 아니었을 것이다.

허균의 부안 우반골 은거

한편 허균이 매창을 만난 지 한 달도 지나지 않아 그해(1601) 9월 허균의 큰형인 허성(1548~1612)이 전라도 관찰사로 오게 되었다. 매창을 만난 다음 날 전북 고부로 내려가 평소에 존경하던 신사임당의 막내아들 이우(1542~1609)를 비롯하여 부안현감에서 파직당한 먼 친척 민인길을 만나는 등 부안을 떠나 공무를 수행하던 허균은 반갑게 형을 찾아가 10여 일 회포를 풀기도 했다. 매창은 관찰사 허성의 부임을 축하하는 자리(1601년 9월 7일)에 참석하여 공연했을 것으로 추정된다.

허균은 전운판관의 일로 지방에 내려왔다 몇 달 지나지 않아 1601년 12월 형조정랑이 되어 한양으로 올라갔고, 이듬해 2월 병조정랑이 되었다가 8월 성균관사예(정4품)가 되었고 10월 사복시정(정3품)에 임명되었다. 1605년에 수안군수로 있던 중 파직을 당했는데 당시 수안의 악명 높은 토호 이방헌이란 자를 치죄하자 그의 아들이 황해감사에 뇌물을 써서 감사로부터 추궁받고 사직했다. 1606년에 의흥위대호군(종3품의 임시벼슬)이 되어 중국 사신을 접대하였고 그 이듬해인 1607년 3월 삼척부사로 임명된 허균은 중국 사신과 불교에 관해 대화를 한 것을 비롯해 불경을 외우고 부처에게 절하는 등 불교를 믿는 일로 사헌부의 탄핵을 받아 부임 13일 만에 파직되었다. 허균은 불경을 읽었다는 사실을 부정하지 않고 오히려 시를 지어 자신의 생각을 떳떳하게 밝혔다. 파직에 이어 허균은 홍문관 월과(매월 시행하는 시험)에서 아홉 번을 연이어 장원을 하였는데 이 공덕과 더불어 집안 권세로 1607년 12월에 공주목사(정3품)가 되었다. 그러나 그를 아끼던 선조가 죽고 1608년 광해군이 즉위하자 충청도 암행어사의 장계에 의해 그해 8월에 다시 공주목사에서 파직되었다. 불과 8개월 만이다. 성품이 경박하고 무절제하다는 죄목이었다.

매창은 나이가 듦에 따라 사람들의 기억 속에서 잊혀져가고 있었지만 허균에게만은 그렇지 않았다. 허균은 1608년 공주목사 시절 이미 퇴직 후에 부안 변산의 우반골에 터를 잡기로 하고 당시 부안현감이자 인척이던 심광세(1577~1624)에게 편의를 부탁해놓기도 했었다. 심광세는 제자이자 친구라고도 할 수 있다. 그리고 파직을 당하자 기다렸다는 듯이 '십승지지(十勝之地)'의 하나라는 아름다운 부안 변산으로 향했다. 허균은 부귀영화를 바라지 않았기 때문에 늘 전원으로 돌아가고픈 마음이 있었지만 뜻을 이루지 못했었다고 실토하였다.

허균은 부안에 내려가 변산 일대를 유람하면서 드디어 부안현 우반동 반계서당 근처에 있는 '정사암(靜思庵)'을 개축하고 그곳에 가서 쉬게 되었다. 부안 바닷가에 변산이 있고, 남쪽에 우반(愚磻)이라는 골짜기가 있다. 그곳 출신인 부사 김청이 그중 수려한 곳을 골라 암자를 짓고는 정사암이라고 이름 지었다. (남쪽으로 돌아갈 뜻을 정해놓고) 장차 우반이란 곳에 묻혀 살려고 하던 차에 진사에 급제한 김청의 아들 김등에게서 연락이 왔다. "저의 아버지께서 지으신 정사암이 너무 외따로 있어 제가 지키기 어렵습니다. 공께서 다시 수리하고 사셨으면 좋겠습니다." 허균은 그 말을 듣고 매우 기뻐했다. 늘그막에 평안히 즐기며 한가로이 쉴 곳이 마련된 것이다.

허균은 일찍이 왕명을 받들고 호남을 다니며 정사암의 아름다운 경치에 대해 실컷 들었지만 여지껏 구경해본 적은 없었다. 허균의 「정사암을 중수하다(靜思庵重修記)」라는 글을 보면 그는 부사 김청 아들의 제의를 받고 즉시 고홍달과 이재영 등을 데리고 말을 달려 그곳에 가보았다. 포구에서 비스듬히 나 있는 작은 길을 따라서 골짜기에 들어가자 시냇물이 구슬 부딪는 소리를 내며 우거진 풀숲으로 쏟아졌다. 시내를 따라 몇 리 들어

기생, 노래를 펼치연정 묻은 펼지 마라

갔더니 산이 열리고 넓은 들판이 펼쳐졌다. 좌우로 가파른 봉우리들이 마치 학이 나는 것처럼 치솟았고, 동쪽 산등성에는 수많은 소나무와 전나무들이 하늘을 찌를 듯 서 있었다. 시냇물을 따라 동쪽으로 걸어 올라가다가 늙은 당나무를 지나서 정사암에 이르렀는데 절벽 바위 위에 지어진 암자는 겨우 네 칸 남짓 되었다. 앞으로는 맑은 연못이 내려다 보였고 세 봉우리가 우뚝 마주 서 있었다. 폭포수가 낭떠러지 바위 아래로 깊숙하게 떨어지는데 마치 흰 무지개가 뻗치는 것 같았다고 했다.

　매창은 허균이 거처할 정사암이 중수되는 동안에 허균, 고홍달 등과 변산일대를 유람하면서 「천층암에 오르다(登千層菴)」와 「월명암에 오르다(登月明庵)」 등을 지었을 것이다. 이 두 편은 『매창집』에 수록되어 있다. 유람을 마치고 허균은 부안현감 심광세의 도움을 받아 말끔히 수리된 정사암에서 머물렀다. 36세의 매창은 공주목사에서 파직되고 부안에 은둔하게 된 허균을 다시 만나 많은 것을 주고받았다. 그 시기에 매창과 허균은 빈번하게 시와 정을 나누었을 뿐만 아니라 참선을 비롯하여 불교와 도교에 관한 공부도 많이 했다. 특히 천층암은 매창이 허균과 헤어진 후 들어가 수양하며 참선을 시작한 곳이다. 허균은 당시 이단으로 지목되던 불교·도교는 물론 서학에도 깊은 관심을 가졌기 때문에, 매창 또한 이러한 영향을 받았던 것으로 추측된다.

　매창은 허균을 통해 그의 누나 허난설헌(1563~1589)의 시도 접했던 것으로 파악된다. 허난설헌은 꽃다운 나이인 27세(1589)에 요절하였는데, 대부분의 작품이 그녀의 유언에 따라 소각되었으나 다행히 명의 문인 오명제가 편집한 『조선시선』을 통해 그녀의 시가 중국에서 애독되었고 허균이 명의 사신 주지번(1546~1624)에게 주어 출간하게 했다고 한다. 우리나라에서는 허균이 공주목사로 부임한 1608년 출간된 목판본 『난설헌집』이 최초의 것으로 총 210편의 시가 실려 있다. 매창은 이 책을 얻어서 읽었던 것으로 추측되는데, 이때 시 「그네를 뛰다(鞦韆)」와 「봄날 생각하다(春思)」를 지었다고도 하며, 『매창집』에 실린 시들 중 서너 편은 허난설헌의 시와 유사하다.

부안을 떠나는 허균

처음 의도했던 대로 잘되는 것만은 아닌 게 인생이다. 허균은 1608년 8월에 공주목사에서 파직되어 부안에 머문 지 불과 넉 달 만에 그곳을 떠나야 했다. 나이 40세이던 허균은 그해 12월 다시 승문원 판교(정3품)의 교지를 받고 한양으로 올라갔고, 광해군 1년(1609)에 형조참의(현 법무부 국장급)의 임무가 부여되었다. 허균이 매창에게 보낸 편지에서 "낭자는 내가 자연으로 돌아가겠다는 맹세를 저버렸다고 비웃을 것이오."(『성소부부고』 척독 하)라고 했던 것도 부안을 떠나던 일을 염두에 두고 한 말이다.

매창은 부안을 떠나는 허균에게 시를 지어주며 아쉬움을 표했는데 「홀로 마음 아파하다(自傷 2)」라는 것이 그 시로 추정된다.

한양에서 내려오신 풍류 나그네	洛下風流客
맑은 얘기 주고받은 지 오래되었지요.	淸談交契長
오늘 문득 이별을 하게 되어	今日飜成別
술 한잔 올리자니 속에선 간장이 끊어지네요.	離盃暗斷腸

매창과 허균의 긴밀한 친분 관계를 느끼기에 부족함이 없는 작품이다. 허균과 함께 청담과 풍류를 즐기던 매창으로서는 쓸쓸하고 허전하기 그지없었을 것이다. 허균에게 우반동 시절은 매창과 변산을 유람하고, 문집을 정리하는 등 인생에서 가장 행복한 시기였을지도 모른다. 가는 곳마다 기생을 끼고 즐기며 그것을 자랑 삼아 드러내던 행태도 조금은 바뀌었다. 매창과 허균은 묘요와 적멸을 추구하는 뜻 깊은 동지가 되었다.

허균은 매창을 처음 만났을 때부터 의도적으로 거리를 둔 면도 있다. 그렇게 가까운 듯 먼 듯 지냈지만 연모하는 마음을 간직하고 살던 허균은

1609년(기유년) 초, 매창에게 편지 한 통을 보내야 했다. 즉 이 무렵 매창과 가깝게 지냈던 부안현감 윤선이 5년 동안의 임기를 마치고 떠나자 고을 사람들은 그를 숭앙하는 비석을 세웠다. 매창이 그가 생각나서 비석 앞에서 거문고를 뜯으며 〈자고사(鷓鴣詞)〉[35]를 불렀는데, 이를 두고 부안을 떠난 지 얼마 안 되는 허균을 그리워하며 매창이 눈물을 흘렸다고 와전되었다. 게다가 비석 앞을 지나다 그 광경을 보고 시를 지었던 허균의 식객인 이원형[36]에 의해 '기생으로 하여금 선비 윤선을 욕되게 한 자가 허균'이라는 소문이 났다. 잘못된 소문으로 당시 정3품 형조참의를 지내고 있던 허균은 세 차례나 사간원의 탄핵을 받았다고 한다. 1608년 12월 허균이 한양으로 떠난 직후 이 일이 발단이 되어 허균이 곤혹을 치르는 사건이 발생한 것이다. 어쨌든 이 소식을 접한 허균이 매창에게 다음과 같이 편지(『성소부부고』 척독 하)를 썼다.

> 그대는 보름날 저녁에 거문고를 타며 자고사를 읊었다는데, 왜 한적하고 은밀한 곳에서 하지 않고, 어찌하여 윤공의 비석 앞에서 불러 남들의 놀림거리가 되셨소. 백성들이 만들어놓은 석 자 높이의 비석을 더럽혔다니 그것은 그대의 잘못이오. 그런데 비방이 내게로 돌아오니 억울하오. 요즘 참선은 하는가? 그리운 정이 간절하구료.

허균이 매창에게 보낸 첫 번째 편지이다. 비석 앞에서 노래를 부른 사건을 기회로 1609년 3월 허균은 위와 같이 매창에게 사무치는 그리움과

---

35 이는 원래 당나라 교방에서 기생들이 부르던 노래로 '자고새가 길이 막혀 못 간다'는 의미의 가곡이다.

36 매창이 비석 앞에서 거문고를 타며 애절하게 노래 부르던 모습을 허균의 친구인 이원형이 지나가다가 보고서 시를 지었는데, 그때 사람들이 이 시를 보고 절창이라 했다. 석주 권필은 그 사람됨을 좋아하여 칭찬했다. 그리고 자신의 문집(『석주집』 권7)에 이원형의 시를 넣기도 했다(허균, 『성수시화』). 이원형이 지은 이 시는 현재 『매창집』의 마지막 장에 「윤공비」라는 제목으로 실려 있다.

함께 '지금도 참선을 하고 있는지' 근황을 묻는 내용의 편지를 보냈다. 그리고 허균은 매창에게 가을이 무르익어가는 그해 9월에 다시 편지를 보냈다. 의리와 진실이 몸에 밴 매창을 잊지 못해 또 편지를 보낸 것이다. 다음 편지에서 연인이 아닌 친구로서 간직한 허균의 깊은 우정을 엿볼 수 있다. 더구나 전에 부안 변산을 유람한 뒤 한양으로 떠나갈 때 매창에게 금방 돌아오겠다고 했던 약속이 마음에 걸렸던 모양이다.

> 봉래산의 가을빛이 한창 짙어가니, 돌아가고 싶은 생각이 문득문득 난다오. 그대는 내가 자연(시골)으로 돌아가겠단 약속을 저버렸다고 반드시 웃을 것이오. 우리가 처음 만났던 때 만약 조금이라도 다른 생각이 있었더라면, 나와 그대의 사귐이 어찌 10년 동안이나 친하게 이어질 수 있었겠소. 이제 와서야 풍류객 진회해(秦淮海)는 진정한 사내가 아니고 망상을 끊는 것이 몸과 마음에 유익한 줄을 알았을 것이오. 어느 때나 만나서 하고 싶은 말을 다 털어놓을 수 있을지. 종이를 대하니 마음이 서글퍼진다오.

허균은 매창에게 첫 편지를 쓰고 나서 6개월 뒤에 위와 같이 또 편지를 보냈다. "가을이 깊어지자 돌아가고픈 마음이 절실해진다'로 시작되는 간절한 소망은 자연에 대한 애정이자 인간에 대한 사랑일 것이다. 절실한 그리움은 시간이 지나도 고이 남아 흐른다. 무엇보다 자유분방한 허균이 순수한 생각과 존중하는 마음으로 매창을 바라보았던 데 대해 스스로 자부를 드러내는 것이 이채롭다. 허균은 오랜 기간 절친한 친구로 지낸 매창을 진실로 사랑하고 있었다. 하지만 허균은 그 편지를 보낸 뒤 다시는 매창을 만날 수가 없었다. 매창이 그 다음 해인 1610년에 세상을 떠났기 때문이다.

허균과 매창의 관계에 대해서는 논의가 분분하다. 매창이 실제로는 예뻤는데도 허균이 매창의 정신적 가치를 훌륭하게 여겨 우정으로 대했다는 말에서부터 너무나 많은 해석과 평가가 따른다. 분명한 것은 두 사람이 오랫동안 사귈 수 있을 만큼 특별한 정서적 이성적 교감이 가능했다는 점이다. 허균이 매창에게 보낸 두 차례의 서신과 『학산초담』이나 『성수시화』 등에서 그녀의 작품을 높이 평가하고 있는 글을 보아도 그들의 고상한 관계를 헤아릴 수 있다.

사실 허균은 생전에 수많은 여자들을 만났으나 그가 진실로 사랑했던 여자는 첫째 부인 김씨와 그리고 기생 매창이었다고까지 한다. 이매창 역시 허균을 사랑하지 않은 것은 아니었지만 그에게는 정인이 있었기 때문에 그 이상의 관계는 이어가지 않았을 뿐이다. 매창과 허균은 육체가 아닌 정신으로 사랑과 우정을 나누었던 사이다.

세월의 흐름 속에 이제 이매창도 죽고 허균도 사라진 부안 땅에 매창의 묘[37]와 허균의 시만이 남아 길가는 나그네들을 맞고 있을 뿐이다.

6. 한준겸, 심광세, 권필 등과 시를 논하다

매창은 1586년 유희경과 짧은 사랑을 나누고 이별을 했다. 그리고 20년 가까이 지나 1603년에 한양으로 돌아간 유희경과 매창이 다시 만난 것으로 추정된다. 그 긴 세월 동안 주로 부안에서 지내고 있던 매창은 헤아릴 수 없이 많은 사건과 변화를 겪었을 것이다. 특히 열네 살의 어린 기생이 서른한 살의 원숙한 기생이 되기까지 얼마나 많은 사람을 만났을까는 쉽게 상상할 수 있다.

모든 것을 떨쳐버리고 싶을 때 말없이 자신을 인정해주고 차분히 기다려주는 친구가 있다는 생각처럼 마음 따뜻한 일이 또 있을까. 그러나 별은 우리 손이 닿지 않기에 찬란함을 유지하는 것이다. 세상에 흔한 것은 주목받지 못하는 법이다. 지나치게 붙임성 있는 태도는 경멸로 이어지기 쉽

---

37 '매창이뜸'이라고 불렀다.

고 스스로 품위를 잃게 된다. 그래서 평범한 사람들과 허물없는 사이가 되는 것을 경계하고 무엇보다도 하찮은 자에게 신뢰를 보이지 말라고도 한다. 분별 없이 가까워지고자 하는 태도는 비천함과 상통한다고 본다. 이에 유교에서는 친구 사이에 책선(責善), 즉 비판을 중시한다. 명나라 양명학자 이탁오(1527~1602)는 『분서(焚書)』라는 책에서 "친구이면서 스승이 될 수 없다면 그 또한 진정한 친구가 아니다."라고 했다.

당대 최고의 문학 평론가였던 허균은 매창의 재주를 높이 평가하였고, 이에 많은 문인들이 매창을 찾아 시적 교류를 하고 싶어 했다. 임방이 『수촌만록』에서 "당시 최고 시인들 중에 매창의 시권에 시를 지어 주지 않은 사람이 없었다."고 했을 만큼 확인되고 있는 인물들 밖에도 실제로는 훨씬 더 많은 문인들과 시를 주고받았을 것으로 추정된다. 존귀하고 소중한 친구들 속에서 그녀는 이제 명실상부하게 조선 최고의 시기(詩妓)로 떠오르게 되었다.

매창은 유희경, 이귀, 허균 등과 가까운 관계를 맺는 외에도 죽기 전까지 임서, 한준겸, 권필, 윤선(1559~1637), 고홍달(1575~1644), 심광세(1577~1624), 김지수(1585~1639) 등과 시를 주고받으며 삶의 애환을 같이하였다. 매창에게 있어서 당대의 시인 묵객들은 마음을 함께 나누며 시를 노래하는 친구와 다름없었다.

매창을 극찬한 한준겸

매창의 나이 30세가 되던 1602년 정월 허균의 맏형인 허성의 뒤를 이어 한준겸이 전라도 관찰사로 부임하였다. 한준겸은 허균보다 13세 연상임에도 불구하고 허균과 친분이 두터웠다. 한준겸은 허균으로부터 매창의 이야기를 듣기도 했을 것이며 처음부터 매창을 무척 잘 대해주었다. 나중에 매창을 '조선 최고의 여류시인'이라고 극찬한 것을 보더라도 매창에 대한 한준겸의 관심과 애정을 읽을 수 있다. 한준겸은 매창에게 주었던 시 두

편도 자신의 문집에 수록했다.

전라도 관찰사로 부임한 한준겸은 봄을 맞아 주변의 현감들을 모두 불러 자신의 생일잔치를 벌였다. 그때 그해 3월에 부안현감으로 부임한 윤선도 참석하였고 기생 매창도 동석하였다. 매창의 참석은 이미 한준겸이 그녀를 알고 있었기에 특별히 부른 조치라 할 것이다. 한준겸이 자신의 생일잔치에서「자규새의 울음소리를 듣고 느끼다(聞子規有感)」를 읊자 그 자리에 참석했던 매창은「한순상이 생일잔치에 지은 시에 차운하다(伏次韓巡相壽宴時韻)」[38]를 지어 화답하였다.

한준겸은 생일잔치가 끝나고 매창이 그리워 그 이듬해 1603년 봄 부안으로 찾아갔다. 31세의 매창은 한준겸과 함께 김제 모악산 근처의 용안대를 유람하였다.『매창집』에도 그녀의「용안대에 오르다(登龍安臺)」[39]라는 시가 실려 있다. 이 시는 한준겸이 매창을 앞에 두고 중국의 기생 시인 설도(薛濤)에 빗대 지은 시「노래하는 기생 계생에게 주다(贈歌妓桂生)」에 화답하여 매창이 지은 것이다. 먼저 한준겸의 문집인『유천유고』에 실린 7언절구「노래하는 기생 계생에게 주다」는 다음과 같다.

변산의 맑은 기운 호걸을 품었더니　　　　　　　邊山淑氣孕人豪
규수 천년에 설도가 다시 있어라.　　　　　　　閨秀千年有薛濤
시와 새로운 노래 들으며 고즈넉한 밤 지내나니　聽書新詞淸夜永
복숭아꽃 가지 위에 둥근 달이 높아라.　　　　　桃花枝上月輪高

한준겸은 이 시 뒤에 "계생은 부안의 기생이다. 시에 능하여 세상에 알

---

38 『매창집』에는「한순상이 생일잔치에 지은 시에 차운하다(伏次韓巡相壽宴時韻)」라는 제목의 시가 이것 말고 하나 더 있다.

39 1807년 김정환이 필사한『매창집』에는 제목이「한순상에게 바치다(呈韓巡察)」로 되어 있다. 그리고 그 제목 아래 "1602년 3월 보름에 순찰사(순상)가 도내를 순찰하다가 부안에 이르러 시를 주고받았는데, 객사에 시판을 걸었다(壬寅三月望 巡到唱和揭板客舍)"라는 주가 붙어 있다.

려졌다(癸生 扶安娼女也, 以能詩鳴於世).”(『柳川遺稿』)라고 써놓았다. 매창을 영웅호걸에 견줄 만한 인물로 보고 당나라 최고의 여류시인이었던 설도에 비교하면서까지 한준겸은 그녀를 당당히 시기(詩妓) 혹은 가기(歌妓)라 부르며 시인으로 존중하였다.

매창의 시재에 한껏 매력을 느껴 극찬을 한 한준겸의 시에 화답하여 매창도 「용안대에 오르다(登龍安臺)」라는 제목으로 다음과 같이 적절히 응수하였다.

듣자 하니 장안의 으뜸가는 호걸이라지요 云是長安一代豪
구름 깃발 닿는 곳마다 물결이 고요해라. 雲旗到處靜波濤
오늘 아침 임을 모시고 신선 이야기를 하는데 今朝陪話神仙事
봄바람에 제비는 날고 서쪽의 해는 높아가네. 燕子東風西日高

관찰사라는 공직을 수행하는 한준겸의 장래를 축원하는 아름다운 뜻이 잘 드러나고 있다. 2구의 표현처럼 거친 파도를 잠재우듯이 고단한 백성을 선정으로 이끌어가길 바라는 마음을 담았다. 상대방을 신선과 같은 존재로 추켜세우는 의도 또한 둘의 관계가 돈독함을 말해준다. 매창의 시적 재능을 기꺼이 인정하던 허균도 매창을 설도에 견주었다. 허균은 매창이 죽었을 때 “이듬해 작은 복사꽃 필 즈음에는/그 누가 설도의 무덤 곁을 지날까”(「계랑의 죽음을 슬퍼하다[哀桂娘]」)라는 시를 지은 바 있다. 설도는 우리에게 “꽃잎은 하염없이 바람에 지고 만날 날은 아득타 기약이 없네”라는 가곡 〈동심초〉에 의해 잘 알려진 인물이다. 이 노래는 설도의 시 「춘망사」의 3연[40]에 들어 있는 것을 번역한 것이다.

한준겸은 1년 반밖에 머물지 못하고 1603년 8월 예조참판으로 자리를 옮김에 따라 부안을 떠나야 했다. 1604년 32세가 된 매창은 자신을 ‘부

40　風花日將老 佳期猶渺渺 不結同心人 空結同心草, 「春望詞」.

안이 천년 만에 낳은 최고의 시인'이라 칭송했던 한준겸을 그리워하는 시 「옛날 일을 생각하다(憶昔)」[41]를 썼다. 관찰사로 재직하는 동안 특별히 자신을 이해하고 잘 보살펴주었던 한준겸에게 고마운 마음을 전하고 싶었을 것이다.

임이 유배되어 내려온 것은 임인 계묘년   謫下當時壬癸辰
이 몸의 시름과 한을 뉘와 더불어 풀었던가.   此生愁恨與誰伸
홀로 거문고 끼고 고란곡을 뜯으면서   瑤琴獨彈孤鸞曲
슬픈 마음으로 선계에 계실 그대를 그려보네.   悵望三淸憶玉人

매창은 한준겸을 인간세상으로 귀양 온 신선 같은 존재로 인식했다. 난새는 전설 속 상상의 새로 봉황과 비슷한 새를 가리킨다. 난새 이야기는 송나라 범태(355~428)의 「난조시서(鸞鳥詩序)」에 나온다. 난새가 계빈이란 왕에게 잡혀 새장에 갇혔다. 왕은 난새가 노래하기를 기다렸으나 3년 동안 울지 않았다. 그래서 왕은 새장 앞에 거울을 걸어 바라보게 했다. 그러자 난새는 슬피 울기 시작했다. 결국 난새는 거울을 향해 달려들어 부딪쳐 죽게 되었다. 이 외로운 난새 이야기를 노래로 만든 것이 〈고란곡(孤鸞曲)〉이다. 매창은 자신을 '외로운 난새'로 표현했다. 불우한 자신의 처지를 「화가에게 주다(贈畵人)」, 「거문고를 타다(彈琴)」 등의 시를 통해서도 '외로운 난새'로 형상화하는 등 그녀는 끊임없이 자신을 슬피 우는 새와 같은 고독한 존재로 인식했다. "삼청"은 임이 돌아간 신선의 세계를 말한다. 한준겸이 떠난 후의 서러움은 어느 때보다 컸던 것 같다.

심광세와의 덧없는 친교

청렴하기로 소문난 임정(1554~1636)의 뒤를 이어 내려온 부안현감 윤선

---

41 임진왜란이 발발하자 유희경이 의병을 이끌고 싸움터로 나갔다는 소식을 들은 매창이 근심에 싸였던 일을 회상하며 훗날 지은 시라고도 한다.

이 1602년 3월에 부임하여 1607년 1월 임기가 만료될 때까지 선정을 베풀었으므로 그가 떠난 다음 백성들은 자진하여 그를 기리는 비를 세웠다. 윤선은 매창과도 친밀한 관계의 인물로, 허균이 떠나고 매창은 윤선을 만나 사랑한 바 있다. 허균의 『성수시화』에는 "부안기생 매창은 시에 솜씨가 있고 노래와 거문고에도 뛰어났으며 어떤 태수가 그녀와 가깝게 지냈다."고 했는데 그 태수가 바로 윤선이다.

그 후 매창이 35세가 되던 1607년 윤선의 뒤를 이어 심광세가 부안현감에 임명되었다. 광해군이 즉위하기 직전 정세가 불안함을 느낀 심광세는 외직을 청하여 부안현감으로 내려온 것이다. 매창은 심광세, 고홍달 등과 함께 어수대, 청계사를 비롯한 변산 일대를 유람하며 「어수대에 오르다(登御水臺)」, 「천층암에 오르다(登天層菴)」, 「월명암에 오르다(登月明庵)」, 「봄날을 원망하다(春怨)」 등의 시를 지은 것으로 추정된다. 여러 사람과 동행하여 유람을 마치고 돌아온 이후 매창과 심광세는 무척 친해진 듯하다.

심광세는 부안현감으로 있으면서 전년도 해운판관을 지내며 주변의 고을 원과 함께 한 차례 유람한 적이 있는 변산에 대해 기행문 「유변산록」을 짓기도 했다. 즉 1607년 5월에 함열현령 권주, 임피현령 송유조, 부안에 사는 진사 고홍달, 심광세의 아우 심명세를 포함해 모두 5명이 동행하였다. 매창의 나이 36세가 되던 1608년 어느 봄날 매창은 심광세 앞에서 시한 수를 읊었다.

> 대숲에 봄이 깊어 새들이 지저귀는데 　　　　　竹院春深鳥語多
> 눈물에 지워진 화장 자국 보일까 창문 가렸지요. 　殘粧含淚捲窓紗
> 거문고 끌어다가 상사곡을 연주하고 나니 　　　瑤琴彈罷相思曲
> 봄바람에 꽃이 떨어지고 제비들은 비껴 나네요. 　花落東風燕子斜

『매창집』에 실린 「봄날을 원망하다(春怨)」라는 제목의 시다. 매창의 모습이 가장 잘 나타나는 작품이라고 한다. 항상 그랬듯이 봄은 그녀에게 슬픔을 가져다주었다. 우리가 기다리는 봄은 대단히 찬란하고 아름답다. 그러나 찬란한 아름다움은 우리 곁에 그리 오래 머물지 못한다. 오히려 봄에 대한 애잔함을 노래하는 작품이 많은 것도 이 때문이다. 쓸쓸하게 비워지는 데서 아름다움은 더 커질지도 모르며 이로써 매창은 더욱 순수한 시인에 다가갈 수 있었을 것이다. 이 시를 들은 심광세는 즉시 「계랑의 시에 차운하다(次桂娘韻)」라는 작품으로 답을 했다. 그의 문집인 『휴옹집』에 들어 있는 시는 다음과 같다.

깊은 시름 꿈에서 깨는 경우 많은데　　　　　閒愁壓夢覺偏多
눈물이 그렁그렁하여 베개를 흥건히 적셨네.　粉淚盈盈濕枕紗
땅에 가득 떨어진 꽃잎들 봄빛도 지나가는데　滿地洛花春色去
발 사이로 가랑비 내리고 향로의 연기가 비끼네.　一簾微雨篆煙斜

　매창을 좋아하던 심광세는 그녀의 시에 차운하여 시를 지었다. 그리고 그 시 뒤에 매창을 두고 "부안의 시기다."라는 주석을 달았다. 심광세가 스스로 여유로운 지방 생활을 원해 부안현감으로 와 있던 이 시기 1607년 12월 허균이 공주목사로 부임하였다. 매창과 시를 주고받던 심광세는 부탁받은 대로 공주 목사에서 파직된 허균을 부안에 머물도록 배려했다. 일찍이 심광세는 뛰어난 문장 실력 이외에 탁월한 정치력을 지니고 있었다. 그의 할아버지는 대사헌 심의겸(1535~1587)이고, 외할아버지는 좌찬성 구사맹(1531~1604)이며, 그의 장인은 호조판서를 지낸 황신(1560~1617)으로, 그의 친인척 모두 당시 쟁쟁한 가문이었다. 심광세는 이러한 배경을 둔 한국 역사 속의 정치인으로서 해박한 안목을 지닌 뛰어난 인물로 평가받는다.

　1607년 2월에 부임했던 심광세는 1609년 2월이 되어 2년 남짓 복무하고 부안을 떠나 한양으로 가게 되었다. 매창에게 봄은 봄이 아니었다. 그녀에게 봄은 야속하게도 늘 이별의 상황으로 다가왔다. 때마침 바람 부는 봄날 밤 달빛이 매화나무 가지에 걸치고 보슬비가 창가에 맺혔다. 심광세가 떠난 봄날 매창은 「스스로 탄식하다(自恨 1)」라는 시를 지었다.

하룻밤 봄바람에 비가 오더니 　　　　　　東風一夜雨
버들과 매화가 다투어 피네. 　　　　　　柳與梅爭春
이 좋은 시절에 차마 못할 짓은 　　　　　對此最難堪
잔 잡고 정든 임과 이별이라네. 　　　　　樽前惜別人

　꽃이 피고 기운이 생동하는 봄철에 굳이 이별해야 하는 마음이 너무나 안쓰럽게 느껴진다. 화사한 봄날에 꽃비가 바람에 흩날리듯이 그녀의 텅 빈 마음속은 공허함으로 넘쳐났다. 심광세가 떠난 뒤 매창은 한동안 문을 닫아걸고 그리워하는 정념에 눈물만 쏟아냈다. 죽기 얼마 전 매창의 초췌해진 모습을 훤히 떠올리게 할 만큼 애처롭기 그지없다. 이별이 사람을 얼마나 힘들게 하는가를 적나라하게 증언하고 있다. 매창에게 심광세는 의례적으로 모시는 고을의 수령이 아니라 친구와 같은 존재였다. 매창은 한양으로 떠난 심광세를 그리워하며 "덧없는 달콤한 꿈 꾸다가 놀라 깨고는/ 나지막이 세상살이 어려움을 읊조리네(驚覺夢邯鄲 沉吟行路難)."라며 「홀로 아파하다(自傷)」라는 시를 짓기도 했다.

가장 많은 시를 주고받은 권필

　매창의 나이 37세 때인 1609년 1월에 석주 권필이 부안을 찾아왔다. 심광세가 아직 부안현감 직을 수행하고 있을 때이다. 권필은 불우한 처지에 놓여 과거시험을 치지 못했고 시를 지어 세상일을 비판하다가 멀리 귀양도 갔었다. 월사 이정구(1564~1635)는 권필에 대해 "기상은 우주를 막고 눈은 천고를 뚫어 그 포부를 속인이 가히 측량할 바가 아니었다."[42]고 한 바

42　이정구, 『월사집』 권39.

있다. 부안에 내려온 권필은 고홍달을 만나고 싶어 했다. 고홍달은 부안에서 나고 매창과 한 고을에서 자랐으며 그녀보다 두 살 아래의 벗이라 할 수 있다. 매창은 심광세, 권필 등과 함께 고홍달의 집을 방문하였다. 권필의 시 「고홍달이 그윽한 곳에 거주하는 것에 붙이다(題高達夫弘幽居)」에 차운하여 심광세가 「권필이 고홍달에게 주는 시에 차운하다(次石洲贈高達夫韻)」라는 시 두 편을 짓자, 매창이 이에 차운하여 「신선이 되어 놀다(仙遊 3)」를 지었다.

술병을 놓고 서로 만난 곳에	樽酒相逢處
봄바람 건듯 불어 물색이 화려해라.	東風物色華
연못에는 푸른 버들이 가지를 늘이고	綠垂池畔柳
누각 앞에서는 붉은 꽃들이 봉오리를 터뜨리네.	紅綻檻前話
외로운 학은 물가로 돌아오고	孤鶴歸長浦
모래 가에는 저녁노을 드리웠네.	殘霞落晚沙
술잔을 연달아 주고받다가	臨盃還脈脈
날이 밝으면 이 몸은 하늘로 돌아가리라.	明日各天涯

이는 권필과 심광세 두 사람이 지은 시의 내용은 물론 정서와 분위기 등을 한데 수렴하여 조화로운 경지로 이끈 것이라 할 수 있다. 술을 매개로 인간이 서로 화합하고, 봄바람에 물색이 빛을 발하며 인간과 조화를 이룬다. 푸른 버들과 붉은 꽃이 온통 자연을 충만케 하고 있다. 물론 그녀에게서 봄의 이미지는 쓸쓸함을 자아내기도 한다. 외로운 학조차 저녁노을과 함께 어우러지는 황홀한 지경이야말로 신선의 세계가 아니면 설명하기 어렵다. 매창은 뜻이 맞는 풍류적 동지들과 밤새 술을 마셨을 것이다. 한편 매창은 권필, 이원형 등과 함께 앞에서 언급된 바와 같이 윤선의 선정비 옆에서 거문고를 타며 〈자고사(鷓鴣詞)〉라는 노래를 부른 바도 있다.

권필의 시적 재능에 대해서는 허균이나 남용익(1628~1692) 등 많은 사람들이 높이 평가할 만큼 시인으로서의 그의 위상은 최고의 경지에 이르렀다고 할 만하다. 허균은 "권필의 시는 화장을 하지 않은 절대가인이 뽑아내는 자연스럽고 아름다운 소리 같다."(남용익, 『호곡시화』)고 했다. 매창이 수많은 근심과 시름을 강남곡에 담아 「거문고를 타다(彈琴)」라는 시를 짓자, 권필은 그녀의 속내를 알아채고 「여자 친구 천향에게 주다(贈天香女伴)」라는 시를 써주었다(권필, 『석주집』). 조선 제일의 시인이자 선비가 기생에게 주는 시의 제목을 이같이 「여자 친구 천향에게 주다」라고 했음은 예사로운 일이 아니다. 기생이 아닌 '친구'라 부르고 매창의 아름다운 이름 '천향'을 사용할 만큼 상대를 존중해주고 친근감을 표현한 것은 매창에게는 지극히 영예로운 일이다. 땅(세상)에 고운 미색은 많으나 고운 향기는 아무 데나 있지 않은 법이다. 사대부 가운데 늦게 만났음에도 불구하고 실제로 매창과 가장 많은 시를 주고받은 이는 바로 권필이다.

신선 같은 자태는 이 세상과 맞지 않아	仙姿不合在風塵
홀로 거문고를 안고 저무는 봄을 원망하네.	獨抱瑤琴怨暮春
줄이 끊어질 때 간장 또한 끊어지니	絃到斷時腸亦斷
세간에 음률을 아는 이 만나기 어려워라.	世間難得賞音人

권필은 첫 구절부터 매창에 대해 '고귀한 자태가 세상에 어울리지 않는다'라는 도발적인 표현을 했다. 매창을 '신선'으로 보며 그녀의 삶을 세상이 몰라주는 것에 대해 안타까워하고 있다. 그녀의 가슴속에 서린 원망과 아픔을 헤아리기 어렵듯 그녀의 음악적 재주를 이해하기도 쉽지 않음을 지적하는 권필의 지인으로서의 혜안을 보여주고 있다. 2구의 "홀로 거문고를 안고 저무는 봄을 원망하네"라는 것은 윤선의 비석 앞에서 거문고를 뜯으며 〈자고사〉를 불렀던 매창의 모습을 떠오르게 한다. 이원형이 매창을 보고 「윤공비」라는 시를 지었던 때보다 한두 달 뒤에 나온 이 시로 말미암아 이 시기 이원형의 시를 자기의 문집에 넣었던 권필이 매창을 만났음을 알 수 있다.

매창은 죽기 직전까지도 권필과 시적인 교류를 했다. 권필은 매창에게 시의 예술적 미학을 넘어 삶의 심오한 이치를 가르쳐준 인물이라고까지 한다. 그만큼 순수한 시인으로서의 매창과 권필이 가까운 관계였음을 뜻한다. 어느 기생의 죽음을 애도하는 시도 지은 바 있는 권필은 자기성찰을 통한 울분과 갈등을 토로하고, 잘못된 사회상을 비판 풍자한 깨끗한 선비였다.

한편 권필이 매창 앞에서 읊은 시에 매창이 화답해야 하는 일이 생겼다. 살구꽃이 떨어질 무렵 권필이 매창을 찾아와 「무제(無題)」라는 제목의 시를 주었기 때문이다, 매창은 「봄날에 근심 일다(春愁 1)」(『매창집』)라는 시를 지어 답하였다.

긴 제방 위 봄풀의 빛깔이 스산하여   長堤春草色凄凄
옛 임이 오시다가 길을 잃었나 하겠네.   舊客還來思欲迷
예전 꽃이 만발해 함께 노닐던 곳도   故國繁華同樂處
온 산에 달빛 비추는데 두견새만 울고 가네.   滿山明月杜鵑啼

봄풀과 옛 임이 자연과 인간으로 대비되고, 임과 함께 노니는 것과 달빛 가득한 산 또한 인간과 자연의 대립일 수도 있다. 한편 인간과 자연 상호간의 조화를 상정하는 것일 수도 있다. 매창은 자신을 찾아온 권필의 어려운 입장을 위로하며 격려하고 싶었을 것이다. 다만 봄은 여전히 그녀에게 처연함을 실어다 준다. 두견새만 울고 가는 것이 아니라 권필도 한양으로 떠났다.

7. 기생이길 거부하다

중세사회 견고한 도덕적 이념의 지배 아래서도 도도히 자리 잡고 있는 인간적 욕망을 드러낼 수밖에 없었던 사대부 가문의 적지 않은 여성들을 생각하면 거리낌 없이 행동할 수 있는 미천한 신분의 기생이면서도 강렬하게 윤리적 가치를 추구했던 매창의 태도는 칭찬받아 마땅하다.

매화 같은 존재 갈망

세상에 명성을 떨쳤던 조선의 기생으로서 황진이와 비교될 때에 황진이에 대해 호방한 기질과 파격적인 행동으로 이름이 높았다고 하는데 반해, 매창은 몸가짐에 품위가 있고 절개가 높았던 인물이었다고 하는 것도 일리가 있다. 아울러 꽃에 비유하면서 황진이가 가시를 머금은 오뉴월의 우아한 장미 같은 여인이었다면 매창은 초봄의 은은한 향기를 뿜어내는 매화 같은 여인이었다고 하는 것도 동의할 만하다.

무엇보다 그토록 여자관계가 거칠고 복잡한 허균이 10년 동안이나 교류하면서 육체적으로 범하지 않고 친밀한 관계를 유지한 것[43]을 보면 허균의 처신이 의아스럽기까지 하다. 물론 허균이 매창과 잠자리를 하지 않은 주된 이유는 매창이 이귀의 애인이라는 사실을 알았기 때문일 텐데 그보다 더 중요한 것은 매창의 태도에 있다. 매창에게는 매화 같은 절조가 몸에 배어 있었는데 이를 보면 매창이 얼마나 순결한 여성이었는지를 짐작할 수 있다. 허균은 매창이 죽은 뒤에도 "신선이 다시 하늘로 돌아갔다."(「매창의 죽음을 슬퍼하다(哀桂娘)」)[44]는 표현의 시까지 짓고 시에 주를 달아, 그녀와 자신의 관계가 오래도록 시들지 않았던 것은 매창의 재능이 뛰어나고 성품이 고결했기 때문이라고 했다. 당대 최고의 지식인이었던 허균을 매료시킨 것은 매창의 시와 노래보다 그녀의 인격이었던 듯하다.

허균은 매창을 가리켜 얼굴이 비록 예쁘지는 않지만 재주와 정취가 있

---

43 허균, 『성소부부고』 권21.
44 허균, 『성소부부고』 권2.

었다[45]고 말한 바도 있다. 뛰어난 문인이었던 임방도『수촌만록』에서 그녀의 재주와 정취에 대해서 높이 평가하였다. 당대 최고의 문장가 권필 또한 매창을 '여자 친구'로 부르며, 그녀의 모습을 "신선과 같은 자태"로 표현했다. 엄혹한 일제시대에 우리 기생의 역사를 살핀 이능화는 매창을 두고 "성정이 절개가 있고 깨끗하여 세상 어지러움에 물들지 않았으며 음란한 일을 좋아하지 않았다."(『조선해어화사』 30장)고 함으로써 매창의 차별적 가치를 인품에서 찾고자 했다.

그녀를 아는 모두가 하나같이 그녀의 '인품'을 칭송하는 것을 보면 분명 매창에게서 특유의 정신적 요소를 지적하지 않을 수 없다. 비록 기생이지만 매창에게는 기생들이 지닌 요염함이나 천박함이 없었던 것이다. 타고난 성정이 맑을 뿐만 아니라 자신을 혼탁한 무리에 가두고 싶지 않음을 호언하기까지 했다. 아니 매창은 평생 동안 자신이 기생 신분이라는 사실을 마음속으로 부정했다고 하여도 과언이 아니다. 근대 시기 기생들이 자아를 성찰하면서 "선배 기생의 고상함을 본받자."[46]고 했던 것도 이런 데 근거를 두고 한 말이라 할 수 있다.

사실 매창이 기생이라는 신분적 질곡에서 벗어나 위대한 시인으로 자리매김하게 된 것도 원천적으로 그녀가 지닌 정신적 자존감과 인격적 태도에서 비롯된다. 매창은 출신 성분으로 인해 불가피하게 기생이 되었으나 기생이 되었다고 해도 자신을 방치하기에는 너무나 능력이 뛰어나고 성품이 곧은 여성이었다. 스스로를 인격적 존재로 자처하고 이를 부각시키는 데는 능동적 자세를 취했다.

기생에게 규방에 들어앉은 일반 여성이 보여주는 것과 같은 정숙함을 요구하는 것은 무리다. 그렇다고 기생이 규방의 여성을 부러워하고 그녀

45 허균,『성소부부고』 권18.
46 『장한』 창간호(1927).

들처럼 품위를 지키고 싶어도 사회적으로 용납되기는 어렵다. 기생들은 예능인으로서 국가에 봉사해야 할 의무가 있으면서도 먹고 살기 위해 개인적으로 사대부들의 주연과 잠자리를 돕는 역할을 하는 특수한 입장에 놓여 있었던 것이다.

그러나 매창은 비록 여러 사람을 상대할 수밖에 없는 처지였어도 그녀가 내적으로 소통한 인물은 몇 명 되지 않았다. 남성들의 향락적 대상이 되지 않았을 뿐만 아니라 자존감을 지키려 노력했기 때문이다. 매창이 자발적으로 선택하고 속정을 주었던 남성은 유희경, 이귀, 허균 등 몇 사람에 지나지 않는다. 다른 사람들과는 대체로 풍류적 교감만 있었을 뿐이다. 이귀를 매창이 유희경과 헤어진 후 정을 준 두 번째 남자, 허균을 평생 우정을 지킨 세 번째 남자로 보는 것도 기생으로서 매창이 깨끗한 정신과 몸가짐을 지녔기 때문이다.

앞서 나왔듯이 매창이 처음으로 사랑했던 유희경의 경우, 예법이 밝은 군자로서 다른 여자를 가까이한 일이 없다가 매창을 만나 비로소 파계했다. 순수한 인품에 절제가 뛰어났던 유희경이지만 나이 30 가까이 차이가 나는 어린 기생 매창을 보는 순간 감동하여 「계랑에게 주다」와 「장난삼아 계랑에게 주다」라는 시를 지어가며 '선녀'로 불렀다. 유희경이 한양으로 돌아간 뒤에 한참 동안 소식이 없었으나 매창이 시종일관 마음을 바꾸지 않았던 것도 그녀의 인격에서 나오는 자존감 때문이었다.

생기발랄한 젊음에 고운 외모를 갖추고 악기 연주에 맞춰 노래하고 춤추는 이름 있는 기생들에게 한량이나 호객꾼들이 모이는 것은 자연스러운 일이다. 귀한 집 자제들 셋이 다투어 그녀를 탐하고자 음흉하게 다가오자 매창은 "만약 제가 예전에 들어보지 못한 시를 읊조려 제 마음을 사로잡는다면 저는 그런 분과 더불어 하룻밤 즐거움을 나눌까 합니다."라고 배수진을 쳤다(『속고금소총』, 『기문』, 『조선해어화사』 등에 실려 있다). 함부로 넘볼 수 없는 여유와 자부를 느끼게 하는 대목이다. 그녀는 그 후에도 사대부들과 정신적 교류를 이어갔다.

지봉 이수광은 일화를 통해 절조를 소중히 여기는 매창의 고귀한 정신을 전하고 있다. 그에 의하면 계랑은 부안의 기생으로서 스스로 '매창'이라고 호를 지었다. 그리고 어떤 선비 하나가 그녀의 명성을 듣고 시를 지어가면서 허튼 행동을 보이자 매창이 다음과 같이 「근심에 젖다(愁思)」라는 시를 지어주었더니 그는 무안해하면서 가버렸다고 한다.[47]

평생 떠돌며 밥 얻어먹기를 부끄럽게 여기고	平生恥學食東家
오로지 달빛 비낀 차가운 매화만을 사랑했네.	獨愛寒梅映月斜
사람들은 고요히 살려는 나의 뜻을 알지 못하고	時人不識幽閑意
마음대로 손가락질하며 잘못 알고 있네.	指點行人枉自多

이는 「근심에 젖다」 두 수 가운데 한 수이다. 여기서 매창의 목소리는 자존감의 극치를 드러내 보인다고 할 수 있다. 청아한 인생을 꿈꾸는 매창이 기생이라는 소문만 듣고 함부로 달려드는 나그네를 간단히 물리친 시화이다. 이 시를 보면, 첫째와 둘째 구절에서 매창은 자신이 헤프게 정을 주는 여인이 아니라는 점을 강조하고 달빛에 비친 매화만 사랑했을 뿐이라며 자신의 드높은 지조를 과시하고 있다. 이어 자신의 고상한 뜻을 모르고 육체적 욕망이나 채우고 싶어 하는 무리들의 수작이 부질없음을 넌지시 충고하고 있다. 매창은 시 속에서 수없이 매화를 언급하면서 자신과 매화를 일치시켰고 매화를 통해 자신의 위상을 더욱 치켜세우기까지 했다.

상촌 신흠(1566~1628)은 "오동은 천년을 묵어도 변함없이 곡조를 간직하며/매화는 일생을 춥게 살아도 향기를 팔지 않는다."[48]고 한 바 있다. 무엇보다 선비정신의 상징인 퇴계 이황(1501~1570)이 떠오른다. 그는 평생

---

47 이수광, 『지봉유설』 권14 기첩.
48 桐千年老恒藏曲 梅一生寒不賣香, 『野言』.

매화와 함께 살면서 107편의 매화시를 썼고, 매화시만 모아서 매화시첩을 발간하기도 했다. 평소 매화를 매형(梅兄), 매군(梅君)으로 부르며 하나의 인격체로 대했으며, 70세로 세상을 떠나는 날 "매화분에 물을 주라."는 마지막 말을 하였다.

「근심에 젖다」는 그녀의 자존 의식이 정신적 가치의 추구와 결부됨을 잘 보이고 있는 작품이다. 비록 기생이지만 그녀는 "달빛 비낀 차가운 매화" 같은 깨끗한 인생을 지향했고, "고요히 살려는" 심오한 의지를 지녔다. 이 아름다운 영혼은 "떠돌며 밥 얻어먹기"와 비교되면서 더욱 격조 있는 것으로 승화된다. "평생"이라는 말이 갖는 일관된 태도와 "오로지(獨)"라는 시어가 지니는 주체적 시각은 그녀의 독실한 가치관을 뒷받침한다. 그녀가 기생된 처지를 얼마나 원망하고 한스럽게 여겼는가를 알 수 있으며 남들이 "알지 못하고" 또 "잘못 알고"있는 데 대한 그녀의 개탄은 클 수밖에 없다. '시인(時人)'이나 '행인(行人)'과 같은 세속적인 사람들과 달리 그녀는 물질이나 대상과 비교되는 정신적 주체로서의 삶을 강렬히 소망하고 있다.

순수정신의 삶

비록 기생으로서의 나날을 보내면서도 매창의 순수한 마음은 갈수록 깊어갔다. 뭇 남성들이 기생 매창과 잠자리를 같이하고 싶어 했으나 매창은 흔들리지 않고 그때마다 뿌리치며 지조를 지켰다. 매창의 「취객에게 주다(贈醉客)」[49]라는 시가 그 대표적인 증거이다. 집요하게 따라다니며 귀찮게 추근대는 손님을 점잖게 타이르며 지은 이 작품에서 매창의 고결한 성품을 들여다볼 수 있다.

기생, 노래를 팔지언정 몸은 팔지 마라

---

49 자신을 함부로 다룬 어느 술꾼에게 절규하는 분노의 시로 파악되기도 했다(이혜순·정하영, 『한국고전여성문학의 세계』, 이화여자대학교, 1998, 13쪽). 『조선해어화사』 30장에서는 이 작품은 다음에 오는 「스스로 한탄하다(自恨)」의 첫째 수가 되어야 한다고 보았다.

취한 손님이 비단 저고리 소매를 잡으니	醉客執羅衫
손길 따라 그 옷소매 소리 내며 찢어지네.	羅衫隨手裂
비단 저고리 하나쯤이야 아까울 게 없지만	不惜一羅衫
임이 주신 은정까지도 찢어질까 두려울 뿐이네.	但恐恩情絕

세상적 흐름과 함께 술에 취해 미미한 신분의 기생에게 덤벼드는 사람들로부터 매창은 자신을 지키기 위해 애써야 했다. 삶의 지혜와 시적 재능을 발휘하여 무례한 인간들로부터 침해될 윤리적 위기를 모면해 왔다. 시화에 가장 많이 등장하는 위와 같은 시에서도 매창의 "고요히 살려는 뜻"을 감지할 수 있다. 얼핏 보면 기생 신분에 맞게 옷소매 치맛자락을 낚아채는 술꾼의 비위를 맞추는 듯도 하다. 그러나 세속적 일상에 익숙한 무리들에 맞서고자 하는 단아한 태도를 발견할 수 있다. 아니 거칠게 옷을 잡아당기는 취객의 행동에 혐오와 분노를 느끼고 있는지도 모른다. 그녀는 "비단 저고리"라는 어휘를 세 번이나 반복해가며 "비단"으로 대표되는 사물과 비교해서 인간의 정신적 요소로서의 "은정"을 강조하고 있다. 기대하기 힘든 기생에게서 소박하게 생활하고 덕성을 함양하는 사대부가 여성의 행동을 보는 듯하다.

다음과 같은 「스스로 한탄하다(自恨)」라는 시에서는 물질적 가치와 대비되는 정신적 가치를 부각시킴으로써 기생을 넘어서는 자신의 삶의 태도에 자부심을 보이고 있다. 인간으로서 필요한 고귀한 성품을 지녔으므로 그녀는 현실적 이해관계에 집착하지 아니하고 언제든지 담박하고 소탈함을 유지할 수 있었다.

옛사람은 금전으로 사귀다가	故人交金刀
금전으로 깨어진 이들이 너무 많아라.	金刀多敗裂
돈이 다 떨어지는 건 아깝지 않지만	不惜金刀盡
정분까지 끊어질까 그게 두려워라.	且恐交情絕

패륜 자식 전답 팔아 주색에 빠지더니　　　　　　悖子賣庄土
전답은 차츰차츰 찢어져 없어졌네.　　　　　　　庄土漸址裂
전답뿐이라면 아까울 게 없지만　　　　　　　　不惜一庄土
조상 제사 끊어질까 그게 두려워라.　　　　　　只恐宗祀絕

　"금전"이나 "전답"이 상징하는 물질적 요소는 그녀에게 특별한 어떤 의미도 지니지 못하는 것이었다. 무엇보다 인간이 주체가 되는 것이 중요하기에 "정분"이나 "제사" 같은 인정과 윤리를 거론할 수밖에 없다. 사물 자체는 가치의 대상에 불과하며, 가치는 오로지 인간에 의해 결정될 뿐임을 시사한다. '얻을 것이 있으면 옳은지 생각해보라(見得思義)'(『논어』 자장편)는 말이 있듯이 인간을 주체로 파악하려는 그녀의 예리한 시각이 엿보이는 시이다. 물질과 향락에 탐닉하는 세상 사람들의 몰염치한 행위를 비난하는 매창의 입장은 더욱 정신적 덕목을 드높이고자 하는 그녀의 의도를 직감하게 한다.

　그녀의 시 속에 등장하는 소재들은 한결같이 기생을 부정하고 싶어 하는 매창 자신의 입지를 대신했다. 매화를 비롯한 국화, 연꽃, 소나무, 대나무, 버들 등의 식물은 물론 학, 난새, 소 등의 동물은 소탈한 인격을 중시하는 의식의 소산이었다. 달, 별, 구름, 바람, 하늘 등의 천체는 물론이거니와 거문고, 요금, 요쟁, 오현, 녹기, 생, 소, 슬 등의 악기, 풍경(風磬)이나 박옥(璞玉) 등도 그녀의 청정한 인격적 가치관과 결부된다. 일반적으로 기생이 사대부 남자들과의 관계 속에서 언급되거나 양가집 여자와도 비교되면서 때로는 짐승[50] 또는 화초[51]에 비견되는가 하면 심지어 물건[52] 취급을 받던 상황을 감안할 때 인간답게 살고자 했던 매창의 집요함을 쉽게 이해

50　짐승을 비롯하여 금수, 여우, 말 등으로도 불렸다.
51　노류장화, 화초기생 등으로도 불렸다.
52　물건을 비롯하여 관물, 공물, 요물, 요강 등으로도 불렸다.

할 수 있다.

매창은 자신이 기생임을 인정하고 싶지 않았다. 아니 한 번도 자신이 기생이라고 생각한 적이 없다. 그렇다고 기생이 아닌 것은 아니면서도 마음속 깊이 자신이 기생임을 거부한 것이다. 왜 자신이 기생이 되어야 했는지 생각할수록 속상하고 남들이 자신을 기생으로 상대하는 것이 몹시 불쾌하기만 했다. 물론 그럴수록 자기 현실은 힘들어지고 앞으로 나아가지도 못할 만큼 자신에게 기생 신분은 멍에요 굴레일 뿐이었다.

이와 같이 매창이 기생이라는 자기 처지를 철저하게 부정했던 것은 황진이가 기생이라는 현실을 과감히 받아들이고 힘차게 미래를 향해 정진해 나갈 수 있었던 것과도 큰 차이를 보인다.

8. 삶은 고난일 뿐이다

매창의 온순하고 따뜻한 성품 속에는 끝내 버릴 수 없는 꼿꼿한 자의식이 버티고 있었다. 오히려 그녀는 기생이라는 자신의 존재를 망각하고 자기의 심리적 위상을 부각시키는 적극적인 자세를 취하곤 했다. 그러나 높이 날아오르려 하면 할수록 잡아당기는 힘도 거세기 마련이다. 그토록 자존심이 강했기 때문에 현실과 더 부딪쳤고 좌절감을 크게 맛봐야 했다. 매창에게 삶이란 고난일 뿐이었다. 그리하여 기회만 되면 매창은 그리움, 외로움, 괴로움, 애달픔, 슬픔, 아픔 등을 쏟아냈다. 그녀는 수없이 세상 살아가는 어려움을 고백하고 삶의 고통을 절규하다시피 하였다.

세속적 현실

매창은 어린 마음에 시골을 벗어난 한양 생활이 즐겁고 화려할 줄 알았을 것이다. 그러나 시간이 지나며 깨닫게 되었다. 한양에서의 3년을 회상하며 그녀는 외로움과 허무함에 싸여 원한을 토로해야 했다. 「홀로 아파하다(自傷)」 4수 가운데 첫수를 보자.

한양에서 보낸 3년 꿈만 같은데	京洛三年夢
호남에서 또다시 봄을 맞이하네.	湖南又一春
금전이면 옛 정도 옮겨 가는가	黃金移古意
한밤중 나 혼자서 마음만 상해라.	中夜獨傷心

그녀에게는 남들보다 커다란 꿈이 있었고 예리한 판단이 있었다. 그러나 오히려 청초한 이상과 강직한 신념 때문에 힘들게 살아야 했다. 최하의 계층과 나약한 여성이라는 그녀 앞에 놓인 현실은 너무나 완강하고 고착적이어서 그녀를 무력하게 했다. 매창은 현실의 어려움을 참고 넘어서기에는 참으로 순수하고 연약한 여성이었다. 그녀가 많은 시를 통해 임과 헤어진 슬픔, 아니 세상에 대한 탄식을 다양하게 풀어내는 것도 이 때문이다. 정녕 그녀를 힘들게 하고 슬프게 하는 것은 강력한 자존감과 자의식에서 비롯되었다. 그녀를 가로막고 있는 '금전'으로 대표되는 혼탁한 현실의 벽은 너무나 두터웠다. 매창은 세상과 소통할 수 없는 현실적 비애, 임과 함께 지내지 못하는 상실감을 다음과 같이 말하기도 했다. 「규방에서 원망하다(閨怨)」의 첫 연과 마지막 연만 보도록 하자.

이별이 너무 서러워 중문 걸고 들어앉으니	離懷消消掩中門
비단옷 소매엔 향기 없고 눈물 흔적뿐이네.	羅袖無香滴淚痕
…(중략)…	
저의 고통스러운 마음 알고 싶거든	欲知是妾相思苦
금가락지 헐거워진 손가락 보세요.	須試金環減舊圓

위 시에서 알 수 있듯이 흐르는 세월과 함께 임과의 사랑도 가버리고 만다. 매창은 말할 수 없이 임을 그리워하고 홀로 외로워해야 했다. 그리

기생, 노래를 팔지언정 몸은 팔지 마라

움과 외로움에 몸도 야위어갔다. 그런데 임과 헤어지는 이유가 다름 아닌 물질 때문이다. "비단옷"과 "금가락지"가 상징하는 물질의 만연에 그녀의 속이 타들어간다. 불평과 증오가 일어나고 자존심이 상한 그녀는 더럽고 추악한 세상을 저주하면서 고통 속에 지내야 했다. 무엇보다 '사물(금전)'과 '인간(마음)'을 대비시키고, '타인(임)'과 '나'를 차별화하는 데서 그녀의 존재에 대한 문제의식을 엿보게 된다. 그녀에게는 인간답게 살고 싶은 순수한 열망이 있었으나 세상은 관심도 없고 알아주지 않았다. 인간현실은 철저하게 위선적이고 세속적이었다. 강남 갔던 제비는 돌아왔건만 매창 자신의 처지는 그대로이다. 「홀로 아파하다(自傷)」의 마지막 수를 보자.

달콤한 꿈꾸다가 놀라 깨고는　　　　　　　驚覺夢邯鄲
살아가기 어려움 나직이 읊어보네.　　　　沉吟行路難
우리 집 들보 위의 제비들은　　　　　　　我家樑上燕
주인에게 돌아왔다고 지저귀네.　　　　　應喚主人還

　　매창은 뛰어난 재능과 높은 이상이 있어도 자신의 뜻을 오롯이 펼 수 없는 현실에 대한 울분과 상처를 안고 있었다. 행복한 삶을 꿈속에서나 그리고 있는 나이 들어가는 매창의 모습이 애처롭기만 하다. 꿈은 꿈일 뿐이기에 깨고 난 현실은 허망하기 그지없다. 그녀는 의좋게 지내는 봄날의 제비와 외롭고 쓸쓸한 자신을 견주면서 더 큰 비애를 느껴야 했다. 그러기에 "살아가기 어려움", 즉 '행로난(行路難)'이 저절로 터져 나오는 것이다. '행로난'은 물론 임과의 이별에서 시작된 것이라 할 수 있지만 시간이 지나면서 '인간'의 너비로 '인생'의 무게로 바뀌었을 것이다.

　　인생살이의 어려움인 '행로난'은 특별히 봉건적 가부장제에서 오는 여성적 질곡을 한탄하는 시어의 전형으로 등장되곤 했다.[53] 「스스로 한탄하

53　이혜순 외, 『한국고전여성작가연구』, 태학사, 1999, 229쪽 참조.

다(自恨)」, 「스스로 박명을 한탄하다(自恨薄命)」 등 그녀의 여러 시 속에서 빈번히 '행로난'이 언급되는 것도 인생을 대하는 그녀의 본질적인 시각을 뒷받침하는 근거가 된다. 「병이 들다(病中)」라는 자신의 심경을 토로하는 시에는 세상에 대한 불만, 인간현실에 대한 혐오감이 잘 나타난다.

봄 때문에 걸린 병이 아니라   不是傷春病
단지 임 그리워 아픈 것이라오.   只因憶玉郎
티끌 덮인 이 세상엔 괴로움도 많지만   塵寰多苦累
외로운 학이 되어 돌아갈 수도 없어라.   孤鶴未歸情

격정적으로 임을 원망하는 매창의 마음을 읽을 수 있다. 물론 부안현감을 지냈던 심광세의 외로움을 위로하기 위해 지었다고도 한다. 그런데 자신이 병든 직접적인 원인은 임과 만나지 못하는 것일지 모르지만, 더욱 견디기 힘들게 하는 근원적인 아픔이요 중병을 앓게 하는 것은 "티끌 덮인 이 세상", 즉 혼탁한 인간사회이다. 그녀가 지은 「부여 백마강에서 놀다(遊扶餘白馬江)」라는 시의 일부인 "누가 서울은 변화 많다고 했나요/나 인간사 듣길 원치 않아요(誰云洛下時多變 我願人間事不聞)."와 같은 구절도 의미하는 바가 크다.

슬픔과 고통

매창이 처한 부정적 상황은 위와 같이 슬픔, 아픔, 고통, 그리움, 외로움으로 표현되었다. 매창이 인간세상에서 오죽 견디기 힘들었으면 다음과 같은 마음을 토로했을까. 죽기 직전까지 매창은 거짓과 불신이 넘치는 비인간적 외부 세계와 단절하고 싶은 심정이었을 것이다.

잘못은 없다지만 헛소문 도니   誤被浮虛說
여러 사람 입들이 무섭기만 해라.   還爲衆口喧
시름과 한스러움 날로 그지없으니   空將愁與恨

병을 핑계 삼아 사립문 닫아걸리라.   抱病掩柴門

　위 시도 역시 「병이 들다(病中)」라는 작품으로서 그녀가 걸린 병의 원인
은 다른 데 있지 않다. 기생의 주변에는 늘 사람들이 들끓기 마련이다. 병
이 생기고 악화되는 이유가 '사람들'에 있음이 확실해진다. "헛소문(浮虛
說)", "여러 사람 입들(衆口喧)"과 같이 말만 많은 인간세상이 그녀에게는 더
없이 혐오스럽고 괴로웠을 것이다. 이 시는 아마도 부안현감을 지낸 윤선
의 선정비 앞에서 매창이 노래를 불렀던 사소한 일이 호사가들에 의해 비
화되고 헛소문에 휩싸인 사건에서 비롯되었을 것이다.

　그녀의 시에서 자아와 상대되는 인물이 임으로 국한되지 않고 '인간'으
로 확장됨이 특색인데, 이것은 매창이 겪는 고통의 성격이 신뢰를 주지 못
하는 세상을 향하고 있음을 반증한다. 공자가 가장 신뢰했다는 제자 안연
(BC 52~?)이 나라 다스리는 법에 대해 묻자 공자가 "말재주 있는 사람을 멀
리하라. 그는 위태롭다."[54]고 했으며, 사마우가 인(仁)에 대해 묻자 공자가
"어눌하게 말하는 것, 즉 함부로 말하지 않는 것"[55]이라고 했던 『논어』를
매창은 탐독하며 살았던 듯하다. 신뢰의 관건이 언어, 특히 말임은 두 말
할 나위 없다.

　시 전반에 쓰이는 소재가 대부분 우울한 느낌을 주는 것도 세상과 대립
되는 매창의 생애가 불우했기 때문이다. 계절만 하더라도 겨울은 등장하
지도 않는데, 세 계절이 모두 서정적 자아의 슬픔을 돋우는 양상이다. '봄
에 꽃이 진다'라든가 '봄바람에 운다' 등의 시구가 많은 것도 예사가 아니
다.[56] 임이 등장하지 않는 많은 작품에서도 애조의 분위기를 띰은 예외가
아니다. 전라도 관찰사 한준겸의 수연을 축하는 자리에서 부른 「한순상이

───────
54　공자, 『논어』 위령공편.
55　공자, 『논어』 안연편.
56　「春怨」, 「春思」, 「春愁」, 「彈琴」 등.

생일잔치에 지은 시에 차운하다(伏次韓巡相壽宴時韻)」에서조차 "푸른 풀잎
에도 시름이 쌓였고/지다 남은 꽃잎에는 원한이 맺혔어라(愁仍芳草綠 恨結
落紅殘)."라고 말하고 있다. 다음 장에 이야기되는 '자유의 갈망'에 관한 시
는 물론 예외이나, 주로 자연을 대상으로 한 시들에서도 자연을 즐거이 관
조하기보다 주관적 입장에서 슬프게 표현하고 있다는 점에서는 그녀 시의
존재론적 성격을 강화한다.

요컨대, 앞 「병이 들다(病中)」의 시에서 "고요히" 사는 것이 자신의 뜻이
라고 했던 매창의 실망과 '매화나 백운'처럼 살고 싶던 그녀의 자존심이 무
너지는 고통을 느낄 수 있다. 사실·사건 등의 대상과 임을 포함한 타인에
맞서는 주체적 자아의 고뇌는 자폐증 환자의 모습으로 나타난다. 세상에
대한 불만이 커지고 현실에서 소외될수록 그녀는 더욱 자유가 그리웠을
것이다. 「시름에 젖다(記懷)」라는 시를 보면 더욱 그러하다.

눈보라 어수선히 매창을 두드려서　　　　　　梅窓風雪共蕭蕭
한과 시름이 이 밤 따라 더해라.　　　　　　暗恨幽愁倍此宵
신선 세계 달빛 아래에 다시 태어난다면　　他世緱山明月下
봉황 타고 퉁소 불며 만나보리라.　　　　鳳簫相訪彩雲衢

매창은 고통스런 현실을 벗어나 평화롭고 아름다운 삶을 살고 싶어 했
다. '타세(他世)'라는 신선의 세계를 간절히 동경하는 모습을 보면서 매창이
얼마나 슬픔과 원한에 시달리고 살았는지를 충분히 가늠할 수 있다. 악화
되는 상황과 가혹한 환경이 오히려 새로운 세상을 꿈꾸는 그녀의 마음을
부추겼음을 쉽게 알 수 있다.

9. 자유를 갈구하다

골이 깊으면 뫼가 높듯이 매창은 현실의 고통을 뼈아프게 겪으면서 강

렬하게 자유를 갈구했다. 꿈의 크기가 삶의 크기라고 하는 만큼 그녀의 삶은 다양하고 진지했으며 그녀는 커다란 꿈을 꾸었다.

거문고

이수광의 『지봉유설』에 따르면 매창은 죽을 때 무덤에 가지고 갈 정도로 거문고를 좋아했다. 이 거문고도 고통을 잊게 하는 유효한 도구였다. 다음은 매창이 남긴 한시 가운데서 「옛일을 생각하다(憶昔)」라는 작품이다.

> 임이 유배되어 내려온 것은 임인 계묘년　　　　謫下當時壬癸辰
> 이 몸의 시름과 한을 뉘와 더불어 풀었던가.　　此生愁恨與誰伸
> 홀로 거문고 끼고 고란곡을 뜯으면서　　　　　瑤琴獨彈孤鸞曲
> 슬픈 마음으로 선계에 계실 그대를 그려보네.　悵望三淸憶玉人

이를 보더라도 그녀가 얼마나 거문고를 아꼈으며 거문고 연주에 능했는지를 알 수 있다. 매창은 유희경을 독실하게 사랑한 바 있고, 몇 년 이귀와 정을 나누었으며, 허균과는 10여 년간 정신적으로 교감했는데 그 만남 속엔 늘 거문고가 있었다. 그 뒤로 매창은 윤선을 만나게 되었다. 부안현감이던 윤선이 한양으로 떠난 뒤 매창은 달밤에 그를 추모하는 비석 앞에서 거문고를 타며 그리움을 달랬다. 매창은 항상 고독과 아픔을 안고 살았기 때문에 이처럼 거문고가 더욱더 그녀 가까이서 시름을 달래주었던 듯하다. 그리하여 그녀가 마음의 상처와 육신의 질병에 시달리다 38세의 나이로 죽었을 때도 그 거문고가 함께 묻힐 수 있었다. 모두 다 매창을 등지고 떠난 뒤에도 거문고가 남아 그녀의 곁을 지켜주었다.

부안의 서림공원 한구석에서는 지금도 매창이 생전에 즐겨 거문고를 연주했다는 바위인 '금대(琴臺)'가 남아 있다. 매창은 이곳에서 사랑하는 임과 이별 후 현실의 삶이 허망함을 거문고로 달래면서 노래를 했다고 전해진다. 부안의 매창공원에는 매창이 지은 「거문고를 타다(彈琴)」라는 시를 다음과 같이 돌에 새겨놓았다. "몇 해 동안이나 비바람 소리를 내었던가/여지껏 지녀 온 작은 거문고./외로운 난새의 노래는 뜯지를 말자더니/끝내 백두음 가락을 스스로 지어서 타네(幾歲鳴風雨 今來一短琴 莫彈孤鸞曲 終作白頭吟)."

그녀는 거문고 연주와 함께 신선이 되어 하늘을 날 수 있다고 생각했던 듯하다. 「헤어지면서 드리다(贈別)」에서 세상과 대립하는 그녀는 자신이 옛날 진나라의 쟁, 즉 거문고를 가지고 있어 주나라 영왕의 태자 진의 생황에 화답할 것이라 했다. 생황을 잘 불어 봉황의 울음소리까지 내었던 태자 진은 선인을 만나 흰 학을 타고 신선이 되어 하늘에 올랐다고 한다. 그녀에게 거문고는 현실 탈출의 통로이자 자유세계에 도달코자 하는 분신과 같은 존재였다.

술

매창에게 현실을 위로하고 희망을 갖게 해주는 것은 거문고만이 아니었다. 허균은 매창과 "온종일 술을 마시며 서로 시를 주고받았다."(『성소부부고』 조관기행)고 말한 적이 있다. 뭇 남성이 매창에게 매료되어 "술 한잔 하고 잠자리를 같이하기를 갈망했다."거나 매창은 "어디서 온 풍류객인지 술병을 들고 날 찾아온다."고 했다. 매창이 지은 「취한 손님에게 주다(贈醉客)」라는 시를 보더라도 매창과 술은 불가분의 관계다. 매창은 「봄날에 근심 일다(春愁)」에서 "지난해 오늘 저녁은 즐겁기만 해서/술상 앞에서 이 몸은 춤까지 추었지(曾年此夕瑤池會 我是樽前歌舞人)."(『매창집』)라고도 했다.

매창은 "술단지 속의 세월은 차고 기울지 않지만/속세의 청춘은 젊은 시절도 잠시일세(壺中歲月無盈缺 塵世靑春負少年)."(贈友人)라고 하고 "술상 앞에 놓고 한 번 취하길 사양하지 마소/저 귀공자들도 풀숲 무덤 속에 있다오(莫向樽前辭一醉 信陵豪貴草中墳)"(遊扶餘白馬江)라고 했듯이 술은 현실 위안은 물론 자신의 앞날을 긍정적으로 바라볼 수 있게 하는 도구였다. 술이 있는 세상은 속세와 달리 편안하고 자유로운 곳이었다. 말년에 허균의 권유에 힘입어 그녀가 도교 사상에 가까워지는 것도 술과의 인연에서 크게 멀지 않다. 그녀는 마침내 신선세계에 올라 "술병을 놓고 서로 만난 곳에/봄바람 건 듯 불어 물색이 화려해라(樽酒相逢處 東風物色華) …(중략)… 술잔을 연달아 주고받다가/날이 밝으면 이 몸은 하늘로 돌아가리라(臨盃還脈脈 明日各天涯)"(「仙遊」)라고 하였다.

이와 같이 매창은 술을 수단으로 허망한 현실 생활에 집착하지 않고 초월적인 선계를 지향하는 태도를 분명하게 보여 주었다. 자유로운 풍류인이자 탁월한 예술가였던 매창은 술잔을 마음껏 기울이며 거문고를 끼고 시를 읊었을 것이다.

시

무엇보다 매창에게 시야말로 슬픔과 고통에서 일궈낸 귀한 산물이었다. 매창은 시를 통해 이상과 자유를 마음껏 구가할 수 있었다. 매창은 남달리 시적 상상력이 풍부하여 그녀가 읊은 시가 수백 편이나 되었다(『매창집』 발문). 비록 많이 없어졌지만 그녀의 시들이 한 권의 시집으로 간행될 수 있었음은 그녀가 지닌 시인으로서의 위상을 대변하는 것이기도 하다. 특히 아름다운 세상을 염원하며 고달프게 살아가는 그녀에게 시는 안식처요 바로 꿈이었다.

19세기 '삼호정시사'와 같은 불우한 여성들의 시 모임에도 매창은 크게 영향을 미쳤을 것이다. 그녀들은 재주가 뛰어난 시인들이었으나 신분적 열세로 기생이 되거나 사대부의 소실이 되었다. 김금원(1817~1850?)은 남장을 하고 금강산 유람[57]을 한 뒤 기생의 삶을 접고 김덕희의 첩이 되어

---

57 강원도 원주에서 양반의 서녀로 태어난 김금원은 여자로 태어나고 한미한 가문에서 태어난 것을 자탄하였다(『호동서락기』). 1830년 그녀는 14세에 남장을 하고 홀로 금강산 여행을 하였다.

용산에 있는 별장 삼호정에서 지냈다. 이때 김금원은 기생으로 지내던 시절[58] 어울리던 운초, 고향 친구 죽서, 이웃에 사는 경산 등을 불러 함께 즐겼다. 기생의 삶을 청산하고 50세 이상 연상인 김이양의 소실이 되어 여생을 보냈던 운초의 시재는 어려서부터 중국의 유명한 여류시인들과 비교되었고, 현재 한시 350여 편이 전한다. 박죽서(1819?~1852?)는 서기보의 소실이었는데 병약하여 서른을 갓 넘기고 요절하면서도 166편의 한시를 남겼다.

매창은 일반 여성들과 달리 기생으로서 마음 놓고 향락적이며 음란한 생활을 할 수도 있었다. 그러나 여성이자 기생이라는 신분적 한계를 극도로 못마땅해하였다. 그러므로 그녀는 답답하고 괴로울 때마다 절을 찾아 마음을 식히거나 신선과 자신을 동일시해보기도 했고, 때로는 그네를 타고 창공을 가르며 새가 되어 하늘을 날고 싶기도 했을 것이다. 자유를 동경하는 그녀의 심정은 시로써 유감없이 표출되었다. 3수로 된 「신선 되어 놀다(仙遊)」를 보면 자유를 갈구하는 그녀의 마음을 쉽게 이해할 수 있다. 그 둘째 수를 보자.

삼신산 신선들이 노니는 곳엔	三山仙鏡裡
푸르른 숲속에 절간이 있어라.	蘭若翠微中
구름에 잠긴 나무에선 학이 울고	鶴嘍雲深樹
눈 덮인 봉우리에선 잔나비도 울어라.	猿啼雪壓峰
자욱한 안개 속에 새벽달이 희미하고	霞光迷曉月
상서로운 기운은 하늘 가득 어리었으니	瑞氣映盤空
속세를 등진 이 젊은 나그네가	世外靑牛客
적송자(신선)를 찾아간들 무슨 흠 되리.	何妨禮赤松

---

58 집을 떠나 김덕희의 소실이 될 때까지 10여 년 이상의 공백기가 있는데, 연구자들은 이때 금원이 기생 금앵(錦鶯)으로 살았다고 본다.

고단하게 사는 매창이 가고 싶어 하는 곳이 어디인지 분명히 드러난다. '깊은 산' '푸른 숲'이 그녀가 쉴 수 있는 푸근한 곳이다. "구름에 잠긴 나무"나 "눈 덮인 봉우리"도 그녀가 추구하는 이상세계이다. 나무숲에 깃든 "학"은 늘 자신이 좋아하는 분신 같은 존재다. 다만 이 대목에서의 "학"은 다른 시에서와 달리 갇히거나 외로운 학이 아니라는 데 주목하게 된다. 그만큼 자유를 만끽하고자 하는 활달한 분위기가 주조를 이루는 시이다. 현실에서 분주하게 살다 잠시 방황을 멈추고 안정을 찾은 그녀의 즐겁고 여유로운 마음은 어느새 "새벽달"이나 "상서로운 기운"이 빛을 발하는 곳에 닿아 있다. 마지막 시구처럼 매창이 속세를 떠나고자 신선을 찾아 인사를 하는 것도 당연하다. 제3수에 가면 "술잔을 연달아 주고받다가/날이 밝으면 이 몸은 하늘로 돌아가리라(臨盃還脈脈 明日各天涯)."라고 하여 좀 더 자신의 의도를 명확히 드러낸다.

매창은 특히 산사를 자주 찾았으며, 말년(1608)에는 허균의 영향을 받아 참선도 시작했다.[59] 이와 관련된 시만 하더라도 「천층암에 오르다(登千層菴)」, 「월명암에 오르다(登月明庵)」, 「어수대에 오르다(登御水臺)」 등 매우 많다. 이 중 「천층암에 오르다」를 보자.

천 길 절벽 위에 그윽이 천 년 사찰 서 있어 千層隱行千年寺
상서로운 구름 속으로 돌길이 났어라. 瑞氣祥雲石逕生
맑은 풍경 소리 내려앉고 별빛 달빛만 밝은데 淸磬響沉星月白
온 산에 단풍이 들어 가을 소리 요란해라. 萬山楓葉鬧秋聲

허균의 요구에 따라 지었을 이 시에는 현실을 벗어나서 산과 하늘로 향하는 경쾌한 마음이 잘 드러난다. 깊은 산속의 사찰은 가을의 단풍을 품고 청아한 풍경(風磬) 소리를 은근히 뿜낸다. 산사가 상서로운 구름, 그리

59 허균, 『성소부부고』 권21.

고 별빛과 달빛에 더욱 그윽하기만 하다. 제3구는 불행한 처지 속에서 자유를 갈망했던 허난설헌(1563~1589)의 「유선사」에 들어 있는 표현과 같다. 별, 달, 구름 모두가 동경의 대상이자 자기의 분신일 수 있다. 고요와 청정을 좋아하던 그녀의 바람과 어울리는 이상향의 경지가 연출되고 있다. 「월명암에 오르다(登月明庵)」에서도 속세를 떠나고자 하는 그녀의 낭만적 성향을 쉽게 확인할 수 있다. 하늘 가까이에 있는 한적한 절간은 자유를 소망하는 그녀의 심사를 훤하게 읽고 평안한 마음을 갖게 해준다. 그녀는 이제 현실의 구속감에서 벗어나 하늘을 나는 듯한 즐거움을 맛보게 되었다. 『황정경』을 독파하고 신선이 사는 도솔천에서 새로운 삶의 기쁨을 구가하기도 했다. 불교와 도교의 이미지가 물씬 풍기는 이런 시들에서 허균의 영향을 느끼는 것은 자연스럽다.

「시름에 젖다(記懷)」, 「임을 찾다(尋眞)」, 「그네를 타다(鞦韆)」, 「강가 누각에서 바로 적다(江臺卽事)」, 「용안대에 오르다(登龍安臺)」, 「친구에게 주다(贈友人)」, 「화가에게 주다(贈畵人)」 등과 같이 자유를 형상화한 그녀의 시들은 헤아리기 어려울 만큼 많다. 낭만적 흥취를 한껏 느끼게 하는 「그네를 타다」를 보도록 하자.

> 아름다운 두 여인 선녀런가 사람이런가　　　　　兩兩佳人學半仙
> 푸른 버들 그늘 밑에서 다투어 그네 뛰네.　　　　綠楊陰裡競鞦韆
> 허리에 찬 노리개 소리는 구름 너머까지 들려서　　佩環遙響浮雲外
> 마치 용을 타고서 푸른 하늘에 오르는 듯해라.　　却訝乘龍上碧天

이쯤 되면 자유의 심상을 넘어 도교적 색채를 강하게 드러낸다. 그녀를 두고 남들이 선녀라 말하기도 했지만, 이미 그녀는 땅 위에 사는 인간이 아니라 구름 너머 하늘에서 노니는 신선이 되었다. 허공을 가르고 그네를 뛰는 여인은 당연히 매창이요, 특히 희망의 이미지를 내포한 푸른 버들도 매창 자신일 수 있다. 버들을 매창으로 인식케 하는 시적 증거로는 「장난

삼아 계랑에게 주다(戲贈癸娘)」,「임을 찾다(尋眞)」,「스스로 탄식하다(自恨)」,
「신선이 되어 놀다(仙遊)」,「배를 띄우다(泛舟)」 등 얼마든지 있다.

위 시를 보면 허난설헌의「그네를 타다(鞦韆詞)」와 흡사한 느낌이 든다.
허난설헌의 경우 혼인 초부터 불어닥친 남편과의 불화, 고부간의 갈등, 자
녀들의 죽음, 친정 식구들의 연속되는 불행 등이 가슴에 쌓이면서 그녀의
삶을 피폐하게 만들었다. 그녀의 천부적인 자유로운 정신과 개방적인 의
식에 부딪치는 반현실적 정서는 증폭되었고 마침내 그러한 불운과 고독
등에서 비롯되는 자유 지향의 풍부한 상상력은 시로 승화되었다.

지금까지의 매창 시 속에 등장하는 '외로운' 학이나 '슬픈' 난새의 모습
은 찾아볼 수 없다. 오히려 하늘로 비상하는 장엄한 용의 모습이 부각될
뿐이다. 매창은 자존심이 강하고 현실에 안주할 수 없는 자유정신의 소유
자였다. 자존, 자유의 심성을 타고난 그녀의 기질에 시, 술, 거문고 등은
그녀를 더욱 뛰어난 풍류적 인물로 만들었다.

10. 운명적 비애에 빠지다

매창은 인간 본연의 순수한 정서를 아름답게 승화할 수 있는 시인으로
서 손색이 없었다. 그러나 매창은 늘 기생이었고 그 질곡의 아픔은 그녀
에게서 사라지지 않았다. 모든 것을 훌훌 털고 떠나고자 해도 결국은 다
시 현실에 돌아오고 마는 자신을 발견하게 되었을 때 그녀는 극도로 외롭
고 슬펐다. 매창은「가을밤을 읊다(秋夜)」라는 시를 통해 자신의 처지를 적
절하게 표출했다. "매화 가지에 걸렸던 달이 난간까지 오도록/거문고로
달랜다지만 잠은 오지를 않아라(梅梢淡月移欄檻 彈罷瑤箏眠未眠)." 달빛 아
래서 거문고를 끼고 탈속의 여유를 즐길 수 있을 것이나 고독의 정한을 다
풀지는 못했다.

근원적 외로움

자신을 알아주지 않는 세상을 향해 다시 「거문고를 타다(彈琴)」라는 시를 지어 탄식했다. "거문고로 속마음을 하소연해도 누가 가엾게 여기랴/천만 가지 원망과 시름을 이 곡조에 담았는데/거듭 타는 강남곡에 봄도 저물어 가고/고개 돌려 봄바람 맞으면서 우는 짓은 차마 할 수 없네(誰憐綠綺訴丹衷 萬恨千愁一曲中 重奏江南春欲暮 不堪回首泣東風)." 속이 타는 듯한 서러움과 근심을 해소하기 위한 거문고 연주도 소용이 없다. 희망과 기대를 담은 봄날마저 가고 마는 상황에 눈물만이 흐를 뿐이다. 매창은 자유를 향한 욕구가 강해질수록 실망과 한계를 느끼지 않을 수 없었다. 이 시를 듣고 권필이 마음을 아파하며 답시를 썼다고 말하기도 한다.

매창의 자존심을 상하게 하고 꿈을 깨는 것은 임의 부재만이 아니라 비인간적 사회였고 이러한 아픔은 그녀의 자유에 대한 열망을 증폭시켰다. 하지만 진정 자유로울 수 없는 처지로 인해 매창은 비탄의 늪에 이르고 만다. "눈보라 어수선히 매창을 두드려서/그리움과 시름이 이 밤 따라 더해라(梅窓風雪共蕭蕭 暗恨幽愁倍此宵)."(「記懷」)고 절규할 만큼 그녀는 늘 허전할 수밖에 없었다. 거친 눈보라가 매화꽃이 피는 것을 방해하고 높이 쌓인 눈더미가 임과의 만남을 가로막는 정황의 연속이었다. 일찍이 매창의 시가 소개되는 가운데 "자기의 신분과 아울러 인간적 굴레를 벗어나기를 희원했다."[60]고 언급된 것도 적절한 지적이다. 이와 같이 성적 계급적 올가미는 자아의 구원과 이상의 추구에 이르는 난관으로 작용했다.

「마음속을 그려 보이다(寫懷)」라는 작품은 자유를 소망한 매창의 꿈이 실현되기 어려운 허망한 것임을 입증하는 적절한 예가 된다.

무릉도원 신선과 약속을 맺었는데 結約桃源洞裡仙

---

60 윤영옥, 「기녀시조의 고찰」, 『시조의 이해』, 영남대학교 출판부 1986, 500쪽.

이처럼 처량해질 줄 어찌 알았나.	豈知今日事凄然
그윽한 시름을 거문고 가락에 실으니	幽懷暗恨五絃曲
온갖 생각 모여서 시 한 편을 이루네.	萬意千思賦一篇

　그녀의 자유 지향의 간구와 실천적 노력이 좌절에 빠짐을 간명하게 보여준다. 신선과의 약속, 자유 세계의 동경이 결렬되고 그 처연함이 시가 되었다는 것이다. 작품 후반부에서 "이 세상 옳고 그름 괴로움도 많아/규방의 하룻밤이 일년 같구나(塵世是非多苦海 深閨永夜苦如年)."라고 했듯이 그녀는 인간세상의 옳고 그름과 싸웠고, 괴로움에 지쳐서 선계 같은 자유 세계의 진입을 갈망했던 것이다. 우울한 분위기에 젖어 있는 기생으로서 감당할 수 없는 인생의 고난 앞에 그녀는 자학하였다. 끊임없이 자기를 괴롭히는 것은 타고난 인간 존재의 결핍과 모순 때문일 것이다. 그녀는 인간으로서 외로웠고 여성이기에 외로웠으며 기생이었기에 더욱 외로웠다.

　시간은 흘러가버리지 않고 우리의 몸과 마음 속에 깊이 고여 있다. 더구나 야속하게도 부정적인 과거일수록 잊혀지지 않는다. 그녀의 고독과 통한이 특정한 시기와 상황을 넘어 원천적인 것이었음은 「스스로 한탄하다(自恨)」라는 시를 통해서도 잘 드러난다.

봄기운 차가워 핫옷 기울 때	春冷補寒衣
비단 창에 햇빛이 비치어 드네.	紗窓日照時
얼굴 숙여 바느질 손 놀리노라니	低頭信手處
구슬 같은 눈물 바늘 실을 적시네.	珠淚滴針絲

　그녀의 시 가운데 예외적으로 생활적 정취가 풍기는 작품으로서 고요한 방 안에서 바느질하는 여성으로서의 슬픔이 짙게 묻어난다. 폐쇄된 공간에서 감내해야 하는 여성적 존재의 소외감이 역력히 표출되고 있다. 자존 의식이 강했던 여성이었기에 그 상념의 폭은 더욱 컸을 것이다. 고독을 벗어나고자 안간힘을 쓸 때 오히려 더욱 고독에 빠지는 인생의 모순을 연

상케 된다.

　그녀의 삶은 되돌아보면 팍팍하기 그지없는 것이었다. 아무리 몸부림을 쳐봐도 현실의 고통을 떠날 수 없었으며, 사실 자유를 쟁취하고 향유해 나갈만한 강력한 의지도 부족했다. 다만 깨끗하고 고요하게 살고 싶은 마음만 간절할 뿐이었다. 「스스로 박명함을 탄식하다(自恨薄命)」를 보자.

> 세상 사람들 낚시질 좋아하나 나는 거문고를 타는데　擧世好竿我操瑟
> 인생의 길 가기 어려움을 오늘에야 비로소 알겠노라.　此日方知行路難
> 발 잘리고 세 번이나 치욕 겪고도 임자 만나지 못해　刖足三憨猶未遇
> 아직도 옥덩이를 붙안고 형산에서 우노라.　還將璞玉泣荊山

　'세상'과 '자아'의 대립이 축을 이루면서 매창의 기구한 운명이 압축적으로 드러나고 있다. 남들과 달리 매창은 거문고나 타면서 한가로이 살고자 했다. 그러나 그러한 생각이 부질없는 것임을 통찰하게 된다. 힘들게 살고 있는 자기에게 오히려 세상은 발을 자르는 형벌을 가하기까지 한다. 매창은 '옥'과 같은 자신을 몰라주는 현실이 너무나 속상했다. 아무리 뜻을 세우고 바르게 살려고 해도 운명을 바꾸지는 못했다.

　작품에는 초나라 변화(卞和)라는 어진 사람이 포악한 여왕(厲王)에게 왼쪽 발이 잘리고 무왕에게 오른쪽 발마저 잘린 후 문왕 앞에서 울며 "저는 발 잘린 것을 슬퍼하는 게 아니라 옥에다 돌이라고 이름 붙여준 것[61]을 슬퍼합니다. 곧은 선비를 거짓말쟁이라고 하는 것이 바로 제가 슬퍼하는 까닭입니다."라고 했던 화씨옥의 고사가 차용되어 있다. 초나라 형산의 옥은 세계적인 명물이다. 진나라가 이 구슬을 얻기 위해 15개의 성과 바꾸자고 했으나 초나라가 거절했다는 것이다.

　자유와 순수를 지향하는 그녀의 맑은 정신은 "낚시질"이나 "돌덩이(허

61　『한비자(韓非子)』화씨편.

기생, 노래를 팔지언정 문을 팔지 마라

360

위)" 같은 것과 비교되어 더욱 돋보인다. 위 시에서도 언급되고 있는 삶의 어려움, 즉 '행로난(行路難)'은 그녀가 살아 있는 한 따라붙는 것이었다. 그리고 벗어날 수 없는 압박 속에서 그녀는 천 가지 시름 만 가지 원한을 토로할 뿐이었다. 그녀의 시 속에 등장하는 "만 가지 한탄과 천 가지 근심(萬恨千愁)"(「彈琴」), "짙은 탄식과 그윽한 근심(暗恨幽愁)"(「記懷」), "깊은 시름과 짙은 탄식(幽懷暗恨)"(「寫懷」), "수많은 시름(萬斛愁懷)"(「閨中怨」), "수많은 근심(萬斛愁)"(「愁思」), "감당키 어려운 근심(愁風雨)"(「自恨」) 등에 주목할 필요가 있다. 고독을 받아들이지 못하고 한탄으로 일관하는 데서는 일반 여성의 나약함을 엿볼 수 있으며 갈등을 극복하지 못하는 인간의 아쉬움도 느낄 수 있다.

조롱 속에 갇힌 학

그녀는 자유를 절규할수록 더욱 고독에 빠지게 되었고 마침내 죽음을 재촉하는 꼴이 되고 말았다. 「학이 새장 속에 갇히다(籠鶴)」라는 시를 들어 보자.

새장에 갇혀 돌아갈 길 막혔으니　　　　　一鎖樊籠歸路隔
곤륜산 신선 동산이 어디였던가.　　　　　崑崙何處閬風高
푸른 들판에 해가 지고 푸른 하늘도 끊어진 곳　靑田日暮蒼空斷
구씨산 밝은 달은 꿈속에서도 괴로워라.　　緱嶺月明魂夢勞
짝도 없이 야윈 몸으로 시름겹게 서 있으니　瘦影無儔愁獨立
황혼녘에 갈가마귀는 숲 가득 지저귀네.　　昏鴉自得滿林噪
긴 털 병든 날개 죽음을 재촉하니　　　　　長毛病翼摧零盡
해마다 노닐던 언덕 그리워 슬피 우네.　　哀唳年年憶九皐

전편에 흐르는 음산하고 처연한 느낌이 독자를 압도한다. 그녀에게 삶은 고단하고 애닯은 것 이상일 수 없다. 이 시야말로 매창이 살아온 인생의 전부이자 결말을 잘 보여준다. 그녀는 자존심도 강하고 지혜가 있어 답답한 현실을 극복해보려 했다. 그러나 "돌아갈 길 막혔으니" 모두가 헛수고였다. 신선과 같이 자유로운 몸이 되기는커녕 이제 그녀는 아무것도 할수 없는 입장이 되었다. 제목이 말해주듯 그녀는 '조롱에 갇힌 학'이 되고말았다.[62] 누구보다 기생으로서의 수치와 모욕을 냉철하게 바라보고 괴로워 한 여성이 매창이다.

마치 기생들이 한 푼 두 푼 쌈짓돈을 모아 1927년 1월에 발간한 최초의기생 잡지라는 『장한』의 내용을 떠올리게 한다. "동무여 생각하라. 조롱 속에 이 몸을"이라는 부제와 함께 새장 속에 갇힌 기생의 모습이 그림의 형태로 재현[63]되기 때문이다. 속박과 냉대를 받아온 현실을 넘어서는 것은쉽지 않다. 결국 매창은 울분과 비통을 넘어서지 못한 채 회한을 품어야했다. 매창은 그토록 갈망하는 인간답게 살고 싶은 낙원, 자유롭고 아름다운 세계로 돌아갈 수 없다. 현실을 떠나지 못하는 불행한 운명을 감수해야했다. 그녀가 기생이라는 신분이 갖는 굴레 속에 얼마나 불만을 갖고 살았는가를 확인할 수 있다.

여성 한시에서는 고상한 품격과 우아한 분위기를 자아내는 '학'이 많이등장하는데 대개 비극적 자아의식의 이미지를 드러낸다고 볼 수 있다. 자아의식이 매우 강했던 매창은 고고하고 자유롭게 살 수 없었던 자신을 「병이 들다(病中)」, 「신선이 되어 놀다(仙遊)」 등을 통해 '외로운 학'이라 말했다. 움쭉달싹하지 못하는 조롱 속의 새는 곧 희망을 잃고 죽음을 기다리는그녀와 다를 바 없다. 여러 작품에서와 같이 이 시는 매창이 겪었던 자유지향→좌절(절망)→병→죽음의 사고를 보여준다.

---

62 이혜순은 자의식의 차이를 말하면서 허난설헌은 봉황이 오지 않고 솔개만 깃듦을 한탄했으나 이매창은 자신이 신선의 산으로 찾아갈 수 없는 부자유를 괴로워했다면서, 이는 기생이라는 천한 신분이 갖는 구속과 한계를 보여주는 것이라 한 바 있다(이혜순, 『한국 고전여성작가의 시세계』, 이화여자대학교 출판부, 2005, 36쪽).

63 『장한』 제1호.

기생, 노래를 팔지언정 몸은 팔지 마라

시구 하나하나가 이토록 전체의 시적 분위기와 주제적 성격을 잘 뒷받침하기도 힘들 것이다. "푸른 들판에 해가 지고", "푸른 하늘도 끊어진 곳"에 처한 모습에서 그녀가 땅에서는 물론 하늘에서조차 기댈 수 없는 처량한 신세임을 직감하게 된다. 단적으로 "밝은 달은 꿈속에서도 괴로워라"에서 자유를 얻지 못하고 비통해하는 그녀의 참담한 형상을 본다. 부정적 상황을 벗어나는 수단이 되고 문제의 해결의 통로가 되는 '꿈'을 그녀가 계속 '괴로운 꿈', '외로운 꿈'으로 표현한다는 점은 매우 특이한 일이다.

그녀는 잠을 자도 꿈을 꿀 수조차 없었기에 "여전히 작은 난간에 기대어도 잠은 오지 않고/강가의 마름 캐는 노래 소리 아득히 들려오네."(「밤중에 앉아 있다」)[64]라고 탄식했던 것이다. 희망을 잃은 고독은 병이 되었고, "짝도 없이 야윈 몸"과 "긴 털 병든 날개"로 죽음의 그림자를 바라보는 처지가 너무나 안타깝다. "갈가마귀"는 죽음을 예고하는 상징적 기제로 적절히 묘사되고 있다. '갇히다', '막히다', '지다', '끊어지다', '괴로워라', '없다', '병들다', '울다' 등의 서술어는 더욱 매창이 처한 부정적 이미지 형성에 영향을 미친다.

이 무렵 사랑하던 유희경도 다시 만났다. 처음 만난 지 17년이 넘어 다시 만난 극적인 상봉이었다. 그러나 일시적 만남은 더 큰 허무와 아픔으로 남아 견디기 힘든 지경에 이르렀을 것이다. 매창은 '외로운 꿈'에 의지해 고통스러운 나날을 견디며 생을 보내야 했다.

짧고 쓸쓸한 38년

서늘한 가을날 공주목사 허균을 비롯한 심광세, 조희일 등과 함께 백마강에서 노닐며 매창은 스산한 마음으로 「부여 백마강에서 놀다(遊扶餘白馬江)」라는 시를 지었을 것이다.

---

64 猶倚小欄無夢寐 遙聞江渚采菱歌,「夜坐」.

강 마을 작은 초가집을 찾아들자	水村來訪小柴門
연꽃은 찬 못에 지고 국화도 시들었구나.	荷落寒塘菊老盆
갈가마귀 석양을 두르고 고목에 울며	鴉帶夕陽啼古木
기러기는 가을빛을 띠고 강가 구름을 건너네.	雁含秋氣渡江雲
세상이 어지럽다고 말하지 말라	休言洛下時多變
인간의 일이라면 듣고 싶지 않아라.	我願人間事不聞
술상 앞에 놓고 한 번 취하길 사양하지 마소	莫向樽前辭一醉
저 귀공자들도 풀 숲 무덤 속에 있다오.	信陵豪貴草中墳

임방은 매창 이후에 태어난 인물로 위와 같은 그녀의 「부여 백마강에서 놀다」(『수촌만록』)라는 시를 후세에 전하고 있다. 위 시에서 후반부는 「부여」라는 제목으로 『한국여류한시선』[65]에 나오는데, 이는 하버드대학본 「부여 백마강에서 놀다(遊扶餘白馬江)」라는 7언율시 중에서 끝 4구를 따서 마지막 한 구를 다른 시어로 바꾸어놓았을 뿐이라[66]고 한다. 사실 매창은 허균과 헤어진 뒤로 특별히 만나는 사람도 없었다. 이 시는 그녀가 죽기 3년 전인 1607년 무렵의 작품으로 보여진다. 모든 풍파를 겪고 자포자기하는 듯한 매창의 지친 모습이 잘 그려진다. '세상변화'나 '인간사'들이 갖는 번거롭고 공허한 심상이 작품을 지배한다. 부귀영화를 누리던 위나라 정치가 신릉군(BC ?~243) 같은 귀공자도 한 줌의 흙으로 돌아가지 않았는가. 연꽃도 떨어지고 국화마저 시들었다. 자연도 화자의 입장과 동일시되어 비애적 정조를 돋운다.

이제 그녀는 세상 어느 한 곳에서도 평안하고 자유로울 수 없는 자신의 절박한 신세를 냉정히 돌아보며 죽음도 불사한다. 고난의 세월을 버텨온 구차한 삶을 내려놓고 싶은 심정에 술잔에 취하면서 까마귀의 울음을 받아들이는 그녀의 모습을 어렵지 않게 상상할 수 있다.

---

65   조두현, 『한국여류한시선』, 한국자유교육협회, 1974, 123쪽.
66   허미자, 『한국여성문학연구』, 태학사, 1996, 158쪽.

그즈음 매창의 몸과 마음은 병으로 무너지고 있었다. 모두가 그녀의 곁을 떠났다. 새로운 세상을 꿈꾸던 허균을 비롯하여 그의 벗들도 떠났고, 심광세 현감도 고향으로 돌아간 뒤 소식 한 자 없다. 자신을 '여반(여자 친구)'이라 했던 권필도 그해 여름 잠깐 들렀다가 떠나갔다. 언제나 그랬듯이 그는 혼자였다. 누가 마흔 다 된 퇴기를 찾을 것인가.

40년도 살지 못하고 죽기 한 해 전인 그녀 나이 37세(1609)에 지은 「병중에 근심하다(病中愁思)」라는 시를 보자.

병들어 빈 방에서 본분 지키며
가난과 추위 속에 사십 년일세.
인생을 살아야 얼마나 산다고
가슴속에 시름 옷 적시지 않은 날 없네.

空閨養拙病餘身
長任飢寒四十年
借問人生能幾許
胸懷無日不沾巾

이 시를 보면 40년 가까운 매창의 인생 전체가 한눈에 들어오는 듯하다. 한국 문학사에서 기생을 포함하는 전통여성들은 대체로 사회에 대한 관심보다는 개인에 대한 관심이 높았다. 매창도 예외일 수 없으며 특히 그녀는 근원적으로 외로울 수밖에 없는 인간의 존재 문제에 천착했다. 인생이 짧고 쓸쓸한 것임을 한탄하면서 기생으로서 살아온 자신의 삶을 '질병과 고독'으로 요약하고 있다. 또한 그녀의 존재적 갈등 속에서 간과할 수 없는 것은 '가난과 추위'이다. 이를 통해서 그녀가 정신적인 가치를 중시하면서 인간다운 삶을 갈망했던 모습을 엿볼 수 있다. '가난과 추위'를 무릅쓰고 보다 순수하고 의미 있는 목표를 향해 살아가고자 했던 매창이다. 그러나 안타깝게도 그녀의 뜻대로 되지 않았다. 무엇보다 신분적 한계에 부딪치면서 외로움과 슬픔을 극복하지 못했음을 간과할 수 없다.

미천한 기생 신분은 유난히 여성스럽고 섬세한 감정을 타고난 매창의 몸과 마음을 더욱 옭아맸다. 더구나 가장 가까웠던 임과의 재회는 기다림에 비해 너무 짧았다. 부안에 들렀던 유희경이 바로 한양으로 올라간 것이다. 시름시름 앓기 시작하던 매창은 3년 뒤 1610년 봄 마지막 노래를 남긴다. "새장에 갇혀 돌아갈 길 막혔으니/곤륜산 신선 동산이 어디였던가. … (중략)… 긴 털 병든 날개 죽음을 재촉하니/해마다 노닐던 언덕 그리워 슬피 우네."

마침내 매창은 서른여덟의 나이로 세상과 하직해야 했다. 정들 만하면 떠나고 마음 붙일 만하면 헤어져야 하는 기생의 운명 앞에서 마음의 고독과 육신의 질병에 시달리던 매창은 젊은 나이에 그렇게 세상과 결별하고 말았다.

11. 공원에 매화꽃잎이 날리다

순식간에 피었다가 지는 것은 봄날의 꽃잎만이 아니었다. 광해군 2년 (1610) 38세가 된 매창은 바로 위의 「학이 새장 속에 갇히다(籠鶴)」라는 시를 지은 후 죽음을 맞았다.

허균의 애도

마음과 몸으로 혼연히 사랑을 나눌 수 있다면 행복한 일임에 틀림없다. 하지만 마음만으로 사랑하는 것도 얼마나 귀하고 거룩한 일인가. 그해 여름 허균은 매창이 죽었다는 소식을 들었다. 그토록 마음으로 존중하고 지극한 정을 나누었던 이매창이 세상을 떠났다는 소식에 허균은 얼마나 가슴이 아팠겠는가. 허균은 『성소부부고』에서 "지금 그녀의 죽음을 듣고 한 차례 눈물을 뿌리고서 율시 2수를 지어 슬퍼한다."[67]라고 말했다. 그중 1수이다.

---

67 今聞死爲之一涕作二律哀之, 『성소부부고』 권2.

아름다운 글귀는 비단을 펼쳐놓은 듯 妙句堪摛錦
맑은 노래는 머문 구름도 풀어 헤치네. 清歌解駐雲
복숭아를 딴 죄로 이 세상에 내려오더니 偸桃來下界
불사약을 훔쳐서 인간 무리를 두고 떠났네. 竊藥去人群
부용꽃 수놓은 휘장엔 등불은 어둑하고 燈暗芙蓉帳
비취색 치마엔 향내가 아직 남아 있네. 香殘翡翠裙
다음 해 작은 복사꽃 필 때쯤이면 明年小挑發
누가 설도의 무덤을 찾으리. 誰過薛濤墳

매창은 나이 40 미만의 짧은 생애를 마감하고 이 세상과 결별했다. 고요히 고향땅 부안에 안식처를 마련한 매창을 그리워하며 허균은 위 시를 지어 그녀의 죽음을 애도하였다. 사실 매창의 죽음을 애도하는 시는 허균의 것이 유일하다고 볼 수 있다. 허균은 그 당시 천대받던 기생도 동등한 인간으로 대우하였던 것이다.

추모의 발길

매창은 전라북도 부안읍 남쪽에 있는 지금의 봉덕리 매창공원(현주소는 전북 부안군 부안읍 서외리)에 매장되었다. 부안의 사당패와 아전들이 그녀의 시신을 수습하여 묻어주었고, 나무꾼들이 벌초를 하며 돌봤다. 무덤에는 그와 동고동락했던 거문고도 함께 묻혔다. 매창은 평소에 "나는 거문고와 시가 참말 좋아요. 이후에 내가 죽으면 거문고를 함께 묻어주세요."라고 했으며, 그 말에 따라 그녀의 무덤에 거문고를 같이 묻은 것이다. 그 뒤 지금까지 사람들은 이곳을 '매창이뜸'이라고 부른다.

1610년 매창이 죽은 후 45년이 지난 효종 6년(1655)에 그녀의 무덤 앞에 나무꾼과 농사꾼들에 의해 비석이 세워졌다. 그리고 묘비가 오래되어 글자의 마모가 심하므로 1917년에 부안의 시인들이 다시 묘비를 세웠다. 부안 시인들의 모임인 '부풍(부안의 옛 지명) 시사'에서는 높이 4척의 비석을 새로 세우고 '아름다운 여인 이매창의 묘(名媛李梅窓之墓)'라고 새겼다. 정비석(1911~1991) 작가의 말대로 어느 왕후장상의 묘비를 두 번씩이나 세울 수 있을까. 부안 사람들은 지난 400년간 자신의 조상 묘를 돌보듯 기생 매창 묘소의 벌초를 하고 이렇듯 묘비도 두 차례나 보수하였다.

남사당이나 가극단이 부안에 들어와 공연을 할 때면 그들은 먼저 매창의 무덤을 찾고 한바탕 굿을 벌이며 매창을 기려왔다. 1997년 부안읍은 매창의 무덤이 있는 공동묘지에서 다른 무덤들을 이장하고 2001년 공원으로 조성하여 '매창공원'이라 명명하였다. 매창공원 곳곳에는 매창이 지은 보물 같은 시는 물론 매창과 교류하거나 그녀의 죽음을 애도하면서 지은 시들이 돌에 새겨져 있다.

한편, 1974년 4월 27일 매창기념사업회에서는 부안군청 뒤에 있는 성황산 기슭 서림공원에도 매창의 시비 2기를 세웠다. 이 시비는 매창을 좋아하는 사람들이 자신의 사재를 털어 세운 것으로 그녀에 대한 이곳 사람들의 애정을 짐작케 해준다. 이곳은 선화당 후원으로 매창이 자주 불려가 거문고를 뜯으며 노래를 하고 담소를 즐기던 곳이다. 시비 뒤편 너럭바위에는 매창이 거문고를 타던 '금대(琴臺)'라고 새긴 글자와 그녀가 즐겨 마시던 우물인 '혜천(惠泉)'이라는 글자가 남아 있다.

지금도 음력 4월 5일이 되면 부안 사람들은 매창의 제사를 지내고 있다. 부안의 국악인 모임인 '부풍율회'가 매창의 묘제를 주관하고 있으며 유림을 대표하는 부안향교에서도 제사를 돕고 있다. 2001년부터는 전국적인 규모의 '매창문화제'를 열어 그녀를 추모하고 있으며 다양한 장르의 행사를 개최하여 그 의미를 더욱 새롭게 하고 있다.

매창은 16세기 부안의 기생에 갇힐 수 없는 조선 최고의 시인이었을 뿐만 아니라 하층민에서부터 권력자에 이르기까지 모두에게 사랑받는 존재로서 지금까지도 그녀에 대한 애정이 끊이지 않고 있다. 그녀가 우리 곁을 떠나간 지 350여 년이 지난 어느 날 매창의 무덤을 찾아온 이병기

(1891~1968) 시인은 그녀를 추모하며 다음과 같이 「매창뜸」[68]이라는 시를
남겼다.

> 돌비는 낡아지고 금잔디 새로워라
> 덧없이 비와 바람 오고가고 하지마는
> …(중략)…
> 그리던 雲雨도 스러진 꿈이 되고
> 그 고운 글발 그대로 정은 살아남았다.

변산을 사랑해서 아예 부안에 살게 되었다는 시인 송수권(1940~2016)은
매창을 그리워하며 2014년 무덤을 찾아 이렇게 노래했다. "…(전략)…서너
물밭 간드러진 물살에/창창하게 피는 낚싯줄/이 세상 남자라면 변산에 와
서/하룻밤 그녀의 집에 들러 불 끄고 갈 만하다"(「이매창의 무덤 앞에서」 부분)
일찍이 작가 박덕은(1952~)은 일인칭으로 『풍류 여인 열전 이매창의 사
랑일기』(장원, 1993)를 저술한 바 있다.

『매창집』의 간행

1610년 허균은 과거시험관으로 있으면서 자신의 조카와 조카사위도
합격시켰으므로 탄핵을 받아 전라도 익산의 함열로 유배되었다. 그 이듬
해 유배에서 풀려난 후에 허균은 매창의 문집을 간행하기 위해 부안에 가
서 고홍달을 찾았을 것이다. 다시 말해 허균은 1610년 12월 전라도 익산
시 함열로 유배를 떠났는데 도착한 때는 1611년 1월이었고 그해 11월에
귀양에서 풀려나 부안으로 갔다. 이때 허균은 매창과 함께 자란 고홍달을
만나 『매창집』을 기획했을 것이다.
현재 하버드대학에 소장되어 있는 『매창집』의 발문에 따르면 매창이 지

---

68 이병기는 『가람시조선』(정음사, 1973)에서 「매창뜸」이라는 제목의 시조 3수를
   지었다.

었던 수백 편의 시들이 그 당시의 사람들에 의해 입에 오르내렸지만 거의 흩어져 사라졌다. 그녀가 떠나고 58년 뒤인 1668년 10월에 아전들이 입으로 전하던 여러 형태의 시 58수를 구하여 목판본으로 변산 개암사에서 간행하였다. 당시 전라도 관찰사는 매창을 알아주었던 한준겸의 외손자인 여성제(1625~1691)였다.

내소사와 함께 부안의 아름다운 절로 알려진 개암사는 기원전 282년 변한의 문왕이 진한과 마한의 난을 피해 이곳에 성을 쌓은 뒤 전각을 짓고 동쪽을 묘암, 서쪽을 개암이라고 했다는 데서 유래한다. 매창은 이루기 힘든 사랑의 아픔을 달래기 위해서 생전에 이 절을 자주 찾았다고 한다. 그녀와 개암사와의 인연은 죽은 뒤에도 이어져 『매창집』이 이곳에서 간행된 것이다. 『매창집』은 현재 3종이 있는데 둘은 필사본이고 하나는 목판본이다. 필사본 하나는 선비 김정환(1774~1822)이 전에 있던 텍스트를 필사하여 1807년에 새롭게 서문을 붙인 것이고, 다른 하나는 시인 김억(1896~ ?)이 소장하고 있던 필사본을 1942년에 어느 누가 다시 필사한 것이다. 이들은 지금 간송미술관에 소장되어 있다. 필사본의 가치도 간과할 수 없지만 가장 중요한 텍스트는 목판본인데 이는 현재 하버드대학교 옌칭(燕京)연구소에 보관돼 있다.

기생이었던 조선의 매창은 분명히 특수한 지점에 위치한다. 당시 세계 어느 나라를 둘러보아도 한 여인의 시집이 이러한 단행본으로 나온 예는 없다. 시집이 나오자 하도 사람들이 이 시집을 더 찍어달라고 하여 개암사의 재원이 바닥나기도 했다고 전한다. 이병기가 쓴 『매창집』 해제에 의하면 "전하는 말에는 이 시집이 두 권이 되고 그 판각이 부안에 있던 것을 수령 방백으로 오는 이마다 자꾸 청구하므로 이 때문에 고을이 망하겠다 하고 누가 불을 질러버렸다 한다."[69]고 한다. 그런 이야기가 전해올 만큼 부

69 민병도, 『조선역대여류문집』, 을유문화사, 1950.

안 사람들은 그녀의 시를 아끼고 사랑했던 것이다.

12. 나오며

향기로운 이름을 남긴다는 것은 쉬운 일이 아니다. 더구나 기생은 성차별과 신분제도 때문에 떳떳하게 이름을 드러내고 존중을 받으며 살기가 어려웠다. 그런 천한 기생 가운데 '천향'이나 '매창'이라는 고운 이름을 지어가며 알뜰한 포부를 갖고 살다가 죽은 후에도 많은 사람들의 제사를 통해 추앙받는 행복한 인물이 있다면 단연 이매창이다.

조선 중기의 매창은 기생임에도 불구하고 천성이 고고하고 정결하여 난잡하거나 음탕한 것을 좋아하지 않았던 여성이다. 여성이었으나 능력이 뛰어나 시를 매개로 당대의 문인 학자들과 깊이 교유할 수 있었던 인간이다. 고결한 인품과 탁월한 글재주로 당당하게 한 시대를 살았던 매창의 흔적은 오늘날 그녀의 시문을 통해 어디서나 만나볼 수 있고, 무덤과 시비가 있는 매창의 고향 전북 부안의 봉덕리에서 그녀의 체취를 한껏 느낄 수가 있다.

고달픈 삶의 여정

중국의 기생 설도의 대표작인 「춘망사」의 셋째 연이 시인 김억에 의해 번역되어 광복 후 우리 사회에서 많이 불렸던 가곡 〈동심초〉의 가사다. "꽃잎은 하염없이 바람에 지고/만날 날은 아득타 기약이 없네/무어라 맘과 맘은 맺지 못하고/한갓되이 풀잎만 맺으려 하는고." 조선의 여류 한시집을 번역(『꽃다발』)해 내면서 이매창의 작품을 가장 많이 실었던 김억에게 매창은 설도였다. 사랑과 행복을 갈망하는 민족적 염원 속에 조선에 위대한 여류시인 매창이 있었던 것이다.

매창은 분명 기생이면서도 기생이 아닌 것처럼 살았다. 이는 일반 여성이나 다른 기생과 달리 인격적이면서도 성취적인 삶을 살았다는 뜻이기도 하며 한편으로는 신분과 자아를 부정하며 살아야 할 만큼 부대끼고 괴로워했다는 뜻이기도 하다. 많은 후세 사람들이 매창을 사랑하는 이유도 바로 여기에 있다. 즉 몸은 기생일지라도 그녀가 끝까지 인간으로서의 품격과 신의를 지키면서 시인으로서의 자유와 책무를 다하고자 했기 때문이다. 더구나 그녀를 좋아하는 우리는 그토록 참되게 살기 위해 애썼던 순수 시인의 외롭고 고달팠던 삶의 여정에 안쓰러움을 표하지 않을 수 없다.

이매창은 기생으로서 많은 사람들을 상대해야 했으나 자존감이 강하여 아무에게나 속마음을 열지는 않았다. 유희경은 매창이 처음으로 진실하게 사랑한 남자였으며 이귀는 매창을 정인으로 여기고 사귀었던 관리이다. 허균은 매창과 가장 길게 돈독한 교류를 이어나간 정신적 스승이자 벗이었다. 그 밖에 매창은 한준겸, 심광세, 권필 등 주로 시인들과 교류했다. 그들과의 만남은 매창의 삶의 폭과 시세계를 확장하는 의미 있는 것이었다. 그러나 안타깝게도 대다수의 인간들에게서 그녀는 편안함을 느끼지 못한 채 외로움에 시달려야 했다.

유난히 의식이 순수했던 매창은 기생이라는 신분을 쉽게 받아들이지 못했다. 오히려 살아갈수록 기생에 대해 거부감이 들었다. 그리하여 부끄럽고 괴로운 현실의 벽에 부딪히면서 좌절의 아픔을 뼈저리게 느꼈다. 고난이 거세질수록 자유를 향한 욕구는 강해졌으나 그녀가 바랐던 순수하고 진정 어린 세계의 도달은 운명적으로 실현될 수 없었다. 그녀에게서 현실적 고통이 지속되는 데 따르는 '행로난', 부정적 상황이 극복될 수 없는 상태를 나타내는 '괴로운 꿈', 도저히 움쭉달싹할 수 없는 지경에 달하는 '새장 속의 학'의 표현 등에 주목하게 되는 것도 이 때문이다. 따라서 그녀의 삶과 시에서는 기생에 대한 거부감→현실적인 고난→자유 지향의 갈망→운명적 비애의 의식이 도출된다.

순수의 시인

매창의 경우 사대부 집안의 여성들이 보여준 부도(婦道)에 관한 것은 아니더라도 여성으로서의 생활적 정취가 풍기는 작품이 나올 만도 한데 그러한 작품이 거의 없다. 같은 신분의 기생 문인들도 더러 고향 또는 형제를 그리워하거나 나아가 역사인식과 사회의식을 표출해오곤 했다. 그런 면에서 매창의 관심이나 의식은 차이를 보인다. 그만큼 매창은 자아를 포함하는 '인간'에 대한 관심이 철저했고 사물이나 사실 등 객관적 대상과 맞서는 '정신'에 대한 애정이 집요했다. 이런 점에서 그녀의 삶의 세계와 시 문학의 본질을 존재론적 성격으로 규정할 수 있다.

매창은 우아하고 순수하게 살고 싶기에 시와 거문고를 놓지 않았다. 그리고 많은 사람 가운데서도 청아한 심성을 지닌 풍류적 문사를 만나고자 했던 것은 그녀의 타고난 성향이요 인격의 소산이다. 맑은 영혼의 만남과 함께 멋스럽게 교유했던 문객들은 그녀의 연인이 되기도 하고 친구가 되며 동지가 되었다. 매창을 만났던 남자들이 하나같이 그녀를 신뢰하고 존중했던 것도 시적 재능과 더불어 그보다 더 매력 있는 인간미와 진정성 때문이었다. 그녀는 당당히 조선 중기를 살았던 한국을 대표하는 순수한 여류시인이다.

매창은 자신의 처지와 인간현실에 불만을 갖고 심각하게 고민하였다. 그러나 저항적이기보다 체념적이었으며 현실을 타개할 만한 의지가 결여되어 있었던 점은 그녀의 한계로 남는다. 하지만 왜곡과 거짓의 반(反)인간적 현실에 안주하지 않고 끊임없이 문제를 제기하고 개탄했던 그녀의 자유와 순수 정신은 매우 소중하다. 그리고 누구보다 매창은 여성문화사적으로 19세기 신분상 불우했던 여성들은 물론 지금까지 인간적으로 소외받고 있는 모든 여성들에게 힘이 되었다고 본다. 아니 우리 모두에게 순수하고 아름다운 시인으로 남아 있다.

매창의 삶은 너무 짧았다. 살아서 세상을 위해 아름다운 정신을 펴나가지 못하고 서른여덟 살의 젊은 나이로 세상을 떠났다. 매창이 죽은 후에는 나무꾼과 농사꾼이 그녀의 무덤을 돌보았고, 하급 관리들이 돈을 모아 시집을 내주기도 했다. 전라도 부안읍에서는 묘와 시비가 있는 곳을 매창공원으로 조성해놓고 그녀의 영혼을 기리고 있다.

제1부

1차 자료

강이천,『한경사』

강효석,『대동기문』

강희맹,『촌담해이』

공　자,『논어』

국사편찬위원회,『한국독립운동사』

권응인,『송계만록』

권　필,『주생전』

김금원,『호동서락기』

김부식,『삼국사기』

김　억,『꽃다발』

김인겸,「일동장유가」

김재로 외,『속대전』

김종서 외,『고려사』

김천택,『청구영언』

박계숙 외,『부북일기』

박용대 외,『증보문헌비고』

박제형,『근세조선정감』

사마천,『사기』

서거정,『태평한화골계전』

서유영, 『금계필담』
성대중, 『청성잡기』
성　현, 『용재총화』
송세림, 『어면순』
신광수, 『석북집』
심수경, 『견한잡록』
안민영, 『금옥총부』
어숙권, 『패관잡기』,
원세순, 『삼가악부』
유득공, 『경도잡지』
유만공, 『세시풍요』
유몽인, 『어우야담』
윤국형, 『문소만록』
윤행임, 『방시한집』
이규경, 『오주연문장전산고』
이극증 외, 『대전속록』
이긍익, 『연려실기술』
이　기, 『간옹우묵』
이덕무, 『사소절』
─────, 『청장관전서』
이덕형, 『송도기이』
이　륙, 『청파극담』
이만운, 『국조진신안』
이수광, 『지봉유설』
이유원, 『임하필기』
이　익, 『성호사설』
이인로, 『파한집』
이제신, 『청강쇄어』
이형상, 『병와가곡집』
─────, 『악학습령』
이희준, 『계서야담』
임　매, 『잡기고담』

임　방,『천예록』

장지연,『일사유사』

장한종,『어수신화』(『어수록』)

정비석,『명기열전』

정약용,『목민심서』

───,『여유당전서』

정재륜,『공사견문록』

정현석,『교방가요』

조　경,『용주유고』

조재삼,『송남잡지』

조종저,『남악집』

차천로,『오산설림초고』

채제공,『번암집』

최　항 외,『경국대전』

허　봉,『해동야언』

홍만종,『명엽지해』

홍중인,『동국시화휘성』

홍직필,『매산집』

『가람본 청구영언』,『고금소총』,『교수잡사』,『근화악부』,『기문』,『기문총화』,「노기자탄가」,『대동야승』,『대명률』,『박씨본 시가』,『배비장전』,「별실자탄가」,『삼선기』,『서울대본 악부』,『소수록』,『수교집록』,『신보 수교집록』,『신증 동국여지승람』,『양은천미』,『염요』,『오씨장전 사본』,『원행을묘정리의궤』,「이춘풍전」,『일석본 해동가요』,『청구야담』,『추풍감별곡』(채봉감별곡),『춘향전』,『해동야서』

『동아일보』,『매일신보』,『삼천리』,『장한』,『조선미인보감』,『조선일보』,『조선중앙일보』,『중앙일보』

「광해군일기」,「명종실록」,「성종실록」,「세조실록」,「세종실록」,「숙종실록」,「연산군일기」,「영조실록」,「정조실록」,「태종실록」

2차 자료(논문 및 단행본)

강명관, 「조선 후기 기녀제도의 변화와 京妓」, 『한국고전여성문학연구』 18, 한국
　　　　고전여성문학회, 2009.

국립민속박물관, 『엽서 속의 기생읽기』, 민속원, 2009.

권태연, 「조선시대 기녀의 사회적 존재양태와 섹슈얼리티 연구」, 『여성: 역사와 현
　　　　재』, 국학자료원, 2001.

김동욱, 「이조기녀사서설 ; 사대부와 기녀—이조 사대부와 기녀에 대한 풍속사적
　　　　접근—」, 『아세아여성연구』 5, 숙명여자대학교 아세아여성문제연구소,
　　　　1966.

김영희, 「기생 엽서 속의 한국 근대춤」, 『엽서 속의 기생읽기』, 민속원, 2009.

김종수, 『조선시대 궁중연향과 여악연구』, 민속원, 2001.

김준형, 『조선 후기 성소화선집』, 문학동네, 2010.

동고어초, 『북상기』, 안대회·이창숙 역주, 김영사, 2011.

류정월, 「웃음 유발자로서 기생의 역할과 그 의의」, 『한국고전여성문학연구』 11,
　　　　한국고전여성문학회, 2005.

박민일·신현규, 「전통공연 계승의 관점에서 본 권번 기생 고찰」, 『엽서 속의 기생
　　　　읽기』, 민속원, 2009.

박종성, 『백정과 기생』, 서울대학교 출판부, 2003.

손종흠 외 편, 『근대기생의 문화와 예술』 자료편1, 보고사, 2009.

신현규, 『기생, 푸르디푸른 꿈을 꾸다』, 북페리타, 2014.

이경복, 『고려시대 기녀연구』, 민족문화문고간행회, 1986.

이능화, 『조선해어화사』, 이재곤 옮김, 동문선, 1992.

이은식, 『기생, 작품으로 말하다』, 타오름, 2010.

이　철, 『경성을 뒤흔든 11가지 연애사건』, 다산초당, 2008.

이화형, 「기생시조에 나타난 윤리의식 고찰」, 『시조학논총』 39, 한국시조학회,
　　　　2013.

───, 『민중의 꿈, 신앙과 예술』, 푸른사상사, 2014.

───, 『여성, 역사 속의 주체적인 삶』, 국학자료원, 2016.

───, 「조선기생 문화의 융합적 미의식」, 『동아시아고대학』 48, 동아시아고대학
　　　　회, 2017.

장덕순, 『황진이와 기방문학』, 중앙일보사, 1978.

전형택,「조선초기의 창기」,『배종무총장퇴임기념사학논총』, 배종무총장 퇴임기념
　　　사학논총 간행위원회, 1994.

정대현,『다원주의 시대와 대안적 가치』, 이화여자대학교 출판부, 2006.

정병설,『나는 기생이다―소수록 읽기』, 문학동네, 2007.

정연식,「조선시대 기역의 실태」,『국사관논총』107, 국사편찬위원회, 2005.

정태섭 외,『성 역사와 문화』, 동국대학교 출판부, 2002.

조광국,『기녀스캔들』, 월인, 2014.

한재락,『녹파잡기』, 이가원 · 허경진 옮김, 김영사, 2007.

황혜진,「조선시대 기생의 몸에 대한 자의식 연구」,『고전문학연구』46, 한국고전
　　　문학회, 2014.

한희숙,『의녀』, 문학동네, 2012.

徐君 · 楊海,『妓女史』, 上海文藝出版社, 1995.

제2부

1차 자료

구수훈,『이순록』

기교헌,『대동풍아』

김시민,『조야휘언』

김이재,『중경지』

김지용,『한국역대여류한시문선』

김택영,『소호당집』

──── ,『숭양기구전』

──── ,『황진전』

박을수,『한국시조대사전』

서경덕,『화담집』

서유영,『금계필담』

유몽인,『어우야담』

이긍익,『연려실기술』

이능화,『조선해어화사』

이덕무,『사소절』

────,『청비록』

이덕형,『송도기이』

이수광,『지봉유설』

이형상,『악학습령』

임 방,『수촌만록』

장지연,『대동시선』

허 균,『성옹지소록』

────,『학산초담』

홍만종,『소화시평』(시평보유)

────,『시화총림』

────,『해동이적』,

홍중인,『동국시화휘성』

孔 子,『論語』

屈 原,「漁父詞」

戴 聖,『禮記』

孫 武,『孫子兵法』

宋 玉,「高唐賦」

李 昉,『太平廣記』

章 淵,『槁簡贅筆』

鍾 惺,『名媛詩歸』

朱 熹,『大學』

『근화악부』,『대동야승』,『동아일보』,『배비장전』,『육당본 청구영언』,『일석본 해동가요』,『진본 청구영언』,『해동야언』

2차 자료(논문 및 단행본)

김성문,「황진이 시조의 이별 형상화와 대응 양상」,『시조학논총』30, 한국시조학회, 2009.

김성언, 『황진이, 보들레르를 노래하다』 ─세계 문학과 함께 읽는 한시 이야기─, 프로네시스, 2012.

김용택, 『어쩌면 별들이 너의 슬픔을 가져갈지도 몰라』, 예담, 2015.

김일렬, 「시조에 나타난 시간의식」─황진이, 이황, 이현보의 작품을 대상으로─, 『백영 정병욱선생 환갑기념논총』, 신구문화사, 1982.

김준영, 「唐代 薛濤와 朝鮮 黃眞伊의 詩歌 比較 硏究」, 한국외국어대학교 석사논문, 2008.

김탁환, 『나, 황진이』, 푸른역사, 2002.

김해리, 「황진이 시 연구」, 국민대학교 교육대학원 2008.

盧 莎, 「한중 기녀시인 비교 연구 : 황진이·설도의 작품을 중심으로」, 강남대학교 석사논문, 2011.

류창교 역해, 『설도시집』, 서울대학교 출판문화원, 2012.

백승화·강기수, 「황진이 시에 나타난 만남의 실존주의 교육학적 의미」, 『학술논문집』 48, 한국교육사연구회, 2010.

신병주, 『조선 후기 지성사 연구』, 새문사, 2007.

李麗秋, 「中韓 妓女詩人 薛濤와 李梅窓의 비교연구」, 서울대학교 석사논문, 2003.

이명현, 「영상서사에 재현된 황진이 이야기의 두 가지 방식」, 『문학과 영상』 11권 1호, 문학과영상학회, 2010.

이병기, 「나의 스승을 말함」, 『동아일보』 1931.1.29.

이태준, 『황진이』, 동광당서점, 1938.

이화형, 「황진이의 시적 진실」, 『외대어문논총』 8, 경희대학교 외국어대학, 1997.

─────, 「시조를 통한 송이와 황진이의 동이성 비교 고찰」, 『시조학논총』 35, 한국시조학회, 2011.

─────, 「황진이와 이매창의 한시 비교 고찰」, 『우리문학연구』 41, 우리문학회, 2014.

─────, 『여성, 역사 속의 주체적인 삶』, 국학자료원, 2016.

─────, 「황진이와 薛濤의 한시에 나타난 세계인식의 변별성」, 『우리문학연구』 52, 우리문학회, 2016.

장만식, 「황진이의 작품 속에 내재된 트라우마와 욕망 탐색」, 『열상고전연구』 45, 열상고전연구회, 2015.

조세형, 「〈동짓달 기나긴 밤…〉의 시공인식」, 『한국고전시가작품론』 2 ─백영 정병욱선생 10주기 추모논문집, 집문당, 1992.
허여형, 「황진이와 설도의 한시 비교 연구」, 중앙대학교 석사논문, 2015.
홍석중, 『황진이』, 대훈, 2006.
李知蕓, 「薛濤 詠物詩 試論」, 『中國語文論叢』 24권, 中國語文研究會, 2007.
張蓬舟, 『薛濤詩箋』, 人民文學出版社, 1983.
張遠秀, 「從三位女冠詩人看道教對詩歌創作的影響」, 『連雲港職業技術學院學報』 1期, 2009.
陳文華 校注, 『唐代女詩人三種』, 上海古籍出版社, 1981.
吳　丹, 「試論詩中女丈夫－薛濤」, 『凱里學院學報』 5期, 2008.
夏春豪, 『論薛濤詩』, 『河南大學學報』 6期, 1966.

제3부

1차 자료

강효석, 『대동기문』
공　자, 『논어』
권응인, 『송계만록』
권　필, 『석주집』
김금원, 『호동서락기』
김부용, 『운초집』
김택영, 『소호당집』
――――, 『숭양기구전』
남용익, 『호곡시화』
민병도, 『조선역대여류문집』
박효관 · 안민영, 『가곡원류』
변산문화협회, 『부안향토문화지』
사마천, 『사기』
심광세, 『휴옹집』
안왕거, 『열상규조』

유몽인, 「유희경전」

유희경, 『촌은집』

윤 선, 『추담집』

이규경, 『오주연문장전산고』

이능화, 『조선해어화사』

이매창, 『매창집』(『매창전집』)

이수광, 『지봉유설』

─────, 「침류대기」

이 식, 『택당집』

이정구, 『월사집』

이탁오, 『분서』

임 방, 『수촌만록』

임 서, 『석촌유고』

장지연, 『대동시선』

조재삼, 『송남잡지』

범 태, 「난조시서」

한 비, 『한비자』

한준겸, 『유천유고』

허 균, 『성소부부고』

─────, 『성수시화』

허난설헌, 『난설헌집』

허 봉, 『해동야언』

홍만종, 『소화시평』

─────, 『속고금소총』

─────, 『시화총림』

홍중인, 『동국시화휘성』

『기문』, 『기문총화』, 「선조실록」, 『야언』, 『장한』, 『중외일보』, 『한경지략』, 『해동야언』, 『해동일화』

2차 자료(논문 및 단행본)

고견·손찬식,「李梅窓과 薛濤의 漢詩 比較 硏究」,『인문학연구』 96권 3호, 충남
　　　　대학교 인문학연구소, 2014.

김명희,「허균과 매창의 시조」,『시조학논총』 22, 한국시조학회, 2005.

김　억,『꽃다발』, 박문서관, 1944.

김준형,『이매창평전』, 한겨레출판사, 2013.

김혜경,「李梅窓과 柳如是의 한시 비교 연구」, 경희대학교 석사논문, 2016.

박덕은,『풍류 여인 열전 이매창의 사랑일기』, 장원, 1993.

王子璇,「李梅窓과 薛濤의 생애와 한시」, 경희대학교 석사논문, 2014.

유육례,「이매창의 연정시 연구」,『한국시가문화연구』 32, 한국시가문화학회,
　　　　2013.

윤영옥,「기녀시조의 고찰」,『시조의 이해』, 영남대학교 출판부, 1986.

윤지강,『기생 매창』, 예담, 2013.

李麗秋,「한중 기녀시인 薛濤와 이매창의 비교연구」, 서울대학교 석사논문, 2003.

이병기,『가람시조선』, 정음사, 1973.

이현정,「이매창과 황진이 문학의 비교 연구」, 건양대학교 교육대학원, 2006.

이혜순 외,『한국고전여성작가연구』, 태학사, 1999,

이혜순,『한국 고전여성작가의 시세계』, 이화여자대학교 출판부, 2005.

이화형,「기녀시조를 통해본 인간적 한계인식과 극복의지」,『국제어문』 22, 국제어
　　　　문학회, 2000.

─────,「기생 매창 시의 존재적 갈등」,『우리문학연구』 19, 우리문학회, 2006.

─────,「황진이와 이매창의 한시 비교 고찰」,『우리문학연구』 41, 우리문학회,
　　　　2014.

─────,「이매창과 薛濤의 한시에 나타난 세계인식의 차별성 고찰」,『우리문학연
　　　　구』 44, 우리문학회, 2014.

제　민,「이매창과 魚玄機의 애정시 비교 연구」,『문명연지』 14권 1호, 한국문명학
　　　　회, 2013.

조두현,『한국여류한시선』, 한국자유교육협회, 1974.

조창환,「황진이·이매창의 시조와 한시」,『인문논총』 6, 아주대학교 인문과학연
　　　　구소, 1995.

최옥정,『매창』, 예옥, 2016.

허경진, 『매창시선』, 평민사, 1986.

———, 「『매창집』에 관련된 인물과 창작 시기에 대하여」, 『한국한문학연구』 40, 한
　　　국한문학회, 2007.

허미자, 『이매창연구』, 성신여자대학교 출판부, 1988.

———, 『한국여성문학연구』, 태학사, 1996.

홍인숙, 『누가 나의 슬픔을 놀아주랴』, 서해문집, 2007.

홍종화, 『매창』, 이가서, 2005.

황충기, 『기생시조와 한시』, 푸른사상사, 2004.

인명

기생, 노래를 팔지언정 몸은 팔지 마라

기생, 노래를 팔지언정 몸은 팔지 마라

ㅇ

용어

ㄱ

기생, 노래를 팔지언정 몸은 팔지 마라

작품, 도서

기생, 노래를 팔지언정 문을 팔지 마라

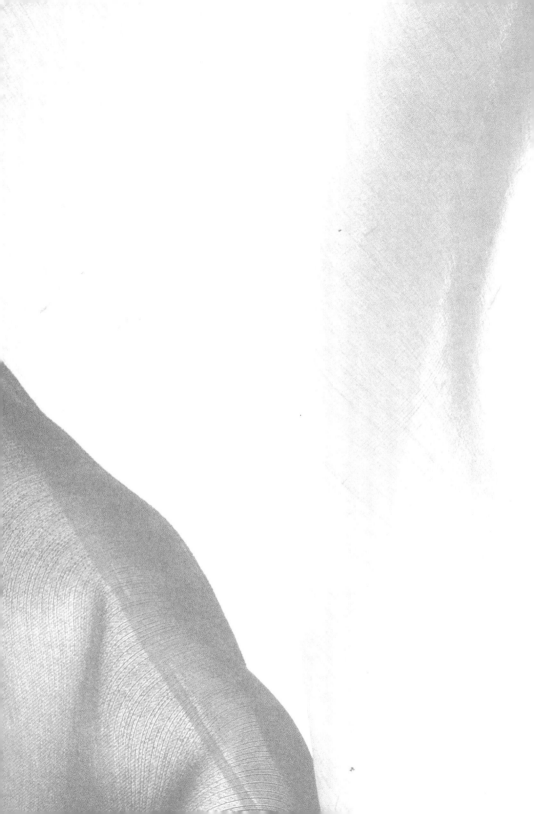